Institutionalisierter Islam an staatlichen Hochschulen

Islam und Recht

Herausgegeben von Janbernd Oebbecke

Band 3

PETER LANG

Frankfurt am Main · Berlin · Bern · Bruxelles · New York · Oxford · Wien

Katrin Janke

Institutionalisierter Islam an staatlichen Hochschulen

Verfassungsfragen islamischer Lehrstühle und Fakultäten

PETER LANG
Europäischer Verlag der Wissenschaften

Bibliografische Information Der Deutschen Bibliothek
Die Deutsche Bibliothek verzeichnet diese Publikation in der Deutschen Nationalbibliografie; detaillierte bibliografische Daten sind im Internet über <http://dnb.ddb.de> abrufbar.

Zugl.: Münster (Westfalen), Univ., Diss., 2004

D6
ISSN 1619-988X
ISBN 3-631-53773-5

www.peterlang.de

Meinen Eltern

Vorwort

Die vorliegende Arbeit wurde im Mai 2004 abgeschlossen. Sie hat im Wintersemester 2004/2005 der Rechtswissenschaftlichen Fakultät der Westfälischen Wilhelms-Universität Münster als Dissertation vorgelegen. Ich habe sie im Januar 2005 in Teilen überarbeitet und aktualisiert.

Besonders danken möchte ich an dieser Stelle zunächst Herrn Prof. Dr. Bodo Pieroth für die intensive Betreuung dieser Dissertation. Er hat mich zur Untersuchung des Themas angeregt und an dem von ihm geleiteten Institut für Öffentliches Recht und Politik in Münster optimale Voraussetzungen zum Fortgang und Abschluss dieser Arbeit geboten.

Weiterhin danke ich Herrn Prof. Dr. Oebbecke für die zügige Erstellung des Zweitgutachtens. Überdies bin ich ihm als Herausgeber der Schriftenreihe „Islam und Recht" für die Aufnahme der Dissertation in diese Reihe zu Dank verpflichtet.

Schließlich möchte ich all denjenigen danken, die an der Arbeit Anteil genommen haben und diese in vielfältiger Weise unterstützt haben. Herrn Dr. Christoph Görisch danke ich für wertvolle Anregungen und den Mitarbeiterinnen und Mitarbeitern des Instituts für Öffentliches Recht und Politik insgesamt für die freundschaftliche Zusammenarbeit. Shirin Janke, Sven Kahlke, Anke Suttorp, Jana Trautmann und Nicole Feldhaus danke ich für die Durchsicht von Teilen des Manuskripts und weitere Hilfestellungen. Mein Vater übernahm die verdienstvolle Arbeit des Korrekturlesens.

Münster, im Januar 2005 *Katrin Janke*

Inhaltsverzeichnis

Einleitung 1

Erster Abschnitt:
Errichtung und Einrichtung von Lehrstühlen in den Ländern 5

A. Errichtung und Einrichtung theologischer Lehrstühle 5

I. Baden-Württemberg 6
II. Bayern 10
1. Behandlung im Landtag 10
2. Entwicklung an den Universitäten 14
a) Universität Bayreuth 14
b) Friedrich-Alexander-Universität Erlangen-Nürnberg 14
III. Hamburg 17
IV. Niedersachsen 20
1. Behandlung im Landtag 20
2. Entwicklung an der Universität Osnabrück 20
V. Nordrhein-Westfalen 22
1. Entwicklung an der Rheinischen Friedrich-Wilhelms-Universität Bonn 22
2. Behandlung im Landtag 23

B. Errichtung und Einrichtung religionswissenschaftlicher Lehrstühle 24

I. Hessen 24
1. Behandlung im Landtag 24
2. Entwicklung an der Johann Wolfgang Goethe-Universität Frankfurt am Main 25
II. Nordrhein-Westfalen 28
1. Behandlung im Landtag 28
2. Entwicklung an der Westfälischen Wilhelms-Universität Münster 30
III. Rheinland-Pfalz 35

C. Bedeutung der Länderansätze für vorliegende Untersuchung 35

Zweiter Abschnitt:
Ansprüche auf Einrichtung islamischer Lehrstühle und Fakultäten 39

A. Anspruch aus Art. 7 Abs. 3 S. 1, 2 GG 42

I. Grundgesetzkonformität der theologischen Fakultäten 43
II. Religionsgemeinschaften als Grundrechtsberechtigte 46

1. Definition einer Religionsgemeinschaft 48
2. Kriterien einer Religionsgemeinschaft 51
a) Erstes Kriterium: Religiöser Konsens 51
aa) Zusammenfassung mehrerer verwandter Glaubensbekenntnisse 52
bb) Mitgliedschaft religiöser Vereine in Dachverbänden 53
cc) Abgrenzbarkeit von allen anderen Religionsgemeinschaften 55
dd) Organisation aller Angehörigen der jeweiligen Religion 58
b) Zweites Kriterium: Personeller Zusammenschluss 59
aa) Anforderungen an die Organisation des Verbandes 59
bb) Besondere Organisationsanforderungen bei Dachverbänden 61
c) Drittes Kriterium: Umfassende Bezeugung 64
aa) Politischer Islam und islamischer Fundamentalismus 65
bb) Begrenzte Zweckverfolgung bei Dachverbänden 66
3. Kontextabhängige Voraussetzungen 68
a) Körperschaftsstatus 68
b) Materielle Verleihungsvoraussetzungen des Körperschaftsstatus 69
c) Verfassungstreue 70
d) Dauerhafter Bestand 71
e) Stelle mit verbindlicher Entscheidungsbefugnis 73
f) Exakte Mitgliedschaftsregelungen 78
III. Auslegung des Tatbestandsmerkmals „ordentliches Lehrfach“ 78
1. Auslegung von Art. 7 Abs. 3 S. 1 GG 80
a) Normtext 80
b) Vor- und Entstehungsgeschichte 80
aa) Vorgeschichte 81
(1) Weimarer Nationalversammlung 81
(2) Literatur zu Art. 149 Abs. 1 S. 1 WRV 82
(3) Systematik zu Art. 149 Abs. 3 WRV 83
(a) Weimarer Nationalversammlung 83
(b) Literatur zu Art. 149 Abs. 3 WRV 84
(4) Folgerungen aus der Vorgeschichte 85
bb) Entstehungsgeschichte 85
c) Teleologische Gesichtspunkte 87
d) Systematik 90
e) Ergebnis zur Auslegung des Art. 7 Abs. 3 S. 1 GG 90
2. Bestimmung der geeigneten Ausbildungsstätten 90
IV. Leistungsrecht der Religionsgemeinschaften 92
1. Existenz eines subjektiven Rechts 92
2. Existenz und Inhalt eines Leistungsrechts 97

B. Anspruch aus der Parität 98

I. Rechtsgrundlage 99
II. Paritätsverstoß 100

1. Ungleichbehandlung 100
2. Verfassungsrechtliche Rechtfertigung 107
a) Maßstab 107
b) Die Unterscheidungsmerkmale 108
aa) Körperschaftsstatus 108
(1) Als staatskirchenrechtliche Differenzierungserlaubnis 108
(2) Als sachlicher Grund für die Ungleichbehandlung 112
bb) Größe und Bedeutung der Religionsgemeinschaften 114
cc) Verfassungstreue 115
dd) Dauerhafter Bestand 116
ee) Stelle mit verbindlicher Entscheidungsbefugnis 118
ff) Exakte Mitgliedschaftsregelungen 119
III. Rechtsfolge 120
1. Einschränkung der Entscheidungsalternativen durch das Grundgesetz 122
2. Einschränkung der Entscheidungsalternativen durch Landesrecht 123

C. Anspruch aus der Wissenschaftsfreiheit 125

Dritter Abschnitt:
Die Einrichtung islamischer Lehrstühle und Fakultäten 127

A. Das Vorgehen des Staates bei der Einrichtung islamischer Lehrstühle und Fakultäten 127
I. Notwendigkeit des Einvernehmens für den Errichtungsakt 127
II. Kooperation mittels eines Staatskirchenvertrages 129

B. Auswirkungen auf die Organisationsstruktur 133
I. Bildung von Fakultäten 134
1. Für die Theologie einer einzelnen islamischen Religionsgemeinschaft 134
2. Interkonfessionelle Fakultät 137
3. Für die Theologie einer Konfession unter Beteiligung mehrerer Länder 140
II. Einbindung eines singulären Lehrstuhls in eine andere Fakultät 141
1. Einbindung in eine erziehungs- oder gesellschaftswissenschaftliche Fakultät 141
2. Einbindung in eine philosophische/religionswissenschaftliche Fakultät 141
3. Zusammensetzung der Berufungskommissionen in nicht-theologischen Fakultäten 142
III. Weitere organisatorische Möglichkeiten 146

Vierter Abschnitt:
Bekenntnisrelevante Angelegenheiten bei der Aufgabenwahrnehmung 147

A. Mitwirkungsrechte der islamischen Religionsgemeinschaften 147

I. Personalangelegenheiten 149
1. Herleitung von Zustimmungs- und Beanstandungsrechten aus dem Grundgesetz 151
a) Verbot der Staatskirche 151
b) Inkompetenz des Staates hinsichtlich des Inhalts einer Religion 151
c) Selbstbestimmungsrecht 152
d) Religionsfreiheit 153
e) Parität 153
2. Ausübung der Zustimmungs- und Beanstandungsrechte 154
a) Inhaltlicher Maßstab zur Ausübung der Mitwirkungsrechte 154
b) Kreis der betroffenen Personen und Verfahren 155
c) Rechtsfolgen 156
aa) Entfernung als Folge des Beanstandungsrechtes 156
bb) Ersatzgestellung als Folge des Beanstandungsrechtes 158
d) Studiengang an der Universität Osnabrück 158
II. Satzungen 159
1. Studien- und Prüfungsordnungen 159
2. Promotions- und Habilitationsordnungen 160

B. Inhaltliche Begrenzungen der Lehre 161

I. Problematische islamische Lehren 161
1. Darstellung der Glaubenssätze 161
a) Stellung der Frau 163
b) Teile des Strafensystems 164
c) Apostasie 165
d) Mangelnde Toleranz gegenüber Andersgläubigen 166
e) Forderung der Einheit von Staat und Religion 168
2. Stellung des Muslim im Ausland nach der islamischen Rechtsfigur des Schützlings 168
II. Überprüfung der Lehren am Grundgesetz 172
1. Maßstab der Prüfung 172
a) Lehrfreiheit 173
b) Religionsfreiheit 177
2. Untersuchung am Maßstab von Art. 5 Abs. 3 S. 2 GG 177
a) Stellung der Frau 178
b) Teile des Strafensystems 179
aa) Todesstrafe 179
bb) Prügelstrafe und andere körperliche Strafen 179
cc) Blutrache 180
c) Apostasie 181

d) Mangelnde Toleranz gegenüber Andersgläubigen 181
e) Forderung der Einheit von Staat und Religion 182
3. Verfassungsrechtliche Rechtfertigung eines Eingriffs in die Wissenschaftsfreiheit durch Hochschulrecht 183

Zusammenfassende Thesen 187

Literaturverzeichnis 191

Abkürzungsverzeichnis

a. A.	anderer Ansicht
a. a. O.	am angegebenen Ort
Abg.	Abgeordnete(r)
abgedr.	abgedruckt
ABl.	Amtsblatt
Abs.	Absatz
Abt.	Abteilung
abwM	Minderheitsvotum
a. E.	am Ende
ähnl.	ähnlich
a. F.	alte Fassung
AK-GG	Kommentar zum Grundgesetz für die Bundesrepublik Deutschland, Reihe Alternativkommentare
ALR	Allgemeines Landrecht für die Preußischen Staaten v. 05.02.1794
a. M.	am Main
ÄndG	Änderungsgesetz
Anh.	Anhang
Anm.	Anmerkung
AöR	Archiv des öffentlichen Rechts (Zeitschrift)
Art.	Artikel
Aufl.	Auflage
Az.	Aktenzeichen
BAG	Bundesarbeitsgericht
Bay, bay	Bayern, bayerisch
BayKV	Vertrag zwischen dem Bayerischen Staat und der Evangelisch-Lutherischen Kirche in Bayern rechts des Rheins vom 15.11.1924 in der Fassung vom 12.09.1974
BayVBl.	Bayerische Verwaltungsblätter (Zeitschrift)
BayVerfGH	Bayerischer Verfassungsgerichtshof
Bbg, bbg	Brandenburg, brandenburgisch
Bd.	Band
Bde.	Bände
Bearb.	Bearbeiter
ber.	berichtigt
berl	berlinerisch
Beschl.	Beschluss
betr.	betreffend
Bez.	Bezeichnung
BGBl.	Bundesgesetzblatt
BK	Bonner Kommentar zum Grundgesetz
brem	bremisch

Bsp.	Beispiel
bspw.	beispielsweise
BT-Drs.	Bundestags-Drucksache
BVerfG	Bundesverfassungsgericht
BVerfGE	Entscheidung des Bundesverfassungsgerichts
BVerfGE *abwM*	Entscheidung des Bundesverfassungsgerichts (Minderheitsvotum)
BVerfGG	Gesetz über das Bundesverfassungsgericht
BVerfG-K	Bundesverfassungsgericht, Entscheidung durch Kammer bzw. Vorprüfungsausschuss
BVerwG	Bundesverwaltungsgericht
BVerwGE	Entscheidung des Bundesverwaltungsgerichts
BW, bw	Baden-Württemberg, baden-württembergisch
BWStVR	Baden-Württembergisches Staats- und Verwaltungsrecht
BZ	Berliner Zeitung
bzgl.	bezüglich
bzw.	beziehungsweise
ca.	circa
CDU	Christlich-Demokratische Union (Deutschlands)
christl.	christlich
CRS	Centrum für Religiöse Studien an der Westfälischen Wilhelms-Universität Münster
CSU	Christlich-Soziale Union
ders.	derselbe
d. h.	das heißt
dies.	dieselbe(n)
Diss.	Dissertation
DÖV	Die Öffentliche Verwaltung (Zeitschrift)
DP	Deutsche Partei
Dr.	Doktor
Drs.	Drucksache
dt.	deutsch, deutsche
DuR	Demokratie und Recht (Zeitschrift)
DUZ	Deutsche Universitäts-Zeitung
DVBl.	Deutsches Verwaltungsblatt (Zeitschrift)
DVP	Demokratische Volkspartei
epd	Evangelischer Pressedienst
Ess.Gespr.	Essener Gespräche zum Thema Staat und Kirche
E&U	Ethik und Unterricht (Zeitschrift)
EuGRZ	Europäische Grundrechte-Zeitschrift
ev.	evangelisch
e. V.	eingetragener Verein

EvStL	Evangelisches Staatslexikon
evtl.	eventuell
f.	folgende (Seite etc.)
F.A.Z.	Frankfurter Allgemeine Zeitung
FB	Fachbereich
FDP	Freie Demokratische Partei (Deutschlands)
ff.	folgende (Seiten etc.)
Fn.	Fußnote
FS	Festschrift
gem.	gemäß
GemVerfKom.	Gemeinsame Verfassungskommission
Gen.	Genossen
GG	Grundgesetz für die Bundesrepublik Deutschland
ggf.	gegebenenfalls
grds.	grundsätzlich
GS	Gedächtnisschrift
GVBl	Gesetz- und Verordnungsblatt
Habil.	Habilitation
hamb	hamburgisch
HdbbayStKirchR	Handbuch des bayerischen Staatskirchenrechts
HdbDStR	Handbuch des deutschen Staatsrechts
HdbkathKirchR	Handbuch des katholischen Kirchenrechts
HdbStKirchR	Handbuch des Staatskirchenrechts der Bundesrepublik Deutschland
HdbStR	Handbuch des Staatsrechts der Bundesrepublik Deutschland
HdbVerfR	Handbuch des Verfassungsrechts der Bundesrepublik Deutschland
HdbWissR	Handbuch des Wissenschaftsrechts
Hess, hess	Hessen, hessisch
HG	Hochschulgesetz
HK	Herder Korrespondenz (Zeitschrift)
HRG	Hochschulrahmengesetz
Hrsg.	Herausgeber
Hs.	Halbsatz
i. Br.	im Breisgau
i. d. F. d.	in der Fassung der/des
i. d. F. v.	in der Fassung von/vom
InfAuslR	Informationsbrief Ausländerrecht (Zeitschrift)
insbes.	insbesondere
IRE	Islamische Religionsgemeinschaft Erlangen e. V.
IRH	Islamische Religionsgemeinschaft Hessen e. V.

i. S. d.	im Sinne der/des
i. S. v.	im Sinne von
i. V. m.	in Verbindung mit
Jg.	Jahrgang
JöR N.F.	Jahrbuch des öffentlichen Rechts der Gegenwart. Neue Folge (Zeitschrift)
J/P	*Jarass/Pieroth*
JZ	Juristenzeitung (Zeitschrift)
KJ	Kritische Justiz (Zeitschrift)
krit.	kritisch
KritV	Kritische Vierteljahresschrift für Gesetzgebung und Rechtswissenschaft (Zeitschrift)
KSchG	Kündigungsschutzgesetz
KuR	Kirche & Recht (Zeitschrift)
LER	Lebensgestaltung Ethik Religionskunde
Lit.	Literatur
LKV	Landes- und Kommunalverwaltung (Zeitschrift)
m.	mit
M/D	*Maunz/Dürig*
MDR	Monatsschrift für Deutsches Recht (Zeitschrift)
m.E.	meines Erachtens
M/K/C	*von Mangoldt/Klein/von Campenhausen*
M/K/S	*von Mangoldt/Klein/Starck*
MüK	*von Münch/Kunig*
MUM	MünchnerUni.Magazin (Zeitung)
muz	Münsters Universitäts-Zeitung
mv	mecklenburg-vorpommerisch
m. w. N.	mit weiteren Nachweisen
Nds, nds	Niedersachsen, niedersächsisch
n. F.	neue Fassung
N. F.	Neue Folge
NJ	Neue Justiz (Zeitschrift)
NJW	Neue Juristische Wochenschrift (Zeitschrift)
N/L/S/Z	*Nawiasky/Leusser/Schweiger/Zacher*
Nr.	Nummer
NuR	Natur und Recht (Zeitschrift)
NVwZ	Neue Zeitschrift für Verwaltungsrecht (Zeitschrift)
NVwZ-RR	NVwZ-Rechtsprechungs-Report (Zeitschrift)
NRW, nrw	Nordrhein-Westfalen, nordrhein-westfälisch
NWVBl.	Nordrhein-westfälische Verwaltungsblätter (Zeitschrift)

OVG	Oberverwaltungsgericht
OVGE	Entscheidung des Oberverwaltungsgerichts
PD	Privatdozent
PH	Pädagogische Hochschule
PHG	Gesetz über die Pädagogischen Hochschulen
PlProt.	Plenarprotokoll
PrGKG	Preußisches Gerichtskostengesetz vom 28.10.1922
Prof.	Professor
P/S	*Pieroth/Schlink*
RabelsZ	Rabels Zeitschrift für ausländisches und internationales Privatrecht
RdErl.	Runderlass
RdJB	Recht der Jugend und des Bildungswesens (Zeitschrift)
RGBl.	Reichsgesetzblatt
RhPf, rhpf	Rheinland-Pfalz, rheinland-pfälzisch
RiA	Recht im Amt (Zeitschrift)
Rn.	Randnummer
Rspr.	Rechtsprechung
S.	Satz, Seite
sa	sachsen-anhaltinisch
sächs	sächsisch
SchulG	Schulgesetz
SchulOG	Schulorganisationsgesetz
sh	schleswig-holsteinisch
Sld, sld	Saarland, saarländisch
Sp.	Spalte
SPD	Sozialdemokratische Partei Deutschlands
St.	Sankt
StR	Staatsrecht
Sten. Ber.	Stenographischer Bericht
StL	Staatslexikon
StVwR NW	Nordrhein-westfälisches Staats- und Verwaltungsrecht
SZ	Süddeutsche Zeitung
ThBL	Theologische Blätter (Zeitschrift)
theol.	theologisch
thür	thüringisch
ThQ	Theologische Quartalschrift (Zeitschrift)
ThürVBl.	Thüringer Verwaltungsblätter (Zeitschrift)
Ts.	Taunus
u. a.	und andere; unter anderem

U/C	*Umbach/Clemens*
UG	Universitätsgesetz
Univ.	Universität
u. U.	unter Umständen
v.	von, vom
v. d. H.	vor der Höhe
Verf	Verfassung
VerfR	Verfassungsrecht
VerfA.	Verfassungsausschuss
VerwArch	Verwaltungsarchiv (Zeitschrift)
Vf.	Verfahren
VG	Verwaltungsgericht
VGH	Verwaltungsgerichtshof
vgl.	vergleiche
Vorb.	Vorbemerkung
VVDStRL	Veröffentlichungen der Vereinigung der Deutschen Staatsrechtslehrer
WissR	Wissenschaftsrecht (Zeitschrift)
WPflG	Wehrpflichtgesetz
WRV	Verfassung des Deutschen Reichs vom 11.08.1919
WWU	Westfälische Wilhelms-Universität
ZAR	Zeitschrift für Ausländerrecht
z. B.	zum Beispiel
ZEP	Zeitschrift für internationale Bildungsforschung und Entwicklungspädagogik
ZevKR	Zeitschrift für evangelisches Kirchenrecht
Z. f. Paed.	Zeitschrift für Pädagogik
ZfTS	Zeitschrift für Türkeistudien
zit.	zitiert
ZMD	Zentralrat der Muslime in Deutschland e. V.
ZPT	Zeitschrift für Pädagogik und Theologie
ZRG Kan. Abt.	Zeitschrift der Savigny-Stiftung für Rechtsgeschichte. Kanonistische Abteilung
ZRP	Zeitschrift für Rechtspolitik
z. T.	zum Teil
ZThK	Zeitschrift für Theologie und Kirche
zugl.	zugleich
zust.	zustimmend

Einleitung

Der Islam ist in Deutschland institutionell nicht in vergleichbarer Weise organisiert wie die christlichen Kirchen. Dies liegt nicht zuletzt daran, dass er hier erst seit relativ kurzer Zeit verstärkt präsent ist und noch immer eine Minderheitenreligion darstellt. Diese Situation lässt nach den Voraussetzungen der traditionellen staatskirchenrechtlichen Institutionalisierungen fragen. In der juristischen Literatur wurde und wird neben dem Problem des Körperschaftsstatus für islamische Vereinigungen auch die Frage der Einrichtung von islamischem Religionsunterricht als ordentliches Lehrfach an den öffentlichen Schulen auf breiter Ebene diskutiert. In einigen Ländern liegen Anträge auf Erteilung von islamischem Religionsunterricht vor.[1] Die hiermit verbundenen Rechtsprobleme haben in Nordrhein-Westfalen[2] und Hessen[3] bereits die Verwaltungsgerichtsbarkeit beschäftigt.

An die Einführung von regulärem islamischen Religionsunterricht schließt sich ein weiteres Problemfeld staatskirchenrechtlicher Institutionalisierung des Islam an: die Schaffung islamischer Einrichtungen an den staatlichen Hochschulen – singulärer Lehrstühle ebenso wie Fakultäten –, die Aufgaben im Rahmen der Religionslehrerausbildung übernehmen könnten. Die Übernahme weiterer Aufgaben ist nicht ausgeschlossen, so solcher im Rahmen der Ausbildung von Geistlichen oder Seelsorgern. Grundsätzlich ist auch die Gründung freier Hochschulen in Trägerschaft islamischer Organisationen denkbar, doch die Einrichtung gerade von islamischen Lehrstühlen an den staatlichen Hochschulen wird nicht nur im vorwiegend juristischen Schrifttum[4] und in der Presse[5] gefordert, sondern gerade auch von islamischer Seite. Als muslimische Vereinigungen mit nennenswerter Mitgliederzahl, die theologische Lehrstühle fordern, sind der Islamrat für die Bundesrepublik Deutschland e. V.,[6] der Verband islamischer Kulturzentren in Deutschland e. V.,[7] der Zentralrat der Muslime in Deutschland e. V. (ZMD)[8] sowie regional begrenzt auch die Islamische Religionsgemeinschaft

[1] Vgl. Frage 13. f) („In welchen Bundesländern liegen Anträge islamischer Religionsgemeinschaften auf Erteilung islamischen Religionsunterrichts als ordentliches Lehrfach in den öffentlichen Schulen entsprechend Art. 7 Abs. 3 GG vor?") der Großen Anfrage „Islam in Deutschland" der Fraktion der CDU/CSU, BT-Drs. 14/2301 v. 01.12.1999, S. 5 und die Antwort der Bundesregierung, BT-Drs. 14/4530 v. 08.11.2000, S. 42.

[2] VG Düsseldorf, NWVBl. 2001, S. 110-114; VG Düsseldorf, NWVBl. 2002, S. 196-200; OVG NRW, NWVBl. 2004, S. 224-230 und Besprechung von *Stock*, NVwZ 2004, S. 1399-1405.

[3] Vgl. *Rainer*, Kein islamischer Religionsunterricht an hessischen Schulen, Pressemitteilung des VG Wiesbaden v. 15.06.2004.

[4] Vgl. nur *Oebbecke*, epd 2/00, S. 3, 11.

[5] Vgl. *Jähner*, BZ v. 14.10.2000, Feuilleton; *Spiewak*, Die Zeit v. 02.03.2000, S. 32.

[6] *Aries*, in: Islamischer Religionsunterricht, S. 15, 15 für die Lehrerausbildung; *Kizilkaya*, in: Muslimische Gemeinschaften, S. 63, 64f. für die Ausbildung islamischer Gelehrter und islamischer Religionslehrer. Das Memorandum zur Frage des Islamischen Religionsunterrichts des Islamrates für die Bundesrepublik Deutschland e. V. (abgedr. bei *Schreiner/Wulff*, S. 43) besagt, dass Voraussetzung für einen ordnungsgemäßen Religionsunterricht die Ausbildung von Lehrern an den Hochschulen sei, an denen hierfür Lehrstühle errichtet werden müssten. Die Examina seien an den Hochschulen abzulegen.

[7] *Çavdar*, in: Beauftragte der Bundesregierung für Ausländerfragen, S. 82, 83.

[8] *Asiye Köhler*, epd 2/00, S. 31, 31; *dies.*, in: Islamischer Religionsunterricht, S. 43, 43 und 46; *Ayyub A. Köhler*, in: Muslimische Gemeinschaften, S. 71, 77. Dieses Anliegen geht auch aus Punkt 20 der

Hessen e. V. (IRH),[9] die SCHURA Niedersachsen[10] und der Rat der islamischen Gemeinschaften in Hamburg e. V.[11] zu nennen. Aber auch außerhalb des sunnitischen und schiitischen Spektrums findet sich die Forderung der Einrichtung islamisch-theologischer Lehrstühle an staatlichen Hochschulen, so bspw. von der Förderation der Aleviten-Gemeinden in Deutschland e. V.[12] Als Funktion der islamischen Lehrstühle wird von all diesen Vereinigungen grundsätzlich die Ausbildung islamischer Religionslehrer genannt, zum Teil auch zusätzlich die Ausbildung islamischer Gelehrter/ Geistlicher. Seitens der IRH und des Alevitischen Kulturzentrums in Hamburg wird weiterhin Ausbildungsbedarf für islamische Seelsorger in Gefängnissen und Krankenhäusern gesehen.[13]

Noch im Jahr 2000 konnte in der Antwort der Bundesregierung im Rahmen der Großen Anfrage der Fraktion der CDU/CSU zu „Islam in Deutschland" im Bundestag auf die Frage nach der Anzahl von Lehrstühlen für Islamische Theologie und Islamkunde konstatiert werden, dass der Bundesregierung bislang keine Lehrstühle für Islamische Theologie bekannt seien,[14] ebenso wie die Antwort auf die Frage nach Plänen zur Einrichtung oder Erweiterung von islamischen Lehrstühlen lautete, dass seitens der Bundesregierung keine Kenntnis über derartige Pläne bestehe.[15] Nach Mitteilung der Länder und der Hochschulrektorenkonferenz seien weiter auch keine Studiengänge für islamischen Religionsunterricht bekannt.[16] Diese Auskünfte stellen sich mittlerweile als überholt dar. In einigen Ländern wurden Projekte zur Schaffung islamischer Hochschuleinrichtungen und/oder islamischer Studiengänge in Angriff genommen, die ei-

---

Islamischen Charta hervor, die der ZMD in seiner Vertreterversammlung v. 03.02.2002 verabschiedet hat: „Einrichtung von Lehrstühlen zur akademischen Ausbildung islamischer Religionslehrer und Vorbeter (Imame)", abgedr. bei *Fauzi*, S. 135ff. Für Baden-Württemberg auch *Ghalaini*, in: Einführung des islamischen Religionsunterrichts in BW, S. 20, 21.

[9] *W. Bauer*, in: Schreiner/Wulff, S. 133, 135; *Zaidan*, in: Beauftragte der Bundesregierung für Ausländerfragen, S. 53, 59ff. mit der Forderung nach Einrichtung eines Lehrstuhls für Islamologie.

[10] *Abdel-Rahman*, in: Islamischer Religionsunterricht in Nds, S. 107, 108f. Zum Begriff Schura S. 21.

[11] *Yoldaş*, in: Akademie der Weltreligionen, S. 141, 141ff.

[12] *Kaplan*, in: Islam und Bildung, S. 159, 161: „Die Lehrer des Religionsunterrichts sollen an den Universitäten ausgebildet werden. (...) Die geplanten Lehrstühle für Islamwissenschaft oder Pädagogik sollen den alevitischen Teil der Theologie gleichzeitig decken. Wir haben daran Interesse, dass das Alevitentum ein Bestandteil der zukünftigen Theologie wird."

[13] *Zaidan/Khan/Kuruyüz*, S. 58 für die IRH; vgl. auch *Renkliçay/Kilavuz*, in: Akademie der Weltreligionen, S. 129, 130 mit der Forderung nach Ausbildung von Seelsorgern für das Alevitische Kulturzentrum.

[14] Vgl. Frage 14 („Wie viele Lehrstühle für islamische Theologie und Islamkunde gibt es an deutschen Hochschulen?") der Großen Anfrage „Islam in Deutschland" der Fraktion der CDU/CSU, BT-Drs. 14/2301 v. 01.12.1999, S. 6 und die Antwort der Bundesregierung, BT-Drs. 14/4530 v. 08.11.2000, S. 44.

[15] Vgl. Frage 14. d) („In welchen deutschen Universitäten gibt es Pläne zur Einrichtung oder Erweiterung von Lehrstühlen für islamische Theologie?") der Großen Anfrage „Islam in Deutschland" der Fraktion der CDU/CSU, BT-Drs. 14/2301 v. 01.12.1999, S. 6 und die Antwort der Bundesregierung, BT-Drs. 14/4530 v. 08.11.2000, S. 46.

[16] Vgl. Frage 14. a) („Im Rahmen welcher Studiengänge können Lehrer für islamischen Religionsunterricht an deutschen Hochschulen ausgebildet werden?") der Großen Anfrage „Islam in Deutschland" der Fraktion der CDU/CSU, BT-Drs. 14/2301 v. 01.12.1999, S. 5 und die Antwort der Bundesregierung, BT-Drs. 14/4530 v. 08.11.2000, S. 44.

nen unterschiedlichen Realisierungsgrad aufweisen und allesamt zumindest im Hinblick auf die Entwicklung der Studiengänge derzeit noch nicht abgeschlossen sind. Diese Projekte lenken den Blick auch auf diesen Bereich staatskirchenrechtlicher Institutionalisierung.

Gegenstand der vorliegenden Untersuchung im rechtlichen Teil sind entsprechend der aufgeworfenen staatskirchenrechtlichen Situation nur theologische Hochschuleinrichtungen und keine der Islamwissenschaft; dies folgt bereits aus ihrer Funktion auch für den islamischen Religionsunterricht i. S. v. Art. 7 Abs. 3 S. 1 GG, wie er von den genannten islamischen Vereinigungen durchweg gefordert wird. Im Zentrum der Untersuchung stehen die mit der Errichtung und Einrichtung von islamischen Lehrstühlen und Fakultäten verbundenen Verfassungsfragen. Dabei finden ausschließlich staatliche Hochschulen i. S. d. HRG und der Landeshochschulgesetze, bei denen das Land Träger ist,[17] Berücksichtigung. Die Hochschulen der Bundeswehr in Trägerschaft des Bundes bleiben mithin von der Darstellung ausgeschlossen.[18]

Die Arbeit beginnt mit einem Überblick über die bisherigen Ansätze in den Ländern zur Errichtung und Einrichtung von theologischen und ausgewählten religionswissenschaftlichen Lehrstühlen (Erster Abschnitt). Die Übersicht dient auch dazu, mögliche Problemfelder, die sich bei der Schaffung islamischer Hochschuleinrichtungen insgesamt ergeben könnten, sichtbar werden zu lassen. Errichtung bedeutet dabei ausschließlich die Entscheidung über die Bildung einer Verwaltungseinheit, einer Behörde oder eines Verwaltungsträgers einschließlich dessen organisatorischer Ausgestaltung zuzüglich der Festlegung von Zuständigkeiten. Die Einrichtung umfasst darüber hinaus die konkrete Ausstattung mit Planstellen für Personal, Räumlichkeiten und den notwendigen Sachmitteln.[19]

In einem zweiten Schritt bedarf näherer Erläuterung, ob Ansprüche auf Einrichtung islamischer Hochschuleinrichtungen – Fakultäten und Lehrstühle – bestehen (Zweiter Abschnitt). Die Frage nach den Ansprüchen besitzt Relevanz, da noch nicht ausgeschlossen werden kann, dass die islamischen Religionsgemeinschaften zumindest in einigen Ländern auf vergleichbaren Widerstand wie bei der Etablierung islamischen Religionsunterrichtes als ordentliches Lehrfach an den öffentlichen Schulen stoßen könnten. Landesverfassungen und einfach-rechtliche Normierungen bleiben – der Beschränkung der Arbeit auf Grundgesetzfragen folgend – von der Untersuchung ausgeschlossen.

Die mit der Einrichtung verbundenen Fragestellungen werden im Dritten Abschnitt erörtert. Dabei ist zu klären, ob Einvernehmen mit der Religionsgemeinschaft herzustellen ist und ob eine den jeweiligen Anspruchsvoraussetzungen genügende islamische Religionsgemeinschaft einen Anspruch hat, dass die mit der Er- und Einrichtung der islamischen Lehrstühle/Fakultäten verbundenen Fragestellungen in der Form eines Staatskirchenvertrages geregelt werden (Dritter Abschnitt A.).

---

[17] *Lorenz*, in: Hailbronner/Geis, HRG, § 70, Rn. 4; für Nordrhein-Westfalen auch *Görisch*, in: Leuze/Epping, HG NRW, § 113, Rn. 28.

[18] Vgl. zu der Theologie an den Hochschulen der Bundeswehr *Ruh*, HK 1995, S. 293, 294.

[19] *Maurer*, VerwR, § 21, Rn. 58; vgl. *Wolff/Bachof*, VerwR II, § 78 I b.

Ausgewählte Möglichkeiten der Hochschulorganisation für die islamische Theologie werden im Anschluss dargestellt. Damit wird eine nicht-verfassungsrechtliche Fragestellung wegen ihrer engen Verknüpfung mit der Wissenschaftsfreiheit in die Untersuchung einbezogen (Dritter Abschnitt B.).

Die Untersuchung wird sich nicht auf die Einrichtung selbst beschränken, sondern Aspekte einbeziehen, die sich aus der Bekenntnisrelevanz bestimmter Angelegenheiten der islamischen Hochschuleinrichtungen ergeben und so auch die Aufgabenwahrnehmung der islamischen Lehrstühle und Fakultäten betreffen (Vierter Abschnitt).
Dabei ist zunächst in Parallelität jeweils zu der Katholischen und Evangelischen Kirche an Mitwirkungsrechte der islamischen Religionsgemeinschaften zu denken, die sowohl Personalangelegenheiten (Vierter Abschnitt A. I.) als auch Satzungen – Studien- und Prüfungsordnungen (Vierter Abschnitt A. II.) ebenso wie Promotions- und Habilitationsordnungen (Vierter Abschnitt A. III.) – betreffen könnten. Angesichts des bisherigen Fehlens eines Staatskirchenvertrages bei allen islamischen Vereinigungen muss die Herleitung der Mitwirkungsrechte, ebenso wie Aussagen zu ihrem Umfang, am Maßstab der Verfassung erfolgen.
Das religiöse Bekenntnis findet seinen Ausdruck auch in der Lehre. Anlässlich der aktuell geführten Diskussion zu den Grenzen des inhaltlichen Bestimmungsrechts islamischer Religionsgemeinschaften für die Erteilung islamischen Religionsunterrichts an öffentlichen Schulen wird der Versuch unternommen, die inhaltlichen Begrenzungen der Lehre an theologischen Hochschuleinrichtungen aufzuzeigen (Vierter Abschnitt B.). Dabei wird mit der bloßen Annahme einer Religionsgemeinschaft mit entsprechenden Glaubenslehren gearbeitet.

Erster Abschnitt: Errichtung und Einrichtung von Lehrstühlen in den Ländern

Die Geschichte islamischer Einrichtungen an staatlichen Hochschulen ist im Vergleich zu jener der Evangelischen und Katholischen Kirche äußerst kurz: Sie umfasst erst wenige Jahre, selbst wenn auf den Beginn der Diskussion, oftmals in den Parlamenten der Länder angestoßen und dort geführt, und nicht auf die Errichtung und Einrichtung der jeweiligen Hochschuleinrichtung Bezug genommen wird. Die Behandlungen der Lehrstühle in den Landtagen finden daher neben der Darstellung der Ausgestaltung der eingerichteten oder in der Einrichtung befindlichen Lehrstühle Berücksichtigung.
Die Diskussionen in den Landesparlamenten können auch Aufschluss über rechtliche Problemstellungen geben und präjudizieren zum Teil die konkreten Gestaltungen. Die Einbeziehung ausgewählter religionswissenschaftlicher Lehrstühle, die nicht Gegenstand vorliegender Untersuchung im rechtlichen Teil sind, legitimiert sich aus dem Umstand, dass auch bei diesen Lehrstühlen die Lehrerausbildung oder Ausbildung von Geistlichen betroffen oder berührt ist und – nicht zuletzt auch aus diesem Grund – sich eine genaue Unterscheidung des theologischen oder religionswissenschaftlichen Charakters der jeweiligen Hochschuleinrichtung als schwierig herausstellen kann.[1] Für die Einrichtung des religionswissenschaftlichen Münsteraner Lehrstuhls „Religion des Islam" kommt noch der Zusammenhang mit der gescheiterten Einrichtung eines theologischen Lehrstuhls an der Universität in Bonn hinzu, der eine Darstellung nahe legt.

Die Lehrstühle können für diese Darstellung in theologische und religionswissenschaftliche getrennt werden. Theologie setzt eine Identifikation des Wissenschaftlers mit seinem Bekenntnis voraus, dessen Wahrheit sein Ausgangspunkt ist und die er tiefer durchdringen soll.[2] Damit ist die Theologie eine der Offenbarung verpflichtete Wissenschaft und versteht die Religion auf Grund eines Zugangs, der vom Glauben und religiösen Eigenerleben geprägt ist.[3] Theologie ist keine Wissenschaft über den Glauben, sondern aus dem Glauben heraus, so dass der Glaube nicht nur Gegenstand, sondern Voraussetzung, Fundament und Ziel aller Erkenntnisbemühung ist.[4] Die Religionswissenschaft beschäftigt sich demgegenüber in distanziert-neutraler Haltung mit der Religion von außen, ist so ein Teilbereich der Philosophie, bedient sich säkularer wissenschaftlicher Maßstäbe, hat von keinen bestimmten wahrheitsmäßigen Voraussetzungen auszugehen und wird daher in gänzlicher Unabhängigkeit von einem vorgegebenen religiösen oder weltanschaulichen Bekenntnis gelehrt und erforscht.[5] Der Religionswissenschaftler möchte nicht bezeugen, sondern verstehen.[6] Auf eine Kurzfor-

---

[1] So nennt auch *Lähnemann*, MUM 04/2003, S. 8, 9 die Münsteraner Professur „Religion des Islam" im Rahmen der Vorarbeiten an verschiedenen Universitäten für den Aufbau einer universitären Ausbildung von islamischen Religionslehrern.

[2] Ähnlich *Kriewitz*, Errichtung, S. 131.

[3] *Bürkle*, Art. Religionswissenschaft, StL IV, Sp. 845, 847; *Thieme*, Rn. 156 sieht das Beruhen auf einem Glaubensfundament als Eigenart der Theologie; ähnl. *Riedel-Spangenberger*, in: Theologie, S. 219, 233 mit der Charakterisierung der Theologie als Glaubenswissenschaft.

[4] *Kasper*, Art. Theologie, StL V, Sp. 450, 454.

[5] *Kriewitz*, Errichtung, S. 131; vgl. auch *Bürkle*, Art. Religionswissenschaft, StL IV, Sp. 845, 845ff.

[6] *v. Campenhausen*, HdbWissR I, S. 963, 970; vgl. *M. Heckel*, in: FS Link, S. 213, 246ff.

mel gebracht, unterscheidet sich die Theologie von der Religionswissenschaft in der Bindung an die Lehre der Religion.[7]

A. Errichtung und Einrichtung theologischer Lehrstühle

In Baden-Württemberg, Bayern, Hamburg, Niedersachsen und Nordrhein-Westfalen wurde die Er- und Einrichtung islamischer Lehrstühle im Landtag und/oder an den Hochschulen diskutiert.

I. Baden-Württemberg

Die Einrichtung eines islamischen Lehrstuhls war mehrfach in direkter oder indirekter Weise Gegenstand von Anträgen der fortgeschrittenen 12. als auch der 13. Wahlperiode im Landtag von Baden-Württemberg.

1. Der Antrag „Einführung des islamischen Religionsunterrichts in Baden-Württemberg" der Fraktion BÜNDNIS 90/DIE GRÜNEN vom 12.08.1999 beinhaltete das Ersuchen an die Landesregierung, eine Arbeitsgruppe mit der Aufgabe zu bilden, einen „Studienplan für einen einzurichtenden Studiengang ‚Islamische Theologie und Religionspädagogik' vorzubereiten"[8]. In der Begründung des Antrags wird die vom Ministerium für Kultus, Jugend und Sport postulierte Notwendigkeit eines hinreichend legitimierten Ansprechpartners auch für die Lehrerausbildung aufgegriffen: „Das Kultusministerium beruft sich dabei auf die fehlenden Voraussetzungen, insbesondere auf die fehlenden Ansprechpartner, die mit der notwendigen fachlichen Kompetenz und der notwendigen Legitimation die in Baden-Württemberg vorhandenen islamischen Gruppierungen in ausreichender Weise vertreten könnten, bei der inhaltlichen Ausgestaltung der Lehrpläne und der Lehrerausbildung."[9] In der anschließenden Stellungnahme führte das Ministerium aus, dass eine Steuerungsgruppe unter Leitung des Kultusministeriums eingerichtet werden sollte, der neben den von den Antragstellern für islamischen Religionsunterricht zu entsendenden Repräsentanten Vertreter der Islamwissenschaften, der Pädagogik sowie der Religionspädagogik und auf Wunsch der Muslime auch der christlichen Kirchen angehören sollten. Sie sollte auch die „zu prüfende Einrichtung eines künftigen Studiengangs ‚Islamische Religionslehre' vorbereiten."[10] Die Steuerungsgruppe wurde seitens des Ministeriums im April 2000 eingerichtet.[11] Auf Grund der zwischenzeitlich erfolgten Konstituierung empfahl der Ausschuss für Schule, Jugend und Sport, den Antrag für erledigt zu erklären,[12] was im Parlament auch geschah.[13]

2. Am 20.08.1999, eine gute Woche nach dem zuvor genannten Antrag, wurde ein Antrag auf „Einrichtung eines Lehrstuhles für islamische Theologie" der Fraktion

---

[7] *v. Campenhausen*, HdbWissR I, S. 963, 970; *M. Heckel*, Organisationsstrukturen, S. 33.
[8] Drs. BW 12/4327 v. 12.08.1999, S. 1.
[9] Drs. BW 12/4327 v. 12.08.1999, S. 2f.
[10] Stellungnahme mit Schreiben v. 03.09.1999, Drs. BW 12/4327 v. 12.08.1999, S. 4.
[11] *Aslan*, in: Christen und Muslime, S. 97, 102.
[12] Beschlussempfehlung und Bericht, Drs. BW 12/5589 v. 20.09.2000, S. 17.
[13] PlProt. BW 12/97 v. 26.10.2000, S. 7598.

BÜNDNIS 90/DIE GRÜNEN, der zunächst als Gastlehrstuhl für die Dauer von drei bis fünf Jahren ausgestaltet und später zu einer ständigen Professur umgewandelt werden sollte, in den Landtag eingebracht.[14] Der Antrag forderte auch dazu auf, in der Stellenausschreibung die Notwendigkeit der Zusammenarbeit mit einer Pädagogischen Hochschule im Hinblick auf die Lehrerausbildung für den islamischen Religionsunterricht zu betonen.[15] Das Ministerium für Wissenschaft, Forschung und Kunst nahm zu dem Antrag derart Stellung, dass es im Hinblick auf die noch zu klärenden Fragen im Vorfeld einer Errichtung und im Hinblick auf die finanziellen Rahmenbedingungen weder die Notwendigkeit noch eine Veranlassung sehe, einen Lehrstuhl für Islamische Theologie an einer baden-württembergischen Universität einzurichten. Weiterhin seien die an dieser Professur vermittelten Lehrinhalte noch nicht eindeutig einem oder mehreren Studiengängen zugeordnet. Insbesondere wurde seitens des Ministeriums neben dem Hinweis auf die Unterscheidung von Theologie und Religionswissenschaft die Problematik eines Ansprechpartners auf islamischer Seite angesprochen: „Im Hinblick auf die Ausbildungsfunktion einer Professur, im konkreten Falle vor allem für die Bestimmung und die Vermittlung der theologischen Lehrinhalte, wäre eine Antwort auf die Vorfrage von Bedeutung, ob die einzurichtende Professur religionswissenschaftlich neutral oder aber, wie bei deutschen Theologen, mit einer Bindung an kirchliche Lehren ausgerichtet wird und welche der im Islam vorhandenen religiösen Richtungen als Maßstab und auch als Ansprechpartner auszuwählen wäre."[16] Nach einer Aussprache im Ausschuss für Wissenschaft, Forschung und Kunst lautete dessen Beschlussempfehlung, ergangen mit 11:6 Stimmen, dem Plenum die Ablehnung des Antrages zu empfehlen.[17] In der Sitzung des Ausschusses wies eine Abgeordnete von BÜNDNIS 90/DIE GRÜNEN auf die Pflicht des Staates zur Unterstützung der Religionsausübung hin, auf Grund derer ein Lehrstuhl für Islamische Theologie eingerichtet werden sollte, sowie weiter auf die Notwendigkeit der wissenschaftlichen Unterstützung des islamischen Religionsunterrichts, für dessen Realisierung eine Arbeitsgruppe eingerichtet worden sei.[18] Ein Abgeordneter der FDP/DVP merkte entsprechend der Stellungnahme des Ministeriums an, dass geklärt werden müsse, „an welcher Richtung des Islam sich dieser Lehrstuhl ausrichten sollte"[19]. Diese Bemerkung beruht ebenfalls auf der Annahme, dass eine islamische Vereinigung als Ansprechpartner für einen theologischen Lehrstuhl gewonnen werden muss. Auch die Frage einer Mitwirkung der islamischen Religionsgemeinschaft in Personalangelegenheiten wurde seitens eines CDU-Abgeordneten thematisiert: „Im Übrigen müsste, wenn ein Lehrstuhl für islamische Theologie eingerichtet würde, wie bei der Schaffung eines Lehrstuhls für christliche Theologie eine Verbindung zwischen demjenigen, der unterrichte, und denjenigen, für den er

---

[14] Drs. BW 12/4342 v. 20.08.1999, S. 1.

[15] A. a. O.

[16] Stellungnahme mit Schreiben v. 20.09.1999, Drs. BW 12/4342 v. 20.08.1999, S. 3. Zu den Anforderungen an eine Religionsgemeinschaft i. S. d. GG S. 48ff.

[17] Beschlussempfehlung v. 12.10.2000, Drs. BW 12/5683, ausgegeben am 23.11.2000, S. 22.

[18] Bericht der Sitzung v. 12.10.2000, Drs. BW 12/5683, ausgegeben am 23.11.2000, S. 22.

[19] Bericht der Sitzung v. 12.10.2000, Drs. BW 12/5683, ausgegeben am 23.11.2000, S. 23.

unterrichte, hergestellt werden, indem die Kirche das nihil obstat erteile."[20] Der Beschlussempfehlung des Ausschusses folgend lehnte das Plenum den Antrag ab.[21]

3. In der folgenden 13. Wahlperiode wurden im November 2001 mehrere Anträge gestellt, die – zumindest auch – die Einrichtung von Lehrstühlen betrafen. Am 08.11.2001 wurde ein Antrag „Integration von Migranten in Baden-Württemberg" der Fraktion der SPD in den Landtag eingebracht, der die Landesregierung u. a. um die Einrichtung von Professuren für islamische Religionspädagogik an baden-württembergischen Universitäten und Pädagogischen Hochschulen ersuchen wollte.[22] Das Innenministerium wies in seiner Stellungnahme darauf hin, dass die Frage der wissenschaftlichen Ausbildung der Lehrkräfte für islamischen Religionsunterricht mit den in Betracht kommenden Hochschulen in Abstimmung mit den islamischen Gesprächspartnern zu erörtern sein werde, sobald über die Einführung des islamischen Religionsunterrichts und dessen Inhalte entschieden worden sei.[23] Erneut wird so auf das Erfordernis eines Ansprechpartners auf islamischer Seite Bezug genommen. Nach Überweisung an den Innenausschuss[24] sah dessen Beschlussempfehlung für den Teil des Antrages, der die Einrichtung der Professuren betraf, die Erledigterklärung im Hinblick auf ein noch fehlendes Zuwanderungsgesetz vor.[25] Der Beschlussempfehlung wurde im Plenum gefolgt.[26]

4. Der am 27.11.2001 eingebrachte Antrag „Einrichtung von Pilotprojekten für die Einführung des islamischen Religionsunterrichts zum Schuljahr 2002/2003" enthielt als Vorschlag einer Maßnahme zur Ermöglichung des Pilotprojekts, die „Pädagogischen Hochschulen Karlsruhe und Ludwigsburg (Lehrstühle für Theologie, Prof. Müller und Prof. Schneider) und die Universität Tübingen (Institut für ökumenische Forschung, Prof. Baumann) zu beauftragen, gemeinsam mit den antragstellenden islamischen Religionsgemeinschaften ein Weiterbildungskonzept zu erstellen, mit dem Lehrkräfte muslimischen Glaubens für die Erteilung des Religionsunterrichts bis zum Schuljahresbeginn 2002/2003 qualifiziert werden können."[27] Die Einrichtung eines Lehrstuhls war mit der Erstellung eines Weiterbildungskonzeptes noch nicht vorgesehen. Die Stellungnahme des Ministeriums für Kultus, Jugend und Sport wies darauf hin, dass die in der Steuerungsgruppe versammelten Antragsteller sich darauf verständigt hätten, die Kriterien und Inhalte für einen islamischen Religionsunterricht schrittweise gemeinsam erarbeiten zu wollen.[28]

---

[20] Bericht der Sitzung v. 12.10.2000, Drs. BW 12/5683, ausgegeben am 23.11.2000, S. 24. Zu den Mitwirkungsrechten in Personalangelegenheiten S. 149ff.
[21] PlProt. BW 12/99 v. 23.11.2000, S. 7771.
[22] Drs. BW 13/432 v. 08.11.2001, S. 2.
[23] Stellungnahme mit Schreiben v. 17.12.2001, Drs. BW 13/432 v. 08.11.2001, S. 13.
[24] PlProt. BW 13/33 v. 13.11.2002, S. 2109.
[25] Beschlussempfehlung und Bericht v. 18.12.2002, Drs. BW 13/1725, ausgegeben am 14.02.2003, S. 25.
[26] PlProt. BW 13/40 v. 20.02.2003, S. 2692.
[27] Antrag der Fraktion BÜNDNIS 90/DIE GRÜNEN, Drs. BW 13/490 v. 27.11.2001, S. 2.
[28] Stellungnahme mit Schreiben v. 17.12.2001, Drs. BW 13/490 v. 27.11.2001, S. 4.

5. Der vom 28.11.2001 datierende Antrag „Islamischer Religionsunterricht in deutscher Sprache“ von Abgeordneten verschiedener Fraktionen erstrebte die Vorlage eines Sachstandsberichts der Steuerungsgruppe „Islamunterricht“ beim Kultusministerium und darin auch Antworten auf die Fragen, „inwieweit geeignetes pädagogisches Lehrpersonal zur Verfügung stehen wird, wie die künftige Lehrerausbildung erfolgen soll (...)“[29]. Die Einrichtung islamischer Lehrstühle wird im Antrag nicht ausdrücklich gefordert. Die Stellungnahme des Ministeriums für Kultus, Jugend und Sport enthielt die gleiche inhaltliche Aussage wie zum vorgenannten Antrag der Fraktion von BÜNDNIS 90/DIE GRÜNEN.[30]

6. Am 29.01.2002 wurde ein Antrag „Islamwissenschaften an den baden-württembergischen Hochschulen“ von Abgeordneten der SPD eingebracht, in dem trotz des Titels auch die Frage der theologischen Ausbildung von Religionslehrern als eine der Maßnahmen, um die die Landesregierung ersucht werden sollte, angesprochen wurde: „welche Voraussetzungen geschaffen werden müssen, um auf der Basis der unter 1. nachgefragten Lehr- und Forschungseinrichtungen qualitativ und quantitativ angemessen dem Bedarf entsprechen zu können, der mit der Einführung islamischen Religionsunterrichts in staatsaufsichtlicher Verantwortung auf die Hochschulen zukommt.“[31] Der gesamte Antrag wurde damit begründet, dass die Einführung eines islamischen Religionsunterrichts Vorbereitungen für eine Unterrichtskompetenz gebiete, die möglichst qualifiziert sei, auf Forschung basiere, durch wissenschaftliche Lehre vermittelt und vom Wertekanon der Verfassung geleitet sei.[32] In der Stellungnahme des Ministeriums für Wissenschaft, Forschung und Kunst wurde explizit auf die Stellungnahme zum vorgenannten Antrag „Einrichtung eines Lehrstuhles für islamische Theologie“ verwiesen.[33] Weiter führte das Ministerium aus: „Die Bedarfsaspekte und die Problematik der islamisch-theologischen Kompetenzen des dafür erforderlichen Lehrpersonals sind bislang noch nicht so weit geklärt, dass dem Wissenschaftsministerium eine Bestimmung möglicherweise bereitzustellender zusätzlicher Ressourcen, bspw. zusätzlicher islamischer theologischer Professuren, möglich wäre.“[34] Bei der Aussprache über die Regierungserklärung zur Integrationspolitik im Plenum wurde ebenfalls deutlich, dass die Fraktionen von BÜNDNIS 90/DIE GRÜNEN und SPD die Errichtung eines islamischen Lehrstuhls anstreben: „Wir schlagen außerdem vor, einen Lehrstuhl für islamische Theologie an einer baden-württembergischen Universität auszuschreiben, um die Herausbildung einer eigenen muslimischen Identität in Europa zu unterstützen.“[35] Diese Forderung erhielt Beifall von Abgeordneten der SPD und BÜNDNIS 90/DIE GRÜNEN.[36]

---

[29] Antrag der Abg. *Wacker* u. a. (CDU), *Zeller* u. a. (SPD), *Kleinmann* (FDP/DVP), *Rastätter* (BÜNDNIS 90/DIE GRÜNEN), Drs. BW 13/493 v. 28.11.2001, S. 1.

[30] Stellungnahme mit Schreiben v. 17.12.2001, Drs. BW 13/493 v. 28.11.2001, S. 1.

[31] Antrag des Abg. *Bregenzer* u. a. (SPD), Drs. BW 13/696 v. 29.01.2002, S. 2.

[32] Drs. BW 13/696 v. 29.01.2002, S. 2.

[33] Stellungnahme mit Schreiben v. 28.02.2002, Drs. BW 13/696 v. 29.01.2002, S. 5.

[34] A. a. O.

[35] Abg. *Bauer* (BÜNDNIS 90/DIE GRÜNEN), PlProt. BW 13/22 v. 07.03.2002, S. 1233.

[36] PlProt. BW 13/22 v. 07.03.2002, S. 1233.

Die Beschlussempfehlung des Ausschusses für Wissenschaft, Forschung und Kunst empfahl die Erledigterklärung des Antrags im Hinblick auf den Umstand, dass erst dann, wenn islamischer Religionsunterricht an den Schulen eingeführt sei, sich die Frage der Lehrerausbildung an den Pädagogischen Hochschulen und/oder Universitäten je nach der Schulart, an der der Unterricht existiere, stelle.[37] Das Plenum folgte der Beschlussempfehlung des Ausschusses.[38]

Zusammenfassend bleibt festzuhalten, dass in Baden-Württemberg bislang kein konkretes Projekt zur Einrichtung eines islamisch-theologischen Lehrstuhls auf den Weg gebracht wurde. Die Ausbildung von Lehrkräften an staatlichen Hochschulen wird seitens der muslimischen Teilnehmer der Steuerungsgruppe weiterhin gefordert; im Hinblick auf die überwiegende Mehrheit der muslimischen Kinder, die Grund-, Haupt- und Realschulen in Baden-Württemberg besuchen, soll diese an den Pädagogischen Hochschulen des Landes erfolgen. Konkret angestrebt wird eine Professur für Islamische Theologie und Religionspädagogik.[39] Ein zügiger Erfolg der Steuerungsgruppe im Hinblick auf die Einführung von islamischem Religionsunterricht zeichnet sich derzeit nicht ab. In einer Presseerklärung des Landtags vom 21.11.2002 wird der SPD-Abgeordnete *Wintruff*, Vorsitzender des Schulausschusses, wörtlich zitiert: „Hoffnungen auf eine kurzfristige modellhafte Einführung des islamischen Religionsunterrichts haben sich jedoch nach neu hinzugekommenen Problemen innerhalb der Steuerungsgruppe zerschlagen.“[40] Das laufende Verfahren mit der Zielsetzung der Einführung eines echten islamischen Religionsunterrichts in deutscher Sprache soll jedoch nach Auffassung des Schulausschusses weiter fortgeführt werden.[41]

II. Bayern

1. Behandlung im Landtag

In Bayern beginnt die Entwicklung ebenfalls im Parlament mit drei am 26.01.1999 eingebrachten Anträgen mit engem sachlichen Zusammenhang.[42] Die Anträge dürfen bereits nach Aussagen der Antragsteller nicht isoliert betrachtet werden.[43] Zum islamischen Religionsunterricht, der ebenfalls Gegenstand dieser Anträge ist, gab es zahlreiche weitere Anträge.

a) Zunächst wurde ein Antrag „Ausbildung der Lehrkräfte für islamischen Religionsunterricht“ von Abgeordneten aus dem BÜNDNIS 90/DIE GRÜNEN und der Fraktion BÜNDNIS 90/DIE GRÜNEN eingebracht mit der Forderung, islamische Religionslehrer an einer bundesdeutschen oder anerkannten ausländischen Hochschule auszubil-

---

[37] Drs. BW 13/955 v. 21.03.2002, S. 31f.
[38] PlProt. BW 13/26 v. 16.05.2002, S. 1570.
[39] *Aslan*, in: Muslime und Christen, S. 97, 103f.
[40] Landtag Baden-Württemberg, Pressemitteilung Nr. 97/2002 v. 21.11.2002; *Jurina*, in: FS Rüfner, S. 381, 388.
[41] Landtag Baden-Württemberg, Pressemitteilung Nr. 97/2002 v. 21.11.2002.
[42] Drs. BW 14/253 v. 26.01.1999, 14/254 v. 26.01.1999, 14/255 v. 26.01.1999.
[43] Abg. *Münzel* (BÜNDNIS 90/DIE GRÜNEN), 15. HO Bay v. 16.06.1999, S. 9.

den.[44] Dieser Antrag legt – isoliert betrachtet – nicht ausdrücklich fest, dass die Einrichtung des Lehrstuhls in Bayern erfolgen soll. Eine erstmalige Beratung im federführenden Ausschuss für Bildung, Jugend und Sport erfolgte am 11.11.1999.[45] Der Antrag wurde dort bis zum 16.03.2000 zurückgestellt.[46] Weiter wurden in diesem Ausschuss an diesem Tag auch inhaltlich verbundene andere Anträge, auf die zum Teil im Folgenden zurückzukommen sein wird, beraten und teilweise ebenfalls zurückgestellt.[47]
In der Ausschusssitzung wurde die Frage eines Ansprechpartners thematisiert. *Hörlein* aus dem Wissenschaftsministerium bemerkte, dass die Ernennung eines Professors für Islamische Religion in irgendeiner Weise mit der Religionsgemeinschaft abgestimmt werden müsse. Aller Voraussicht nach werde der Betreffende Muslim sein müssen, denn alle Theologen gehörten der jeweiligen Religion an. Doch bislang fehle es am Ansprechpartner.[48]
Auf Grund der erneuten Beratung im federführenden Ausschuss für Bildung, Jugend und Sport am 26.10.2000[49] wurde der Antrag noch am gleichen Tag zurückgezogen.[50]
In dieser Sitzung des Ausschusses wurden auch im Folgenden zu erörternde andere Anträge beraten und ebenfalls entweder zurückgestellt oder zurückgezogen.[51] Diese Vorgehensweise steht im Zusammenhang mit der Zustimmung zum interfraktionellen Antrag Drucksache 14/4603, auf den zurückzukommen sein wird.[52]

b) Am gleichen Tag wurde in den Landtag von den gleichen Antragstellern ein Antrag „Islamischer Religionsunterricht" eingebracht, der die Initiierung eines Runden Tisches auch mit folgendem Ziel zum Gegenstand hatte: „Der islamische Religionsunterricht ist von Lehrkräften zu erteilen, die eine Lehrbefähigung für islamischen Religi-

---

[44] Antrag des Abg. *Kellner* u. a. und der Fraktion BÜNDNIS 90/DIE GRÜNEN, Drs. Bay 14/253 v. 26.01.1999, S. 1.
[45] Berichterstatterin *Münzel* (BÜNDNIS 90/DIE GRÜNEN), 17. BI v. 11.11.1999, S. 5f.
[46] 17. BI Bay v. 11.11.1999, S. 18.
[47] 17. BI Bay v. 11.11.1999, S. 17. Weitere im Ausschuss beratene Anträge waren: 1. Drs. Bay 14/254 v. 26.01.1999 durch den Ausschuss unter seiner Federführung, ebenfalls zurückgestellt, hierzu direkt im Anschluss; 2. Drs. Bay 14/1607 v. 07.07.1999, Antrag des Abg. *Hahnzog* u. a. (SPD) „Integrationspolitik (XXII) Kindergarten und Schule (8) - Deutschsprachiger islamischer Religionsunterricht an öffentlichen Schulen in Bayern", nur Mitberatung durch den Ausschuss, ebenfalls zurückgestellt, hierzu auch Drs. Bay 14/10559 v. 17.10.2002 und Drs. Bay 14/10817 v. 12.11.2002.
[48] 17. BI Bay v. 11.11.1999, S. 17.
[49] Berichterstatterin *Münzel* (BÜNDNIS 90/DIE GRÜNEN), 37. BI Bay v. 26.10.2000, S. 13.
[50] Drs. Bay 14/4639 v. 26.10.2000, S. 1.
[51] 1. Drs. Bay 14/254 v. 26.01.1999, hierzu direkt im Anschluss; 2. Drs. Bay 14/1607 v. 07.07.1999, Antrag des Abg. *Hahnzog* u. a. (SPD) „Integrationspolitik (XXII) Kindergarten und Schule (8) - Deutschsprachiger islamischer Religionsunterricht an öffentlichen Schulen in Bayern", hierzu auch Drs. Bay 14/10559 v. 17.10.2002 und Drs. Bay 14/10817 v. 12.11.2002; 3. Drs. Bay 14/3931 v. 29.06.2000, Antrag des Abg. *Irlinger* u. a. (SPD), „Notwendige Schritte auf dem Weg zum islamischen Religionsunterricht an den bayerischen Schulen. Einrichtung von Modellversuchen", hierzu auch Drs. Bay 14/4640 v. 26.10.2000; 4. Drs. Bay 14/3932 v. 29.06.2000, Antrag des Abg. *Irlinger* u. a. (SPD), „Notwendige Schritte auf dem Weg zum islamischen Religionsunterricht an den bayerischen Schulen. Einführung eines Runden Tisches"; 5. Drs. Bay 14/4014 v. 07.07.2000, hierzu auch Drs. Bay 14/4642 v. 26.10.2000, näher S. 12f.
[52] Vgl. Vorsitzender *Knauer* (CSU), 37. BI Bay v. 26.10.2000, S. 13. Zum interfraktionellen Antrag Drs. Bay 14/4603 v. 26.10.2000 auf S. 13.

onsunterricht an einem Lehrstuhl für islamische Religionspädagogik an einer bundesdeutschen oder anerkannten ausländischen Hochschule erworben haben."[53] Der Antrag wurde am 11.11.1999[54] und am 26.10.2000[55] im federführenden Ausschuss für Bildung, Jugend und Sport beraten und zugunsten des interfraktionellen Antrags 14/4603 zurückgestellt.[56] Mit der Konstituierung des Landtags der 15. Wahlperiode ist der Antrag durch Diskontinuität verfallen.

c) Weiterhin wurde an diesem Tag von eben diesen Antragstellern ein Antrag „Lehrstuhl für islamische Religionspädagogik" in das Landesparlament mit dem Inhalt eingebracht, die Staatsregierung aufzufordern, sich für die Einrichtung eines Lehrstuhls für islamische Religionspädagogik einzusetzen und dieses Anliegen auch in die Kultusministerkonferenz zu tragen.[57] Der Antrag wurde federführend im Ausschuss für Hochschule, Forschung und Kultur beraten und dort mit den Stimmen der CSU gegen die Stimmen der SPD und des Vertreters von BÜNDNIS 90/DIE GRÜNEN abgelehnt.[58] Der Ausschuss beantragte Zustimmung zum vom Mitberichterstatter vorgeschlagenen Prüfungsantrag in folgender Fassung: „Die Staatsregierung wird um Prüfung der Frage ersucht, wie der von Art. 7 Abs. 3 GG geforderte Religionsunterricht als ordentliches Lehrfach auch für Schülerinnen und Schüler moslemischen Glaubens sichergestellt werden kann. Dabei soll insbesondere neben der Forderung, den Religionsunterricht in deutscher Sprache abzuhalten, die Frage nach der Einrichtung eines Lehrstuhls für islamische Religionspädagogik in die Überlegungen einbezogen werden."[59] Der Beschlussempfehlung des Ausschusses wurde im Plenum gefolgt, und so der geänderte Antrag angenommen.[60]

d) Der Dringlichkeitsantrag von CSU-Abgeordneten und Fraktion vom 27.01.2000 führte aus: „Der ‚islamische Religionsunterricht' soll weiter entwickelt und die Lerninhalte sollen zunehmend möglichst in deutscher Sprache vermittelt werden; die Klärung der verfassungsrechtlichen und religionspädagogischen Fragen ist erforderlich."[61] Ob den religionspädagogischen Fragen auch die Einrichtung von Lehrstühlen unterfällt, bleibt offen. Der Dringlichkeitsantrag wurde angenommen.[62]

e) Ebenso bleibt offen, ob die Aufforderung an die Landesregierung im Antrag „Islamischer Religionsunterricht/Islamische Unterweisung in deutscher Sprache" vom

[53] Antrag des Abg. *Kellner* u. a. und der Fraktion BÜNDNIS 90/DIE GRÜNEN, Drs. Bay 14/254 v. 26.01.1999, S. 1.
[54] 17. BI Bay v. 11.11.1999, S. 4ff.
[55] 37. BI Bay v. 26.10.2000, S. 8ff.
[56] Vgl. Berichterstatterin *Münzel* (BÜNDNIS 90/DIE GRÜNEN), wonach der Antrag zurückgestellt werden sollte; vgl. Vorsitzender *Knauer* (CSU), 37. BI Bay v. 26.10.2000, S. 13.
[57] Antrag des Abg. *Kellner* u. a. und der Fraktion BÜNDNIS 90/DIE GRÜNEN, Drs. Bay 14/255 v. 26.01.1999, S. 1.
[58] 15. HO Bay v. 16.06.1999, S. 9-12.
[59] 15. HO Bay v. 16.06.1999, S. 12f.; 38. HA Bay v. 07.07.1999, S. 36f.; 17. BI Bay v. 11.11.1999, S. 4ff.; Drs. Bay 14/2291 v. 11.11.1999, S. 1. Zum abweichenden Inhalt auch Abg. *Gote* (BÜNDNIS 90/DIE GRÜNEN) PlProt. Bay 14/34 v. 02.02.2000, S. 2192.
[60] Drs. Bay 14/2696 v. 02.02.2000, S. 1; PlProt. Bay 14/34 v. 02.02.2000, S. 2197.
[61] Antrag des Abg. *Glück* u. a. und der Fraktion der CSU, Drs. Bay 14/2614 v. 27.01.2000, S. 2.
[62] PlProt. Bay 14/34 v. 02.02.2000, S. 2197.

07.07.2000, „mögliche Aus- bzw. Weiterbildungswege für die entsprechenden Lehrkräfte zu prüfen und ggf. ein entsprechendes Konzept zu entwickeln“[63], auf die Einrichtung islamischer Lehrstühle zielt. An dem Tag, an dem die Beratung im federführenden Ausschuss für Bildung, Jugend und Sport erfolgte,[64] wurde dieser Antrag zugunsten des interfraktionellen Antrags Drucksache 14/4603 zurückgezogen.[65] Im Ausschuss wurde jedoch anlässlich dieses später zurückgezogenen Antrags darauf hingewiesen, dass ein Ansprechpartner auf islamischer Seite auch für die Einführung eines Lehramtsstudiums für islamischen Religionsunterricht erforderlich sei. Dieser Ansprechpartner müsse bei der Erarbeitung der Lehrinhalte mitwirken.[66]

f) Der bereits genannte interfraktionelle Antrag Drucksache 14/4603 „Islamischer Religionsunterricht/Islamische Unterweisung in deutscher Sprache“ von Abgeordneten der CSU, der SPD und BÜNDNIS 90/DIE GRÜNEN und jeweils ihrer Fraktionen folgte am 26.10.2000. Anzustreben sei ein islamischer Religionsunterricht gem. Art. 7 Abs. 3 GG in deutscher Sprache. Dessen Verwirklichung sei nur auf Initiative und unter Mitwirkung der islamischen Mitbürgerinnen und Mitbürger, d.h. der sie vertretenden Religionsgemeinschaft im Sinne von Art. 7 Abs. 3 GG, möglich.[67] Angesprochen wurden in dem Antrag auch mögliche Schulversuche, die „regional in deutscher Sprache dann eingerichtet werden (können), wenn sie auf Initiative und unter Mitwirkung der islamischen Mitbürgerinnen und Mitbürger, d.h. der sie vertretenden Religionsgemeinschaft im Sinne von Art. 7 Abs. 3 GG, zustande kommen; sobald die notwendigen Voraussetzungen gegeben sind, sollen entsprechende Modellversuche z.B. in Erlangen und München eingerichtet werden“[68]. Weiterhin fordert der Antrag auf, „mögliche Aus- bzw. Weiterbildungswege für die entsprechenden Lehrkräfte zu prüfen und ggf. ein entsprechendes Konzept zu entwickeln“[69]. Eine Festlegung des Ausbildungsweges auf die Universitäten erfolgt in dem Antrag nicht. Die Beschlussempfehlung des Ausschusses für Bildung, Jugend und Sport empfahl einstimmig die Zustimmung zu dem Antrag.[70] Der Antrag wurde im bayerischen Landtag in inhaltlich unveränderter Form angenommen.[71]

g) Im März 2002 wurde ein weiterer Antrag, dieser mit dem Titel „Islamischer Religionsunterricht mit eigenen Lehrkräften“ eines Abgeordneten der Fraktion der SPD in das Landesparlament eingebracht. Dieser Antrag beschäftigte sich unmittelbar mit der Hochschulausbildung der Lehrer und wollte die Staatsregierung zu einer Ausbildung von Lehrkräften an öffentlichen Schulen im Fach „Islamischer Religionsunterricht in

[63] Antrag des Abg. *Glück* u. a. und der Fraktion der CSU, Drs. Bay 14/4014 v. 07.07.2000, S. 1.
[64] 37. Bl Bay v. 26.10.2000, S. 10ff.
[65] Drs. Bay 14/4642 v. 26.10.2000, S. 1.
[66] Berichterstatter *Spaenle* (CSU), 37. Bl Bay v. 26.10.2000, S. 13.
[67] Antrag des Abg. *Glück* u. a. und der Fraktion der CSU, des Abg. *Maget* u. a. und der Fraktion der SPD, des Abg. *Kellner* u. a. und der Fraktion BÜNDNIS 90/DIE GRÜNEN, Drs. Bay 14/4603 v. 26.10.2000, S. 1.
[68] Drs. Bay 14/4603 v. 26.10.2000, S. 1.
[69] A. a. O.
[70] Beschlussempfehlung und Bericht, Drs. Bay 14/5265 v. 26.10.2000, S. 1.
[71] Drs. Bay 14/5393 v. 13.12.2000, S. 1.

deutscher Sprache“ an einer oder mehreren Landesuniversitäten auffordern.[72] Die Einrichtung islamischer Lehrstühle wird dabei nicht ausdrücklich gefordert. Die Beschlussempfehlung des federführenden Ausschusses für Hochschule, Forschung und Kultur empfahl die Ablehnung, ebenso der mitberatende Ausschuss für Bildung, Jugend und Sport.[73] Der Antrag wurde daraufhin im bayerischen Landtag abgelehnt.[74]

2. Entwicklung an den Universitäten

Neben dieser mehrfachen direkten und indirekten Behandlung von islamischen Lehrstühlen im bayerischen Landtag ist es an zwei Universitäten des Landes zu Ansätzen für die Einrichtung islamischer Professuren vor dem Hintergrund des nordbayerischen Arbeitskreises Islamische Religionslehrerausbildung, einer Kooperation der Universität Bayreuth und der Friedrich-Alexander-Universität Erlangen-Nürnberg, gekommen.[75]

a) Universität Bayreuth

An der Universität Bayreuth ist die Einrichtung einer Stiftungsprofessur „Islamische Religionslehre“ in Planung.[76] Konkrete Daten zu dem Projekt sind noch nicht verfügbar.

b) Friedrich-Alexander-Universität Erlangen-Nürnberg

An der Friedrich-Alexander-Universität Erlangen-Nürnberg wurde eine Gastprofessur für Islamische Religionslehre eingerichtet,[77] die im Wintersemester 2002/2003 erstmals mit einem türkischen Professor besetzt wurde.[78] Zur Begleitung und Unterstützung der Gastprofessur für Islamische Religionslehre wurde ein „Interdisziplinäres Zentrum für Islamische Religionslehre“ gegründet.[79] Für den Aufbau des Zentrums haben je ein Professor der Erziehungswissenschaftlichen Fakultät, der Juristischen Fakultät und der Philosophischen Fakultät II, die Gastprofessur für Islamische Religionslehre der Friedrich-Alexander-Universität Erlangen-Nürnberg sowie die Professur für Religiöse Sozialisation und Erwachsenenbildung der Facheinheit Religion an der Kulturwissenschaftlichen Fakultät der Universität Bayreuth kooperiert.[80] Mit dem Zentrum wurde für das Wintersemester 2002/2003 ein erstes Lehrangebot der Gastprofessur erarbeitet.[81]

---

[72] Antrag des Abg. *Odenbach* (SPD), Drs. Bay 14/8952 v. 14.03.2002, S. 1.
[73] Beschlussempfehlung und Bericht, Drs. Bay 14/10632 v. 17.10.2002, S. 1.
[74] PlProt. Bay 14/101 v. 12.11.2002, S. 7352; Drs. Bay 14/10823 v. 12.11.2002, S. 1.
[75] *Bochinger*, in: Islamischer Religionsunterricht, S. 21, 27; *Lähnemann*, MUM 04/2003, S. 8, 9.
[76] A. a. O.
[77] *Lähnemann*, MUM 04/2003, S. 8, 9; *Fehrmann*, SZ v. 26.01.2004, S. 9.
[78] *Lähnemann*, MUM 04/2003, S. 8, 9.
[79] *Lähnemann*, MUM 04/2003, S. 8, 9; *Rohe*, in: Islamischer Religionsunterricht, S. 79, 84.
[80] Die Grundsätze für Interdisziplinäre Zentren an der Universität Erlangen-Nürnberg, beschlossen von der Hochschulleitung mit Zustimmung des Senats und des Hochschulrats v. 12.06.2001, sind abrufbar unter URL: http://www.uni-erlangen.de/universitaet/organisation/recht (Stand: 02.01.2005).
[81] *Lähnemann*, MUM 04/2003, S. 8, 9.

Mit dem Jahr 2005 steht für den Zeitraum von zunächst 6 Jahren die Stelle einer ordnungsgemäßen Professur für Islamische Religionslehre zur Verfügung.[82]
Zurzeit wird ein Curriculum für einen Magister-Aufbaustudiengang „Islamische Religionskunde" erstellt.[83] Bis zu dessen Einführung wird ein Zertifikat des Zentrums über die Beteiligung an der Ausbildung erstellt werden, das einerseits von den islamischen Gemeinden, andererseits auch von staatlicher Seite als Voraussetzung zur Erteilung des Religionsunterrichts anerkannt werden kann.[84] Langfristig wird angestrebt, den Studiengang in der bayerischen Lehramtsprüfungsordnung zu verankern.[85] Der Aufbau der Lehrerausbildung ist bislang nicht abgeschlossen.[86]
Die Einrichtung der Gastprofessur, für die mit der Islamischen Religionsgemeinschaft Erlangen e. V. zusammengearbeitet wurde,[87] erklärt sich vor dem Hintergrund der Islamischen Religiösen Unterweisung in Bayern. In den Klassen 1-5 der Volksschulen wird außerhalb des muttersprachlichen Ergänzungsunterrichts eine Religiöse Unterweisung erteilt.[88] Es handelt sich um Pflichtunterricht unter staatlicher Schulaufsicht mit Abmeldemöglichkeit.[89] Die Religiöse Unterweisung ist als religionskundlicher staatlicher Unterricht anstelle von Religionsunterricht konzipiert.[90] Daneben existiert noch eine Islamische Unterweisung in deutscher Sprache an fünf Grundschulen als Pilotprojekt seit dem Schuljahr 2001/2002, wobei der Unterricht jedes Jahr auf die nächstfolgende Jahrgangsstufe ausgedehnt wird.[91] Islamische Religionsgemeinschaften sind an der Durchführung der Religiösen Unterweisung in beiden Varianten nicht beteiligt.[92] Über eine Lehrbevollmächtigung einer islamischen Religionsgemeinschaft – von islamischer Seite auf Türkisch als Icazet[93] oder auf Arabisch als Igaza[94]/Ijasa[95] bezeichnet – verfügen die Lehrkräfte nicht.
Die Einrichtung der Professur an der Friedrich-Alexander-Universität Erlangen-Nürnberg fand parallel zum erneuten Antrag auf Einrichtung eines Schulversuchs der Isla-

---

[82] Ausbildung islamischer Religionslehrerinnen und Religionslehrer an der Universität Erlangen-Nürnberg, S. 1.
[83] *Rohe*, in: Islamischer Religionsunterricht, S. 79, 84.
[84] *Lähnemann*, MUM 04/2003, S. 8, 9; Ausbildung islamischer Religionslehrerinnen und Religionslehrer an der Universität Erlangen-Nürnberg, S. 4.
[85] So *Lähnemann*, MUM 04/2003, S. 8, 8f. als einer der drei Gründer des Interdisziplinären Zentrums für Islamische Religionslehre; Ausbildung islamischer Religionslehrerinnen und Religionslehrer an der Universität Erlangen-Nürnberg, S. 4.
[86] Nach Angaben der Universität Erlangen-Nürnberg befindet sich die Ausbildung derzeit noch im Aufbau, abrufbar unter URL: http://www.uni-erlangen.de/forschung/forschungsschwerpunkte/regionalforschung (Stand: 11.08.2004).
[87] *Rohe*, Genese des Erlanger Schulversuchs, S. 4.
[88] *Häußler*, ZAR 2000, S. 159, 164; *Emenet*, Islamische Religionskunde, S. 38f.
[89] *Häußler*, ZAR 2000, S. 159, 164.
[90] *Pfaff*, epd 2/00, S. 42, 42.
[91] *Emenet*, Islamische Religionskunde, S. 40f.
[92] *Çavdar*, RdJB 41, S. 265, 266.
[93] Vgl. *Çavdar*, in: Beauftragte der Bundesregierung für Ausländerfragen, S. 82, 83.
[94] *R. Müller*, in: Islamischer Religionsunterricht, S. 50, 52; *dies.*, in: Islamischer Religionsunterricht in Nds, S. 125, 130.
[95] *Siegert*, in: Islamischer Religionsunterricht, S. 107, 108.

mischen Religionsgemeinschaft Erlangen e. V. (IRE) statt.[96] Die IRE entstand im Jahr 1999; ihr gehören natürliche Personen sowohl der sunnitischen als auch schiitischen Glaubensrichtung aus einer Vielzahl von Herkunftsländern und Regionen als Mitglieder an, u. a. aus Bosnien, Albanien, Türkei, Nordafrika, dem Nahen und Mittleren Osten, dem indischen Subkontinent und Deutschland.[97] Hervorzuheben ist, dass der IRE in Erlangen alle aktiven Moscheevereine angehören, und dass mehr als 50 % der betroffenen muslimischen Eltern dem Verein beigetreten sind.[98]

Ein erster Antrag auf Einrichtung eines Modellversuchs „Islamischer Religionsunterricht" wurde von der IRE bereits im Jahr 1999 gestellt;[99] dazu wurde ein Lehrplanentwurf für die Grundschule vorgelegt.[100] Dabei hatte die Vereinigung einen lokalen Schulversuch an vier Erlanger Schulen angestrebt.[101] Es wurde ein Antrag „Notwendige Schritte auf dem Weg zum islamischen Religionsunterricht an den bayerischen Schulen. Einrichtung von Modellversuchen" von Abgeordneten der SPD in den Landtag eingebracht, der die Landesregierung zur Einrichtung von Modellversuchen auffordern sollte, wobei als Beispiel-Orte Erlangen und München genannt wurden.[102] Der Antrag wurde seinerzeit zurückgezogen.[103] Der Schulversuch war dann im unverändert angenommenen Antrag „Islamischer Religionsunterricht/Islamische Unterweisung in deutscher Sprache" aus dem Jahr 2000 von Abgeordneten der CSU, der SPD und BÜNDNIS 90/DIE GRÜNEN und ihrer Fraktionen angesprochen worden.[104] Die Einrichtung dieses Schulversuchs war auch im Jahr 2002 Gegenstand einer Landtagsberatung. Es wurde ein Dringlichkeitsantrag „Islamischer Religionsunterricht" eingebracht, der die Landesregierung auffordern sollte, die formalen Voraussetzungen zur Genehmigung des Erlanger Schulversuchs zum islamischen Religionsunterricht zum Schuljahr 2003/2004 zu schaffen, wobei für einen Schulversuch die Voraussetzungen des Art. 7 Abs. 3 GG nicht voll erfüllt sein müssten.[105] Der Ausschuss für Bildung, Jugend und Sport sprach die Beschlussempfehlung aus, den Antrag für erledigt zu erklären.[106]

---

[96] *Rohe*, Genese des Erlanger Schulversuchs, S. 2.

[97] A. a. O.

[98] *Bochinger*, in: Lernprozess Christen Muslime, S. 312, 325; vgl. auch *Rohe*, ZRP 2000, S. 207, 210; *ders.*, ZfTS 13, S. 7, 23: „Auch in Erlangen hat sich nach Kenntnis des Verfassers ein repräsentativer Verein unter Mitwirkung *aller* ortsansässigen, an islamisch-religiösen Angelegenheiten interessierten Organisationen und Personen gebildet, der geeigneter Ansprechpartner für einen örtlichen Schulversuch wäre."

[99] *Bochinger*, in: Lernprozess Christen Muslime, S. 312, 325 spricht vom Jahr 2000; vgl. die Berichterstatterin *Goertz* (SPD), Prot. der 37. Sitzung des Ausschusses für Bildung, Jugend und Sport v. 26.10.2000, S. 11, wonach bereits ein Schulversuch beantragt sei.

[100] *Lähnemann*, MUM 04/2003, S. 8, 9.

[101] *Bochinger*, in: Lernprozess Christen Muslime, S. 312, 325.

[102] Antrag des Abg. *Irlinger* u. a. (SPD), Drs. Bay 14/3931 v. 29.06.2000, S. 1.

[103] Drs. Bay 14/4640 v. 26.10.2000, S. 1.

[104] Antrag des Abg. *Glück* u. a. und der Fraktion der CSU, des Abg. *Maget* u. a. und der Fraktion der SPD, des Abg. *Kellner* u. a. und der Fraktion BÜNDNIS 90/DIE GRÜNEN, Drs. Bay 14/4603 v. 26.10.2000, S. 1; Drs. Bay 14/5393 v. 13.12.2000, S. 1.

[105] Dringlichkeitsantrag des Abg. *Dürr* u. a. und der Fraktion BÜNDNIS 90/DIE GRÜNEN, Drs. Bay 14/11215 v. 10.12.2002, S. 1.

[106] Beschlussempfehlung und Bericht, Drs. Bay 14/22734 v. 06.02.2003, S. 1. Vgl. auch den Dringlichkeitsantrag „Islamischer Religionsunterricht" des Abg. *Stahl* u. a. und der Fraktion BÜNDNIS 90/

Für das Schuljahr 2003/2004 wurde nämlich ein Modellversuch „Islamunterricht" an einer Grundschule in Erlangen genehmigt,[107] an dem in diesem Schuljahr 46 Schüler teilnahmen.[108] Die Bezeichnung „Islamunterricht" soll verdeutlichen, dass es sich noch nicht um regulären islamischen Religionsunterricht i. S. v. Art. 7 Abs. 3 S. 1 GG handelt,[109] sondern um von der IRE beeinflussten Unterricht in staatlicher moderierender Regie.[110]

III. Hamburg

Im Jahr 1999 gab es eine Initiative der Ausländerbeauftragten des Senats der Freien und Hansestadt Hamburg zusammen mit Professorinnen und Professoren verschiedener Fachbereiche der Universität Hamburg[111] mit dem Ziel der Gründung eines islamischen Lehrstuhls. An der Universität wurde eine Kommission gebildet aus Vertretern der Fachbereiche Evangelische Theologie, Erziehungswissenschaft und Orientalistik mit dem Auftrag, ein Konzept zur Etablierung einer Professur für Islamische Theologie zu entwickeln, an dessen Ende die Erstellung eines Profils für eine Professur „Islamische Theologie" an der Universität Hamburg stand.[112] Der Lehrstuhl sollte qualifizierte Theologen für den Bedarf in Moscheen, der Erwachsenenbildung, der politischen Bildung und in Einrichtungen der Religionsgemeinschaften ausbilden sowie den Bedarf an qualifizierten Religionslehrerinnen und –lehrern decken. Dabei sollte der Lehrstuhl langfristig Teil einer Akademie der Weltreligionen an der Universität Hamburg sein.[113]

Im Jahr 2001 wurden zwei Symposien durchgeführt.[114] Das erste Symposium beschäftigte sich mit der Konzeption von islamischer Theologie im Kontext westlicher Gesellschaften, das zweite behandelte Vorstellungen aus dem Bereich der Weltreligionen.[115] Von der SCHURA, Rat der islamischen Gemeinschaften in Hamburg e. V., der über 80 % der organisierten Muslime in Hamburg vertritt,[116] wurden auf dem zweiten Symposium auch die Mitwirkungsrechte in Personalangelegenheiten thematisiert: „Wir möchten gerne bei der Berufung eines Lehrstuhlinhabers beratend hinzugezogen werden. Wenn die Muslime das Gefühl haben, dass sie bevormundet werden und deren

---

DIE GRÜNEN, Drs. Bay 14/10965 v. 20.11.2002, S. 1 mit dem Ziel, die Landesregierung zu einer Begründung aufzufordern, warum dem Antrag der Islamischen Religionsgemeinschaft Erlangen e. V. die Ablehnung drohe und der bereits begonnene Modellversuch in Erlangen gestoppt worden sei. Die Beschlussempfehlung des Ausschusses für Bildung, Jugend und Sport lautete auf Erledigterklärung, Drs. Bay 14/11209 v. 28.11.2002, S. 1.

[107] *Lähnemann*, MUM 04/2003, S. 8, 9.

[108] *Rohe*, Verfassungsrechtliche Rahmenbedingungen für islamischen Religionsunterricht, S. 9.

[109] *Rohe*, Genese des Erlanger Schulversuchs, S. 1.

[110] *Stock*, Islamunterricht, S. 8.

[111] *Günther*, in: Islamischer Religionsunterricht, S. 33, 34f.

[112] *Günther*, in: Islamischer Religionsunterricht, S. 33, 35f.

[113] *Günther*, in: Islamischer Religionsunterricht, S. 33, 35, 39f.

[114] Vgl. zum internationalen Symposium zur Frage islamischer Theologie v. 31.03.2001 die Dokumentation bei *U. Neumann*, Islamische Theologie; vgl. zum Symposium v. 19./20.12.2001 die Dokumentation bei *Knauth/Weiße*, Akademie der Weltreligionen.

[115] Kommission, Konzeption „Akademie der Weltreligionen", S. 1.

[116] *Yoldaş*, in: Akademie der Weltreligionen, S. 69, 69.

Ansprüche an die jeweilige Lehrkraft nicht berücksichtigt werden, könnten sich die Muslime dagegen wehren, sich für diesen Studiengang anzumelden oder Absolventen eines solchen Studienganges als Imame oder Religionslehrer einzustellen. (...) Die Professur muss aber auch unabhängig sein, d.h. die Lehrkraft darf nicht von einem bestimmten muslimischen Land, einer bestimmten Strömung (Konfession), einer größeren bundesweit organisierten islamischen Organisation bestimmt werden. Nur im allgemeinen Konsens mit den Hamburger Muslimen – wie gesagt, stehen wir hier gern beratend zur Verfügung – sollte eine Lehrkraft von dem jeweiligen Gremium berufen werden."[117]
Nach der Durchführung der Symposien wurde eine Kommission einberufen mit Mitgliedern der Fachbereiche Erziehungswissenschaft, Evangelische Theologie und Orientalistik/Asien-Afrika-Institut[118] mit dem Auftrag, ein Konzept für eine fachübergreifende Forschungs- und Lehreinheit einer Akademie der Weltreligionen zu erstellen. Das Kommissionsergebnis vom 25.06.2003 enthält eine Konzeption für eine fachbereichsübergreifende und interdisziplinäre Forschungs- und Lehreinheit „Akademie der Weltreligionen" an der Universität Hamburg. Auch für die islamische Theologie gehe es, so das Kommissionsergebnis, ebenso wie für jüdische Theologie sowie Buddhologie, um die theologische Aufarbeitung der Religion im gegenwärtig-westlichen Kontext.[119] Ein den Evangelisch-Theologischen/Katholisch-Theologischen Fakultäten bzw. Fachbereichen entsprechendes Angebot „sollte in kleinerer Form für die genannten drei Weltreligionen in die Wege geleitet werden, um theologische und religiöse Entwürfe des Islam, des Judentums und des Buddhismus nicht aus anderen Ländern importieren zu müssen, sondern für den eigenen Kontext aufzuarbeiten."[120] Für die Frage der Zusammenarbeit mit einer islamischen Religionsgemeinschaft wird darauf hingewiesen, dass Vertreter der Religionsgemeinschaften in Hamburg das Vorhaben eindeutig begrüßt hätten.[121] Erste Maßnahme in Richtung der Gründung der „Akademie der Weltreligionen" soll ein interdisziplinäres Zentrum „Weltreligionen im Dia-

---

[117] *Yoldaş*, in: Akademie der Weltreligionen, S. 69, 72f.; vgl. auch *Renkliçay/Kilavuz*, in: Akademie der Weltreligionen, S. 129, 130, die für die Aleviten fordern, beratend bei der Besetzung von Lehrstühlen hinzugezogen zu werden.

[118] Zu den Mitgliedern der Kommission vgl. Kommission, Konzeption „Akademie der Weltreligionen", S. 1.

[119] Kommission, Konzeption „Akademie der Weltreligionen", S. 1. Vgl. auch aus der Präambel der Satzung für das interdisziplinäre „Zentrum Weltreligionen im Dialog" (ZWiD) aus der Endfassung von September 2003, die in die Universitätsgremienabstimmung gegeben wurde: „hierbei sind insbesondere die Einbettung der Weltreligionen Judentum, Islam und Buddhismus im Kontext westlicher Gesellschaften zu erarbeiten".

[120] Kommission, Konzeption „Akademie der Weltreligionen", S. 1.

[121] Kommission, Konzeption „Akademie der Weltreligionen", S. 2; vgl. *Yoldaş*, in: Akademie der Weltreligionen, S. 69, 69ff.; vgl. aber auch die Stellungnahme des Alevitischen Kulturzentrums, *Renkliçay/Kilavuz*, in: Akademie der Weltreligionen, S. 129, 129: „Neben den bisher im Konzept der Akademie vorgesehenen Gemeinschaften müssen auch das Alevitentum und andere Religionen berücksichtigt werden. Das Alevitentum kann in der Akademie inhaltlich nicht im Rahmen eines generellen Islam vertreten werden, da es zwischen Aleviten und Muslimen prinzipielle Unterschiede in Lebensphilosophie, Religions- und Gottesverständnis gibt."

log" sein.[122] Die Konzeption sieht für das Studienangebot vor, dass kurzfristig im Rahmen bestehender Prüfungsordnungen Lehramtsstudierende des Faches Religion einen Schwerpunkt in einer der Weltreligionen bilden können, ebenso wie ein Magisterstudiengang Religionswissenschaft im Aufbau befindlich ist und ein Nebenfach für Diplom- und Magisterstudiengänge gebildet werden soll.[123] Mittelfristig soll ein Zusatzstudiengang „Weltreligionen im Dialog" mit drei Semestern Umfang und Prüfung entstehen und sich an in anderen Ländern ausgebildete islamische Theologen, Lehrer und Studierende mit einem Abschluss in anderen Studienfächern richten. Langfristig ist vorgesehen, einen Postgraduierten-Studiengang sowie ein Bachelor-/Master-Studium für Islamische Theologie als akademischen Teil der Ausbildung anzubieten, den die Religionsgemeinschaft durch eine weitere Ausbildungsstufe ergänzen soll, um die Absolventen für ein geistliches Amt zu qualifizieren.[124] Diese Studienangebote korrespondieren mit der angestrebten Stellenstruktur, die im Bereich der islamischen Theologie mittelfristig an wissenschaftlichem Personal eine Professur für Islamische Theologie, eine C1-Stelle/Juniorprofessur, zwei wissenschaftliche Mitarbeiter, eine Gastprofessur und einen Lehrauftrag vorsieht. Langfristig sollen für den Bereich der islamischen Theologie eine C4-Professur, eine C3-Professur oder Juniorprofessur, eine Assistentenstelle C1 und eine wissenschaftliche Mitarbeiterstelle sowie eine Gastprofessur an der Universität Hamburg entstehen. Die Konzeption sieht eine hauptsächliche Finanzierung über Drittmittel vor.[125] Die Anbindung an eine oder mehrere islamische Religionsgemeinschaften, die u. a. die Mitwirkungsrechte auszuüben hätte(n), ist in der Konzeption nicht näher ausgeführt. Vielmehr heißt es nur, dass im Hamburger Kontext weiter um Unterstützung zu werben sei, was im Blick auf die Religionsgemeinschaften mit Erfolg geschehen sei.[126] Vorgesehen ist die Errichtung eines Beirates, der gem. § 7 Abs. 2 der Satzung für das interdisziplinäre „Zentrum Weltreligionen im Dialog" allein beratende Funktionen übernehmen soll.[127]

---

[122] Kommission, Konzeption „Akademie der Weltreligionen", S. 2. Vgl. die Präambel der Satzung für das interdisziplinäre „Zentrum Weltreligionen im Dialog" (ZWiD) aus der Endfassung von September 2003, die in die Universitätsgremienabstimmung gegeben wurde: „Das ‚Zentrum Weltreligionen im Dialog' kann als Ausgangspunkt dienen, um später eine ‚Akademie der Weltreligionen' an der Universität Hamburg zu etablieren."

[123] Kommission, Konzeption „Akademie der Weltreligionen", S. 3. Vgl. auch § 2 (Aufgaben und Ziele) der Satzung für das interdisziplinäre „Zentrum Weltreligionen im Dialog" (ZWiD) aus der Endfassung von September 2003, die in die Universitätsgremienabstimmung gegeben wurde: „(3) Wesentliches Ziel des ‚Zentrums Weltreligionen im Dialog' ist der Beitrag zur Weiterentwicklung von Lehre und Weiterbildung im Arbeitsgebiet des Zentrums. Das Zentrum soll insbesondere dazu beitragen, dass fachübergreifend Ausbildungsgänge entstehen bzw. qualifizierte Weiterbildungen etabliert werden, die den wissenschaftlichen und gesellschaftlichen Anforderungen auf dem Gebiet von Weltreligionen im Dialog gerecht werden."

[124] Kommission, Konzeption „Akademie der Weltreligionen", S. 3.

[125] Kommission, Konzeption „Akademie der Weltreligionen", S. 4.

[126] A. a. O.

[127] § 7 (Beirat) der Satzung für das interdisziplinäre „Zentrum Weltreligionen im Dialog" (ZWiD) aus der Endfassung von September 2003, die in die Universitätsgremienabstimmung gegeben wurde: „(1) Zusammensetzung: In den Beirat sollen national und international anerkannte Wissenschaftlerinnen und Wissenschaftler auf dem Arbeitsgebiet des ZWiD gewählt werden.

Die Satzung wurde bislang nicht beschlossen. Zu der Ausschreibung einer islamisch-theologischen Professur ist es ebenfalls noch nicht gekommen; diese ist der Konzeption der Kommission gemäß auch erst mittelfristig in Planung.

IV. Niedersachsen

1. Behandlung im Landtag

Im Parlament des Landes Niedersachsen gab es den Antrag „Eckpunkte für ein Integrationskonzept für Migranten in Niedersachsen", eingebracht von der Fraktion BÜNDNIS 90/DIE GRÜNEN, der die Frage der Einrichtung eines islamischen Lehrstuhls anspricht. Die Landesregierung soll einen islamischen Lehrstuhl an einer niedersächsischen Universität einrichten, um die wissenschaftliche Ausbildung der Lehrkräfte zu ermöglichen.[128] In der Ersten Beratung erfolgte eine Überweisung zur Beratung und Berichterstattung an den Ausschuss für Sozial- und Gesundheitswesen.[129] Dessen Beschlussempfehlung sah keine Änderung des zitierten Teiles vor,[130] und in der Zweiten Beratung erfolgte eine Annahme der Beschlussempfehlung.[131]

2. Entwicklung an der Universität Osnabrück

Der bislang eingeschlagene Weg des Landes Niedersachsen an der Universität Osnabrück betrifft indes nicht die Einrichtung eines Lehrstuhls, sondern eines Studiengangs. Es wird an dieser Universität keine eigene theologische Professur eingerichtet, die dem Landtagsbeschluss entspräche, sondern auf bereits bestehende theologische Professuren ausländischer Universitäten zurückgegriffen.
Seit dem Jahr 2004 wird unter der Leitung des Erziehungswissenschaftlers *Graf* ein Weiterbildungsangebot an der Universität Osnabrück koordiniert. Dabei geht es um die Ausbildung von Lehrern, die in deutscher Sprache das Fach Islamische Religion unterrichten.[132] Das Lehrangebot richtet sich an Studierende in Lehrämtern der Grund-, Haupt- und Realschule ab der Zwischenprüfung und an Lehrer muslimischen Glaubens. Insgesamt stehen 15 Studienplätze zur Verfügung.[133]

---

(2) Der Beirat berät die Direktorin oder den Direktor in allen wissenschaftlichen Fragen. Er nimmt den Tätigkeitsbericht entgegen und begutachtet ihn. Er gibt Empfehlungen zu den Forschungsvorhaben und dem wissenschaftlichen Arbeitsprogramm sowie zur Weiterentwicklung der Lehre und Weiterbildung auf dem Arbeitsgebiet des ZWiD.
(3) Die Mitglieder des Beirates werden durch die Gemeinsame Kommission im Benehmen mit den beteiligten Fachbereichen auf drei Jahre bestellt."

[128] Drs. Nds 14/2146 v. 16.01.2001, S. 3.

[129] Sten. Ber. der 69. Sitzung des Niedersächsischen Landtags v. 26.01.2001, ausgegeben am 08.02.2001, S. 6742.

[130] Beschlussempfehlung, Drs. Nds 14/3858 v. 08.11.2002, S. 1.

[131] Sten. Ber. der 122. Sitzung des Niedersächsischen Landtags v. 21.11.2002, ausgegeben am 29.11.2002, S. 12366.

[132] Universität Osnabrück, Für einen offenen Dialog mit dem Islam in Europa, Pressemitteilung v. 22.10.2002.

[133] Universität Osnabrück, Universität Osnabrück bietet erstmals Weiterbildung für Religionslehrer an, Pressemitteilung v. 10.03.2004; vgl. noch Universität Osnabrück, Wie soll der Islamunterricht an deutschen Schulen aussehen?, Pressemitteilung v. 15.01.2004, wonach sich das Angebot allein an bereits ausgebildete Lehrer richten sollte.

Bei der Weiterbildung handelt es sich um einen Modellversuch.[134] Wenn sich dieser bewährt, soll an der Universität ein Masterstudiengang „Islamische Religionspädagogik“[135] eingerichtet werden. Der Modellversuch koordiniert Beteiligungen von Professoren internationaler Hochschulen, so aus Kairo, Teheran und Ankara, aber auch von der Religionspädagogischen Akademie in Wien.[136]
Die SCHURA Niedersachsen, Landesverband der Muslime e. V., soll nach Auskunft der Universität als Ansprechpartner fungieren.[137] Schura ist ein Wort aus der arabischen Sprache und bedeutet wörtlich „Beratung“.[138] Schura wird auch im Koran erwähnt: die 42. Sure trägt den Titel „Sure von der Beratung“.[139] Die SCHURA Niedersachsen wurde im Jahr 2002 als Landesverband der Muslime in Niedersachsen gegründet und erfasst nach eigenen Angaben ca. 90 % der Muslime in Niedersachsen über die mitwirkenden Moscheegemeinden. Damit sind Muslime verschiedener Nationalitäten und Sprachen zusammengefasst.[140] Der universitäre Modellversuch ist verbunden mit dem Beginn des niedersächsischen Schulversuchs „Islamischer Religionsunterricht“ unter Mitwirkung der SCHURA Niedersachsen,[141] der am 01.08.2003 begonnen hat[142] und bis zum Jahr 2007 befristet ist.[143] In Niedersachsen wird ansonsten Religiöse Unterweisung im Rahmen des muttersprachlichen Ergänzungsunterrichts auf Türkisch, Bosnisch, Albanisch, Farsi und Arabisch als Pflichtunterricht unter staatlicher Schulaufsicht mit Abmeldemöglichkeit erteilt.[144] Im Schulversuch wird an acht Grundschulen[145] seit dem Schuljahr 2003/2004 ein konfessioneller islamischer Religionsunterricht in deutscher Sprache erprobt.[146] Das Fach ist für die Schüler der an dem Schulversuch teilnehmenden Schulen kein Pflichtfach.[147] Die Leistungen im Religionsunterricht, der im Umfang von wöchentlich zwei Stunden erteilt wird, werden nicht

---

[134] Universität Osnabrück, Wie soll der Islamunterricht an deutschen Schulen aussehen?, Pressemitteilung v. 15.01.2004.
[135] Zu der Konzeption *Graf*, in: Islamischer Religionsunterricht in Nds, S. 111, 116ff.
[136] *Fehrmann*, SZ v. 26.01.2004, S. 9.
[137] Vgl. auch *Vladi*, in: Islamischer Religionsunterricht in Nds, S. 69, 73, wonach die SCHURA Niedersachsen vorher keine Kenntnis über den Ausbildungsgang der Universität Osnabrück hatte, diesen aber ausdrücklich begrüßt.
[138] Art. Schura, abrufbar unter URL: http://de.wikipedia.org/wiki/Schura (Stand: 02.01.2005).
[139] *Hughes*, Art. Asch-Schura, S. 655, 655.
[140] *Dogramaci*, in: Islamischer Religionsunterricht in Nds, S. 17, 19ff.
[141] *Lögering*, S. 3f.; vgl. auch die Antwort des Kultusministeriums auf die Frage 7 der Abg. *Ernst* (CDU) („Islamunterricht an niedersächsischen Schulen“), Sten. Ber. der 17. Sitzung des Niedersächsischen Landtags v. 31.10.2003, ausgegeben am 13.11.2003, S. 1746.
[142] Antwort der Landesregierung v. 11.11.2003 auf die Kleine Anfrage des Abg. *Jüttner* (SPD) („Schulversuch ‚Islamischer Religionsunterricht‘“), Drs. Nds 15/566, S. 1; vgl. auch *Marré*, in: FS Rüfner, S. 553, 573 zu der Einrichtung des Schulversuchs.
[143] *Bade*, in: Islamischer Religionsunterricht in Nds, S. 63, 65; vgl. auch die Pressemitteilung des niedersächsischen Kultusministeriums v. 30.05.2003, abrufbar unter URL: http://www.mk.niedersachsen.de/master/c1779312_N12132_L20_D0_I579.html (Stand: 15.01.2005).
[144] *Häußler*, ZAR 2000, S. 159, 164.
[145] Vgl. die Aufstellung über die Grundschulen in der Antwort der Landesregierung v. 11.11.2003 auf die Kleine Anfrage des Abg. *Jüttner* (SPD) („Schulversuch ‚Islamischer Religionsunterricht‘“), Drs. Nds 15/566, S. 1.
[146] *Lögering*, S. 1ff.; *Fehrmann*, SZ v. 26.01.2004, S. 9.
[147] *Lögering*, S. 1.

benotet und sind nicht versetzungsrelevant. Der Unterricht wird von Lehrkräften erteilt, die im Rahmen des muttersprachlichen Unterrichts Themen der religiösen Landeskunde unterrichtet haben.[148] Mit Ende des Schulversuchs im Jahr 2007 soll die Grundlage für den regulären Masterstudiengang gelegt sein.[149]
Der Osnabrücker Modellversuch kann nicht als Beispiel für theologische Hochschuleinrichtungen im Rahmen der vorliegenden Untersuchung dienen, da Beteiligungen von Professoren anderer Universitäten koordiniert werden und kein eigener islamischer Lehrstuhl zur Errichtung ansteht. Die im Verlauf der Arbeit angesprochenen Problemkreise stellen sich aber auch hier. Insbesondere ist fraglich, welche Vereinigungen als Religionsgemeinschaften zur Betreuung des Studienganges in Betracht kommen und welche Mitwirkungsrechte bestehen.[150]

V. Nordrhein-Westfalen

1. Entwicklung an der Rheinischen Friedrich-Wilhelms-Universität Bonn

In Nordrhein-Westfalen beginnt die Entwicklung nicht im Parlament, sondern im universitären Bereich. An der Rheinischen Friedrich-Wilhelms-Universität Bonn sollte auf Anregung der Universität ein Lehrstuhl für Islamische Religionspädagogik eingerichtet werden, dessen Finanzierung mit zwei Millionen Euro aus der Wirtschaft sichergestellt werden sollte.[151] Es sollte einen Studiengang „Islamische Religionslehre für das Lehramt an den Sekundarstufen I + II" geben, der vergleichbar den Studiengängen „Evangelische Theologie" und „Evangelische Religionslehre" an der Universität Bonn Fachwissen zum Islam, die arabische Sprache sowie pädagogische Anteile beinhalten und mit anderen Schulfächern kombiniert werden können sollte. Dem von Islam- und Erziehungswissenschaftlern, evangelischen und katholischen Theologen gemeinsam ausgearbeiteten Curriculum haben der ZMD und der Islamrat für die Bundesrepublik Deutschland e. V. sowie die Föderation der Aleviten-Gemeinden in Deutschland e. V. zugestimmt.[152]
1999 erteilte die Ministerin für Schule, Wissenschaft und Forschung des Landes Nordrhein-Westfalen, *Behler*, dem Projekt eine Absage und favorisierte die Einrichtung einer Stiftungsprofessur für islamische Religionswissenschaft.[153] In einem Brief schreibt sie, es „ist zu bedenken, dass die Muslime keinen einheitlichen Verband haben und nicht die Stellung der christlichen Kirchen besitzen. Auch sind die religiösen Auffassungen der muslimischen Gruppen außerordentlich differenziert. Es wäre verfrüht, die islamische Religionslehre an einer Hochschule einzuführen"[154]. Sowohl die

---

[148] Antwort der Landesregierung v. 11.11. 2003 auf die Kleine Anfrage des Abg. *Jüttner* (SPD) („Schulversuch ‚Islamischer Religionsunterricht'"), Drs. Nds 15/566, S. 2; vgl. auch *C. Meyer*, Der Spiegel v. 05.08.2002, S. 48, 49 mit einer Beschränkung auf türkische Lehrkräfte.
[149] *Fehrmann*, SZ v. 26.01.2004, S. 9.
[150] Zu den Mitwirkungsrechten in Personalangelegenheiten in diesem Studiengang vgl. S. 158.
[151] *Jordanova-Duda*, DUZ 23/2001, S. 21, 21.
[152] *Jordanova-Duda*, DUZ 23/2001, S. 21, 21; nach *Lähnemann*, MUM 04/2003, S. 8, 9 gab es einen ausgearbeiteten Entwurf für eine Studienordnung auf der Ebene von Lehrern der Sekundarstufe II für die islamische Religionslehrerausbildung.
[153] *Jordanova-Duda*, DUZ 23/2001, S. 21, 21; *Schimmel*, S. 144.
[154] Zit. nach *Jordanova-Duda*, DUZ 23/2001, S. 21, 21.

Universität als auch der Drittmittelgeber lehnten die Einrichtung einer islamwissenschaftlichen Professur ab.[155] Die Einrichtung eines theologischen Lehrstuhls in Bonn war gescheitert. Der Weg zur Einrichtung der religionswissenschaftlichen Professur „Religion des Islam" in Münster war zu diesem Zeitpunkt insoweit vorgezeichnet, als die Pressereferentin des Ministeriums, *Vielhaber*, erklärte, dass die Landesregierung allerdings einen flächendeckenden Islamunterricht befürworte.[156] Dieser hat in Nordrhein-Westfalen religionskundlichen Charakter.[157]

2. Behandlung im Landtag

a) Der Antrag „Einheit in Vielfalt. Programm für eine erfolgreiche Politik der Integration" der Fraktion der CDU vom 21.11.2000 enthielt unter dem Punkt des Islamischen Religionsunterrichts die Aussage, dass zur Ausübung der Religionsfreiheit gehöre, dass der Religionsunterricht als ordentliches Lehrfach an Schulen in Nordrhein-Westfalen unterrichtet werden müsse.[158] Die darauf folgende „Integrationsoffensive Nordrhein-Westfalen" als Entschließung zu dem vorgenannten Antrag der CDU-Fraktion von allen vier im Parlament vertretenen Fraktionen enthielt unter dem Punkt des Islamischen Religionsunterrichts auch Aussagen zu einer universitären Ausbildung von islamischen Religionslehrern: „Islamischer Religionsunterricht soll in deutscher Sprache von hier ausgebildeten Lehrerinnen und Lehrern nach staatlichen Lehrplänen und im Rahmen der staatlichen Schulaufsicht stattfinden. Voraussetzung hierfür ist die Schaffung eines Lehramtsstudienganges für islamische Religion an mindestens einer Universität unseres Landes."[159] Der Ausschuss für Migrationsangelegenheiten empfahl die Erledigterklärung des CDU-Antrags und die Annahme des Entschließungsantrags.[160] Das Plenum folgte dieser Beschlussempfehlung.[161]

b) Auch in den Beratungen zum Haushalt des Jahres 2001 ist die Einrichtung eines islamischen Lehrstuhls erneut relevant geworden. Der Ausschuss für Wissenschaft und Forschung hat den Entwurf des Einzelplans 05 in den Wissenschaft und Forschung betreffenden Bereichen beraten und den Antrag Nr. 16 mit Stimmen der SPD und BÜNDNIS 90/DIE GRÜNEN abgelehnt.[162] Der Antrag zielte darauf, für die Universi-

---

[155] *Jordanova-Duda*, DUZ 23/2001, S. 21, 21. Auf diese Begründung verweist auch *Bochinger*, in: Lernprozess Christen Muslime, S. 312, 323. Nach *Lähnemann*, MUM 04/2003, S. 8, 9 wurde die Realisierung gestoppt auf Grund einer örtlichen Verlagerung in der Lehrerausbildung und der Ansiedlung des Lehrstuhls in Münster. *Spiewak*, Die Zeit v. 02.03.2000, S. 32 erwähnt allein, dass es Überlegungen für die Universität Bonn und Gespräche in Essen gegeben habe.

[156] *Jordanova-Duda*, DUZ 23/2001, S. 21, 21.

[157] Vgl. S. 33f.

[158] Drs. NRW 13/416 v. 21.11.2000, S. 3.

[159] Antrag der Fraktion der SPD, der Fraktion der CDU, der Fraktion der FDP und der Fraktion BÜNDNIS 90/DIE GRÜNEN zur Vorlage im Ausschuss für Migrationsangelegenheiten am 19.06.2001, Drs. NRW 13/1345, S. 6.

[160] Beschlussempfehlung und Bericht, Drs. NRW 13/1324 v. 19.06.2001, S. 1.

[161] PlProt. NRW 13/34 v. 22.06.2001, S. 3336 (A).

[162] Lfd. Nr. des Antrags 16, Anlage zu Vorlage 13/517 v. 09.03.2001, S. 18. Vgl. auch Vorlage an den Haushalts- und Finanzausschuss, Gesetz über die Feststellung des Haushaltsplans des Landes Nordrhein-Westfalen für das Haushaltsjahr 2001 (Haushaltsgesetz 2001), hier: Personaletat, Drs. NRW 13/400, 13/620, 13/750, mit dem Bericht über das Ergebnis der Beratungen des Unterausschusses

tät zu Köln einen neuen Titel „Lehrstuhl für Islamische Religionspädagogik" mit 300.000,- DM in Ansatz zu bringen. Begründet wurde der Antrag mit der Lehrerausbildung, die für das reguläre Fach eines islamischen Religionsunterrichts an öffentlichen Schulen erforderlich würde. Weiter wurde ein Änderungsantrag der Fraktion der CDU eingebracht, der mit gleicher Begründung für die Universität zu Köln im Einzelplan 05 den neuen Titel „Lehrstuhl für Islamische Religionspädagogik" mit dem Ansatz von 300.000,- DM forderte.[163] Auch dieser Antrag wurde abgelehnt.[164]
Die weitere Darstellung der Entwicklung in Nordrhein-Westfalen erfolgt unter dem Vorzeichen der Einrichtung eines religionswissenschaftlichen Lehrstuhls.[165]

B. Errichtung und Einrichtung religionswissenschaftlicher Lehrstühle

Sowohl in Hessen als auch in Nordrhein-Westfalen ist es jüngst zu der Einrichtung religionswissenschaftlicher Lehrstühle gekommen, die auf Grund ihres auf den ersten Blick nicht eindeutig religionswissenschaftlichen Charakters von Interesse sind.

I. Hessen

1. Behandlung im Landtag

Der islamische Religionsunterricht war mehrfach Gegenstand von Anträgen und Kleinen Anfragen auch bereits der 14. Wahlperiode,[166] die Einrichtung von islamischen Lehrstühlen nur gelegentlich und nicht als isolierte Anträge.

a) Der Antrag der Fraktion BÜNDNIS 90/DIE GRÜNEN im hessischen Landtag betreffend Integration von Nichtdeutschen und Aussiedlern in Hessen nennt auch den islamischen Religionsunterricht „auf Deutsch von hier ausgebildeten Lehrerinnen und Lehrern"[167], aber nicht ausdrücklich die Einrichtung islamischer Lehrstühle. Nach der ersten Beratung des Antrages[168] und Überweisung an den federführenden Sozialpoliti-

---

„Personal" des Haushalts- und Finanzausschusses, Drs. NRW 13/500 v. 13.06.2001, S. 35, wo die Schaffung eines Ansatzes in Höhe von 300.000,- DM für einen Lehrstuhl für Islamische Religionspädagogik an der Universität zu Köln mit den Stimmen von SPD und Grünen im Fachausschuss abgelehnt wurde.

[163] Drs. NRW 13/927 v. 20.03.2001, S. 1 zu der Beschlussempfehlung und dem Bericht des Haushalts- und Finanzausschusses Drs. NRW 13/805 zu dem Gesetzentwurf der Landesregierung Drs. NRW 13/400, 13/620 und 13/750, Gesetz über die Feststellung des Haushaltsplans des Landes Nordrhein-Westfalen für das Haushaltsjahr 2001 (Haushaltsgesetz 2001).

[164] Vgl. Kleine Anfrage 653 des Abg. *Appelt* u. a. (CDU), Drs. NRW 13/1887 v. 07.12.2001, S. 1.

[165] Näher S. 28ff.

[166] Berichtsantrag des Abg. *Wolff* u. a. (CDU) betreffend islamischer Religionsunterricht, Drs. Hess 14/3490 v. 10.12.1997; Berichtsantrag des Abg. *Henzler* (FDP) und der Fraktion betreffend Diskussion über die Einführung von islamischem Religionsunterricht an hessischen Schulen, Drs. Hess. 14/3525 v. 14.01.1998.

[167] Drs. Hess 15/1008 v. 08.02.2000, S. 2.

[168] PlProt. Hess 15/29 v. 16.02.2000, S. 1830-1844; vgl. nochmals die Nennung, dass es sich um Religionsunterricht auf Deutsch „von hier ausgebildeten Lehrerinnen und Lehrern" handeln müsse durch den Abg. *Hinz* (BÜNDNIS 90/DIE GRÜNEN), PlProt. Hess 15/29 v. 16.02.2000, S. 1832. Seitens der Kultusministerin *Wolff* (CDU) wurde die Frage der Ausbildung der Lehrer für den islamischen Religionsunterricht nicht erwähnt, lediglich der islamische Religionsunterricht hinsichtlich der Problematik eines Ansprechpartners angesprochen, PlProt. Hess 15/29 v. 16.02.2000, S. 1843f.

schen Ausschuss wurde dessen Beschlussempfehlung, den Antrag abzulehnen,[169] im Plenum gefolgt.[170]

b) Die Kleine Anfrage der Abgeordneten *Irmer* und *Dörr* die Ausbildung islamischer Religionslehrer betreffend vom 14.02.2002[171] bezieht sich auf Aussagen des Vorsitzenden der IRH, wiedergegeben in einem Bericht der F.A.Z.,[172] wonach islamische Religionslehrer ihre Ausbildung aufgenommen hätten. Die erste Frage der Kleinen Anfrage erstrebte Auskunft über die Anzahl der „‚Stiftungslehrstühle' der Muslime zur Lehrerausbildung in Hessen"[173]. Die Kultusministerin antwortete, dass an hessischen Hochschulen weder ein Stiftungslehrstuhl noch ein Studiengang zur Ausbildung islamischer Religionslehrer eingerichtet worden seien.[174]

c) Die Kleine Anfrage betreffend Islamische Religionsgemeinschaft Hessen im Hinblick auf den Aspekt der zweiten Frage, ob der Islamische Arbeitskreis Hessen auch die Einstellung islamischer Lehrer gefordert habe, wurde seitens des Kultusministeriums derart beantwortet, dass Fragen der Ausbildung und Einstellung islamischer Lehrkräfte für einen islamischen Religionsunterricht notwendiger Bestandteil der Vorgespräche mit dem Islamischen Arbeitskreis Hessen vor Konstituierung der IRH im April 1998 gewesen seien.[175]
Darüber hinaus wurde die Einrichtung von islamischen Lehrstühlen bislang nicht im hessischen Parlament thematisiert. Insbesondere gab es keinen Antrag auf Einrichtung eines islamischen Lehrstuhls, der – mit den anderen Ländern vergleichbar – auch mit einem Antrag zum islamischen Religionsunterricht hätte verbunden sein können.

2. Entwicklung an der Johann Wolfgang Goethe-Universität Frankfurt am Main

An der Johann Wolfgang Goethe-Universität Frankfurt am Main besteht derzeit eine Stiftungsgastprofessur „Islamische Religion"[176]. Die Lehr- und Forschungstätigkeit an

[169] Drs. Hess 15/2091 v. 01.12.2000, S. 1.
[170] PlProt. Hess 15/60 v. 14.12.2000, S. 4163.
[171] Drs. Hess 15/2914 v. 14.02.2002, S. 1.
[172] „Wie viele islamische Gemeinschaften verträgt die Schule?", F.A.Z. v. 16.06.2001, S. 6. Hierin heißt es unter Wiedergabe von Äußerungen des Vorsitzenden der IRH Ramazan *Kuruyüz* in indirekter Rede: „Die ersten Religionslehrer hätten bereits ihre Ausbildung aufgenommen."
[173] Drs. Hess 15/2914 v. 14.02.2002, S. 1.
[174] Drs. Hess 15/2914 v. 14.02.2002, S. 1. Seitens der IRH wird seit Februar 2001 eine Qualifizierung von Lehrern und Lehramtsstudenten durch ein dreisemestriges Studium am Islamologischen Institut e. V. in Wiesbaden durchgeführt, vgl. *Zaidan*, in: Islamischer Religionsunterricht in Nds, S. 85, 94, 96ff., insbes. 102ff. Zulassungsvoraussetzung zum Studium ist kein spezifischer Abschluss (S. 103); abschließend wird ein Zertifikat erteilt (S. 103). Eine Übersicht über die Zahl der Studenten am Islamologischen Institut ist abrufbar unter URL: http://www.irh-info.de/projekte/IRU.Statistik.pdf (Stand: 02.01.2005).
[175] Kleine Anfrage des Abg. *Gerling* u. a. (CDU) v. 08.06.2001 und Antwort der Kultusministerin v. 05.12.2001, Drs. Hess 15/2733, S. 1, ausgegeben am 18.12.2001.
[176] Seitens der IRH wird mit abweichender Begrifflichkeit die Einrichtung eines Lehrstuhls für „Islamologie" bzw. eines Lehramtsstudiums „Islamologie" gefordert, vgl. *Zaidan*, in: Islamischer Religionsunterricht in Nds, S. 85, 94; *Zaidan/Khan/Kuruyüz*, S. 65.

dem Lehrstuhl wurde im Sommersemester 2003 aufgenommen; zu diesem Zeitpunkt war bereits ein Professor berufen.[177]
Die Stiftungsgastprofessur ist durch einen Stiftungsvertrag zwischen der türkischen staatlichen Religionsbehörde „Präsidium für Religiöse Angelegenheiten" (Diyanet Isleri Baskanligi) in Ankara und dem Präsidenten der Universität geschaffen worden.[178] Diese staatliche Religionsbehörde ist die höchste religiöse Instanz der Türkei, die für den Islam zuständig ist und im Ausland die religiöse Betreuung der Muslime sicherstellen will und dazu Imame für den Dienst in ausländischen muslimischen Gemeinden entsendet.[179] Der Vorsitzende dieser Religionsbehörde untersteht dem Ministerpräsidenten.[180]
§ 1 des Stiftungsvertrages beschreibt den Stiftungszweck: „Stifterin und Universität fördern das wechselseitige Verständnis der Weltreligionen – insbesondere der historischen Verbindungen zwischen Judentum, Christentum und Islam und deren Fortentwicklung in einer zusammenwachsenden Weltgesellschaft. Die Stifterin richtet hierzu die Stiftungsgastprofessur für Islamische Religion zum Zwecke *authentischer* Vermittlung islamischer Religion im Rahmen des wissenschaftlichen Diskurses an der Universität ein. Die Gastprofessur soll insbesondere der Förderung des *intertheologischen* Diskurses und der intensiveren interdisziplinären Erforschung der islamischen Religion sowie der Erweiterung des *religionswissenschaftlichen* Lehrangebots und der akademischen Bildung von Religionsfachkräften für die Arbeit in islamischen Gemeinden dienen. Die Stiftungsgastprofessur für Islamische Religion führt so die überkonfessionelle Tradition der liberalen Universität Frankfurt fort."[181] Auch die organisatorische Zuordnung der Stiftungsgastprofessur ist im Stiftungsvertrag geregelt. Die Stiftungsgastprofessur ist dem Fachbereich Evangelische Theologie zugeordnet und der Inhaber der Stiftungsgastprofessur ist Angehöriger des Fachbereichs.[182] Die Besetzung der Professur erfolgte im konkreten Fall für die Dauer von zwei Jahren.[183] Generell richtet sich die Besetzung der Stiftungsgastprofessur nach § 4 des Stiftungsvertrages.[184] Die Zusammensetzung des Stiftungsrates, auf dessen einstimmigen Vorschlag hin die Be-

---

[177] „Neue Professur im Fachbereich", Artikel auf der Fachbereichsseite, abrufbar unter URL: http://www.evtheol.uni-frankfurt.de v. 07.05.2003 (Stand: 19.01.2004).

[178] *Fauzi*, S. 105; *Breyer*, Verstehen schafft Toleranz.

[179] *Breyer*, Verstehen schafft Toleranz; vgl. auch *Hermann*, F.A.Z. v. 01.03.2004, S. 10, wonach fast 500 Imame an die Moscheen in Deutschland entsandt wurden, die bislang nicht alle Absolventen theologischer Fakultäten sind.

[180] *Özdil*, S. 145.

[181] § 1 (Stiftungszweck); vgl. zum Stiftungszweck auch „Neue Professur im Fachbereich", Artikel auf der Fachbereichsseite, abrufbar unter URL: http://www.evtheol.uni-frankfurt.de v. 07.05.2003 (Stand: 19.01.2004): Die Professur „soll im besonderen das religionswissenschaftliche Lehrangebot bereichern, den interdisziplinären und speziell intertheologischen Dialog befördern und die wissenschaftliche Ausbildung deutschsprachiger muslimischer Geistlicher unterstützen."

[182] § 3 (Organisatorische Einbindung der Stiftungsgastprofessur) des Stiftungsvertrages.

[183] „Neue Professur im Fachbereich", Artikel auf der Fachbereichsseite, abrufbar unter URL: http://www.evtheol.uni-frankfurt.de v. 07.05.2003 (Stand: 19.01.2004).

[184] § 4 (Besetzung der Stiftungsgastprofessur) des Stiftungsvertrages:
„1. Die Besetzung erfolgt in jedem Semester.
2. Die Besetzung erfolgt für mindestens ein, maximal vier Semester in Folge durch die gleiche Person.
3. Die Besetzung erfolgt durch das Präsidium auf einstimmigen Vorschlag des Stiftungsrates."

setzung durch das Präsidium gem. § 4 Nr. 3 des Stiftungsvertrages erfolgt, ist in § 5 des Stiftungsvertrages bestimmt.[185]
Die Stiftungsgastprofessur ist keine theologische, sondern eine religionswissenschaftliche Professur. Deutlich wird dies noch nicht durch den Wortlaut des den Stiftungszweck beschreibenden § 1 des Stiftungsvertrages, jedoch durch § 2 des Stiftungsvertrages: „Die Stiftungsgastprofessur vertritt mit dem vollen Lehrdeputat einer Professur den Studienschwerpunkt: Islamische Religionswissenschaft innerhalb des Magister-Studiengangs: Religionswissenschaft und Religionsgeschichte. Insbesondere gehören zu ihren Lehraufgaben:
- eine hochschulöffentliche Vorlesungsreihe zu grundlegenden Fragen der Islamwissenschaft
- ein vorlesungsbegleitendes Seminar
- Mitwirkung an der Ausbildung des wissenschaftlichen Nachwuchses."[186]

Ein besonderer, allein von diesem Lehrstuhl betreuter Studiengang wurde nicht eingerichtet.[187] An dem Fachbereich 6, Evangelische Theologie, können neben theologischen Studiengängen ein Magisterstudium „Religionsphilosophie" sowie ein Magisterstudium „Religionswissenschaft und Religionsgeschichte" gewählt werden.[188] Im Sommersemester 2005 soll zudem das Hauptfach „Islamische Religionswissenschaft" als Teil des Magister-Studiengangs „Religionswissenschaft und Religionsgeschichte" starten.[189] Als Nebenfach müssen die Studenten „Jüdisch-christliche Religionswissenschaft" belegen. Die türkische Religionsbehörde soll eine weitere Professur finanzieren.[190] Vor dem Hintergrund des Magisterstudiums Religionsphilosophie besteht auch die Martin Buber-Stiftungsprofessur für jüdische Religionsphilosophie am Fachbe-

---

[185] § 5 (Stiftungsrat) des Stiftungsvertrages:
„1. Der Stiftungsrat ist für die Durchführung des in § 1 genannten Stiftungszwecks – insbesondere für die Besetzung der Stiftungsgastprofessur und ggfs. notwendige Änderungen des Stiftungsvertrags – verantwortlich.
2. Der Stiftungsrat setzt sich zusammen aus:
- zwei von der Stifterin benannten Vertretern
- einem Präsidiumsmitglied der Universität bzw. einer vom Präsidium benannten Vertretung
- zwei Professorinnen oder Professoren des Fachbereichs Evangelische Theologie
- einer Professorin oder einem Professor aus einer verwandten Disziplin; die Benennung erfolgt durch den Stiftungsrat.

3. Der Stiftungsrat wählt einen Vorsitz und eine Stellvertretung für zwei Jahre. Die Wiederwahl ist zulässig."

[186] § 2 (Lehr- und Forschungsaufgaben der Stiftungsgastprofessur) des Stiftungsvertrages.

[187] Insofern darf die Passage „und der akademischen Bildung von Religionsfachkräften für die Arbeit in islamischen Gemeinden dienen" aus § 1 des Stiftungsvertrages nicht missverstanden werden.

[188] Vgl. hierzu die Übersicht über die am FB 6 angebotenen Studiengänge, abrufbar unter URL: http://www.uni-frankfurt.de/studium/studienangebot/magister/index.html (Stand: 02.01.2005). Die Zulässigkeit religionswissenschaftlicher Lehrstühle an theologischen Fakultäten wird in der Lit. diskutiert; so verneint *Kriewitz*, Errichtung, S. 131ff. diese Form der Organisation. Zu den Grenzen einer Zusammenfassung von Religionswissenschaft und Theologie an einer theologischen Fakultät näher S. 139.

[189] *Toepfer*, F.A.Z. v. 27.01.2005, S. 6.

[190] A.a.O.

reich Evangelische Theologie.[191] Die Lehrveranstaltungen der Stiftungsgastprofessur „Islamische Religion“ sind für alle Studiengänge zugänglich und anrechenbar.[192]
Den Hintergrund der Einrichtung einer religionswissenschaftlichen Professur beschreibt *Breyer* genauer: Die von dem türkischen Präsidium für Religiöse Angelegenheiten für den Dienst in deutschen muslimischen Gemeinden entsandten Imame hätten trotz Absolvierung von Sprachkursen häufig sprachliche Defizite und fehlendes kulturelles Hintergrundwissen. Die Kommunikation zwischen den Gemeinden habe oftmals durch nicht immer geeignete Übersetzer stattgefunden, was Bedarf an in Deutschland ausgebildeten muslimischen Religionswissenschaftlern habe erkennen lassen.[193]
An der Frankfurter Universität tritt die türkische Religionsbehörde als Stifterin der Professur auf, womit die Frage aufgeworfen ist, ob sie auch als Religionsgemeinschaft Ansprechpartner bei der Schaffung theologischer Hochschuleinrichtungen sein könnte. Die türkische Religionsbehörde als Einrichtung des türkischen Staates ist bereits keine Religionsgemeinschaft i. S. d. Grundgesetzes[194] und könnte daher nicht für eine Mitwirkung in bekenntnisrelevanten Angelegenheiten einer theologischen Professur an einer staatlichen Hochschule herangezogen werden. Die Mitwirkung dieser Behörde bei einer der Varianten der Religiösen Unterweisung ist insofern weder richtungweisend für den regulären islamischen Religionsunterricht[195] noch für die Einrichtung islamischer Lehrstühle oder Fakultäten an staatlichen Hochschulen.

II. Nordrhein-Westfalen

1. Behandlung im Landtag

a) Die sich in Nordrhein-Westfalen an das Scheitern der Einrichtung einer theologischen Professur anschließenden Bemühungen um die Einrichtung einer Professur in Münster, der späteren Professur „Religion des Islam“, waren bereits mittelbar Gegenstand der Kleinen Anfrage „Wird Islamischer Religionsunterricht von der NRW-Landesregierung entgegen allen Beteuerungen doch boykottiert?“ einiger Abgeordneter der CDU vom 07.12.2001. Nach Hinweis auf den gemeinsam verabschiedeten Integra-

---

[191] „Stiftungsprofessur Islamische Religion besetzt/ Prof. Mehmet Emin Köktasch erster Inhaber“, abrufbar unter URL: http://www.evtheol.uni-frankfurt.de/islam/profil/index.html (Stand: 02.01.2005).
[192] *Breyer*, Verstehen schafft Toleranz.
[193] A. a. O.
[194] Gefordert ist ein Zusammenschluss von mindestens zwei Personen im Geltungsbereich des Grundgesetzes: *Pieroth*, in: Muslimische Gemeinschaften, S. 109, 113; *Pieroth/Görisch*, JuS 2002, S. 937, 939; *Jeand'Heur/Korioth*, Rn. 82. Näher zu dem Erfordernis des Geltungsbereichs des Grundgesetzes auf S. 59. Die türkische Religionsbehörde befindet sich mit dem tatsächlichen Mittelpunkt ihrer Tätigkeit und damit mit ihrem Sitz bereits nicht im Geltungsbereich des Grundgesetzes, auch wenn sie unter anderem in Deutschland Tätigkeiten entfaltet. *M. Heckel*, RdJB 2004, S. 39, 54 führt aus, es widerspreche der demokratischen und rechtsstaatlichen Verfassungsstruktur, auswärtigen Staaten Hoheitsrechte gegenüber den Bürgern im Bereich des Art. 7 Abs. 3 GG zu übertragen, die die deutschen Behörden nicht einmal selbst in Anspruch nehmen könnten. *Frisch*, ZevKR 2004, S. 589, 631 stellt fest, „selbstverständlich sind ausländische Staaten keine Religionsgemeinschaften im Sinne der Verfassung.“
[195] So aber *Kappert*, in: Islamunterricht an deutschen Schulen?, S. 103, 115, wonach die Behörde „auf muslimischer Seite der verantwortliche Ansprechpartner bei der Einführung eines islamischen Religionsunterrichts sein könnte.“

tionsantrag aller Fraktionen heißt es im Antrag: „Während die von der CDU im Rahmen der Haushaltsberatungen geforderte Einrichtung mindestens eines Lehrstuhls für islamische Religionspädagogik an einer nordrhein-westfälischen Hochschule bisher von SPD und BÜNDNIS 90/DIE GRÜNEN stets abgelehnt wurde, schien es Konsens zu sein, dass die im Schulversuch erprobte ‚Islamische Unterweisung' Platzhalter ist für ein von fast allen politischen und gesellschaftlichen Kräften in NRW gewünschtes Unterrichtsfach ‚Islamische Religions*lehre*', in dem ebenso wie in den Fächern ‚katholische bzw. evangelische Religionslehre' Religion nicht im Sinne neutraler Wissensvermittlung, sondern Glaube im Sinne einer Wertbindung unterrichtet wird. Inzwischen gibt es aber uns irritierende Hinweise, dass – im Gegensatz zu früheren Äußerungen von Ministerpräsident Clement und Schulministerin Behler – die Landesregierung den oben dargestellten Konsens verlässt und die Einrichtung eines Lehrstuhls für Islamische Religions*kunde* – vorzugsweise in Münster – betreibt."[196] Die Antwort der Ministerin für Schule, Wissenschaft und Forschung auf die Kleine Anfrage enthielt die Aussage, dass die Landesregierung an dem Ziel der Einführung islamischen Religionsunterrichts festhalte. Bis zu dessen Einführung bemühe sich die Landesregierung, die bestehenden Angebote in Islamischer Unterweisung auszubauen. Zum damals im Planungsstadium befindlichen Lehrstuhl in Münster wird sodann ausgeführt: „Ferner bereitet sie [die Landesregierung] einen Lehramtsstudiengang vor. Das hierfür erforderliche fachwissenschaftliche und fachdidaktische Niveau wird dem der anderen Theologien entsprechen. Die Inhalte, die dieses Studium vermittelt, können sowohl in der Islamischen Unterweisung *als auch* im islamischen Religionsunterricht genutzt werden."[197] Eine Differenzierung zwischen Religionskunde/Religionswissenschaft sowie Religionsunterricht/Theologie erfolgt in der Antwort nicht.

b) Bei den Haushaltsberatungen für das Jahr 2002 wurde erneut die Einrichtung eines Lehrstuhls für Islamische Religionspädagogik gefordert. Die Fraktion der CDU brachte einen Änderungsantrag ein mit dem Ziel, einen neuen Titel „Lehrstuhl für Islamische Religionspädagogik" mit einem Ansatz von 255.000,- Euro in den Haushaltsplan einzufügen.[198] Der Änderungsantrag wurde abgelehnt.[199]

c) Anfang des Jahres 2002 beschäftigte sich der Landtag wiederum mit universitären Ausbildungsmöglichkeiten, denn diese waren u. a. Gegenstand der Kleinen Anfrage „Einführung des islamischen Religionsunterrichts als ordentliches Lehrfach in NRW" des Abgeordneten *Schultz-Tornau* (FDP) vom 01.02.2002. *Schultz-Tornau* erfragte den zeitlichen und inhaltlichen Stand der Überlegungen zur Einrichtung einer islamwissenschaftlichen Fakultät oder einer in sonstiger Weise zureichenden organisatorischen Einheit an einer Hochschule in Nordrhein-Westfalen, die mittelfristig die Aus-

---

[196] Kleine Anfrage 653 des Abg. *Appelt* u. a. (CDU), Drs. NRW 13/1887 v. 07.12.2001, S. 1f.; vgl. zu den in Bezug genommenen Anträgen zum Haushalt 2001 S. 23f.

[197] Antwort v. 10.01.2002, Drs. NRW 13/2161 v. 14.01.2002, S. 2.

[198] Änderungsantrag der Fraktion der CDU zu der Beschlussempfehlung und dem Bericht des Haushalts- und Finanzausschusses Drs. NRW 13/1805 und zu dem Gesetzentwurf der Landesregierung Drs. NRW 13/1400, 13/1700 und 13/1790 zum Gesetz über die Feststellung des Haushaltsplans des Landes Nordrhein-Westfalen für das Haushaltsjahr 2002 (Haushaltsgesetz 2002), Einzelplan 05, Kapitel 05 100 betreffend, Drs. NRW 13/1932 v. 11.12.2001, S. 1.

[199] PlProt. NRW 13/44 v. 12.12.2001, S. 4355 (A).

bildung der Religionslehrer gewährleisten können soll.[200] Die Antwort der Ministerin für Schule, Wissenschaft und Forschung zu dieser Frage weist den Weg zur religionswissenschaftlichen Ausrichtung des Münsteraner Lehrstuhls: „Die Landesregierung strebt an, Lehrerinnen und Lehrer für den Islamunterricht an Hochschulen des Landes auszubilden. Die Universität Münster plant ein solches Angebot in einem religionswissenschaftlichen Zentrum. Hierüber finden derzeit Gespräche mit dem Ministerium für Schule, Wissenschaft und Forschung statt.“[201]

d) Auch die Mitwirkungsrechte der islamischen Religionsgemeinschaften wurden im nordrhein-westfälischen Parlament thematisiert. Die Einrichtung des Lehrstuhls an der Universität Münster war auch Gegenstand der Kleinen Anfrage „Welchen Zeitplan verfolgt die Landesregierung bei der Einrichtung eines Lehrstuhls für Islamische Theologie an der Universität Münster?“ der Abgeordneten *Thomann-Stahl* (FDP) vom 17.12.2002. Von Interesse ist insbesondere die dritte der an die Landesregierung gerichteten Fragen: „Gemäß geltenden Rechts bedürfen theologische Lehrstühle des nihil obstat der Religionsgemeinschaften und die von ihnen ausgebildeten Lehrer der Zustimmung dieser Gemeinschaften. Wie gedenkt die Landesregierung hier vorzugehen?“[202] Die Antwort der Ministerin lautete, dass das nihil obstat bei der Besetzung theologischer Lehrstühle auf einem Vertrag zwischen dem Staat und der Religionsgemeinschaft beruhe, und ein solcher mit einer islamischen Organisation bestehe nicht.[203] Erneut differenzierte die Antwort nicht zwischen theologischen und religionswissenschaftlichen Lehrstühlen.

e) Die Kleine Anfrage „Fehlender Religionsunterricht an öffentlichen Schulen in Nordrhein-Westfalen“ vom 30.09.2003 der Abgeordneten *Freimuth* (FDP) erbat auch Stellung zu der Frage, welche Pläne für die Ausbildung jüdischer und muslimischer Religionslehrer bei der Landesregierung bestehen, um in Zukunft für diese beiden Religionsgemeinschaften flächendeckend Religionsunterricht anbieten zu können.[204] In der Antwort der Ministerin für Schule, Jugend und Kinder wurde allein auf das Lehramtsstudium für Islamunterricht an der Universität Münster am Centrum für Religiöse Studien (dazu im Anschluss) hingewiesen,[205] nicht auch auf die Einrichtung eines theologischen Lehrstuhls.

2. Entwicklung an der Westfälischen Wilhelms-Universität Münster

Ein Lehrstuhl „Religion des Islam“, an dem Lehrkräfte für Islamunterricht ausgebildet werden können, wurde nun an der Westfälischen Wilhelms-Universität Münster er-

---

[200] Kleine Anfrage 708, Drs. NRW 13/2239 v. 01.02.2002, S. 2.

[201] Antwort v. 01.03.2002, Drs. 13/2359 v. 04.03.2002, S. 3.

[202] Kleine Anfrage 1099, Drs. NRW 13/3385 v. 17.12.2002, S. 1.

[203] Antwort v. 17.01.2003, Drs. NRW 13/3468 v. 20.01.2003, S. 3. Zu den Zustimmungsrechten als Teil der Mitwirkungsrechte, die im katholischen Bereich als nihil obstat bezeichnet werden, näher S. 149ff.

[204] Frage 5 der Kleinen Anfrage 1459 der Abg. *Freimuth* (FDP) v. 30.09.2003, Drs. NRW 13/4415, S. 2.

[205] Antwort der Ministerin für Schule, Jugend und Kinder v. 03.11.2003, Drs. NRW 13/4575 v. 05.11.2003, S. 3.

richtet.[206] Die Errichtung war Gegenstand einer Zielvereinbarung zwischen dem Ministerium für Schule, Wissenschaft und Forschung des Landes Nordrhein-Westfalen und der Westfälischen Wilhelms-Universität Münster,[207] welche am 21.05.2002 in Münster unterzeichnet wurde.[208] Hierzu baute die Universität ihre religionswissenschaftlichen Angebote zu einem neuen „Centrum für Religiöse Studien" (CRS) aus, das die interreligiöse Forschung vertiefen und die inhaltlichen Voraussetzungen für religiöse Studien in den Bereichen Islam, Orthodoxie und Judentum schaffen soll.[209] Die Eröffnung des CRS fand am 08.12.2003 statt.[210] Das Centrum erhielt unter anderem eine Professur „Religion des Islam", welche international ausgeschrieben[211] und nun erstmalig mit einem Islamwissenschaftler besetzt wurde.[212]
Zunächst erfolgt die Ausbildung der Lehrer, beginnend im Jahr 2004,[213] in einem sechssemestrigen Erweiterungsstudium für Lehramtsstudenten mit zwei Fächern.[214]

---

[206] Mediendienst der WWU Münster, Lehrer für Islamunterricht werden in Münster ausgebildet, v. 21.05.2002 über eine Zielvereinbarung zwischen dem Ministerium für Schule, Wissenschaft und Forschung des Landes Nordrhein-Westfalen und der Westfälischen Wilhelms-Universität Münster; vgl. auch „Mehr Islam-Unterricht im neuen Schuljahr", SZ v. 20.09.2002, S. 37, Nordrhein-Westfalen.

[207] II. 1.1. Errichtung eines „Centrums für Religiöse Studien", in: Zielvereinbarung zwischen der Westfälischen Wilhelms-Universität Münster und dem Ministerium für Schule, Wissenschaft und Forschung des Landes Nordrhein-Westfalen, abrufbar unter URL: http://wwwuv2.uni-muenster.de/Dokumente/zielvereinbarung.pdf (Stand: 02.01.2005). Zu dem Handlungsinstrument der Zielvereinbarung näher *Battis/Kersten*, DVBl. 2003, S. 349, 349f.

[208] Mitteilung des Ministeriums für Schule, Wissenschaft und Forschung des Landes Nordrhein-Westfalen, Drs. NRW 13/1522 v. 07.06.2002, S. 1.

[209] II. 1.1. Errichtung eines „Centrums für Religiöse Studien", in: Zielvereinbarung zwischen der Westfälischen Wilhelms-Universität Münster und dem Ministerium für Schule, Wissenschaft und Forschung des Landes Nordrhein-Westfalen, abrufbar unter URL: http://wwwuv2.uni-muenster.de/Dokumente/zielvereinbarung.pdf (Stand: 02.01.2005).

[210] Mediendienst der WWU Münster, Islamischer Religionsunterricht an deutschen Schulen, v. 02.12.2003; Mediendienst der WWU Münster, Ausbildung von Lehrern für islamischen und orthodoxen Religionsunterricht, v. 08.12.2003.

[211] Text der Ausschreibung für die C4-Professur „Religion des Islam" an der Westfälischen Wilhelms-Universität Münster. Die Benennung der Professur „Religion des Islam" weicht von der Zielvereinbarung ab, in der die Errichtung einer Professur „Islamische Theologie" geplant war, vgl. unter II. 1.1. Errichtung eines „Centrums für Religiöse Studien", in: Zielvereinbarung zwischen der Westfälischen Wilhelms-Universität Münster und dem Ministerium für Schule, Wissenschaft und Forschung des Landes Nordrhein-Westfalen, abrufbar unter URL: http://wwwuv2.uni-muenster.de/Dokumente/zielvereinbarung.pdf (Stand: 02.01.2005). Vgl. auch „Lehrer für das Land", SZ v. 10.12.2002, S. V2/10. Nach der Antwort der Ministerin für Wissenschaft und Forschung v. 17.01.2003, Drs. NRW 13/3468 v. 20.01.2003, S. 2 auf die Kleine Anfrage 1099 der Abg. *Thomann-Stahl* (FDP), Drs. 13/3385 v. 11.12.2002, S. 1 endete die Bewerbungsfrist am 31.01.2004.

[212] Der Lehrstuhl wurde besetzt mit Prof. Dr. Muhammad *Kalisch*, vgl. Mediendienst der WWU Münster, Erste Professur für „Religion des Islam", v. 22.07.2004; F.A.Z. vom 23.07.2004, S. 2. Hierbei handelt es sich nach Angaben von Münsters Universitäts-Zeitung um die Vertretung der Professur für das Sommersemester 2004, muz v. 04. Juni 2004, S. 8.

[213] Mediendienst der WWU Münster, Ausbildung von Lehrern für islamischen und orthodoxen Religionsunterricht, v. 08.12.2003; Homepage des CRS, abrufbar unter URL: http://www.uni-muenster.de/ArabistikIslam/ (Stand: 02.01.2005).

[214] *Kalisch*, F.A.Z. v. 27.01.2005, S. 6.

Ein grundständiges Studium soll später eingerichtet werden.[215] Die Einschreibung in den Erweiterungsstudiengang ist erstmalig im Sommersemester 2005 möglich.[216] An der Planung des Studiengangs waren Vertreter verschiedener islamischer Organisationen beteiligt; endgültige inhaltliche Festsetzungen sollen nach der Berufung erfolgen.[217]
Das CRS ist eine zentrale wissenschaftliche Einrichtung der Universität gem. § 29 i. V. m. § 2 Abs. 4 S. 1 nrwHG i. V. m. Art. 69 der Verfassung der Westfälischen Wilhelms-Universität Münster.[218] Aufmerksamkeit verdient dabei der Beirat, der sich am 16.07.2003 konstituierte.[219] Ihm gehören nach der Verwaltungs- und Benutzungsordnung für das CRS Persönlichkeiten aus Organisationen derjenigen Religionsgemeinschaften an, deren Religion den Aufgabenbereich des CRS bilden. Ihm soll die Aufgabe zukommen, „die Aktivitäten des CRS insbesondere im Bereich des interreligiösen und interkulturellen Gesprächs sowie in der religionspädagogischen Vermittlung zu unterstützen sowie die Kommunikation zwischen dem CRS und den verschiedenen Religionsgemeinschaften zu erleichtern“[220]. Von muslimischer Seite sind der ZMD, der Islamrat für die Bundesrepublik Deutschland e.V., der Verband der Islamischen Kulturzentren e.V., die Türkisch Islamische Union der Anstalt für Religion e.V. (DITIB Köln) und das islamische Zentrum Hamburg e.V. vertreten.[221]
Bereits durch die Formulierung der Zielvereinbarung wird deutlich, dass es sich um einen Ausbau der religionswissenschaftlichen Angebote der Universität handeln soll: „Die Universität wird ihr Profil in den Bereichen - Religionswissenschaften (- ...) schärfen (...)“[222]. Besonders klar tritt dieser Umstand in der Verwaltungs- und Benutzungsordnung des CRS hervor: „Das CRS betreibt und koordiniert religionswissenschaftliche Forschung und Lehre an der Westfälischen Wilhelms-Universität Münster, insbesondere durch Vertiefung und Ausarbeitung von interreligiösen sowie interkultu-

---

[215] Mitteilung des Ministeriums für Schule, Wissenschaft und Forschung des Landes Nordrhein-Westfalen, Drs. NRW 13/1522 v. 07.06.2002, S. 2.

[216] Homepage des CRS, abrufbar unter URL: http://www.uni-muenster.de/ArabistikIslam/ (Stand: 02.01.2005).

[217] „Lehrer für das Land“, SZ v. 10.12.2002, S. V2/10. Zum Zeitpunkt der Berufung von Prof. Dr. Muhammad *Kalisch* erarbeitete das Schulministerium die fächerspezifischen Vorschriften für den Lehramtsstudiengang, Mediendienst der WWU Münster, Erste Professur für „Religion des Islam“, v. 22.07.2004. Zu den anvisierten Inhalten vgl. *Kalisch*, F.A.Z. v. 27.01.2005, S. 6.

[218] § 1 Verwaltungs- und Benutzungsordnung für das Centrum für Religiöse Studien v. 21.05.2003, Amtliche Bekanntmachungen der Westfälischen Wilhelms-Universität Münster, Jg. 2003, Nr. 7 v. 15.07.2003, S. 8, 9.

[219] *Th. Bauer*, in: Islamischer Religionsunterricht, S. 7, 10.

[220] § 6 S. 2, 3 Verwaltungs- und Benutzungsordnung für das Centrum für Religiöse Studien v. 21.05.2003, Amtliche Bekanntmachungen der Westfälischen Wilhelms-Universität Münster, Jg. 2003, Nr. 7 v. 15.07.2003, S. 8, 13.

[221] *Kalisch*, F.A.Z. v. 27.01.2005, S. 6.

[222] II. Errichtung eines „Centrums für Religiöse Studien“, in: Zielvereinbarung zwischen der Westfälischen Wilhelms-Universität Münster und dem Ministerium für Schule, Wissenschaft und Forschung des Landes Nordrhein-Westfalen, abrufbar unter URL: http://wwwuv2.uni-muenster.de/Dokumente/zielvereinbarung.pdf (Stand: 02.01.2005).

rellen Fragestellungen und Forschungsperspektiven."[223] Die religionswissenschaftliche Konzeption des CRS und in der Folge auch des Lehrstuhls „Religion des Islam" hat Auswirkungen auf das Lehrangebot.[224] Die Lehrerausbildung am CRS soll dazu befähigen, Islamunterricht im Lehramt zu erteilen. Hierfür wird ein Studiengang zum Erwerb der Staatsprüfung zur Erteilung von Islamunterricht an öffentlichen Schulen angeboten.[225] Es handelt sich um einen Erweiterungsstudiengang, an dem teilnehmen kann, wer ein abgeschlossenes Hochschulstudium als Lehrerin/Lehrer vorweisen kann oder ein derzeitiges Lehramtsstudium mit zwei regulären Fächern belegt.[226] Für die Einstufung des Lehrangebots als religionswissenschaftlich oder theologisch wird aber in Parallelität zum schulischen Unterrichtsangebot eine Klassifizierung der Lehre anhand materieller Kriterien ausschlaggebend sein, nicht die Benennung als theologisch oder religionswissenschaftlich.[227]

An dieser Stelle wird relevant, welche Aufgaben der Lehrstuhl künftig erfüllen soll. Der Aufbau des Lehrstuhls soll für die Ausbildung von Lehrern für den nordrhein-westfälischen Bedarf erfolgen, also für die Unterrichtung der ca. 260.000 muslimischen Schüler dieses Landes.[228] Insbesondere auf Grund des zunächst aufgestellten und zwischenzeitlich wieder gestrichenen Erfordernisses des muslimischen Glaubens für die künftigen Lehrer[229] ist darauf hinzuweisen, dass in Nordrhein-Westfalen bislang kein islamischer Religionsunterricht als ordentliches Lehrfach i. S. v. Art. 7 Abs. 3 S. 1 GG eingerichtet wurde.[230] Die Religiöse Unterweisung in Nordrhein-West-

---

[223] § 2 Abs. 1 Verwaltungs- und Benutzungsordnung für das Centrum für Religiöse Studien v. 21.05.2003, Amtliche Bekanntmachungen der Westfälischen Wilhelms-Universität Münster, Nr. 7/2003 v. 15.07.2003.

[224] Näher zu dem Lehrstuhl für orthodoxe Theologie am CRS mit theologischem Lehrangebot S. 105.

[225] § 2 Abs. 1 S. 2 Verwaltungs- und Benutzungsordnung für das Centrum für Religiöse Studien v. 21.05.2003, Amtliche Bekanntmachungen der Westfälischen Wilhelms-Universität Münster, Nr. 7/2003 v. 15.07.2003, S. 8, 9. Vgl. auch *Reichmuth*, in: Islamischer Religionsunterricht, S. 69, 71ff. zu den Entwicklungen an der Ruhr-Universität Bochum am Seminar für Orientalistik, an der Lehrerausbildung für die Religiöse Unterweisung in NRW mitzuwirken.

[226] Homepage des CRS, abrufbar unter URL: http://www.uni-muenster.de/ArabistikIslam/ (Stand: 02.01.2005).

[227] Vgl. für die Einstufung der Religiösen Unterweisung *Anger*, S. 338ff.; Bestimmung des Religionsunterrichts anhand der Auslegungskriterien bei *Maurer*, ZPT 1998, S. 409, 410ff.

[228] Mitteilung des Ministeriums für Schule, Wissenschaft und Forschung des Landes Nordrhein-Westfalen, Drs. NRW 13/1522 v. 07.06.2002, S. 2. Hingegen spricht *Pfaff*, epd 2/00, S. 42, 42 und *ders.*, in: Beauftragte der Bundesregierung für Ausländerfragen, S. 13, 13 noch von 240.000 muslimischen Schülern in Nordrhein-Westfalen, nun aber von ca. 260.000 muslimischen Schülern (*Pfaff*, in: Islamischer Religionsunterricht, S. 65, 65).

[229] Homepage des CRS, abrufbar unter URL: http://www.uni-muenster.de/ArabistikIslam/ (Stand: 02.01.2005). Zuvor wurde noch das Erfordernis erhoben, dass die Studenten muslimischen Glaubens sein mussten, Homepage des CRS, abrufbar unter URL: http://www.uni-muenster.de/ArabistikIslam/ (Stand: 15.04.2004). Das Erfordernis des muslimischen Glaubens der Studenten deckt sich nicht mit der religionswissenschaftlichen Ausrichtung des Lehrstuhls und stieß daher auf Bedenken.

[230] Mitteilung des Ministeriums für Schule, Wissenschaft und Forschung des Landes Nordrhein-Westfalen „Islamische Unterweisung und islamischer Religionsunterricht", Drs. NRW 13/1239 v. 18.01.2002. Zumindest missverständlich ist *Bader*, in: U/C, GG, Art. 7 I-III, Rn. 152, der die Frage aufwirft, ob islamische Religionsgemeinschaften die Voraussetzungen für die Erteilung von Religi-

falen wird im Rahmen des muttersprachlichen Ergänzungsunterrichts unter Verantwortung der Kultusverwaltung erteilt.[231] Neben der Religiösen Unterweisung existiert der zeitlich nicht befristete nordrhein-westfälische Schulversuch „Islamische Unterweisung als eigenständiges Unterrichtsfach auf Deutsch". Dies ist ein Unterricht ohne Eingliederung in den muttersprachlichen Ergänzungsunterricht[232] für den Bereich der Primarstufe und der Sekundarstufe I.[233] Dieser ist als religionskundlicher Unterricht auf der Grundlage islamischer Wertvorstellungen im Rahmen des Regelunterrichts konzipiert.[234] Ziele und Inhalte des Schulversuchs decken sich mit der Islamischen Unterweisung im muttersprachlichen Unterricht.[235] Dabei sind die im Unterricht erbrachten Leistungen in gleichem Maße versetzungs- und auch abschlusswirksam wie Leistungen im Religionsunterricht als ordentliches Lehrfach gem. Art. 7 Abs. 3 S. 1 GG in der jeweils von den Schülern besuchten Schulform.[236] Die Benennung als „Islamische Unterweisung" stellt sich im Hinblick auf den Wortlaut von Art. 14 Abs. 1 S. 2 nrwVerf als zumindest missverständlich dar.[237]
Vor Veröffentlichung des Runderlasses des Ministeriums für Schule und Weiterbildung, Wissenschaft und Forschung des Landes Nordrhein-Westfalen zu der Islamischen Unterweisung als eigenständiges Unterrichtsfach in deutscher Sprache[238] wurden die interessierten Vereinigungen informiert und ihnen Gelegenheit zu einer Stellungnahme geboten.[239] Sowohl der ZMD als auch der Islamrat für die Bundesrepublik Deutschland e. V. haben verwaltungsgerichtliche Klage auf Einführung islamischen Religionsunterrichts an den öffentlichen Schulen in Nordrhein-Westfalen erhoben. Sie

---

onsunterricht i. S. v. Art. 7 Abs. 3 GG erfüllen, wobei in Fn. 255 die Feststellung folgt, dass in einigen Bundesländern, z. B. in Nordrhein-Westfalen, Islam-Unterricht bereits eingeführt worden sei.

[231] Vgl. *Häußler*, ZAR 2000, S. 159, 164 für die Klassen 1-10. Nach „Mehr Islamunterricht im neuen Schuljahr", SZ v. 20.09.2002, S. 37 Nordrhein-Westfalen, findet in Nordrhein-Westfalen die Religiöse Unterweisung auf Türkisch, Arabisch, Bosnisch statt; zusätzlich Schulversuch Islamische Unterweisung als eigenständiges Unterrichtsfach in deutscher Sprache. Nunmehr ist diese Religiöse Unterweisung geregelt im RdErl. des Ministeriums für Schule und Weiterbildung, Wissenschaft und Forschung v. 28.05.1999 (ABl. NRW. 1 Nr. 6/99, S. 96): Islamische Unterweisung, abgedr. bei *Stock*, Islamunterricht, S. 112ff.

[232] Vgl. zur Ausgestaltung epd 2/00, S. 59-62 und *Pfaff*, in: Islamischer Religionsunterricht, S. 65, 66. Nach der Antwort der Landesregierung v. 27.10.2003 auf die Kleine Anfrage 1442 („Wann endlich wird es in Nordrhein-Westfalen das Schulfach ‚Islamischer Religionsunterricht' geben?") des Abg. *Solf* (CDU), Drs. NRW 13/4379 v. 24.09.2003, nehmen an dem Modellversuch inzwischen ca. 90 Schulen teil, Drs. NRW 13/4534 v. 29.10.2003, S. 3. Vgl. zu dem Modellversuch ausführlich *Stock*, Islamunterricht, S. 46ff.

[233] *Reichmuth*, RdJB 51, S. 262, 265.

[234] *Häußler*, ZAR 2000, S. 159, 164 in Fn. 90; *Jordanova-Duda*, SZ v. 25.03.2003, S. 11. Die verfassungsrechtliche Zulässigkeit des Modellversuchs wird in Zweifel gezogen, vgl. *Häußler*, ZAR 2000, S. 159, 166, der ansonsten die Religiöse Unterweisung außerhalb des Modellprojektes als verfassungsrechtlich zulässig einstuft.

[235] *Anger*, S. 306f.

[236] *Pfaff*, in: Beauftragte der Bundesregierung für Ausländerfragen, S. 13, 16.

[237] Art. 14 Abs. 1 S. 2 nrwVerf: „Für die *religiöse Unterweisung* bedarf der Lehrer der Bevollmächtigung durch die Kirche oder durch die Religionsgemeinschaft."

[238] RdErl. des Ministeriums für Schule und Weiterbildung, Wissenschaft und Forschung v. 28.05.1999 (ABl. NRW. 1 Nr. 6/99, S. 96): Islamische Unterweisung, abgedr. bei *Stock*, Islamunterricht, S. 112ff.

[239] *Pfaff*, in: Beauftragte der Bundesregierung für Ausländerfragen, S. 13, 17.

haben sich damit gegen die Islamische Unterweisung gewandt und für einen regulären islamischen Religionsunterricht gem. Art. 7 Abs. 3 GG ausgesprochen.[240] Die Nomenklatur „Islamunterricht" auch in der Verwaltungs- und Benutzungsordnung für das CRS[241] bezeichnet hierbei die Islamische Unterweisung in Nordrhein-Westfalen in beiden Varianten.[242] Es bleibt festzuhalten, dass es sich bei der angebotenen Ausbildung nicht um den Erwerb einer Lehrbefähigung für einen islamischen Religionsunterricht als ordentliches Lehrfach gem. Art. 7 Abs. 3 S. 1 GG handelt.

III. Rheinland-Pfalz

Auch Rheinland-Pfalz zählt neben Bayern, Hamburg, Niedersachsen und Nordrhein-Westfalen zu den Bundesländern, die auf Grund des Fehlens eines regulären islamischen Religionsunterrichts einen inhaltlich und organisatorisch vollständig staatlich verantworteten Unterricht religiösen Inhalts anbieten.[243] Doch anders als in den anderen genannten Ländern ist es hier bislang nicht zu Ansätzen zur Einrichtung eines islamischen Lehrstuhls an einer staatlichen Hochschule gekommen. Insbesondere wurden auch im Landtag keine Anträge mit dem Gegenstand der Einrichtung eines islamischen Lehrstuhls eingebracht. Vielmehr wurde hier von der Fraktion BÜNDNIS 90/DIE GRÜNEN als eine von mehreren Maßnahmen die Förderung der „Einrichtung einer Professur für Islamwissenschaften" im Verbund mit anderen Bundesländern angestrebt.[244] Dieser Antrag wurde mit den Stimmen der SPD, der CDU und der FDP gegen die Stimmen von BÜNDNIS 90/DIE GRÜNEN abgelehnt.[245]

C. Bedeutung der Länderansätze für diese Untersuchung

Zunächst wird deutlich, dass in mehreren Ländern die Errichtung und Einrichtung theologischer Lehrstühle an den staatlichen Hochschulen in den Landtagen anlässlich von Anträgen und Kleinen Anfragen diskutiert wurde. Die auch im Ergebnis unterschiedliche Behandlung der Anträge legt die Vermutung nahe, dass die islamischen Religionsgemeinschaften im Einzelfall bei ihrem Begehren auf Schaffung islamischer Hochschuleinrichtungen auf Widerstand stoßen werden. Daher erfolgt die Prüfung von

---

240 *Pfaff*, in: Beauftragte der Bundesregierung für Ausländerfragen, S. 13, 17. Vgl. im einstweiligen Rechtsschutz VG Düsseldorf, NWVBl. 2001, S. 110ff. und für beide Dachverbände in der Hauptsache VG Düsseldorf, NWVBl. 2002, S. 196ff. und in zweiter Instanz OVG NRW, NWVBl. 2004, S. 224-230.

241 § 2 Abs. 1 S. 2 Verwaltungs- und Benutzungsordnung für das Centrum für Religiöse Studien v. 21.05.2003, Amtliche Bekanntmachungen der Westfälischen Wilhelms-Universität Münster, Jg. 2003, Nr. 7 v. 15.07.2003, S. 8, 9.

242 Um deutlich zu machen, dass es sich nicht um eine Einführung von Religionsunterricht i. S. v. Art. 7 Abs. 3 GG handelte, wurde auch die Bezeichnung als „Religiöse Unterweisung für Schüler islamischen Glaubens" gewählt, vgl. *Gebauer*, RdJB 37, S. 263, 265.

243 Vgl. *Anger*, S. 299f.

244 Antrag „Sicherheit stärken – Bürgerrechte wahren" zu dem Antrag der Fraktion der CDU, Drs. RhPf 14/411 v. 08.11.2001 und zu dem Antrag der Fraktionen der SPD und FDP v. 14.11.2001, Drs. RhPf 14/430, Drs. RhPf 14/668 v. 23.01.2002, S. 3.

245 PlProt. RhPf 14/22 v. 24.04.2002, S. 1457.

Ansprüchen auf Einrichtung islamischer Lehrstühle und Fakultäten im folgenden Abschnitt.[246]
Die enge Verknüpfung von Religionsunterricht als ordentliches Lehrfach i. S. v. Art. 7 Abs. 3 S. 1 GG und der Ausbildung von Religionslehrern für diesen Unterricht wird auch in den Diskussionen um die Einrichtung islamischer Lehrstühle deutlich. Dies zeigt sich insbesondere an der Behandlung in den Landesparlamenten, wo oftmals im Kontext des islamischen Religionsunterrichts auch die Frage der Lehrerausbildung an den Universitäten thematisiert wird und häufig Anträge beide Bereiche umfassen. Weiter zeigt sich, dass die Frage der Einrichtung islamischer Lehrstühle in den Landtagen, selbst wenn isolierte Anträge auf Einrichtung entsprechender Lehrstühle eingebracht werden, nicht auf die Ausbildung von Geistlichen und Seelsorgern bezogen wird, sondern allein auf die Religionslehrerausbildung. Die unterschiedlichen Ansatzpunkte an der Hochschule von Theologie einerseits, die der bekenntnisgebundenen wissenschaftlichen Durchdringung des Bekenntnisses dient, und bekenntnisneutraler Religionswissenschaft andererseits, finden im schulischen Rahmen ihre Entsprechung im bekenntnisgebundenen Religionsunterricht gem. Art. 7 Abs. 3 S. 2 GG einerseits und in der Religiösen Unterweisung als Religionskunde andererseits.[247] Hieraus ergibt sich auch die Konsequenz, dass für die Charakterisierung als Religionswissenschaft oder Theologie die gleichen materiellen Maßstäbe anzulegen sein werden wie für die Differenzierung zwischen Religionskunde und Religionsunterricht. Der Gegenstand von Religionsunterricht ist der Bekenntnisinhalt, d. h. die Glaubenssätze der jeweiligen Religionsgemeinschaft, welche als bestehende Wahrheit vermittelt werden sollen.[248] Religionskunde beschränkt sich darauf, über die Antworten von Weltanschauungen und Religionen auf Grundfragen zu informieren, ohne dies mit einer Stellungnahme über die Richtigkeit zu verbinden.[249] Entsprechend der Situation, dass bislang kein flächendeckender regulärer islamischer Religionsunterricht eingerichtet wurde, kann es sich auch bei den korrespondierenden islamischen Lehrstühlen bzw. beim Studiengang in Niedersachsen noch nicht um endgültige Lösungen handeln.
Deutlich wird auch die Notwendigkeit eines Ansprechpartners auf islamischer Seite für den Staat bei der Einrichtung theologischer Lehrstühle. Aussagen zum Ansprechpartner finden sich in den Diskussionen in den Landtagen bzw. in den Stellungnahmen zu den verschiedenen Projekten fast durchweg. Durch die Anbindung an einen An-

---

[246] S. 39ff.

[247] Vgl. Titel des Themenhefts 4 der ZPT 1998: „Religionsunterricht und Religionskunde – Theologie und Religionswissenschaft"; Titel des Aufsatzes von *Menke*, in: Religionsunterricht hat Zukunft, S. 68, 68: „Theologie als Bezugswissenschaft des Religionsunterrichts"; *Adick*, ZEP 2000, S. 43, 44 mit der Bezeichnung als genuiner Bezugswissenschaft in der Gestalt von Lehrstühlen für islamische Theologie bzw. Religionspädagogik für den Religionsunterricht; *Anger*, S. 313 spricht von der Theologie als wissenschaftlicher Bezugsdisziplin der Religiösen Unterweisung in staatlicher Verantwortung und nicht vorrangig der Islam- oder Religionswissenschaft und auf S. 337 von der Religionswissenschaft als Bezug für die Religionskunde.

[248] BVerfGE 74, S. 244, 252; BVerwGE 110, S. 326, 333; *Robbers*, in: M/K/S, Art. 7, Rn. 126.

[249] *Oebbecke*, DVBl. 1996, S. 336, 341; vgl. auch *Pfaff*, SchulVerwaltung NRW 1999, S. 170, 170; *ders.*, in: Beauftragte der Bundesregierung für Ausländerfragen, S. 13, 14; *Mückl*, AöR 122, S. 513, 549. BVerwGE 110, S. 326, 333 schreibt der Religionskunde die Attribute historisierend und relativierend im Gegensatz zum Religionsunterricht zu.

sprechpartner und dessen Theologie ist die Konsequenz nicht ausgeschlossen, dass mehrere islamische Lehrstühle parallel errichtet werden.[250] Die Anträge und Stellungnahmen in den Parlamenten differenzieren hier oftmals nicht.[251] Die Frage nach dem Ansprechpartner und den Anforderungen an diesen wirft auch die wohl größte praktische Schwierigkeit auf dem Weg der Schaffung theologischer Hochschuleinrichtungen auf.

Eine weitere Frage ist, auf welche Weise mit den Religionsgemeinschaften für einen theologischen Lehrstuhl kooperiert wird. Der Beirat des CRS in Münster beteiligt Personen islamischen Glaubens und stellt zumindest eine Form der Zusammenarbeit mit den Religionsgemeinschaften her, wie sie auch in unterschiedlicher Weise bei der Er- und Einrichtung islamischer Hochschuleinrichtungen notwendig ist. Die Bildung eines Beirats ist dabei kein Modell für die Einrichtung eines islamischen Lehrstuhls an einer staatlichen Universität, um die Zusammenarbeit mit der oder den Religionsgemeinschaften sicherzustellen. Dem Beirat des CRS kommt nur unterstützende und beratende Tätigkeit zu. Die Religionsgemeinschaft muss eine vom Staat losgelöste Organisation bieten, um als Ansprechpartner des Staates, so nicht zuletzt in Fragen der Mitwirkungsrechte der Religionsgemeinschaften, fungieren zu können.[252] Ebenso genügt auch eine Beteiligung von der oder den islamischen Religionsgemeinschaften in Hamburg durch den dortigen Beirat bereits auf Grund seiner allein beratenden Funktion nicht den Anforderungen an eine Mitwirkung der Religionsgemeinschaften.[253] Die zusätzliche Einrichtung eines Beirates ist hingegen nicht ausgeschlossen.

Die Mitwirkungsrechte in Personalangelegenheiten[254] waren ebenfalls Gegenstand der Diskussionen in zwei Bundesländern, in Baden-Württemberg[255] und in Nordrhein-Westfalen[256]. Zudem wurden sie von der islamischen Seite in Hamburg angesprochen und in begrenztem Umfang gefordert.[257] Seitens der nordrhein-westfälischen Landesregierung wurde die Auffassung vertreten, Mitwirkungsrechte in Personalangelegenheiten seien allein durch Staatskirchenverträge gewährleistet. Aus dieser Stellungnahme ist für die folgende Untersuchung die Notwendigkeit zu entnehmen, Mitwirkungsrechte aus der Verfassung herzuleiten. Weiter wird an dieser Stellungnahme deutlich, dass die Frage, ob ein Anspruch auf Abschluss eines Staatskirchenvertrages besteht, näherer Erörterung bedarf.[258]

---

[250] Zu den Anforderungen an eine Religionsgemeinschaft i. S. d. GG S. 48ff.

[251] Vgl. nur Frage 5 der Kleinen Anfrage 1459 der Abg. *Freimuth* (FDP) v. 30.09.2003, Drs. NRW 13/4415, S. 2, hierzu S. 30.

[252] Vgl. *Heimann*, DÖV 2003, S. 238, 245 zum Runden Tisch in Niedersachsen, der im Zusammenhang mit der Erteilung islamischen Religionsunterrichts in einem Schulversuch eingerichtet wurde.

[253] Vgl. zum dortigen Beirat S. 19.

[254] Zu den Mitwirkungsrechten der islamischen Religionsgemeinschaften in Personalangelegenheiten S. 149ff., bei Studien- und Prüfungsordnungen S. 159f., bei Promotions- und Habilitationsordnungen S. 160.

[255] Vgl. S. 7f.

[256] Vgl. S. 30.

[257] Vgl. S. 17f.

[258] Hierzu S. 129ff.

Zweiter Abschnitt:
Ansprüche auf Einrichtung islamischer Lehrstühle und Fakultäten

Ein Begehren der islamischen Religionsgemeinschaften auf Einrichtung islamisch-theologischer Hochschuleinrichtungen – singulärer theologischer Lehrstühle und theologischer Fakultäten – kann nicht allein als rein theoretische Möglichkeit angesehen werden.[1] Einerseits wird die Schaffung islamischer Lehrstühle von islamischer Seite mehrfach gefordert.[2] Dies hängt auch mit dem Umstand zusammen, dass viele der zugewanderten Muslime nunmehr davon ausgehen, dauerhaft in Deutschland zu bleiben.[3] Andererseits könnte sich die Legitimation zu Institutionalisierungen aus historischen und zeitgenössischen Vorbildern sowie aus den Sekundärquellen islamischen Rechts ergeben.[4] So findet sich in der Literatur die Bemerkung, dass der Islam zwar keine korporativen Organisationsformen vergleichbar jenen der christlichen Kirchen kenne, sie aber vor allem in der abendländischen Diaspora nicht ausschließe.[5]

Der Islam hat kein Lehramt im Sinne der päpstlichen Autorität entwickelt, auch kirchenähnliche Strukturen sind weitgehend nicht vorhanden.[6] Die Muslime verstehen sich als weltumspannende Gemeinschaft (Umma) ohne religiöse Oberhäupter; es bedarf keiner Priesterschaft, um das göttliche Gesetz auszulegen und um die Verbindung zwischen Gott und den Gläubigen herzustellen.[7] Es gab und gibt Institutionalisierungen aber auch in der islamischen Welt.[8] Es findet sich in der Literatur weiter die Ansicht, dass es sich hierbei nicht nur um Einzelfälle handele, sondern um eine Konstante der islamischen Geschichte.[9]
Historische Vorbilder sind etwa der osmanisch-sunnitische Seyh ül-Islam bzw. Mufti von Istanbul zu Zeiten des osmanischen Reichs von ca. 1300 bis 1924[10] und der safawidisch-šī'itische sadr.[11] Beim Islamrat für die Bundesrepublik Deutschland e. V.

[1] Ist im Folgenden von islamischen Hochschuleinrichtungen die Rede, werden hierunter nicht die Konkordatsprofessuren verstanden. Als Konkordatsprofessuren werden Professuren für nicht-theologische Disziplinen außerhalb theologischer Fakultäten bezeichnet, die einer kirchlichen Bindung unterliegen, vgl *Hollerbach*, Art. Konkordatslehrstühle, StL III, Sp. 625, 625. Zu der verfassungsrechtlichen Kritik dieser Professuren vgl. *F. Müller*, DuR 1976, S. 175ff.
[2] Vgl. S. 1f.
[3] *Rohe*, Der Bürger im Staat 4 2001; *ders.*, ZfTS 13, S. 7, 8.
[4] *Rohe*, RabelsZ 64, S. 256, 284f.
[5] *Jeand'Heur/Korioth*, Rn. 324.
[6] *Rohe*, Der Islam, S. 163.
[7] *Spriewald*, S. 28.
[8] *Rohe*, ZRP 2000, S. 207, 210; *ders.*, RabelsZ 64, S. 256, 283; *ders.*, Der Islam, S. 163; *Zakariya*, S. 228, 236.
[9] *Zakariya*, S. 228, 237.
[10] *Rohe*, ZRP 2000, S. 207, 210; *ders.*, RabelsZ 64, S. 256, 283; *ders.*, Der Islam, S. 163; vgl. auch *Spuler-Stegemann*, S. 233; *Wensinck/Kramers*, Art. SHAIKH AL-ISLĀM, S. 667-670; Enzyklopaedie des Islām, Art. SHAIKH AL-ISLĀM, S. 296-299; *Kreiser/Wielandt*, Art. Scheich ül-Islam, S. 246. *Kaydu* verwendet für die Arbeit „Die Institution des Scheyh-ül-Islamat im Osmanischen Staat" bereits im Titel das Substantiv Institution.
[11] *Rohe*, ZRP 2000, S. 207, 210; *ders.*, RabelsZ 64, S. 256, 283; *ders.*, Der Islam, S. 163; vgl. auch *Kreiser/Wielandt*, Art. Safawiden, S. 241-243.

wurde nun das Amt des Seyh ül-Islam eingerichtet; die Einrichtung ist auch dem Bemühen verbunden, eine religiöse Autorität zu etablieren.[12]
Eine zeitgenössische Institutionalisierung findet sich im sunnitischen Islam in der Azhar-Universität in Ägypten,[13] in den theologischen Fakultäten auch anderer Länder, so der Türkei,[14] ebenso wie in der Institution der nationalen Großmuftis[15]. Die Azhar-Universität ist eine Moschee-Universität in Kairo. Sie wurde im Jahr 1961 unter direkte staatliche Kontrolle gestellt und erhielt durch die von der ägyptischen Regierung vollzogenen Reformmaßnahmen eine vollständig neue organisatorische Struktur. Die größte Zahl der heutigen Studenten ist aber in nicht-theologischen Fakultäten eingeschrieben.[16] Es zeigt sich, dass das Lehren der Theologie an einer Hochschule, zumal an einer staatlichen Hochschule wie in der Türkei, dem Islam nicht fremd ist.
Weiterhin soll hier kurz auf die Sekundärquellen islamischen Rechts verwiesen werden. Neben dem Koran, der Tradition und der Übereinstimmung der Gemeinschaft als Grundlagen des islamischen Rechtssystems stehen sekundäre Quellen des Rechts und weitere Techniken zur Feststellung von Rechtsnormen zur Verfügung.[17] Die Möglichkeiten, die das deutsche Recht bietet, zu ergreifen und zu nutzen, auch wenn dies Veränderungen mit sich bringe, erlaube, so Stimmen in der Literatur, die Sekundärquelle des islamischen Rechts: „istislah“[18] oder „maslaha“[19], Zweckdienlichkeit oder Gemeinschaftsraison.[20] Andererseits wird auf die Notwendigkeit, „darura“, verwiesen, ebenfalls eine Sekundärquelle islamischen Rechts. Die Errichtung eines bekenntnisorientierten Islamunterrichts sei zweifellos im Sinne des Islam. Deshalb seien auch die hierfür erforderlichen Maßnahmen gedeckt.[21] Die Einführung dieses Unterrichts an der öffentlichen Schule beinhalte als erforderliche Maßnahme die Ausbildung von Lehrkräften und damit als Möglichkeit neben der Errichtung privater Hochschulen die Errichtung islamischer Lehrstühle oder Fakultäten an staatlichen Hochschulen.[22] Die Sekundärquellen islamischen Rechts schließen daher die Er- und Einrichtung theologischer Hochschuleinrichtungen an den staatlichen Hochschulen nicht aus.

---

[12] Sekretariat der Deutschen Bischofskonferenz, S. 49.
[13] *Rohe*, ZRP 2000, S. 207, 210; *ders.*, RabelsZ 64, S. 256, 283; *ders.*, Der Islam, S. 163; *Kandil*, in: Muslimische Gemeinschaften, S. 15, 20, 23f.; vgl. auch *Wensinck/Kramers*, Art. Azhar, S. 63-69.
[14] *Langenfeld*, AöR 123, S. 375, 402 in Fn. 80.
[15] *Rohe*, ZRP 2000, S. 207, 210; *ders.*, RabelsZ 64, S. 256, 283; *ders.*, Der Islam, S. 163.
[16] *Kogelmann*, in: Islam-Lexikon, Art. Azhar, S. 48, 48f.
[17] *Khoury*, in: Handbuch Islam, S. 44ff.
[18] Vgl. auch *Wensinck/Kramers*, Art. Istihsān und Istislāh, S. 229ff. und Encyclopaedia IV, Art. Istihsān and Istislāh, S. 255ff.
[19] Vgl. *Khoury*, in: Handbuch Islam, S. 46; *Krämer*, S. 58ff.; Encyclopaedia VI, Art. Maslaha, S. 738ff.
[20] *Huber-Rudolf*, Religionsfreiheit, S. 34; vgl. auch *Krämer*, S. 58 mit der Bezeichnung des Prinzips des Gemeinwohls als zentrales Instrument der Anpassung des Islam an wechselnde Zeitumstände.
[21] *Rohe*, RabelsZ 64, S. 256, 284f.; *ders.*, Der Islam, S. 164; vgl. auch Encyclopaedia II, Art. Darūra, S. 163f.
[22] *Rohe*, Der Bürger im Staat 4 2001, spricht in einem Abschnitt sowohl von den für die Etablierung eines bekenntnisorientierten Islamunterrichts im Sinne des Islam erforderlichen Maßnahmen als auch zuvor von den „religiös wie auch pädagogisch ausreichend ausgebildeten Lehrern und entsprechenden Ausbildungsstätten“, so dass wohl auch *Rohe* die Errichtung von Ausbildungsstätten der Rechtsregel „darura“ zuordnet.

Das bei der Errichtung einer islamischen Hochschuleinrichtung zugrunde gelegte Institutionenmodell lässt sich zudem, so der Islamwissenschaftler *Rohe*, auf eine Prophetentradition stützen („Meine Gemeinde wird sich nicht auf Irrtümer einigen"), ebenso wie die historisch dominierende dezentrale Lösung („Meinungsverschiedenheiten in meiner Gemeinde sind eine Gnade").[23]
Die Verhältnisse des Islam außerhalb Deutschlands ebenso wie die Quellen islamischen Rechts können nur einen Anhaltspunkt für die Beantwortung der Frage nach dem möglichen Verhalten der jeweiligen islamischen Religionsgemeinschaft im Hinblick auf die Errichtung islamischer Einrichtungen an staatlichen Hochschulen bieten. Ob die jeweilige islamische Religionsgemeinschaft diese so gewonnenen Aspekte als die maßgeblichen ihrer Entscheidung zugrunde legt, bleibt allein ihr überlassen.[24] Denkbar und möglich ist daher auch ein unterschiedliches Agieren der verschiedenen islamischen Religionsgemeinschaften. Zu Recht wird in der Literatur im Zusammenhang des Körperschaftsstatus darauf hingewiesen, dass man die Muslime in ihrem Glauben keinem Zwang unterwirft, wenn sie die Möglichkeit des deutschen Rechts, sich als Körperschaft zu organisieren, ergreifen wollen.[25] *Çavdar* weist für die Frage der Erteilung islamischen Religionsunterrichts durch die Religionsgemeinschaften ausdrücklich und zu Recht darauf hin, dass allein das Selbstverständnis der Muslime in Deutschland entscheidend ist.[26] Er lässt so die theologische Seite unbeantwortet.

Die Ansprüche auf Einrichtung islamischer Hochschuleinrichtungen könnten aus Art. 7 Abs. 3 S. 1, 2 GG (A.), aus der Parität[27] (B.) oder aus der Wissenschaftsfreiheit (C.) folgen. Eine Anspruchskonkurrenz besitzt Relevanz, da sich sowohl die Anforderungen an die anspruchstellenden Religionsgemeinschaften als auch die Rechtsfolgen unterschiedlich gestalten können. Der Anspruch aus Art. 7 Abs. 3 GG bezieht sich allein auf die Religionslehrerausbildung, derjenige aus der Parität kann auch die Geistlichen- und Seelsorgerausbildung umfassen. Normen der Landesverfassungen, die in verschiedener Form theologische Fakultäten oder singuläre theologische Lehrstühle behandeln,[28] und die ebenfalls einen Anspruch gewähren könnten, bleiben bei der Untersuchung ausgeschlossen. Gleiches gilt für die den Religionsunterricht als ordentliches Lehrfach statuierenden Normen sowohl der Landesverfassungen,[29] deren Ver-

[23] *Rohe*, ZRP 2000, S. 207, 210; *ders.*, RabelsZ 64, S. 256, 283; *ders.*, Der Islam, S. 163f.
[24] Vgl. *Johansen*, Ess.Gespr. 20, S. 12, 13.
[25] *Huber-Rudolf*, Religionsfreiheit, S. 234.
[26] *Çavdar*, RdJB 41, S. 265, 268.
[27] *Renck*, NVwZ 1996, S. 333, 334 sieht einen Paritätsverstoß; *Müller-Volbehr*, ZRP 1991, S. 345, 346 bejaht einen Paritätsverstoß für den Fall, dass die islamischen Religionsgemeinschaften islamische Lehrstühle bzw. Fakultäten an staatlichen Hochschulen einfordern.
[28] Zu den landesverfassungsrechtlichen Normierungen in Bezug auf theologische Hochschuleinrichtungen S. 120f. Darüber hinaus könnte auch Art. 15 S. 3 nrwVerf einen Anspruch gewähren: „Es ist sicherzustellen, dass die Befähigung zur Erteilung des Religionsunterrichts erworben werden kann."
[29] Art. 136 Abs. 2 bayVerf; Art. 18 S. 1 bwVerf sowie kraft pauschaler Grundrechtsübername der Grundrechte des Grundgesetzes nach Art. 2 Abs. 1 bwVerf i. V. m. Art. 7 Abs. 3 S. 1 GG; Art. 57 Abs. 1 S. 1 hessVerf; ausschließlich kraft pauschaler Grundrechtsübernahme der Grundrechte des Grundgesetzes nach Art. 5 Abs. 3 mvVerf i. V. m. Art. 7 Abs. 3 S. 1 GG; ausschließlich kraft pauschaler Grundrechtsübernahme der Grundrechte des Grundgesetzes nach Art. 3 Abs. 2 S. 1 ndsVerf i. V. m. Art. 7 Abs. 3 S. 1 GG; Art. 14 Abs. 1 S. 1 nrwVerf sowie kraft pauschaler Grundrechtsüber-

hältnis zu Art. 7 Abs. 3 GG durch Art. 142 GG bestimmt wird, als auch des einfachen Rechts.[30] Einfach-rechtliche Normen des Hochschulrechts, die einen Anspruch auf Einrichtung einer islamischen Hochschuleinrichtung begründen könnten, sind nicht ersichtlich.

A. Anspruch aus Art. 7 Abs. 3 S. 1, 2 GG

Es wird geschätzt, dass bundesweit ca. 700.000 muslimische Kinder der Schulpflicht unterliegen,[31] so dass ein geschätzter Bedarf von ca. 4.500 Lehrkräften bestünde, wenn alle muslimischen Schüler islamischen Religionsunterricht erhielten.[32] Betrachtet man die einzelnen Länder, liegen ebenfalls nur Schätzungen vor. Das Ministerium für Kultus, Jugend und Sport des Landes Baden-Württemberg geht etwa davon aus, dass für ca. 70.000 muslimische Schüler im Land ein Bedarf von bis zu 500 Lehrkräften besteht.[33] Selbst wenn man von weniger muslimischen Schülern ausgeht und bei den Schätzungen zudem Art. 7 Abs. 2 GG beachtet, was dazu führen könnte, dass weniger muslimische Schüler tatsächlich am islamischen Religionsunterricht teilnehmen, ist dennoch ein erheblicher Lehrerbedarf gegeben.

Fraglich ist daher, ob die Religionsgemeinschaften auch einen Anspruch aus Art. 7 Abs. 3 S. 1, 2 GG auf Einrichtung theologischer Hochschuleinrichtungen zur Religionslehrerausbildung haben.

Das setzt neben der Feststellung der Grundgesetzkonformität der theologischen Fakultäten (I.) voraus, dass eine Religionsgemeinschaft, die auch die kontextabhängigen Voraussetzungen zu erfüllen vermag, einen entsprechenden Anspruch erhebt (II.). Eingehenderer Ausführungen bedürfen die Fragen, ob dem Tatbestand des Art. 7

---

nahme der Grundrechte des Grundgesetzes nach Art. 4 Abs. 1 nrwVerf i. V. m. Art. 7 Abs. 3 S. 1 GG; Art. 34 S. 1 rhpfVerf; Art. 29 Abs. 1 S. 1 sldVerf; Art. 105 Abs. 1 S. 1 sächsVerf; Art. 27 Abs. 3 S. 1 saVerf; Art. 25 Abs. 1 thürVerf.

[30] § 7 Abs. 1 hambSchulG; § 124 Abs. 1 S. 1 ndsSchulG; § 6 Abs. 2 S. 1 shSchulG. Für Mecklenburg-Vorpommern gilt § 7 Abs. 1 S. 1 mvSchulG (Religionsunterricht als „ordentliches Unterrichtsfach"). Nach Maßgabe der §§ 9 Abs. 2-7, 11 Abs. 3 S. 4, 5 bbgSchulG wird seit Inkrafttreten des Dritten Gesetzes zur Änderung des brandenburgischen Schulgesetzes v. 10.07.2002, GVBl I S. 55, in Brandenburg Religionsunterricht erteilt. Inwieweit die Ausgestaltung dieses Faches materiell den Kriterien eines ordentlichen Lehrfachs nahe kommt oder entspricht, hat das BVerfG, EuGRZ 2004, S. 112, 112f. (Nichtannahme der Verfassungsbeschwerde; keine Benachteilung des Religionsunterrichts an öffentlichen Schulen in Brandenburg gegenüber dem Fach LER) offen gelassen. In Berlin und Bremen ist der Religionsunterricht weder auf Grund der Landesverfassung noch auf Grund einfachen Rechts ordentliches Lehrfach.

[31] *Jeand'Heur/Korioth*, Rn. 324; ebenso die Antwort der Bundesregierung BT-Drs. 14/4530 v. 08.11.2000, S. 40 auf Frage 13. a) („Wie viele Kinder aus muslimischen Elternhäusern besuchen derzeit die öffentlichen Schulen in Deutschland?") der Großen Anfrage „Islam in Deutschland" der Fraktion der CDU/CSU, BT-Drs. 14/2301 v. 01.12.1999, S. 5. Amtliches Zahlenmaterial fehlt, vgl. *Häußler*, ZAR 2000, S. 159, 162, so dass die Schätzungen erheblich differieren; *Häußler* geht von knapp 400.000 muslimischen Schülern aus.

[32] Vgl. die dahingehende Schätzung des Leiters des Soester Zentralinstituts Islam-Archiv Deutschland, Muhammad Salim *Abdullah*, wiedergegeben bei *Rößler*, F.A.Z. v. 02.03.1999, S. 6; ebenso *Rohe*, ZRP 2000, S. 207-212 und *Jeand'Heur/Korioth*, Rn. 324, jeweils ausgehend von 700.000 muslimischen Schülern in allen Ländern.

[33] *Lichtenthäler*, in: Einführung des islamischen Religionsunterrichts in BW, S. 17, 19.

Abs. 3 S. 1 GG mit dem Tatbestandsmerkmal des ordentlichen Lehrfachs auch die Einrichtung theologischer Hochschuleinrichtungen zu entnehmen ist (III.) und ob den Religionsgemeinschaften zudem ein subjektives Recht aus Art. 7 Abs. 3 GG zukommt (IV.).

I. Grundgesetzkonformität der theologischen Fakultäten

Die Bindung der gesetzgebenden Gewalt an die Grundrechte gem. Art. 1 Abs. 3 GG und an die gesamte Verfassung gem. Art. 20 Abs. 3 GG bewirkt, dass ein verfassungswidriges Gesetz keinen Bestand haben und nicht als gleichheitsvermittelnder Maßstab dienen kann. Das Prinzip des Vorrangs der Verfassung erfordert eine Gleichheit nach Maßgabe des Grundgesetzes,[34] so dass auf Grund der in der Literatur zum Teil vorgetragenen Bedenken hinsichtlich der Vereinbarkeit der theologischen Fakultäten mit dem Grundgesetz vor Erörterung der Unterscheidungsmerkmale die Grundgesetzkonformität der theologischen Fakultäten zu untersuchen ist.

Insbesondere kommt ein Verstoß gegen das Verbot der Staatskirche in Betracht. Der Bedeutungsgehalt von Art. 140 GG i. V. m. Art. 137 Abs. 1 WRV ist außerhalb der im Grundgesetz genannten Bereiche, die eine institutionelle Verbindung von Staat und Kirche erlauben, umstritten. Zu den ausdrücklich genannten und damit erlaubten Bereichen zählen der Religionsunterricht als ordentliches Lehrfach gem. Art. 7 Abs. 3 S. 1 GG, die Errichtung von Volksschulen als Bekenntnis- oder Weltanschauungsschulen gem. Art. 7 Abs. 5 GG und die Gewährung des Status einer Körperschaft des öffentlichen Rechts gem. Art. 140 GG i. V. m. Art. 137 Abs. 5 WRV, der seinerseits verbunden ist mit der Befugnis der Steuererhebung gem. Art. 140 GG i. V. m. Art. 137 Abs. 6 WRV.[35] Die theologischen Fakultäten finden infolge der Nichtübernahme des Art. 149 Abs. 3 WRV in das Grundgesetz keine ausdrückliche Erwähnung.[36] Eine Ausnahme vom Verbot der Staatskirche gem. Art. 140 GG i. V. m. Art. 137 Abs. 1 WRV gilt nach wohl überwiegender Ansicht für die theologischen Fakultäten.[37]
Die zum Teil vertretene Verfassungswidrigkeit der theologischen Fakultäten wird nicht allein mit einem Verstoß gegen das Verbot der Staatskirche begründet.[38] Einige Stimmen in der Literatur halten die theologischen Fakultäten für verfassungswidrig auf Grund Verstoßes gegen das Trennungs- oder Neutralitätsprinzip und gegen Art. 5 Abs. 3 GG.[39]

---

[34] *Kirchhof*, HdbStR V, § 125, Rn. 78.

[35] *Czermak*, NVwZ 2003, S. 949, 950; vgl. auch *Korioth*, in: M/D, Art. 140, Art. 137 WRV, Rn. 4.

[36] Zu der Nichtübernahme S. 86f.

[37] *Korioth*, in: M/D, Art. 140, Art. 137 WRV, Rn. 5; *Morlok*, in: Dreier, Art. 140/Art. 137 WRV, Rn. 21; *F. Müller*, DuR 1976, S. 175, 176f.; *J. Neumann*, in: FS Mörsdorf, S. 853, 853ff.; *Weber*, ZevKR 36, S. 253, 270; *Jeand'Heur/Korioth*, Rn. 331ff.; *Winter*, S. 93ff.

[38] So die Begründung von *Wasmuth*, in FS Brohm, S. 607, 624f.

[39] *Fischer*, 4. Aufl., S. 131ff. für Art. 5 Abs. 3 GG; *Schäfer*, S. 162f. sieht neben einem Verstoß gegen Art. 140 GG i. V. m. Art. 137 Abs. 1 WRV weiterhin Verstöße der theologischen Fakultäten gegen Art. 3 Abs. 3 GG, gegen Art. 33 Abs. 3 GG auf Grund der Benachteiligung von Studierenden anderer Bekenntnisse, die nicht zu Examen, Promotion oder Habilitation zugelassen werden, gegen Art. 3 Abs. 2 sowie Art. 3 Abs. 3 GG auf Grund der Benachteiligung der Frauen an den Katholisch-Theologischen Fakultäten, an denen sie von der Habilitation, die die Priesterweihe voraussetze, ausgeschlos-

Weiterhin wird vertreten, dass die theologischen Fakultäten zu dem Teil, der über die Ausbildung von Religionslehrern, die im Gegensatz zu der Ausbildung von Geistlichen mittelbar, aber eindeutig von Art. 7 Abs. 3 GG garantiert und damit erlaubt sei,[40] verfassungswidrig sei. Zusammenfassend wird von einer reduzierten Universitätstheologie als Annex zu Art. 7 Abs. 3 GG gesprochen.[41]
Andere stellen darauf ab, ob sich landesverfassungsrechtliche Ermächtigungsnormen für theologische Fakultäten finden, denn staatliche Bekenntnisneutralität und Wissenschaftsfreiheit seien fundamentale Rechtsgüter auch des Landesverfassungsrechts, so dass allein der Landesverfassungsgeber bestimmen könne, ob und in welchem Umfang sie eingeschränkt werden sollen.[42] In den Ländern, in denen es auf Grund der Geltung von Art. 141 GG keinen staatlichen Religionsunterricht gebe, entfalle auch das staatliche Interesse an der religiösen Ausbildung von Priestern und Lehrern. Die Durchbrechungen der Religionsneutralität und der Freiheit der Wissenschaft, garantiert durch Art. 5 Abs. 3 S. 1 GG und die jeweilige Landesverfassung, seien sachlich nicht mehr gerechtfertigt.[43]
Das vorhandene Spektrum der kritischen Äußerungen zu der Grundgesetzkonformität der theologischen Fakultäten vervollständigt sich durch die Stimmen, die nicht die Existenz der theologischen Fakultäten als verfassungswidrig einstufen, sondern die Zustimmungs- und Beanstandungsrechte.[44] Die Verfassungswidrigkeit dieser Rechte wird wiederum aus verschiedenen Grundgesetznormen hergeleitet, insbesondere aber aus Art. 140 GG i. V. m. Art. 137 Abs. 1 WRV.[45] Auch für die Zustimmungs- und Beanstandungsrechte findet sich die weitergehende Überlegung, danach zu differenzieren, ob es um die Ausbildung der Religionslehrer an den öffentlichen Schulen oder weitergehend um die theologischen Fakultäten gehe.[46]

Die Kritik an den theologischen Fakultäten, die zum Teil außerhalb des Verbots der Staatskirche ansetzt, basiert vorwiegend auf einem bestimmten Trennungs- oder Neutralitätsverständnis, das dem Grundgesetz nach überwiegender Ansicht nicht zugrunde liegt.[47] Einer strengen Auffassung zufolge ist das Verbot der Staatskirche nämlich als

---

sen seien, gegen Art. 5 Abs. 3 GG, gegen Art. 4 Abs. 1 GG und gegen Art. 140 GG i. V. m. Art. 137 Abs. 7 WRV.

[40] *Czermak*, KJ 2000, S. 229, 235f.

[41] *Czermak*, KJ 2000, S. 229, 237.

[42] *Renck*, NVwZ 1996, S. 333, 337f.

[43] *Renck*, ThürVBl. 1994, S. 182, 184.

[44] Zu den Zustimmungs- und Beanstandungsrechten S. 149ff.

[45] *Preuß*, in: AK-GG, Art. 140, Rn. 43 äußert verfassungsrechtliche Bedenken auf Grund von Art. 140 GG i. V. m. Art. 137 Abs. 1 WRV, soweit zusätzlich zu den vom GG vorgesehen Fällen weitere Bereiche der kirchlichen Bestimmung unterstellt würden; *Kleine*, S. 99ff. hat verfassungsrechtliche Bedenken hinsichtlich der Mitwirkungsrechte und der Existenz der konfessionsgebundenen Staatsämter an den theologischen Fakultäten im Hinblick auf Art. 5 Abs. 3 GG und Art. 140 GG i. V. m. 137 Abs. 1 und 3 WRV; vgl. auch *ders.*, a. a. O., S. 229.

[46] In diese Richtung krit. *Sachs*, HdbStR V, § 126, Rn. 133, wonach für die theologischen Fakultäten Zweifel blieben.

[47] *Dirksen*, S. 41ff., 63ff.; 158; vgl. *Wasmuth*, in: FS Brohm, S. 607, 608ff. Vgl. auch *Loretan*, in: Schweizerisches Jahrbuch 2003, S. 77, 86ff. zu den verschiedenen Modellen des Verhältnisses von Staat und Kirche in Europa.

ein Verbot der Berührung von Staat und Kirche zu verstehen, so dass sich die grundgesetzlich zugelassenen Kooperationen, insbesondere der Religionsunterricht, als prinzipienwidrige Durchbrechungen der strikten Trennung von Staat und Kirche darstellen.[48] Diese Sicht wird damit begründet, dass dem Grundrecht des Art. 4 Abs. 1, 2 GG der systemprägende Vorrang vor Art. 140 GG i. V. m. Art. 137 Abs. 1 WRV zukomme.[49] Folgt man dieser Ansicht, stellen sich die theologischen Fakultäten als verfassungswidrige Institutionen dar.
Eine verbreitete und vorzugswürdige weitere Auffassung entnimmt dem Verbot der Staatskirche aber das Gebot organisatorischer und inhaltlicher Trennung von Staat und Kirche.[50] Es handelt sich um ein Verbot aller staatskirchlichen Rechtsformen,[51] so dass die Wahrnehmung von Staatsaufgaben durch kirchliche Amtsträger sowie die Wahrnehmung religiöser Aufgaben durch staatliche Amtsträger als auch gemeinsame Organisationen ausgeschlossen sind.[52] Dieser Ansicht zufolge verstoßen die theologischen Fakultäten, ebenso die Mitwirkungsrechte, nicht gegen das Verbot der Staatskirche.[53]
Erstgenannter Ansicht ist bereits der Wortlaut von Art. 140 GG i. V. m. Art. 137 Abs. 1 WRV entgegen zu halten, der dieses radikale Trennungsprinzip nicht stützt, sondern allein ein Verbot der Staatskirche enthält.[54] Zudem weist die Entstehungsgeschichte von Art. 137 Abs. 1 WRV zunächst auf die Abkehr vom protestantischen Staatskirchentum hin, insbesondere in Gestalt des landesherrlichen Kirchenregiments, wonach der Landesherr als summus episcopus Vertreter der obersten Kirchengewalt war.[55] Der strengen Sicht ist weiterhin systematisch entgegen zu setzen, dass das Grundgesetz keine Normen unterschiedlichen Ranges kennt, wodurch Art. 4 Abs. 1, 2 GG der Vorrang vor Art. 140 GG i. V. m. Art. 137 Abs. 1 WRV eingeräumt werden könnte.[56] Daher ist der zweiten Auffassung zu folgen.
Zur Begründung der Verfassungsmäßigkeit theologischer Fakultäten ist weiter die bundesstaatliche Kompetenzverteilung heranzuziehen, nach der nicht der Bund, sondern die Länder grundsätzlich für Staatskirchenrecht ebenso wie für Kultur und Bildungswesen zuständig sind.[57] Vor diesem Hintergrund ist dem Gedankengang zu folgen, der darauf hinweist, dass der Staat die theologischen Fakultäten trotz fehlender Inkorporation oder inhaltlicher Übernahme von Art. 149 Abs. 3 WRV speziell hätte verbieten müssen, da sie überall praktizierte und allgemein anerkannte Institutionen im Zeitpunkt des Inkrafttretens des Grundgesetzes waren und somit eine stillschweigende Ausnahme von Art. 140 GG i. V. m. Art. 137 Abs. 1 WRV darstellen.[58] Zum Zeit-

[48] Vgl. nur *Kleine*, S. 151.
[49] *Renck*, BayVBl. 1999, S. 70, 74.
[50] *Morlok*, in: Dreier, Art. 140/Art. 137 WRV, Rn. 16 m. w. N.; *M. Heckel*, ZThK 96, S. 525, 549f.
[51] BVerfGE 93, S. 1, 17: „verwehren die Einführung staatskirchlicher Rechtsformen".
[52] *Jarass*, in: J/P, Art. 140, Art. 137 WRV, Rn. 2.
[53] Zu dem Verständnis des Verbots der Staatskirche im Bereich der Mitwirkungsrechte S. 151.
[54] *Korioth*, in: M/D, Art. 140, Art. 137 WRV, Rn. 7.
[55] *Morlok*, in: Dreier, Art. 140/Art. 137 WRV, Rn. 16; *E. R. Huber*, Dt. Verfassungsgeschichte V, S. 874ff.; vgl. bereits aus der Weimarer Literatur *Anschütz*, WRV, 14. Aufl., Art. 137, Anm. 1, S. 631.
[56] *Korioth*, in: M/D, Art. 140, Art. 137 WRV, Rn. 7.
[57] Vgl. *Dirksen*, S. 158; *Jeand'Heur/Korioth*, Rn. 332; *Renck*, in: FS Rüfner, S. 711, 719.
[58] *F. Müller*, DuR 1976, S. 175, 177; *Scheffler*, S. 349; *Weber*, ZevKR 36, S. 253, 270 schließt aus dem Schweigen mangels einer deutlicheren Regelung auf die Aufrechterhaltung als verfassungsrecht-

punkt des Inkrafttretens des Grundgesetzes hatten bereits mehrere Länder in ihren Verfassungen auf die theologischen Fakultäten Bezug genommen. Dies zeigt sich in den Bestandsgarantien der theologischen Fakultäten in den Länderverfassungen und an den landesverfassungsrechtlichen Normen über die Besetzung theologischer Lehrstühle.[59] Die theologischen Fakultäten verstoßen daher nicht gegen Art. 140 GG i. V. m. Art. 137 Abs. 1 WRV.[60]

II. Religionsgemeinschaften als Grundrechtsberechtigte

In den Art. 140 GG i. V. m. Art. 136 Abs. 3, Art. 137 Abs. 2-7, Art. 138, Art. 141 WRV ist die Rede von Religionsgesellschaften, während Art. 7 Abs. 3 S. 2 GG den Begriff der Religionsgemeinschaft verwendet. Der Terminus der Religionsgemeinschaft ist gleichbedeutend mit jenem der Religionsgesellschaft i. S. v. Art. 140 GG i. V. m. den inkorporierten Artikeln der Weimarer Reichsverfassung.[61] Die Staatskirchenrechtsartikel der Weimarer Reichsverfassung gem. Art. 136ff. sind Teil des geltenden Verfassungsrechts,[62] so dass heute beide Begriffe parallel Verwendung finden. Die Begrifflichkeit „Religionsgemeinschaft" ist moderner,[63] so dass diese im Rahmen der Untersuchung Verwendung findet.
Für theologische Einrichtungen an staatlichen Hochschulen findet sich keine Normtextverortung im Grundgesetz. Aber auch Art. 149 Abs. 3 WRV[64], der den Bestand theologischer Fakultäten zum Inhalt hatte, verwendete nicht den Begriff der Religionsgesellschaft. Anders stellt sich das für Art. 149 Abs. 1 S. 3 WRV[65] dar, dem Art. 149 Abs. 3 WRV systematisch nachgeordnet war, so dass als Partner des Staates für die theologischen Fakultäten unter Geltung der Weimarer Reichsverfassung Religionsgesellschaften in Betracht kamen.[66]

---

lich und verfassungspolitisch gerechtfertigt durch den Kulturstaatsauftrag des Grundgesetzes; a. A. *Wasmuth*, in: FS Brohm, S. 607, 621f., wonach die nicht im Grundgesetz ausdrücklich genannten institutionellen Kooperationen, die zum Zeitpunkt des Inkrafttretens des Grundgesetzes bestanden, keine entsprechende Auslegung des Grundgesetzes rechtfertigten, sie seien Bestandteil des verfassungsrechtlich vorgegebenen Verhältnisses von Staat und Religionsgemeinschaften geworden. Für die theologischen Fakultäten genügten Art. 7 Abs. 3 S. 1, Art. 123 Abs. 2 GG nicht für eine Rechtfertigung (S. 624f.).

[59] Zu den entsprechenden Landesverfassungen der alten Länder S. 121.

[60] Im Ergebnis auch *Lorenz*, S. 18.

[61] Vgl. aus der neueren Rspr. VG Düsseldorf, NWVBl. 2001, S. 110, 112; vgl. aus der neueren Lit. *Pieroth/Görisch*, JuS 2002, S. 937, 937f.; zu der Verwendung des Begriffes der Religionsgesellschaft in älteren Normen *Obermayer*, in: BK, Art. 140, Rn. 37.

[62] Vgl. BVerfGE 19, S. 206, 219; 102, S. 370, 387.

[63] *Pieroth/Görisch*, JuS 2002, S. 937, 938; vgl. auch *Neureither*, S. 200 und *Korioth*, NVwZ 1997, S. 1041, 1046f. mit weiteren Argumenten. *Mikat*, Grundrechte IV/1, S. 111, 148 weist darauf hin, dass der Begriff der Religionsgemeinschaft bereits in § 2 des badischen Kirchengesetzes v. 1860 und im hessischen Gesetz v. 23.04.1875 verwendet wurde.

[64] Art. 149 Abs. 3 WRV: „Die theologischen Fakultäten an den Hochschulen bleiben erhalten."

[65] Art. 149 Abs. 1 S. 3 WRV: „Der Religionsunterricht wird in Übereinstimmung mit den Grundsätzen der betreffenden Religionsgesellschaft unbeschadet des Aufsichtsrechts des Staates erteilt."

[66] Nach *Giese*, Art. 149, Anm. 3 ermöglicht Art. 149 Abs. 3 WRV auch die Neubegründung theologischer Fakultäten „ohne die bisherige Beschränkung auf die (christlichen) Kirchen".

Eine Religionsgemeinschaft setzt das Bestehen einer Religion voraus. Nach einem Urteil des Bundesverwaltungsgerichts, dem das Bundesarbeitsgericht inhaltlich gefolgt ist, ist unter Religion sowie Weltanschauung eine mit der Person des Menschen verbundene Gewissheit über bestimmte Aussagen zum Weltganzen sowie zur Herkunft und zum Ziel des menschlichen Lebens zu verstehen; die Religion legt dabei eine den Menschen überschreitende und umgreifende, mithin transzendente Wirklichkeit zugrunde, während sich die Weltanschauung auf innerweltliche, mit anderen Worten immanente Bezüge beschränkt.[67] Vom Bundesverfassungsgericht wird für das Vorliegen einer Religion i. S. d. Grundgesetzes – Gleiches gilt für das Vorliegen einer Religionsgemeinschaft – das Erfordernis aufgestellt, dass es sich „auch tatsächlich, nach geistigem Gehalt und äußerem Erscheinungsbild"[68] um eine Religion handeln muss. Für die Beurteilung der Frage, ob die Vorstellungen der Vereinigung eine Religion darstellen und wann wiederum eine Vereinigung eine Religionsgemeinschaft i. S. d. Grundgesetzes ist, ist letztlich die staatliche Sicht entscheidend.[69]
Ob eine Religion oder Religionsgemeinschaft im verfassungsrechtlichen Sinne vorliegt, ist nur für den Fall genauer zu prüfen, in dem die Einstufung eines Glaubens als Religion bzw. einer Gemeinschaft als Religionsgemeinschaft nicht offenkundig ist.[70] Dabei erweist sich die Offenkundigkeit des Vorliegens einer Religion nach dem Bundesverfassungsgericht nach mehreren Merkmalen, zu denen die aktuelle Lebenswirklichkeit, die Kulturtradition und das allgemeine sowie religionswissenschaftliche Verständnis zählen.[71] Dass die Offenkundigkeit des Vorliegens einer Religion im Hinblick auf den Islam besteht, wird einheitlich bejaht.[72] Auch das Bundesverfassungsgericht prüft in seiner Schächt-Entscheidung nicht näher, ob es sich um eine Religion handelt, sondern setzt für den Islam mit der Wendung „Bei einer Religion wie dem Islam" das Vorliegen einer Religion voraus.[73] Unterfälle einer Religion sind Konfessionen, so insbesondere auch islamische Konfessionen und nicht allein christliche Konfessionen.[74]

---

[67] BVerwGE 90, S. 112, 115 und im Anschluss BAG, JZ 1995, S. 951, 952. Vgl. auch *Neureither*, S. 218 in Fn. 349 und S. 220 in Fn. 351, jeweils m. w. N. aus der Lit.

[68] So BVerfGE 83, S. 341, 353 für Religionsgemeinschaften; BVerfG-K, NVwZ 1993, S. 357, 358 für Weltanschauungsgemeinschaften.

[69] Vgl. *Poscher*, Der Staat 39, S. 49, 55f.; *Weber*, ZevKR 41, S. 172, 194; vgl. *Neureither*, S. 201ff. gegen eine subjektive Betrachtungsweise des Vorliegens einer Religionsgemeinschaft im Rahmen des Selbstbestimmungsrechts gem. Art. 140 GG i. V. m. Art. 137 Abs. 3 S. 1 GG.

[70] Vgl. BVerfGE 83, S. 341, 353.

[71] BVerfGE 83, S. 341, 353 zu dem Charakter des Bahá'í-Glaubens als Religion; im Anschluss BAG, JZ 1995, S. 951, 952. Kritik an diesen Kriterien übt *Neureither*, S. 224f.

[72] VG Berlin, InfAuslR 1998, S. 353, 354; *Eiselt*, DÖV 1981, S. 205, 205; *Häußler*, ZAR 2000, S. 255, 262; *Müller-Volbehr*, JZ 1981, S. 41, 41; *Pieroth*, in: Muslimische Gemeinschaften, S. 109, 110f.; *Poscher*, Der Staat 39, S. 49, 50; *Rohe*, Der Islam, S. 159; *Weber*, ZevKR 34, S. 337, 370; *ders.*, in: Muslimische Gemeinschaften, S. 85, 97; vgl. die Antwort der Bundesregierung (BT-Drs. 14/4530 v. 08.11.2000, S. 33) auf die Große Anfrage „Islam in Deutschland" der Fraktion der CDU/CSU, BT-Drs. 14/2301 v. 01.12.1999 mit der Aussage, dass „der Religionscharakter (…) im Falle des Islam als einer Weltreligion in all seinen Erscheinungsformen unstrittig" sei.

[73] BVerfGE 104, S. 337, 349.

[74] *Pieroth*, in: Muslimische Gemeinschaften, S. 109, 111; *Pieroth/Görisch*, JuS 2002, S. 937, 938.

1. Definition einer Religionsgemeinschaft

Die Existenz von Religionsgemeinschaften i. S. d. Grundgesetzes für islamische Vereinigungen wird meist ausführlich diskutiert[75] und ist daher eingehend zu erörtern. Dem ist die Klärung der der Untersuchung zugrunde zu legenden Definition einer Religionsgemeinschaft voranzustellen. Es muss eine Lösung allein am Maßstab des Grundgesetzes gefunden werden, auch wenn das Grundgesetz von der christlichen Kultur mitsamt ihrer kirchlichen Organisationsstruktur geprägt ist.[76]
Die Definition einer Religionsgesellschaft von *Anschütz* aus der vierten von insgesamt vier Bearbeitungen seines Kommentars zur Weimarer Reichsverfassung wird mittlerweile als klassisch[77] bezeichnet: „,Religionsgesellschaft' ist ein die Angehörigen eines und desselben Glaubensbekenntnisses – oder mehrerer verwandter Glaubensbekenntnisse (...) – für ein Gebiet (ein Land, Teile eines Landes, mehrere Länder, das Reichsgebiet) zusammenfassender Verband zu allseitiger Erfüllung der durch das gemeinsame Bekenntnis gestellten Aufgaben"[78]. Die nach dieser Begriffserläuterung kennzeichnenden drei Elemente für eine Religionsgemeinschaft sind erstens der religiöse Konsens, zweitens der personelle Zusammenschluss auf der Basis dieses Konsenses und drittens die umfassende Bezeugung des religiösen Konsenses auf der gemeinschaftsbezogenen Handlungsebene, der der Zusammenschluss dient.[79] Definitionen, die den Wortlaut der späteren Definition von *Anschütz* ganz oder größtenteils übernehmen oder sich an die aus ihr ableitbaren Kriterien anlehnen, finden sich vielfach.[80] Auch *Poscher*, der neuere Begrifflichkeiten für den Bereich des Bekenntnisbezugs oder anders formuliert für das Verhältnis einer Vereinigung zu ihrer Religion verwendet, und zwar mit den vier Begriffen der Totalität, Homogenität, Zentralität und Konsistenz, wendet sich nicht grundsätzlich gegen eines der vorgenannten Kriterien.[81] To-

---

[75] Das Vorliegen einer Religionsgemeinschaft bejahen ohne nähere Ausführungen *v. Campenhausen*, ZevKR 25, S. 135, 149; *Müller-Volbehr*, JZ 1981, S. 41, 41.
[76] Vgl. *Emenet*, Islamische Religionskunde, S. 169.
[77] *Muckel*, DÖV 1995, S. 311, 312; *ders.*, DVBl. 1999, S. 558, 559; *Wieland*, Der Staat 25, S. 321, 342.
[78] *Anschütz*, WRV, 14. Aufl., Art. 137, Anm. 2, S. 633.
[79] *Pieroth*, in: Muslimische Gemeinschaften, S. 109, 111.
[80] Vgl. OVG NRW, DÖV 1998, S. 1063, 1065; VG Düsseldorf, NWVBl. 2001, S. 110, 112; VG Düsseldorf, NWVBl. 2002, S. 196, 198; *Hillgruber*, DVBl. 1999, S. 1155, 1176; *ders.*, JZ 1999, S. 538, 545; *Muckel*, DÖV 1995, S. 311, 312; *ders.*, JZ 2001, S. 58, 60; *Müller-Volbehr*, JZ 1981, S. 41, 41; *Planker*, DÖV 1997, S. 101, 106; *Pieroth/Görisch*, JuS 2002, S. 937, 938; *Pieroth*, in: Muslimische Gemeinschaften, S. 109, 111; *Wieland*, Der Staat 25, S. 321, 342; *Bohl*, S. 23. *Neureither*, S. 223f. sieht von der Definition von *Obermayer* (in: BK, Art. 140, Rn. 43: „Religionsgesellschaften sind Vereinigungen von Personen mit gemeinsamen Auffassungen von Sinn und Bewältigung des menschlichen Lebens, der den vorhandenen Konsens in umfassender Weise bezeugt."; ähnl. *ders.*, DVBl. 1977, S. 437, 437; *ders.*, DVBl. 1981, S. 615, 618) eine mitgliedschaftliche Regelung gefordert, die darauf hinweise, dass nicht mehr Mitglied der Gemeinschaft sei, wer bereits in einem Punkt von dem vorhandenen Konsens abweiche. Dem Wortlaut der Definition und den Ausführungen des Merkmals im BK ist indes nicht zwingend zu entnehmen, dass die gemeinsamen Auffassungen strengere Anforderungen stellen als der Konsens i. S. d. Definition von *Anschütz*.
[81] So *Poscher*, Der Staat 39, S. 49, 59ff.; Verwendung der Begriffe der Homogenität, Konsistenz und Zentralität bei *Schlink*, in: Integration und Religion, S. 52, 59ff.; Verwendung der Begriffe auch bei *Pieroth/Görisch*, JuS 2002, S. 937, 938 und *Spriewald*, S. 110ff.

talität verlange, dass nicht nur einzelne Aspekte des Religiösen betreut würden, Homogenität bedeute das Gründen auf einem gemeinsamen religiösen Bekenntnis, wobei sich diese zwei Aspekte bereits aus der klassischen *Anschütz*'schen Definition entnehmen ließen. Zentralität beziehe sich auf die Frage, inwieweit der quantitative oder qualitative Stellenwert des Religiösen für den Begriff der Religionsgemeinschaft i. S. d. Verfassung Bedeutung erlange, und Konsistenz als letzte Kategorie umfasse die Frage nach der Bedeutung des subjektiven Gewissheitselements der Definition einer Religion für den Bekenntnisbezug einer Religionsgemeinschaft.[82] So führt *Poscher* allein das erste und dritte Kriterium der *Anschütz*'schen Definition mit diesen vier Begriffen einer veränderten Terminologie zu, während der personelle Zusammenschluss von ihm weiterhin als Voraussetzung einer Religionsgemeinschaft i. S. d Grundgesetzes angesehen wird, ohne ihn mit einer oder mehreren neuen Begrifflichkeiten zu belegen.[83]

In der ersten seiner vier Bearbeitungen des Kommentars zur Weimarer Reichsverfassung definierte *Anschütz* eine Religionsgesellschaft noch genauso wie die Religionsgesellschaft im Rahmen der Verfassungs-Urkunde für den Preußischen Staat vom 31.10.1850 als „die zusammenfassende Organisation der Anhänger eines und desselben, bestimmten und besonderen Glaubensbekenntnisses“[84]. Neben sprachlichen Veränderungen ist die bereits genannte spätere Definition im Rahmen der Weimarer Reichsverfassung um das dritte Kriterium erweitert worden, die umfassende Bezeugung des religiösen Konsenses auf der gemeinschaftsbezogenen Handlungsebene. Durch die Adaption dieses Erfordernisses übernahm *Anschütz* ein in der Begriffsbestimmung von *J. Heckel* enthaltenes Element in die eigene Definition einer Religionsgesellschaft, um nach eigener Aussage eine Annäherung an dessen Begriffsbestimmung zu erreichen.[85] *J. Heckel* definierte eine Religionsgesellschaft als „einen auf der Grundlage eines oder mehrerer verwandter Bekenntnisse aufgebauten obersten Verband von Anhängern dieser Bekenntnisse zu allseitiger Pflege seiner bekenntnismäßigen Aufgaben.“[86] Auch diese Definition findet für den Begriff der Religionsgemeinschaft nach dem Grundgesetz, auch durch *J. Heckel* selbst,[87] weiterhin Verwendung.[88] Nach der Erweiterung der *Anschütz*'schen Definition liegt der wesentliche Unterschied zu der vorgenannten darin, dass eine zusätzliche Anforderung an das Kriterium des personellen Zusammenschlusses gestellt wird, denn *J. Heckel* stellt innerhalb des zweiten Kriteriums das Erfordernis eines obersten Verbandes auf. Für den Staat könne nur die organisierte Gemeinschaft in Betracht kommen, die innerhalb der Staatsgrenzen die äußerlich erkennbare und höchste sei.[89] Folgte man dieser Definition, wäre die Konsequenz für den Bereich islamischer Religionsgemeinschaften, dass eine Mo-

---

[82] *Poscher*, Der Staat 39, S. 49, 59f.

[83] Vgl. *Poscher*, Der Staat 39, S. 49, 56f. mit Ausführungen zu diesem Kriterium.

[84] *Anschütz*, WRV, 8. Aufl., Art. 137, Anm. 2, S. 360; *ders.*, Verfassungs-Urkunde für den Preußischen Staat, S. 200.

[85] So ausdrücklich *Anschütz*, WRV, 14. Aufl., Art. 137, Anm. 2, S. 633 in Fn. 3.

[86] *J. Heckel*, AöR 51, S. 420, 430; vgl. auch *Ebers*, Staat und Kirche, S. 168.

[87] *J. Heckel*, in: Festgabe Kaufmann, S. 83, 85f.

[88] *Albrecht*, KuR 1995, S. 25, 28; *Bertermann*, MDR 1966, S. 881, 881; *Held*, S. 113f.; *Mikat*, Grundrechte IV/1, S. 111, 149; *Schmidt*, NJW 1988, S. 2574, 2576; *Schlief*, S. 159, 162.

[89] Vgl. *Ebers*, Staat und Kirche, S. 168.

scheegemeinde oder eine andere Vereinigung als Mitglied eines Dachverbandes, welcher alle Kriterien einer Religionsgemeinschaft zu erfüllen vermag, bereits aus diesem Grund unabhängig von dem Vorliegen der anderen Kriterien keine Religionsgemeinschaft i. S. d. Grundgesetzes mehr darstellen könnte. Gegen dieses Erfordernis ist mit *Anschütz* einzuwenden, dass der Begriff Religionsgesellschaft eine bestimmte rechtliche Struktur des Verbandes nicht bedingt.[90] Art. 140 GG i. V. m. Art. 137 Abs. 4 WRV kennt Religionsgemeinschaften ohne eigene Rechtspersönlichkeit, so dass sich systematisch ergibt, dass weitergehende Anforderungen in organisatorischer Hinsicht nur aus konkreten Regelungszusammenhängen heraus begründbar sind.[91] Weiterhin ist einzuwenden, dass dem Selbstbestimmungsrecht der Religionsgemeinschaften nur dann Genüge getan ist, wenn keinerlei Anforderungen an die innere Ordnung gestellt werden, d. h. die Religionsgemeinschaft muss sogar überhaupt keine innere Ordnung haben.[92]

Zu dem Selbstbestimmungsrecht gehört auch die Freiheit der Aufgliederung in eine hierarchische oder auch anders gestufte Ordnung einschließlich der Ausgestaltung von Mitgliedschaftsregelungen auf den verschiedenen Ebenen.[93] Dem Selbstbestimmungsrecht entspricht es daher nicht, wenn bei einer Organisation auf verschiedenen Ebenen nur die oberste eine Religionsgemeinschaft nach dem Grundgesetz ist. Zudem entspricht es der Neutralität des Staates, wenn er sich inhaltlicher Anforderungen an die innere Ordnung möglichst weitgehend enthält, was nicht der Fall wäre, wenn nur der oberste Verband als Religionsgemeinschaft i. S. d. Grundgesetzes in Betracht käme.[94] Folglich soll die neuere Definition von *Anschütz* der Untersuchung zugrunde gelegt werden.

Auch eine Erweiterung dieser Definition um ein weiteres Kriterium, das in dieser oder jener Weise die Vereinbarkeit mit der Verfassung beinhaltete, findet in dem Begriff der Religionsgemeinschaft keinen Anhaltspunkt.[95] Dem Ansatz, wonach auch die Verfassungsmäßigkeit der wesentlichen Lehren und Praktiken neben den Kriterien des Zusammenschlusses von Personen und des Vorhandenseins und der Bezeugung eines Konsenses zu den eine Religionsgemeinschaft konstituierenden Eigenschaften gehöre,[96] und der Sicht, wonach zu den konstituierenden Eigenschaften einer Religion/ Weltanschauung gehöre, dass sich ihre wesentlichen Lehren und Praktiken mit gewissen tragenden Grundsätzen der Verfassung und Grundentscheidungen des Verfas-

---

[90] *Anschütz*, WRV, 14. Aufl., Art. 137, Anm. 2, S. 633.

[91] *Pieroth/Görisch*, JuS 2002, S. 937, 939.

[92] *Neureither*, S. 168.

[93] *Pieroth*, in: Muslimische Gemeinschaften, S. 109, 118; *Pieroth/Görisch*, JuS 2002, S. 937, 941.

[94] Vgl. *Neureither*, S. 223.

[95] So *Spriewald*, S. 118 mit Bedenken auch angesichts von Parität und Neutralität sowie der Religionsfreiheit; vgl. *Anger*, S. 68 für ein Merkmal der Übereinstimmung der Lehre mit der verfassungsmäßigen Ordnung bei dem Verfassungsbegriff Religion im Rahmen von Art. 4 Abs. 1 GG.

[96] *Obermayer*, ZevKR 27, S. 253, 262 mit der weiteren Forderung einer Unterscheidung zwischen unerheblichen verfassungswidrigen Randerscheinungen und zentralen verfassungswidrigen Tendenzen, die mit einer Religion bzw. Religionsgemeinschaft schlechterdings unvereinbar seien, denn es sei absurd, eine Religionsgemeinschaft auch dann noch anzuerkennen, wenn Intoleranz ein entscheidender Bestandteil der Lehre sei.

sungsgebers im Einklang befänden,[97] kann daher nicht gefolgt werden. Auch ein Umkehrschluss zu der expliziten Benennung der Verfassungstreue in Art. 5 Abs. 3 S. 2, Art. 9 Abs. 2, Art. 21 Abs. 2 GG stützt dieses Ergebnis.[98] Eine solche Voraussetzung widerspräche auch der Rechtsprechung des Bundesverfassungsgerichts im Zeugen Jehovas-Urteil, das eine Voraussetzung der Verfassungstreue für die Erlangung des Status einer Körperschaft des öffentlichen Rechts als ungeschriebene Voraussetzung normiert, so dass diese nicht bereits Kriterium für das Vorliegen einer Religionsgemeinschaft sein kann.[99]

2. Kriterien einer Religionsgemeinschaft

Bei der Frage nach dem Vorliegen der drei Merkmale einer Religionsgemeinschaft im Hinblick auf islamische Vereinigungen befindet sich insbesondere die Behandlung von Dachverbänden[100] in der Diskussion. Bei ihnen können sich Probleme bei allen Kriterien der *Anschütz*'schen Definition ergeben. Um die Systematik der Kriterien zu wahren und im Hinblick darauf, dass nicht bei allen Dachverbänden sich jedes denkbare Problem auch tatsächlich stellt, werden die mit den Dachverbänden einhergehenden Probleme in einen Aufbau integriert, der sich an der Darstellung der Kriterien orientiert.

a) Erstes Kriterium: Religiöser Konsens

Das Erfordernis des religiösen Konsenses lässt sich aus der Gegenüberstellung einer Religionsgemeinschaft und eines religiösen Vereins (Art. 140 GG i. V. m. Art. 138 Abs. 2 WRV) herleiten, bei dem die adjektivische Kennzeichnung des Religionsbezugs gerade keine Festlegung auf eine einzelne Religion enthält.[101] Die Religionsgesellschaften unterscheiden sich – so bereits die Ausführungen bei *Anschütz* – von den religiösen Vereinen i. S. d. Art. 124 WRV dadurch, dass ein religiöser Verein sich aus Mitgliedern verschiedener Religionsgesellschaften zusammensetzen kann, was bei der Religionsgesellschaft begriffsmäßig ausgeschlossen ist.[102]

Die Antwort auf die Frage nach der Vereinbarkeit der Doppelmitgliedschaft mit dem eigenen Bekenntnis unterfällt dem Selbstbestimmungsrecht der Religionsgemeinschaf-

---

[97] *Müller-Volbehr*, Ess.Gespr. 19, S. 111, 130 sieht hierin ein Merkmal der Religion/Weltanschauung auf Grund „der Verstrickung des Art. 4 GG in das Gesamte der Verfassung" (S. 130); hiergegen *Isensee*, Ess.Gespr. 19, S. 142, 143.

[98] *Emenet*, Islamische Religionskunde, S. 166.

[99] BVerfGE 102, S. 370, 392, wonach die Religionsgemeinschaft als Körperschaft des öffentlichen Rechts die Gewähr dafür bieten muss, dass „ihr künftiges Verhalten die in Art. 79 Abs. 3 GG umschriebenen fundamentalen Verfassungsprinzipien, die dem staatlichen Schutz anvertrauten Grundrechte Dritter sowie die Grundprinzipien des freiheitlichen Religions- und Staatskirchenrechts des Grundgesetzes nicht gefährdet".

[100] Überblick über die muslimischen Organisationen in den Ländern bei *Klöcker/U. Tworuschka*, II – 1.3.2., S. 17ff.; Überblick über organisationsübergreifende muslimische Zusammenschlüsse, u. a. Dach- und Bundesverbände bei *Klöcker/U. Tworuschka*, II – 1.3.1., S. 11ff.

[101] *Pieroth/Görisch*, JuS 2002, S. 937, 938.

[102] *Anschütz*, HdbDStR II, S. 675, 689; *ders.*, 14. Aufl., Art. 137, Anm. 2, S. 633f.

ten,[103] so dass dem religiösen Konsens nicht entgegen steht, wenn den Mitgliedern die Zugehörigkeit zu einer anderen Religionsgemeinschaft gestattet wird.[104] Die erste Voraussetzung zur Anerkennung als Religionsgemeinschaft ist daher durch Dachverbände und diejenigen Verbände, deren natürliche Mitglieder gleichzeitig natürliche Mitglieder der Dachverbände sind, gegeben.

aa) Zusammenfassung mehrerer verwandter Glaubensbekenntnisse

Der religiöse Konsens muss in Bezug auf bestimmte Grundüberzeugungen bestehen, an die die Anforderung gestellt wird, dass sie für eine generelle gemeinsame und auch praktisch ausgeübte Glaubensverwirklichung gerade notwendig, aber auch ausreichend sind.[105] Unterschiedliche Glaubensauffassungen in einzelnen Punkten hindern nicht das Bestehen eines religiösen Konsenses; die differierenden Glaubensauffassungen können sogar in grundsätzlichen Fragen auftreten, solange eine generelle gemeinsame Verwirklichung des Glaubens weiterhin nicht ausgeschlossen ist.[106] Dass nicht eine Einigkeit in allen einzelnen Glaubensfragen gefordert ist, folgt auch aus der mit Art. 4 Abs. 1 und 2 GG ausdrücklich geschützten Subjektivität des Phänomens der Religion sowie daraus, dass der Begriff der Religion eine größere Weite als jener der Konfession aufweist.[107] Bereits nach der *Anschütz*'schen Definition ist dem religiösen Konsens Genüge getan, wenn es sich um mehrere verwandte Glaubensbekenntnisse handelt. Als Beispiel einer Religionsgemeinschaft, die mehrere verwandte Glaubensbekenntnisse umfasst, nennt *Anschütz* die unierten evangelischen Landeskirchen in einer Klammer im Rahmen der späteren Definition.[108]
Die Sunniten, die mit heute über 85 % aller Muslime die stärkste islamische Richtung darstellen,[109] teilen sich in vier Rechtsschulen. Die Rechtsschulen tragen die Namen ihrer Gründungsväter (Ḥanafiten, Mâlikiten, Shâfi'iten und Ḥanbaliten) und bezeichnen jeweils eine Richtung in der Auslegung des islamischen Rechts.[110] Sie folgen einem jeweils eigenen Lehrsystem, das auf unterschiedlichen Grundsätzen der Rechtsauslegung basiert und bei einzelnen Rechtsbestimmungen zu Unterschieden führen kann.[111] Glaubensgrundlage aller sunnitischen Rechtsschulen sind der Koran sowie die Orientierung an der Sunna. Die Sunna stellt die zweite Quelle religiöser Normen nach dem Koran dar und enthält überlieferte Worte und Handlungen des Propheten sowie aus der Frühzeit das Vorbild und die Äußerungen der prominenten Gefährten des Propheten, die als Vertreter und Garanten seiner Tradition anerkannt waren.[112] Im Hinblick auf diese Glaubensgrundlagen der Sunniten wird zu Recht dargetan, dass eine generelle gemeinsame Glaubensverwirklichung gerade nicht ausge-

---

[103] *v. Campenhausen*, in: ZevKR 25, S. 135, 152.
[104] *v. Campenhausen*, in: ZevKR 25, S. 135, 152; *Spriewald*, S. 111.
[105] *Pieroth/Görisch*, JuS 2002, S. 937, 938.
[106] *Pieroth*, in: Muslimische Gemeinschaften, S. 109, 112; vgl. auch *Poscher*, Der Staat 39, S. 49, 61.
[107] *Anger*, S. 356.
[108] *Anschütz*, WRV, 14. Aufl., Art. 137, Anm. 2, S. 633.
[109] *Reichmuth*, in: Islam-Lexikon, Art. Sunniten, S. 292, 292.
[110] *C. Müller*, in: Islam-Lexikon, Art. Rechtsschulen, S. 259, 259f.
[111] *C. Müller*, in: Islam-Lexikon, Art. Rechtsschulen, S. 259, 260.
[112] *Reichmuth*, in: Islam-Lexikon, Art. Sunna, S. 290, 290.

schlossen ist.[113] Somit ist nicht vorausgesetzt, dass alle Mitglieder einer Religionsgemeinschaft ausschließlich einer der sunnitischen Rechtsschulen angehören.[114]
Es schließt sich die Überlegung an, ob nicht darüber hinausgehend weitere islamische Glaubensrichtungen einem religiösen Konsens zusammen mit sunnitischen Rechtsschulen unterfallen könnten, d. h. ob auch hier eine generelle gemeinsame Glaubensverwirklichung denkbar ist. In der Literatur findet sich eine diese Frage verneinende Ansicht, die besagt, dass eine Festlegung auf eine bestimmte Glaubensrichtung innerhalb des Islam, so zum Beispiel die sunnitische, verlangt werden müsse.[115] Der religiöse Konsens wird aber relativ zu den durch die Religionsgemeinschaft geforderten Glaubensüberzeugungen verlangt, wobei diese Glaubensüberzeugungen unterschiedliche historisch überkommene Glaubensrichtungen umfassen und einzelne Glaubensfragen offen lassen können, über die innerhalb der Religionsgemeinschaft unterschiedliche Auffassungen vertreten werden.[116] Zwischen den Glaubensrichtungen umstrittene Positionen werden dabei nicht in das gemeinsame Bekenntnis aufgenommen, so dass es zu der Gründung interkonfessioneller, richtungs- oder schulenübergreifender Religionsgemeinschaften kommen kann.[117] Daher ist vorgenannte Ansicht abzulehnen und das Vorliegen eines religiösen Konsenses kann generell auch dann bejaht werden, wenn sich bspw. Sunniten und Schiiten in einer Vereinigung organisieren.[118]

bb) Mitgliedschaft religiöser Vereine in Dachverbänden

Für islamische Dachverbände, die verschiedene Richtungen umgreifen, ist es nach dem Gesagten nicht ausgeschlossen, dieses Kriterium zu erfüllen.[119] Das Vorliegen des religiösen Konsenses kann für Dachverbände aber in verschiedenen Konstellationen zu verneinen sein, in denen natürliche Personen ein anderes Bekenntnis aufweisen oder Mitgliedsverbände als religiöse Vereine einzustufen sind.
Wenn eine automatische Mitgliedschaft von Personen eines anderen Bekenntnisses im Dachverband ohne bewusste eigene Entscheidung vorliegt, weil sie neben der Mitgliedschaft im religiösen Verein durch eine Satzungsklausel auch die Mitgliedschaft im Dachverband erwerben, so hindert dies das Bestehen einer Religionsgemein-

---

[113] *Jochum*, in: 41. Assistententagung, S. 101, 115.
[114] So auch *Poscher*, Der Staat 39, S. 49, 60f.; OVG Berlin, DVBl. 1999, S. 554, 556 mit Hinweis auf die staatliche Neutralität und die von Art. 4 GG geschützte freie Religionsausübung, wonach es allein Sache der Religionsgemeinschaft sei, die Religion zu definieren.
[115] *Brenner*, VVDStRL 59, S. 264, 279; *ders.*, RdJB 50, S. 389, 401; in diese Richtung wohl auch VG Berlin, InfAuslR 1998, S. 353, 355 mit der Forderung nach einer innerhalb des Islam unterscheidbaren Glaubensrichtung.
[116] *Poscher*, Der Staat 39, S. 39, 61; *Schlink*, in: Integration und Religion, S. 52, 60.
[117] *Poscher*, Der Staat 39, S. 49, 61; vgl. *Niehues*, Rn. 546.
[118] *Jochum*, in: 41. Assistententagung, S. 101, 115; *Weber*, in: Muslimische Gemeinschaften, S. 85, 97, 99. Die SCHURA Niedersachsen z. B. umfasst die sunnitische und schiitische Glaubensrichtung, *Dogramaci*, in: Islamischer Religionsunterricht in Nds, S. 17, 22. Zu dem Glauben der Schiiten vgl. *Pistor-Hatam*, Art. Schiiten, in: Islam-Lexikon, S. 274ff.
[119] *Bock*, RdJB 49, S. 330, 340; *Harks*, JA 2002, S. 875, 877; *M. Heckel*, JZ 1999, S. 741, 752. Aus der Rspr. vgl. auch OVG Berlin, DVBl. 1999, S. 554, 556.

schaft.[120] Das Homogenitätserfordernis bezieht sich für diesen Fall auf die natürlichen Mitglieder.[121]

Hat der Dachverband demgegenüber keine natürlichen Personen als Mitglieder, sondern besteht allein aus Mitgliedsverbänden,[122] so gestaltet sich die Behandlung schwierig, wenn religiöse Vereine dem Dachverband angehören. Besteht der Dachverband allein aus einem Zusammenschluss religiöser Vereine, so stellt dieser Dachverband unter keinen Umständen eine Religionsgemeinschaft dar.[123] Problematisch ist eine Beurteilung aber dann, wenn dem Dachverband nicht nur, aber auch religiöse Vereine angehören. Eine solche Konstellation war bei der Islamischen Föderation gegeben, deren Qualifizierung als Religionsgemeinschaft i. S. v. § 23 Abs. 1 berlSchulG in Rede stand.[124] Für diese Norm ging das Oberverwaltungsgericht Berlin davon aus, dass der dortige Begriff der Religionsgemeinschaft im gleichen Sinne wie jener aus Art. 7 Abs. 3 S. 2 GG zu verstehen sei.[125] Zum Teil wird die Homogenität im Dachverband dann bejaht, wenn das einheitliche Bekenntnis durch eine Vereinbarung der in den Dachverbänden zusammengeschlossenen Gruppierungen festgeschrieben wird.[126] Auch das Oberverwaltungsgericht Berlin ließ im vorgenannten Rechtsstreit eine entsprechende Klausel in der Vereinssatzung genügen.[127] Dem ist aber entgegen zu halten, dass dem Homogenitätserfordernis eine Bekenntnisformel nicht genügt,[128] wenn dieser nicht in der Vereinigung auch tatsächlich, nach geistigem Gehalt und äußerem Erscheinungsbild,[129] gefolgt wird.

Gelegentlich wird die Auffassung vertreten, dass eine Mitgliedschaft von Personen eines anderen Bekenntnisses in einem Mitgliedsverband einem religiösen Konsens grundsätzlich entgegenstehe. Das sei sowohl der Fall, wenn die Satzung der Mitgliedsverbände die Aufnahme solcher Mitglieder vorsehe, aber auch dann, wenn Personen eines anderen Bekenntnisses tatsächlich Mitglieder in den Verbänden der unteren Ebene seien.[130]

Sowohl *Schlink* als auch *Poscher* vermeiden diese kategorische Einstufung und sehen das Homogenitätskriterium dann noch als gewahrt an, wenn die Mitglieder des anderen Bekenntnisses lediglich irrtümlich oder versehentlich als Mitglieder aufgenommen worden seien, obwohl die Satzung eine anders lautende Bekenntnisformel enthalte. Bei

---

[120] *Pieroth/Görisch*, JuS 2002, S. 937, 941.

[121] *Poscher*, Der Staat 39, S. 49, 62; *Schlink*, in: Integration und Religion, S. 52, 61.

[122] Zu der Zulässigkeit eines reinen Dachverbandes im Hinblick auf das Kriterium des personellen Zusammenschlusses S. 61ff.

[123] *Muckel*, DVBl. 1999, S. 558, 559; *Pieroth/Görisch*, JuS 2002, S. 937, 941.

[124] Nunmehr gilt § 13 berlSchulG v. 26.01.2004, wonach der Religionsunterricht „Sache der Religions- und Weltanschauungsgemeinschaften" ist; zuvor galt § 23 berlSchulG v. 20.08.1980 (mit Änderungen).

[125] Vgl. OVG Berlin, DVBl. 1999, S. 554, 555; *Schlink*, in: Integration und Religion, S. 52, 62f.

[126] *Bock*, RdJB 49, S. 330, 340.

[127] OVG Berlin, DVBl. 1999, S. 554, 556.

[128] *Poscher*, Der Staat 39, S. 49, 61; *Schlink*, in: Integration und Religion, S. 52, 60.

[129] BVerfGE 83, S. 341, 353 für Religionsgemeinschaften; BVerfG-K, NVwZ 1993, S. 357, 358 für Weltanschauungsgemeinschaften.

[130] *Tillmanns*, RdJB 47, S. 471, 478.

Dachverbänden seien insofern die Satzung des Mitgliedsverbandes und die in dessen Praxis gelebten religiösen Überzeugungen maßgeblich.[131]
Von *Pieroth/Görisch* wird die Auffassung vertreten, und dem wird hier gefolgt, dass eine auf den religiösen Verein beschränkte Mitgliedschaft einer Person eines anderen Bekenntnisses die Qualifizierung des Dachverbandes als Religionsgemeinschaft nicht generell hindert. Auf Grund der maßgeblichen Rückführbarkeit auf das personale Substrat ist entscheidend, ob der Dachverband das Kriterium der Homogenität noch erfüllen kann.[132] Wegen der Rückführbarkeit auf das personale Substrat ist eine satzungsmäßige Bekenntnisbindung des religiösen Vereins auf das Bekenntnis des übergeordneten Verbandes entbehrlich.[133] *Pieroth/Görisch* führen zum Merkmal des personalen Substrats aus, dass in Anbetracht des direkten Bezugs von Religion zur *Person des Menschen* und des Erfordernisses der Zielsetzung umfassender Glaubensbetätigung, welche dann letztlich ebenfalls nur den Menschen als Bezugspunkt haben könne, sich das Erfordernis eines persönlichen Substrats schon dem Begriff der Religionsgemeinschaft unmittelbar entnehmen lasse.[134]

cc) Abgrenzbarkeit von allen anderen Religionsgemeinschaften

Im Rahmen des religiösen Konsenses lässt sich weiter fragen, ob eine Abgrenzbarkeit von allen anderen Religionsgemeinschaften erforderlich ist. *Anschütz* formuliert in der vierten Bearbeitung seines Kommentars zur Weimarer Reichsverfassung: „die Angehörigen eines und desselben Glaubensbekenntnisses“[135]. Diese Formulierung wird in der Literatur als zumindest missverständlich bezeichnet.[136] Dass diese Definition tatsächlich in einer Weise verstanden werden kann, die eine solche Abgrenzbarkeit Voraussetzung sein lässt, erweist die Ausführung zur Definition einer Religionsgesellschaft von *Anschütz* zu der Verfassungsurkunde für den preußischen Staat vom 31.01.1850: „ein nicht sowohl ‚bestimmtes‘ (formuliertes) als besonderes, ein differenziertes Bekenntnis, wodurch sich die Religionsgesellschaft, die es hat, von andern unterscheidet“[137].
Mehrheitlich wird diese Abgrenzbarkeit von allen anderen Religionsgemeinschaften heute nicht mehr für erforderlich gehalten.[138] Konsequenz dieser Auffassung ist, dass,

---

[131] *Poscher*, Der Staat 39, S. 49, 62; *Schlink*, in: Integration und Religion, S. 52, 60f.; im Anschluss an *Schlink* auch *Spriewald*, S. 112.
[132] *Pieroth/Görisch*, JuS 2002, S. 937, 941; ebenso *Häußler*, ZAR 2000, S. 255, 263, der im Einzelfall die Feststellung erwartet, ob die religiöse Prägung überwiege und daher von einer Religionsgemeinschaft auszugehen sei. Zum personalen Substrat bei der Frage, ob ein reiner Dachverband das Kriterium des personellen Zusammenschlusses zu erfüllen vermag, S. 62f.
[133] *Pieroth/Görisch*, JuS 2002, S. 937, 941.
[134] A. a. O.
[135] *Anschütz*, WRV, 14. Aufl., Art. 137, Anm. 2, S. 633.
[136] So *Pieroth*, in: Muslimische Gemeinschaften, S. 109, 113.
[137] *Anschütz*, Verfassungs-Urkunde für den Preußischen Staat, S. 202.
[138] *Çavdar*, RdJB 41, S. 265, 267; *Jurina*, in: HdbStKirchR I, S. 689, 692; *Pieroth*, in: Muslimische Gemeinschaften, S. 109, 112f.; *Pieroth/Görisch*, JuS 2002, S. 937, 938f.; *Tillmanns*, RdJB 47, S. 471, 478; *Weber*, in: Muslimische Gemeinschaften, S. 85, 101; *ders.*, ZevKR 34, S. 337, 371; *Bohl*, S. 25; *v. Campenhausen*, Staatskirchenrecht, S. 126. Aus der Rspr. auch OVG Berlin, OVGE 10, S. 105, 107; DVBl. 1999, S. 554, 556; VG Berlin, InfAuslR 1998, S. 353,354.

solange es konkurrierende islamische Vereinigungen gibt, auch mehrere Vereinigungen innerhalb einer bestimmten Glaubensrichtung des Islam Religionsgemeinschaften i. S. d. Grundgesetzes sein können.[139]
Die von *Anschütz* insbesondere im Kommentar zu der Verfassungsurkunde für den preußischen Staat vorgezeichnete Auffassung wurde zunächst auch von der Kultusministerkonferenz vertreten. Sie empfahl im Jahr 1954, dass es sich bei einer Religionsgemeinschaft um ein bestimmtes, von anderen sich unterscheidendes religiöses Glaubensbekenntnis in eigener Organisation handeln müsse, doch die Länderpraxis hat sich in den Folgejahren in mehreren Verleihungsverfahren nicht streng an diese Empfehlungen gehalten.[140] Mittlerweile muss nach Auffassung der Kultusministerkonferenz auf Grund der Erläuterungen des Jahres 1962 eine Religionsgemeinschaft „Eigentümlichkeiten und spezielle Gegensätze in wichtigen Dingen zu anderen Religionsgesellschaften aufweisen (...), und zwar in einer Ausprägung, die zu einer eigenen Organisation“[141] führe. Gemeinschaften gleichen Bekenntnisses stellen demzufolge, wenn sie nur organisatorisch unterschieden werden können, jede für sich eine Religionsgemeinschaft nach dem Grundgesetz dar.[142]
Aber auch heute finden sich wieder vereinzelt Stimmen, die die Abgrenzbarkeit fordern. So findet sich die Auffassung, dass die für die Entscheidung über den Antrag auf Verleihung des Status einer Körperschaft des öffentlichen Rechts zuständige Behörde verlangen könne, dass sich verschiedene Vereinigungen mit gleichem Bekenntnis, die alle in dem Gebiet tätig seien, für das die Behörde örtlich zuständig sei, zu größeren Gemeinschaften zusammenschlössen. Begründet wird diese Forderung mit der Überlegung, dass der Begriff der Religionsgemeinschaft, den das Grundgesetz in bewusstem Gegensatz zu dem Terminus des religiösen Vereins in Art. 140 GG i. V. m. Art. 138 Abs. 2 WRV verwende, andeute, dass sich unter dieser Bezeichnung eine Bündelung religiöser Kräfte verberge.[143]
Gegen die Forderung nach Abgrenzbarkeit von allen anderen Religionsgemeinschaften ist einzuwenden, dass die Freiheit des Zusammenschlusses zu einer Religionsgemeinschaft nach Art. 140 GG i. V. m. Art. 137 Abs. 2 WRV in personeller Hinsicht nicht mehr gewährleistet wäre. Man müsste, um in den Genuss der Rechte einer Religionsgemeinschaft i. S. d. Grundgesetzes zu kommen, sich mit allen Glaubensgenossen zusammenschließen.[144] Dabei wird dem Verband die Eigenschaft einer Religionsgemein-

[139] *Weber*, in: Muslimische Gemeinschaften, S. 85, 101; vgl. auch *ders.*, ZevKR 34, S. 337, 371.
[140] Empfehlungen der Kultusministerkonferenz über die Verleihung der öffentlichen Körperschaftsrechte an Religionsgesellschaften und Weltanschauungsvereinigungen v. 12.03.1954, Nr. 1. a), abgedr. bei *Weber*, ZevKR 34, S. 337, 377f. Nachweise zu der abweichenden Länderpraxis bei *Lehmann*, S. 39f.
[141] Erläuterungen der für kirchliche Angelegenheiten zuständigen Länderressorts zu den Empfehlungen der Kultusministerkonferenz v. 12.03.1954 über die Verleihung der öffentlichen Körperschaftsrechte an Religionsgesellschaften und Weltanschauungsvereinigungen Nr. 1 zu Ziffer 1a und b), v. 12.10.1962, abgedr. bei *Weber*, ZevKR 34, S. 337, 378f.
[142] *Çavdar*, RdJB 41, S. 265, 268.
[143] *Muckel*, DÖV 1995, S. 311, 315.
[144] *Pieroth*, in: Muslimische Gemeinschaften, S. 109, 113; *Pieroth/Görisch*, JuS 2002, S. 937, 938f.

schaft abgesprochen aus Gründen, die außerhalb der betreffenden Religionsgemeinschaft liegen.[145]
Weiterhin wird für erstgenannte Sicht vorgetragen, dass eine partnerschaftliche Kooperation zahlenmäßige Überschaubarkeit der in Frage kommenden Partner verlange. Je größer die Zahl der zu konsultierenden Vereinigungen sei, desto schwieriger gestalte sich eine sinnvolle Zusammenarbeit mit jeder von ihnen. Als Beispiel wird der Bereich des Religionsunterrichts herangezogen und ausgeführt, dass es für die staatlichen Schulaufsichtsbehörden annähernd unmöglich sei, den Inhalt eines islamischen Religionsunterrichts mit einer Vielzahl islamischer Vereinigungen abzustimmen. Eine einzelne Vereinigung, deren Mitglieder allein eine Minderheit der Gläubigen darstelle, könne nicht für alle Muslime des relevanten Gebietes sprechen. Daher eröffne erst die Bildung größerer Verbände die tatsächliche Möglichkeit, dass den Interessen der Mehrheit der Muslime Rechnung getragen werde.[146] Dieser Argumentation kann entgegen gehalten werden, dass der Staat mit allen Religionsgemeinschaften die Inhalte des *jeweiligen* Religionsunterrichts abzusprechen hat, wobei diese jeweils nur für die Mitglieder der entsprechenden Religionsgemeinschaft Gültigkeit haben. So liegt die Problematik kleinerer konkurrierender Religionsgemeinschaften nicht darin, dass eine Religionsgemeinschaft für Muslime spricht, die ihr nicht angehören, sondern dass jede dieser kleineren Vereinigungen die nach Landesrecht bestimmten Mindestschülerzahlen für die Einrichtung von Religionsunterricht,[147] die auf Grund der Stellung des Religionsunterrichts als ordentliches Lehrfach als zulässig zu erachten sind,[148] erfüllen muss. Das kann sich als schwierig erweisen, da einige islamische Vereinigungen nur wenige Mitglieder haben. Theologischer Hintergrund ist, dass der Islam keinen der Taufe vergleichbaren Ritus kennt, der die Mitgliedschaft zur Religionsgemeinschaft begründet. Indes gilt jedes Kind muslimischer Eltern als Muslim, während die religiöse Stellung von Kindern gemischt-konfessioneller Beziehungen ungesichert ist.[149] Konsequenz ist, dass nicht alle Eltern und Kinder eingetragene Mitglieder des Trägervereins der von ihnen besuchten Moschee sind und meist eine exakte Regelung der Mitgliedschaft fehlt.[150] Die Mitgliedschaft muss für den Religionsunterricht als ordentliches Lehrfach zweifelsfrei durch Rechtsformen und Rechtsakte begründet und bekundet werden, die staatlicherseits nachprüfbar sind.[151] Diese tatsächlichen Schwierig-

---

[145] *Lehmann*, S. 40.
[146] *Muckel*, DÖV 1995, S. 311, 315.
[147] Vgl. die Übersicht über die verschiedenen Regelungen in den einzelnen Bundesländern auf der Homepage der Kultusministerkonferenz, abrufbar unter URL: http://www.kmk.org/doc/publ/relig.pdf (Stand: 02.01.2005) zur Organisation des Religionsunterrichts unter Nr. 2.2, Mindestschülerzahl und Lerngruppenbildung, S. 13ff.
[148] Vgl. *Pieroth*, in: J/P, Art. 7, Rn. 11; *P/S*, Rn. 672. *Stempel*, S. 366ff. sieht darin nach Abwägung der Rechtsgüter eine zulässige Konkretisierung des Rechtsanspruchs auf Religionsunterricht. Ebenfalls als Konkretisierung einstufend *Çavdar*, RdJB 41, S. 265, 271; *Mückl*, AöR 122, S. 513, 525. Nach *Jochum*, in: 41. Assistententagung, S. 101, 109 ist dies Ausdruck des Vorbehalts des Möglichen wie bei allen Leistungsrechten. A. A. hinsichtlich der Zulässigkeit von Mindestschülerzahlen *Maunz*, in: M/D, Art. 7, Rn. 48a.
[149] *Rohe*, ZRP 2000, S. 207, 210.
[150] *M. Heckel*, JZ 1999, S. 741, 753; *Muckel*, JZ 2001, S. 58, 61.
[151] VG Düsseldorf, NWVBl. 2002, S. 196, 199; *M. Heckel*, JZ 1999, S. 741, 753.

keiten bieten aber keine Legitimation dafür, auf eine Vereinigung von Religionsgemeinschaften mit gleichem Bekenntnis hinzuwirken. Für einen Anspruch auf Einrichtung islamischer Hochschuleinrichtungen aus Art. 7 Abs. 3 S. 1, 2 GG hat diese Lage insofern in tatsächlicher Hinsicht Auswirkungen, als dass nur dann die Ausbildung von Religionslehrern in Rede steht, wenn tatsächlich islamischer Religionsunterricht dieser Religionsgemeinschaft angeboten wird oder werden soll.
Weiterhin spricht für die Ansicht, die keine Abgrenzbarkeit von allen anderen Religionsgemeinschaften fordert, dass der Staat ansonsten die einzelnen Bekenntnisse inhaltlich prüfen müsste, um die notwendigen Unterschiede ermitteln zu können.[152] Demnach ist die Abgrenzbarkeit von allen anderen Religionsgemeinschaften nicht Voraussetzung, um eine Religionsgemeinschaft i. S. d. Verfassung bilden zu können.

dd) Organisation aller Angehörigen der jeweiligen Religion

Weiterhin ist nach überwiegender Auffassung nicht erforderlich, dass die Religionsgemeinschaft alle, einen Großteil oder auch nur die Mehrheit der Muslime auf der jeweils relevanten Ebene repräsentiert; auf die zahlenmäßige Stärke des Verbandes kommt es somit nicht an.[153]
Vereinzelt wird eine andere Ansicht vertreten, wenn die Einführung islamischen Religionsunterrichts an den öffentlichen Schulen derzeit als ausgeschlossen angesehen wird, da eine alle Muslime repräsentierende, oder auch nur alle sunnitischen oder schiitischen Muslime aller oder bestimmter Nationalitäten repräsentierende Religionsgemeinschaft nicht vorhanden sei.[154] Die herrschende Sicht findet zutreffend ihre Begründung darin, dass im Lichte des Art. 4 Abs. 1, 2 GG die zahlenmäßige Stärke oder soziale Relevanz eines bestimmten Bekenntnisses für das Vorliegen einer Religionsgemeinschaft unerheblich sind.[155] Zudem ist darauf hinzuweisen, dass die Forderung nach umfassender Organisation aller Glaubensangehörigen außerhalb des islamischen Bereichs auch nicht gestellt wird.[156] Wiederum liegt im Sachbereich des Religionsunterrichts die Problematik eines kleineren Verbandes darin, dass u. U. die nach Landesrecht bestimmten Mindestschülerzahlen zur Erteilung von Religionsunterricht nicht erreicht werden.[157] Das hat Auswirkungen auf das tatsächliche Bestehen des Anspruchs aus Art. 7 Ab. 3 S. 1, 2 GG. Ein verfassungsrechtliches Gebot, alle Angehörigen der jeweiligen Religion zu organisieren, liegt in dieser allein in tatsächlicher Hinsicht bestehenden Schwierigkeit nicht.

---

[152] *Bohl*, S. 25.
[153] OVG Berlin, DVBl. 1999, S. 554, 555; *Korioth*, in: M/D, Art. 140, Rn. 14; *Albrecht*, KuR 1995, S. 25, 28; *Harks*, JA 2002, S. 875, 877; *Heimann*, NVwZ 2002, S. 935, 936; *Loschelder*, KuR 1999, S. 137, 139; *Oebbecke*, in: Handbuch Islam, S. 321; *ders.*, epd 2/00, S. 3, 10; *Rohe*, ZRP 2000, S. 207, 209; *ders.*, Bürger im Staat 4 2001; *Jeand'Heur/Korioth*, Rn. 82.
[154] *Hillgruber*, DVBl. 1999, S. 1155, 1176; *ders.*, JZ 1999, S. 538, 545. Unklar *M. Heckel*, Fakultäten, S. 45f.: „Z. B. bilden die Moslime in der Zersplitterung nach ihren Herkunftsländern keine gemeinsame Religionsgemeinschaft".
[155] OVG Berlin, DVBl. 1999, S. 554, 555.
[156] *Oebbecke*, epd 2/00, S. 3, 10 mit einem Hinweis zu Differenzierungen im Christentum.
[157] *Oebbecke*, in: Handbuch Islam, S. 321; ausführlich *ders.*, epd 2/00, S. 3, 10.

b) Zweites Kriterium: Personeller Zusammenschluss

Der personelle Zusammenschluss, also ein „für ein Gebiet (ein Land, Teile eines Landes, mehrere Länder, das Reichsgebiet) zusammenfassender Verband“[158] (*Anschütz*), ist weiteres Kriterium einer Religionsgemeinschaft. Gefordert ist damit ein Zusammenschluss von mindestens zwei Personen im Geltungsbereich des Grundgesetzes.[159] Das Kriterium des Geltungsbereichs der Verfassung kann dabei unter Bezugnahme auf Art. 19 Abs. 3 GG näher erläutert werden. Im Rahmen von Art. 19 Abs. 3 GG werden ausländische juristische Personen und Personenvereinigungen nicht als Grundrechtsträger auch von Jedermann-Grundrechten eingestuft.[160] Eine Vereinigung ist dann ausländisch, wenn sie ihren Sitz, also den tatsächlichen Mittelpunkt ihrer Tätigkeit, nicht im Bundesgebiet hat.[161] Das Erfordernis des Geltungsbereichs des Grundgesetzes bedeutet daher, dass keine ausländische Vereinigung Religionsgemeinschaft i. S. d. Grundgesetzes werden kann, auch wenn einzelne oder sogar viele ihrer Anhänger für längere Zeit oder dauerhaft im Geltungsbereich des Grundgesetzes leben. Es müssen sich zumindest einzelne Anhänger dieses Bekenntnisses in der Bundesrepublik selbständig zusammenschließen.[162]

aa) Anforderungen an die Organisation des Verbandes

Vielfach findet sich die – zum Teil variierte – Formulierung, durch den Begriff der Gemeinschaft werde zugleich ein Minimum an organisatorischer Struktur[163] vorausgesetzt. Wo genau diese organisatorische Minimalgrenze verläuft, ergibt sich durch den Blick auf die Systematik zu Art. 140 GG i. V. m. Art. 137 Abs. 4 WRV. Diese Normierung erweist, dass das Grundgesetz auch Religionsgemeinschaften ohne eigene Rechtspersönlichkeit kennt, denn Abs. 4 setzt das vorherige Bestehen einer Religionsgemeinschaft voraus,[164] so dass weder die Rechtspersönlichkeit noch besondere andere organisatorische Anforderungen sich aus dem Begriff der Gemeinschaft als zweitem

---

[158] *Anschütz*, WRV, 14. Aufl., Art. 137, Anm. 2, S. 633.

[159] *Obermayer*, in: BK, Art. 140 GG, Rn. 39; *Pieroth*, in: Muslimische Gemeinschaften, S. 109, 113; *Pieroth/Görisch*, JuS 2002, S. 937, 939; *Jeand'Heur/Korioth*, Rn. 82. Den Zusammenschluss von mindestens zwei *natürlichen* Personen fordern *Ehlers*, in: Sachs, GG, Art. 140, Rn. 5; *Jurina*, HdbStKirchR I, S. 689, 690 mit der weiteren Forderung eines *freiwilligen* Zusammenschlusses; *Muckel*, DÖV 1995, S. 311, 312; *Tillmanns*, RdJB 47, S. 471, 476.

[160] *Jarass*, in: J/P, Art. 19, Rn. 17.

[161] *Jarass*, in: J/P, Art. 19, Rn. 17. Zu diesem Kriterium in Bezug auf die türkische Religionsbehörde S. 28.

[162] *Jurina*, HdbStKirchR I, S. 689, 690; *Spriewald*, S. 109.

[163] BVerwG, NJW 1992, S. 2496, 2497; OVG Berlin, DVBl. 1999, S. 554, 557; *Jurina*, HdbStKirchR I, S. 689, 690; *Tillmanns*, RdJB 47, S. 471, 476; *Weber*, ZevKR 34, S. 337, 347; *v. Campenhausen*, Staatskirchenrecht, S. 126; vgl. auch VG Düsseldorf, NWVBl. 2001, S. 110, 112: „ein gewisses Maß an Organisation“; VG Düsseldorf, NWVBl. 2002, S. 196, 198: „erforderliche Mindestmaß“ an Organisationsstrukturen; ähnl. *Poscher*, Der Staat 39, S. 49, 56 in Fn. 31: „Mindestmaß an organisatorischer Struktur“.

[164] *Emenet*, Islamische Religionskunde, S. 157.

Wortteil der Religionsgemeinschaft herleiten lassen.[165] Die materiellen Verleihensvoraussetzungen für den Körperschaftsstatus gem. Art. 140 GG i. V. m. Art. 137 Abs. 5 S. 2 WRV beziehen sich auf die Verleihung des Status einer Körperschaft des öffentlichen Rechts, so dass eine Religionsgemeinschaft ohne diesen Status im Umkehrschluss diesen Anforderungen nicht unterliegt.[166] Weiterhin ist die Organisation des Verbandes auch eine Frage des Selbstbestimmungsrechts der Religionsgemeinschaft, so dass sich die Anforderungen an die Organisation auch vor diesem Hintergrund auf ein Minimum reduzieren müssen.[167] Weitergehende Anforderungen in organisatorischer Hinsicht können sich nur noch aus konkreten Regelungszusammenhängen ergeben.[168] Auch *Anschütz* konkretisiert die Anforderungen an die Ausgestaltung des Verbandes in diese Richtung. Er sieht eine bestimmte rechtliche Struktur des Verbandes durch den Terminus der Religionsgesellschaft weder als bedingt noch als vorgeschrieben an, und die Religionsgesellschaft brauche insbesondere nicht die Struktur einer Gesellschaft bürgerlichen Rechts aufzuweisen.[169]

In organisatorischer Hinsicht wird jedoch eine Verbandsgründung mit dem „Ziel längeren Bestehens“[170] von dem Kriterium des personellen Zusammenschlusses als umfasst angesehen. Hier finden sich auch andere Formulierungen, so die Forderung nach einem auf Dauer angelegten Zusammenschluss,[171] demgegenüber einschränkend die Formulierung des Verwaltungsgerichts Düsseldorf mit dem Erfordernis eines auf eine gewisse Dauer angelegten Zusammenschlusses.[172] *Pieroth* führt aus, dass man für eine Vereinigung, die eine umfassende Glaubensverwirklichung anstrebe, das Ziel längeren Bestehens fordern könne,[173] so dass deutlich wird, dass dieses Erfordernis auf Grund eines Zusammenhangs zum dritten Kriterium, der umfassenden Bezeugung, gefordert wird. Die allseitige Erfüllung der durch das gemeinsame Bekenntnis gestellten Aufgaben wird regelmäßig mit dem „Ziel längeren Bestehens“ einhergehen, so dass dieses

---

[165] *Pieroth*, in: Muslimische Gemeinschaften, S. 109, 113; *Pieroth/Görisch*, JuS 2002, S. 937, 939; vgl. auch OVG Berlin, DVBl. 1999, S. 554, 557; VG Düsseldorf, NWVBl. 2002, S. 196, 198; *Häußler*, ZAR 2000, S. 255, 263.

[166] *Pieroth*, in: Muslimische Gemeinschaften, S. 109, 114; *Pieroth/Görisch*, JuS 2002, S. 937, 939; vgl. auch OVG Berlin, DVBl. 1999, S. 554, 557.

[167] *Emenet*, Islamische Religionskunde, S. 156; vgl. OVG Berlin, DVBl. 1999, S. 554, 557.

[168] *Pieroth*, in: Muslimische Gemeinschaften, S. 109, 113. Eine Herleitung von solchen Anforderungen findet sich sowohl in der Literatur, vgl. *Fechner*, NVwZ 1999, S. 735, 736, der das Kooperationsverhältnis zwischen Staat und Religionsgemeinschaft bei der Erteilung von Religionsunterricht als Grund für zusätzliche Anforderungen heranzieht, als auch in der Rspr., vgl. VG Düsseldorf, NWVBl. 2001, S. 110, 112 und NWVBl. 2002, S. 196, 199, wo auf das Zusammenwirken von Staat und Religionsgemeinschaft für die Erteilung von Religionsunterricht nach den verfassungsrechtlichen Vorgaben abgestellt wird sowie auf das Vorhandensein von Grundsätzen der Religionsgemeinschaften nach Art. 7 Abs. 3 S. 2 GG.

[169] *Anschütz*, HdbDStR II, S. 675, 689, in Fn. 28.

[170] *Jurina*, HdbStKirchR I, S. 689, 690; *Pieroth*, in: Muslimische Gemeinschaften, S. 109, 114; *Pieroth/Görisch*, JuS 2002, S. 937, 939; *Spriewald*, S. 108; vgl. auch *Emenet*, Islamische Religionskunde, S. 161f. unter dem eigenständigen Prüfungspunkt der „Gewähr der Dauer“, wobei im Ergebnis die Gründung mit dem Ziel des längeren Bestehens gefordert wird.

[171] *Korioth*, in: M/D, Art. 140, Rn. 14; ähnl. VG Berlin, InfAuslR 1998, S. 353, 353: „daß die fragliche Vereinigung auf Dauer angelegt ist“.

[172] VG Düsseldorf, NWVBl. 2002, S. 196, 198.

[173] *Pieroth*, in: Muslimische Gemeinschaften, S. 109, 114.

Erfordernis in dieser Reichweite zu Recht erhoben wird. Der restriktive Charakter dieses Erfordernisses, das sich allein aus dem Zusammenhing mit dem dritten Kriterium herleiten lässt, ist der Formulierung bereits zu entnehmen.

bb) Besondere Organisationsanforderungen bei Dachverbänden

Fraglich ist, ob auch ein Dachverband das Kriterium des personellen Zusammenschlusses zu erfüllen vermag. Dabei sind zwei Organisationstypen zu unterscheiden. Einerseits existieren Dachverbände, die nur juristische Personen als Mitglieder kennen, so der ZMD,[174] andererseits gibt es Dachverbände, die natürliche sowie juristische Personen als Mitglieder zulassen, so der Verband der Islamischen Kulturzentren Köln e. V.[175]

Vielfach wird ein reiner Dachverband, der allein Verbände und keine natürlichen Personen als Mitglieder kennt, nicht für ausreichend gehalten, um Religionsgemeinschaft i. S. d. Grundgesetzes sein zu können.[176] Begründet wird die Erforderlichkeit der Mitgliedschaft natürlicher Personen mit der Begriffsgeschichte, denn zunächst wurde die Religionsgesellschaft als freie Gemeinschaft gedeutet, die durch den Zusammenschluss ihrer Mitglieder zustande komme.[177] Weiterhin sei das ALR vom 05.02.1794 zu nennen, welches bereits den Begriff der Religionsgesellschaft als Oberbegriff für die Kirchengesellschaften und die Geistlichen Gesellschaften verwendete und in dem die Notwendigkeit des Zusammenschlusses von natürlichen Personen (durch die Formulierung „mehrere Einwohner des Staats") deutlich erkennbar gewesen sei.[178]

II 11 §§ 10-12 des ALR lauteten:

> „Religionsgesellschaften.
> § 10. Wohl aber koennen mehrere Einwohner des Staats, unter dessen Genehmigung, zu Religionsausuebungen sich verbinden.
>
> Kirchengesellschaften.
> § 11. Religionsgesellschaften, welche sich zur oeffentlichen Feier des Gottesdienstes verbunden haben, werden Kirchengesellschaften genannt.
>
> Geistliche Gesellschaften.
> § 12. Diejenigen, welche zu gewissen andern besondern Religionsausübungen vereinigt sind, fuehren den Namen der geistlichen Gesellschaften."

Weiter wird ausgeführt, das insbesondere vom ALR ausgehende Verständnis habe sich bis heute nicht grundlegend gewandelt.[179] Diese Aussage lässt sich auch mit Artikeln

---

[174] *Pieroth*, in: Muslimische Gemeinschaften, S. 109, 117; *Lemmen*, S. 123f. zum ZMD und S. 185 zu weiteren Dachverbänden, die allein aus Verbänden als Mitgliedern bestehen.

[175] *Pieroth*, in: Muslimische Gemeinschaften, S. 109, 117; *Lemmen*, S. 62ff. zum Verband der Islamischen Kulturzentren e. V. und S. 185 zu weiteren Organisationen, die natürliche Mitglieder haben.

[176] OVG NRW, NWVBl. 2004, S. 224, 226; *Ehlers*, in: Sachs, GG, Art. 140, Rn. 5; *Fechner*, Jura 1999, S. 515, 516; *Hillgruber*, JZ 1999, S. 538, 545; *Muckel*, DÖV 1995, S. 311, 312; *ders.*, DVBl. 1999, S. 558, 559; *ders.*, JZ 2001, S. 58, 60; *Tillmanns*, RdJB 47, S. 471, 476; *Emenet*, Islamische Religionskunde, S. 173f. In Anlehnung an *Muckel* auch *Lemmen*, S. 185.

[177] Vgl. *Tillmanns*, RdJB 47, S. 471, 477; *Anger*, S. 358f.

[178] *Muckel*, DÖV 1995, S. 311, 312; OVG NRW, NWVBl. 2004, S. 224, 226.

[179] *Muckel*, DÖV 1995, S. 311, 312; *ders.*, JZ 2001, S. 58, 60.

der Verfassungsurkunde für den preußischen Staat vom 31.01.1850[180] belegen. Der Begriff der Religionsgesellschaft fand in der Verfassungsurkunde für den preußischen Staat Verwendung. Über Art. 12 S. 1 der Verfassungsurkunde für den preußischen Staat[181] gelangt man zu der Bestimmung des Art. 30 Abs. 1:

> „Alle Preußen haben das Recht, sich zu solchen Zwecken, welche den Strafgesetzen nicht zuwiderlaufen, in Gesellschaften zu vereinigen."

Mit dem Verweis auf „Alle Preußen" bringt Art. 30 Abs. 1 der Verfassungsurkunde für den preußischen Staat ebenfalls die Notwendigkeit des Zusammenschlusses von natürlichen Personen zum Ausdruck.

Das Erfordernis des Zusammenschlusses natürlicher Personen wird auch damit begründet, dass die Religionsgemeinschaft Ausdruck der durch Art. 140 GG i. V. m. Art. 137 Abs. 2 S. 1 WRV gewährleisteten und von dem Grundrecht der Religionsfreiheit gem. Art. 4 GG umfassten religiösen Vereinigungsfreiheit sei. Eine Religionsgemeinschaft sei danach eine Vereinigung von Menschen, die sich zur Verwirklichung eines gemeinsamen religiösen Zwecks zusammengeschlossen haben.[182]

Weiter wird systematisch argumentiert, auch in Art. 140 GG i. V. m. Art. 137 Abs. 5 S. 2 WRV werde dieses Verständnis deutlich, denn die Verleihung der Körperschaftsrechte kenne als materielle Voraussetzung die Höhe der Mitgliederzahl der den Antrag stellenden Gemeinschaft, wenn gefordert werde, dass die Religionsgemeinschaft nicht nur durch ihre Verfassung, sondern auch nach der Zahl ihrer Mitglieder die Gewähr der Dauer bieten müsse.[183] Weiterhin könnten Dachverbände nur Körperschaften des öffentlichen Rechts werden, indem die in ihnen zusammengeschlossenen Gemeinschaften allesamt über diesen Status verfügten (Art. 140 GG i. V. m. Art. 137 Abs. 5 S. 3 WRV).[184] Ob die auf diese Weise entstandene Körperschaft des öffentlichen Rechts auch selbst eine Religionsgemeinschaft sei, folge daraus nicht.[185]

Andere halten bereits einen reinen Dachverband für ausreichend, um das Kriterium des personellen Zusammenschlusses bejahen zu können.[186] Hierbei ist der Begründung zu folgen, die darauf verweist, dass die von Art. 140 GG i. V. m. Art. 137 Abs. 3 S. 1 WRV geschützte interne Organisationsgewalt verletzt ist, wenn reine Dachverbände keine Religionsgemeinschaften sein können. Zu der internen Organisationsgewalt zählt auch die Ausgestaltung einer gestuften Ordnung hinsichtlich der Mitgliedschafts-

---

180 Verfassungsurkunde für den preußischen Staat abgedr. bei *E. R. Huber*, Dokumente I, S. 501ff.

181 Art. 12 S. 1 der Verfassungsurkunde für den preußischen Staat: „Die Freiheit des religiösen Bekenntnisses, die Vereinigung zu Religionsgesellschaften (Art. 30 und 31) und der gemeinsamen häuslichen und öffentlichen Religionsübung wird gewährleistet. (...)". Art. 12 S. 1 wird auch von *Anger*, S. 359 angeführt.

182 OVG NRW, NWVBl. 2004, S. 224, 226; a. A. *Anger*, S. 360f.

183 *Muckel*, DÖV 1995, S. 311, 312; *Emenet*, Islamische Religionskunde, S. 173.

184 *Muckel*, DÖV 1995, S. 311, 312.

185 OVG NRW, NWVBl. 2004, S. 224, 227.

186 VG Berlin, InfAuslR 1998, S. 353, 353 unter Verweis auf *Eiselt*, DÖV 1981, S. 205, 206; VG Düsseldorf, NWVBl. 2001, S. 110, 113; *Pieroth*, in: J/P, Art. 7, Rn. 12; *Häußler*, ZAR 2000, S. 255, 263; *M. Heckel*, JZ 1999, S. 741, 752; *Heimann*, DÖV 2003, S. 238, 243; *Oebbecke*, epd 2/00, S. 3, 10; *Pieroth/Görisch*, JuS 2002, S. 937, 941; *Poscher*, Der Staat 39, S. 49, 62; *Schlink*, in: Integration und Religion, S. 52, 61; *Anger*, S. 360f.

regelungen auf den verschiedenen Ebenen, so dass auch eine Einbeziehung reiner Dachverbände in den Begriff der Religionsgemeinschaft möglich ist.[187] Die Religionsgemeinschaft hat zwar begriffsgeschichtlich ihren Ausgang bei der Annahme einer Mitgliedschaft natürlicher Personen genommen, eine Einstufung von Dachverbänden als Religionsgemeinschaft ist aber unter dem Grundgesetz nicht ausgeschlossen. Dem Erfordernis eines persönlichen Substrats, das sich der zuvor erläuterten Begriffsgeschichte der Religionsgesellschaft entnehmen lässt, wird durch das Kriterium der umfassenden Bezeugung ausreichend Rechnung getragen.[188]

Das Oberverwaltungsgericht Nordrhein-Westfalen hält der Argumentation auf Basis des Selbstverwaltungsrechts entgegen, dass dessen Anwendung das Vorhandensein einer Religionsgemeinschaft voraussetze, nicht aber könne aus dem entsprechend verstandenen Selbstverwaltungsrecht auf das Vorliegen einer Religionsgemeinschaft geschlossen werden.[189] Das Selbstverwaltungsrecht beeinflusst aber die Auslegung des Begriffs der Religionsgemeinschaft, dessen Wortlaut nicht eindeutig das Erfordernis des Zusammenschlusses nur natürlicher Personen entnommen werden kann.

Von den Vertretern der Auffassung, die einen reinen Dachverband als nicht ausreichend erachten, wird das Vorliegen dieses Kriteriums bei Dachverbänden aber zum Teil anders beurteilt, wenn die natürlichen Mitglieder der Mitgliedsverbände auch Mitglieder des Dachverbandes sind.[190] Hierbei geht es um die Konstellation, dass die zugehörigen Mitgliedsverbände dem Dachverband ihre natürlichen Mitglieder vermitteln, indem diese natürlichen Mitglieder automatisch auch natürliche Mitglieder des Dachverbandes werden.[191] Zusätzlich wird zu der in der Satzung normierten lediglich formalen Mitgliedschaft von natürlichen Personen im Dachverband eine auf der Ebene des Dachverbandes gelebte Gemeinschaft der natürlichen Personen gefordert.[192] Einer Stimme der Literatur zufolge hingen, über die Forderung einer gelebten Gemeinschaft hinausgehend, die Anforderungen an das Gemeinschaftsleben des Dachverbandes von der Lage in den Mitgliedsverbänden des Dachverbandes ab; werde in den Mitgliedsverbänden eine intensive religiöse Gemeinschaft gepflegt, sei Vergleichbares für den Dachverband zu fordern. Höhere Anforderungen an den Dachverband zu stellen erübrige sich, je ähnlicher die Mitgliedsverbände in religiöser Ausrichtung und religiösem Leben seien und je weniger sie sich vom Dachverband unterschieden.[193] Weitergehend wird die Ansicht geäußert, dass für den Fall, dass das religiöse Leben und die religiösen Überzeugungen in den Mitgliedsverbänden sehr ähnlich seien, die Forderung nach

---

[187] *Pieroth/Görisch*, JuS 2002, S. 937, 941.

[188] *Pieroth/Görisch*, JuS 2002, S. 937, 941. *Anger*, S. 360f. führt weiter aus, dass Art. 19 Abs. 3 GG auch für die religiöse Vereinigungsfreiheit gem. Art. 4 Abs. 1, 2 GG gelte. Daraus folge, dass mehrere Vereinigungen, die wirksam von dieser Vereinigungsfreiheit Gebrauch machten, bei Erfüllung der weiteren Voraussetzungen Religionsgemeinschaften seien.

[189] OVG NRW, NWVBl. 2004, S. 224, 227.

[190] *Ehlers*, in: Sachs, GG, Art. 140, Rn. 5; *Muckel*, DÖV 1995, S. 311, 312; *ders.*, in: Islamisches Recht II, S. 11, 14; *Tillmanns*, RdJB 47, S. 471, 477; *Spriewald*, S. 108.

[191] *Spriewald*, S. 108.

[192] *Muckel*, JZ 2001, S. 58, 60; *ders.*, in: Islamisches Recht II, S. 11, 14; ähnl. *ders.*, DVBl. 1999, S. 558, 559; *Emenet*, Islamische Religionskunde, S. 174f.; *Spriewald*, S. 108f.; vgl. auch *Tillmanns*, RdJB 47, S. 471, 477.

[193] *Muckel*, JZ 2001, S. 58, 61; vgl. auch *Emenet*, Islamische Religionskunde, S. 174f.

einem religiösen Leben auf der Ebene des Dachverbandes eine überflüssige Formalität darstelle.[194] Diesen Ansichten ist entgegen zu halten, dass religiöses Leben auf der Ebene des Dachverbandes bereits vom dritten Kriterium des Begriffs der Religionsgemeinschaft, der umfassenden Bezeugung des religiösen Konsenses, gefordert wird. Wenn der Dachverband – nicht die Mitgliedsverbände – diesem Kriterium genügt, dann liegt eine Religionsgemeinschaft vor, unabhängig davon, in welchem Umfang sich religiöses Leben auf der Ebene der Mitgliedsverbände im Verhältnis zur Dachverbandsebene abzeichnet. Das ist eine Konsequenz aus der Beeinflussung des Kriteriums der umfassenden Bezeugung durch den religiösen Konsens und eine Konsequenz des Umstands, dass der religiöse Konsens auf der Ebene des Dachverbandes ein anderer ist oder zumindest sein kann als auf der unteren Ebene.

c) Drittes Kriterium: Umfassende Bezeugung

Der personelle Zusammenschluss muss weiterhin auf eine umfassende, allseitige Bezeugung des ihn prägenden religiösen Konsenses gerichtet sein. Das Kriterium der umfassenden Bezeugung ergibt sich systematisch aus Art. 140 GG i. V. m. Art. 138 Abs. 2, Art. 137 Abs. 7 WRV, in denen den Religionsgemeinschaften religiöse Vereine sowie Anstalten, Stiftungen und sonstiges Vermögen unmittelbar gegenüber gestellt werden und wo die Weltanschauungsvereinigungen, die den Religionsgemeinschaften gleichgestellt sind, ebenfalls durch die gemeinschaftliche Pflege einer Weltanschauung im Ganzen, nicht allein eines daraus folgenden Einzelanliegens, gekennzeichnet werden.[195] Die Abgrenzung von Religionsgemeinschaften zu religiösen Vereinen und damit das Moment der allseitigen Erfüllung der Definition wird auch von *Anschütz* näher erläutert: „die Religionsgesellschaften unterscheiden sich von den religiösen Vereinen im Sinne des Art. 124 (…) durch die Universalität ihres Zwecks bzw. Wirkungskreises (‚zu a l l s e i t i g e r Erfüllung der … Aufgaben'), während die religiösen Vereine immer nur e i n z e l n e religiöse Zwecke verfolgen"[196]. Es muss die Erfüllung aller Aufgaben und Forderungen, die sich aus dem Bekenntnis ergeben, bezweckt werden.[197] Das Wirken einer Religionsgemeinschaft muss im Kern durch den Religionsbezug geprägt werden,[198] so dass Religionsgemeinschaften von Vereinigungen zu unterscheiden sind, deren Wirken vorwiegend oder ausschließlich anderen, so bspw. politischen[199] oder wirtschaftlichen[200] Zwecken dient. Eine Unterordnung der nicht-religiösen Aktivitäten des Verbandes unter die religiösen Zielsetzungen in ihrer Bedeu-

---

[194] *Spriewald*, S. 109.

[195] Vgl. OVG NRW, NWVBl. 2004, S. 224, 228; *Pieroth*, in: Muslimische Gemeinschaften, S. 109, 114; *Pieroth/Görisch*, JuS 2002, S. 937, 939; *Pieroth/Kingreen*, S. 841, 843; VG Düsseldorf, NWVBl. 2002, S. 196, 198 mit dem Hinweis auf Art. 140 GG i. V. m. Art. 137 Abs. 7 WRV zur Begründung dieses Kriteriums.

[196] *Anschütz*, HdbDStR II, S. 675, 689, Sperrschrift im Original; ähnl. *ders.*, WRV, 14. Aufl., Art. 137, Anm. 2, S. 633 in Fn. 3.

[197] *Tillmanns*, RdJB 47, S. 471, 478.

[198] *Pieroth/Görisch*, JuS 2002, S. 937, 939.

[199] BVerwGE 37, S. 344, 363.

[200] BVerwG, JZ 1993, S. 33, 34; bzgl. eines eingetragenen Vereins als Untergliederung der Scientology Kirche BVerwG, NJW 1998, S. 1166, 1167.

tung ist notwendig, um Religionsgemeinschaft sein zu können.[201] Mit den Worten *Poschers* muss „die umfassende Pflege der Religion vielmehr den Fluchtpunkt aller ihrer Aktivitäten bilden“[202].
Ein religiöser Verein erfüllt nicht alle durch das religiöse Bekenntnis gestellten Aufgaben, sondern verfolgt nur begrenzte Zwecke im religiösen oder sozialen Bereich, oftmals auch in der Jugend- oder Bildungsarbeit, wobei die Tätigkeit im einzelnen oftmals durch Art. 4 Abs. 1, 2 GG gewährleistet ist.[203]
In den Reihen der ca. 2.000 eingetragenen muslimischen Vereine in Deutschland finden sich auch zahlreiche Moscheevereine.[204] Es ist jeweils eine Frage des Einzelfalls, ob der Moscheeverein das Kriterium der umfassenden Bezeugung zu erfüllen vermag.[205] Das Oberverwaltungsgericht Nordrhein-Westfalen hat in seiner Entscheidung zur Einführung islamischen Religionsunterrichts ausdrücklich offen gelassen, ob einzelne Moscheevereine Religionsgemeinschaften darstellen.[206]

aa) Politischer Islam und islamischer Fundamentalismus

Bedenken bestehen hinsichtlich einer Qualifizierung von Gruppierungen des politischen Islam und des islamischen Fundamentalismus als Religionsgemeinschaften im Hinblick auf das Kriterium der umfassenden Bezeugung des religiösen Konsenses.[207] Religionsgemeinschaften ist es nicht generell untersagt, Stellung zu politischen Fragen zu beziehen, doch die Grenze wird überschritten, wenn die politische Betätigung das eigentliche Ziel der Vereinigung ist und das Religiöse demgegenüber eine Randerscheinung.[208] Der politische Islam hat sich einer Veränderung der bestehenden politischen Verhältnisse im In- oder Ausland verschrieben.[209] Islamistisch-fundamentalistische Gruppierungen versuchen eine nach dem Vorbild der islamischen Urgemeinde eingerichtete Gesellschaftsordnung zu schaffen.[210] Bei beiden Gruppierungen handelt

---

[201] *Pieroth/Görisch*, JuS 2002, S. 937, 939; *Tillmanns*, RdJB 47, S. 471, 478. Vgl. auch das Kriterium der Zentralität bei *Poscher*, Der Staat 39, S. 49, 62ff.
[202] *Poscher*, Der Staat 39, S. 49, 63; ähnl. *Schlink*, in: Integration und Religion, S. 52, 71.
[203] *v. Campenhausen*, Staatskirchenrecht, S. 136.
[204] *Bock*, RdJB 49, S. 330, 341.
[205] Nach *Bock*, RdJB 49, S. 330, 341 verfolgen sie nur eng begrenzte Zwecke, den Betrieb der Moschee ohne autoritative geistliche Leitungsfunktion. Vgl. andererseits *Emenet*, Islamische Religionskunde, S. 205 mit der Darlegung, dass es sich um eine organisatorische Verfestigung i. S. d. zweiten Kriteriums handele und auf S. 206f. mit der Ausführung, dass eine umfassende Glaubensverwirklichung i. S. d. dritten Kriteriums vorliege.
[206] OVG NRW, NWVBl. 2004, S. 224, 224, Leitsatz 4: „Ob im Bereich des Islams Religionsgemeinschaften nach Art. 7 Abs. 3 GG, Art. 14 LV NRW auf örtlicher Ebene (z. B. der Moscheevereine) anzunehmen sind, bleibt offen.“
[207] *Muckel*, in: FS Listl, S. 239, 243; *ders.*, DÖV 1995, S. 311, 312; hinsichtlich der Gruppen mit überwiegend politischen Zielen vgl. auch die Antwort der Bundesregierung BT-Drs. 14/4530 v. 08.11.2000, S. 33 auf die Große Anfrage „Islam in Deutschland“ der Fraktion der CDU/CSU, BT-Drs. 14/2301 v. 01.12.1999; vgl. weiterhin zu islamistischen Organisationen in Deutschland Bundesamt für Verfassungsschutz, Extremismus in Deutschland, S. 6ff. und Bundesministerium des Innern, Verfassungsschutzbericht 2002, S. 164ff. sowie Verfassungsschutzbericht 2003, S. 167ff.
[208] *Muckel*, in: FS Listl, S. 239, 244; vgl. BVerwGE 37, S. 344, 363.
[209] *Muckel*, DÖV 1995, S. 311, 312; vgl. auch *Ruthven*, S. 14ff.
[210] *Jochum*, in: 41. Assistententagung, S. 101, 118.

es sich um überwiegend politische Ziele,[211] denn auch das Streben nach Verwirklichung dieser Herrschaftsordnung bei islamistisch-fundamentalistischen Gruppierungen stellt eine politische Betätigung dar, die religiös motiviert ist.[212] Solche Gruppierungen erfüllen das Kriterium der umfassenden Bezeugung im Rahmen des Begriffs der Religionsgemeinschaft daher nicht. Die Grenzziehung zwischen Religion und Politik kann jedoch Schwierigkeiten bereiten, zumal in Fällen, in denen der politische Islam mit religiösen Motiven begründet wird.[213] Hinzugefügt sei, dass die soeben aufgezeigte Differenzierung den größten Teil der in Deutschland lebenden Muslime ebenso wie Religionsgemeinschaften nicht betrifft.[214]

bb) Begrenzte Zweckverfolgung bei Dachverbänden

Problematisch könnte auch die Qualifizierung als Religionsgemeinschaft sein, wenn sich ein Dachverband allein zu einem begrenzten Zweck zusammenschließt, so bspw. zu dem in der Literatur in diesem Zusammenhang diskutierten Zweck der Erteilung von Religionsunterricht.[215] Ein unterschiedlicher Konsens bedingt zwar eine unterschiedliche Bezeugung dieses Konsenses,[216] doch es wird darauf hingewiesen, dass ein wesentlicher und in irgendeiner Form immer vorhandener Teil die Vornahme kultischer Handlungen sei bzw. dass kultische Verehrung erwiesen werden müsse.[217] Dabei ist aber nicht vorausgesetzt, dass die kultischen Handlungen den überwiegenden Teil der religiösen Praxis einer Religionsgemeinschaft ausmachen.[218] Dass der Konsens im Einzelfall insbesondere nicht auch das vom Vorbeter geleitete rituelle Freitagsgebet oder religiöse Feste, die Bestattung Verstorbener oder das Schächten nach religiösen Vorschriften[219] jeweils als Ausdruck der Religionsausübung umfasst, bedürfte genauerer Darlegung. Ein Konsens, der allein die Erteilung von Religionsunterricht und/oder die Er- und Einrichtung theologischer Lehrstühle oder Fakultäten an staatlichen Hochschulen umfasst, ohne dass kultische Handlungen vorgenommen werden, erscheint daher praktisch ausgeschlossen.[220]

Eine generelle Beschränkung auf die Verfolgung bestimmter Zwecke steht einer Einstufung als Religionsgemeinschaft bereits entgegen.[221] Für Religionsgemeinschaften i. S. v. Art. 7 Abs. 3 S. 2 GG, die Religionsunterricht als ordentliches Lehrfach an den

---

211 *Muckel*, DÖV 1995, S. 311, 312; vgl. auch *Ruthven*, S. 14ff.

212 *Jochum*, in: 41. Assistententagung, S. 101, 118.

213 *Muckel*, DÖV 1995, S. 311, 312; *ders.*, in: FS Listl, S. 239, 244.

214 *Muckel*, in: FS Listl, S. 239, 244.

215 *Rohe*, Bürger im Staat 4 2001.

216 *Obermayer*, in: BK, Art. 140, Rn. 41; im Anschluss *Jurina*, HdbStKirchR I, S. 689, 693.

217 *v. Campenhausen*, ZevKR 25, S. 135, 152; *Jurina*, HdbStKirchR I, S. 689, 693; *Mikat*, Grundrechte IV/1, S. 111, 148f.; *Tillmanns*, RdJB 47, S. 471, 479; *Poscher*, Der Staat 39, S. 49, 59; ähnl. auch *Müller-Volbehr*, JZ 1981, S. 41, 43; a. A. *Spriewald*, S. 115; *Isak*, S. 283f. mit der Ausführung, dass es entscheidend vom jeweiligen religiösen Inhalt abhänge, ob solche Aktivitäten erfolgten, so dass der Staat allein feststellen könne, ob solche Handlungen stattfänden, er aber einen bestimmten religiösen Inhalt nicht zur notwendigen Voraussetzung eines Rechtsbegriffs machen könne.

218 *Schlink*, in: Integration und Religion, S. 52, 71.

219 Vgl. hierzu auch OVG NRW, NWVBl. 2004, S. 224, 228.

220 Dies vollständig ausschließend OVG NRW, NWVBl. 2004, S. 224, 229.

221 *Pieroth/Görisch*, JuS 2002, S. 937, 941; *Poscher*, Der Staat 39, S. 49, 60.

öffentlichen Schulen erteilen wollen, werden in der Literatur vereinzelt Ausnahmen vom Erfordernis der umfassenden Bezeugung zugelassen. Fraglich ist, ob diesen Ansichten für theologische Hochschuleinrichtungen gefolgt werden kann.
Dabei finden sich zwei verschiedene Argumentationslinien. Es wird einerseits darauf verwiesen, dass sich nach der Rechtsprechung auf das Selbstbestimmungsrecht gem. Art. 140 GG i. V. m. Art. 137 Abs. 3 WRV auch Vereinigungen berufen könnten, die sich nicht die allseitige, sondern nur die partielle Pflege des religiösen oder weltanschaulichen Lebens ihrer Mitglieder zum Ziel gesetzt hätten.[222] Dementsprechend habe eine Vereinigung, die diese Anforderungen erfülle, auch das Recht, Religionsunterricht zu erteilen.[223] Das Essentielle der Religionsgemeinschaft, der Zusammenschluss auf Grund übereinstimmender Auffassungen in religiöser Hinsicht, die sich durch Bezeugung nach außen kundgäben, sei gewahrt.[224] Dem steht aber bereits entgegen, dass die exemplarisch genannte Gruppierung, die allein die partielle Pflege als Zielsetzung kennt, nur in den Genuss des Selbstbestimmungsrechts gem. Art. 140 GG i. V. m. Art. 137 Abs. 3 WRV kommt, weil sie einer Religionsgemeinschaft in bestimmter Weise zugeordnet ist. Wegen der Einwirkung von Art. 4 Abs. 1, 2 GG einerseits und der Parallele zu Art. 140 GG i. V. m. Art. 138 Abs. 2 WRV andererseits werden unter Religionsgemeinschaften i. S. v. Art. 140 GG i. V. m. Art. 137 Abs. 3 WRV auch alle den Religionsgemeinschaften zugeordneten Einrichtungen ohne Rücksicht auf ihre Rechtsform verstanden, also auch Anstalten, Stiftungen und Vereine, wenn sie Aufgaben mit religiöser Zielsetzung wahrzunehmen haben.[225] Die Einrichtungen können auf das Selbstbestimmungsrecht verweisen, wenn sie nach ihrer Aufgabe oder ihrem Zweck dazu berufen sind, Teile des Auftrags der Religionsgemeinschaft wahrzunehmen.[226] Daher kommt den rechtlich selbständigen Teilen der Schutz des religiösen Grundverbandes, der Religionsgemeinschaft, zugute,[227] nicht jedoch werden sie hierdurch selbst zu einer Religionsgemeinschaft.[228] Die Herleitung des erweiterten Verständnisses der Religionsgemeinschaft gelingt zudem nur für den Bereich des Selbstbestimmungsrechts gem. Art. 140 GG i. V. m. Art. 137 Abs. 3 WRV. Vorliegend fehlt es zudem bereits an einer Religionsgemeinschaft, der der religiöse Verein zugeordnet werden könnte, sondern es wird der Versuch unternommen, einen religiösen Verein selbst als Religionsgemeinschaft zu werten.
Andererseits ist die Ansicht anzuführen, die das Bestehen eines religiösen Vereins als ausreichend für die Erteilung von Religionsunterricht gem. Art. 7 Abs. 3 GG erachtet.[229] Der Verein müsse für die Einrichtung schulischen Religionsunterrichts eintreten und zumindest hinsichtlich des zu vermittelnden Lehrstoffs ein homogenes Bekenntnis

---

[222] *Çavdar*, RdJB 41, S. 265, 269; *Eiselt*, DÖV 1981, S. 205, 206.
[223] Im Ergebnis *Çavdar*, RdJB 41, S. 265, 269.
[224] *Eiselt*, DÖV 1981, S. 205, 206.
[225] *Ehlers*, in: Sachs, GG, Art. 140, Rn. 5.
[226] BVerfGE 70, S. 138, 162 m. w. N.; krit. *Wieland*, Der Staat 25, S. 321, 332f.
[227] *Ehlers*, in: Sachs, GG, Art. 140, Rn. 5; *Hesse*, HdbStKirchR I, S. 521, 534f.; *Tillmanns*, RdJB 47, S. 471, 476.
[228] *Tillmanns*, RdJB 47, S. 471, 476.
[229] *Heimann*, DÖV 2003, S. 238, 242; *ders.*, in: Religionsunterricht in Nds, S. 27, 33. In Anlehnung an die von *Poscher* verwendeten Begriffe postuliert er neben dem Verzicht auf die Zentralität auch einen Verzicht auf die Kriterien der Totalität und Konsistenz.

unter seinen Mitgliedern aufweisen. Der Verfassungsgeber habe nämlich alle bevölkerungsrelevanten religiösen Strömungen mit Art. 7 Abs. 3 GG ansprechen wollen.[230] Auf Grund der Argumentation mit der Existenz einer bestimmten Norm könnte diese Ansicht allein für einen Anspruch aus Art. 7 Abs. 3 GG Relevanz gewinnen, nicht auch für den Anspruch aus der Parität. Doch auch für den Religionsunterricht kann dieser Sicht nicht gefolgt werden, da sie dem eindeutigen Wortlaut von Art. 7 Abs. 3 S. 2 GG, der von Religionsgemeinschaften und nicht von religiösen Vereinen, die in Art. 140 GG i. V. m. Art. 138 Abs. 2 WRV grundgesetzlich geregelt sind, entgegensteht. Daher kann beiden Ausnahmen vom Erfordernis der umfassenden Bezeugung nicht gefolgt werden.

3. Kontextabhängige Voraussetzungen

In der Literatur werden kontextabhängige Voraussetzungen für Religionsgemeinschaften, die Religionsunterricht erteilen wollen, diskutiert. Auch die Rechtsprechung ist mit dem Thema befasst.

a) Körperschaftsstatus

Die Frage nach dem Körperschaftsstatus als zusätzlicher Voraussetzung für Religionsgemeinschaften, die Religionsunterricht erteilen wollen, ist von erheblicher Relevanz, weil nicht alle Muslime den Körperschaftsstatus tatsächlich anstreben[231] und trotz entsprechender Anträge auf Einräumung dieses Status keine islamische Religionsgemeinschaft bislang öffentlich-rechtlich verfasst ist. Mehrheitlich wird das Erfordernis des Körperschaftsstatus abgelehnt,[232] aber in neuerer Zeit mehren sich wieder Stimmen, die diese Voraussetzung bejahen.[233] Zu dem Zeitpunkt der Entwicklung dieser Auffassung merkt *Oebbecke* zu Recht an, dass gegen die neuerdings vertretene Auffassung auch spricht, dass sie nach achtzig Jahren seit Inkrafttreten der Weimarer Reichsverfassung erst jetzt, im Zusammenhang mit der Frage nach der Einführung islamischen Religionsunterrichts, entwickelt worden ist. Angesichts der Pflicht des Staates zur Nicht-Identifikation mit einer Religion oder Weltanschauung und der gleichen Gewährleistung der Religionsfreiheit für alle Religionsgemeinschaften erweckt eine solche gezielte Neuorientierung der Auslegung erhebliche Bedenken.[234] Im Rahmen dieser Diskussion ist ein obiter dictum aus dem Zeugen Jehovas-Urteil des Bundesverfassungsgerichts von Interesse, das sich auf Religionsunterricht und Anstaltsseelsorge

---

[230] *Heimann*, DÖV 2003, S. 238, 242.

[231] Vgl. *Ayyub A. Köhler*, Al-Islam 3/1999, S. 16ff.

[232] BVerfGE 102, S. 370, 396; VG Düsseldorf, NWVBl. 2001, S. 110, 112; VG Düsseldorf, NWVBl. 2002, S. 196, 198; *Robbers*, in: M/K/S, Art. 7, Rn. 151; *Bock*, RdJB 49, S. 330, 337; *Füssel/Nagel*, EuGRZ 1985, S. 497, 498; *Heimann*, DÖV 2003, S. 238, 241; *Oebbecke*, in: Handbuch Islam, S. 321; *ders.*, epd 2/00, S. 3, 9; *Anger*, S. 370f.; *Ehlers*, Religionsunterricht, S. 30; *Emenet*, Islamische Religionskunde, S. 215ff.; *Hildebrandt*, S. 225; *P/S*, Rn. 671; *Spriewald*, S. 121ff.; *Winter*, S. 88.

[233] *Korioth*, NVwZ 1997, S. 1041, 1047; auf *Korioth* verweisend auch *Hillgruber*, JZ 1999, S. 538, 546; *ders.*, DVBl. 1999, S. 1155, 1176; früher bereits *Schmoeckel*, S. 176f. Anders nun *Hillgruber*, NVwZ 2001, S. 1347, 1353f.; *ders.*, Körperschaftsstatus, S. 79, 95f., wonach die Erfüllung der materiellen Voraussetzungen für den Körperschaftserwerb genüge.

[234] *Oebbecke*, epd 2/00, S. 3, 9.

bezieht und für diese Bereiche das Erfordernis der Korporationsqualität ausdrücklich ablehnt: „Andererseits hängt es von den Charakteristika der jeweiligen Kooperationsangebote und den konkreten Vorgaben der auf Neutralität und Parität bedachten Verfassung ab, welchen Religionsgemeinschaften sie offen stehen. Dass das Grundgesetz Religionsunterricht und Anstaltsseelsorge im Grundsatz allen Religionsgemeinschaften zugänglich macht, zeigt aber, dass es Vergünstigungen und Mitwirkungschancen nicht schematisch danach zuweist, in welcher Rechtsform eine Religionsgemeinschaft organisiert ist. Einen Automatismus zwischen dem Status einer Körperschaft des öffentlichen Rechts und staatlichen Vergünstigungen, die nicht bereits mit diesem Status selbst gewährleistet sind (‚Privilegien'), gibt es nicht."[235]
Begründet wird die Ansicht, die den Körperschaftsstatus nicht fordert, weiter mit dem Umstand, dass die Bestimmungen des Grundgesetzes auch Religionsgemeinschaften kennen, die privatrechtlich verfasst sind (Art. 140 GG i. V. m. Art. 137 Abs. 4 WRV).[236] Das Selbstbestimmungsrecht der Religionsgemeinschaften erfährt zudem nach Art. 140 GG i. V. m. Art. 137 Abs. 3 WRV Schutz, demzufolge die Religionsgemeinschaften ihre Organisationsform selbst wählen können.[237] Eine kontextabhängige Voraussetzung für Religionsgemeinschaften, die Religionsunterricht erteilen wollen, besteht demnach nicht.

b) Materielle Verleihungsvoraussetzungen des Körperschaftsstatus

In der Literatur wird zum Teil postuliert, dass zwar nicht der Körperschaftsstatus an sich erforderlich sei, aber die Voraussetzungen für die Verleihung dieses Status erfüllt sein müssten, damit die Religionsgemeinschaft Kooperationspartner des Staates sein könne.[238] Begründet wird diese Sicht vor allem mit der Einordnung des Religionsunterrichts in die Kategorie der gemeinsamen Angelegenheiten. Bei diesen trete die Religionsgemeinschaft in den staatlichen Raum ein und wegen der deshalb erforderlichen engen Kooperation und Organisation könne die Erfüllung der materiellen Kriterien des Körperschaftsstatus verlangt werden.[239] Andererseits unterliege aber die Antragstellung für den Status einer Körperschaft des öffentlichen Rechts dem Selbstbestimmungsrecht der Religionsgemeinschaften, wobei den Gemeinschaften, die aus Gründen ihres Selbstverständnisses den Korporationsstatus ablehnten, das Recht auf Erteilung von Religionsunterricht ihres Bekenntnisses nicht abgesprochen werden könne.[240]

---

[235] BVerfGE 102, S. 370, 396. Dieses Urteil ist nach Erscheinen des Aufsatzes von *Korioth*, NVwZ 1997, S. 1041ff. ergangen.

[236] VG Düsseldorf, NWVBl. 2001, S. 110, 112; *Mückl*, AöR 122, S. 513, 552; *Oebbecke*, in: Handbuch Islam, S. 321; *Spriewald*, S. 122.

[237] VG Düsseldorf, NWVBl. 2001, S. 110, 112; *Anger*, S. 371; *Spriewald*, S. 122.

[238] *Link*, ZevKR 46, S. 257, 280; *ders.*, HdbStKirchR II 1995, S. 439, 500; *Loschelder*, Ess.Gespr. 20, S. 149, 171; *Mückl*, AöR 122, S. 513, 552; *Winter*, S. 88; nun auch *Hillgruber*, NVwZ 2001, S. 1347, 1353f.; *ders.*, Körperschaftsstatus, S. 79, 95f.; wohl nicht *v. Campenhausen*, Ess.Gespr. 34, S. 105, 121, der die ungeschriebenen Verleihensvoraussetzungen nicht nennt: „Sinnvollerweise kann Religionsunterricht nur auf solche Gemeinschaften ausgedehnt werden, die mit den Worten von Art. 140 GG i. V. m. Art. 137 Abs. 5 WRV ‚durch ihre Verfassung und die Zahl ihrer Mitglieder die Gewähr der Dauer bieten'."

[239] *Mückl*, AöR 122, S. 513, 552.

[240] *Link*, ZevKR 46, S. 257, 281; *ders.*, HdbStKirchR II 1995, S. 439, 500.

Ein pauschaler Bezug auf die materiellen Voraussetzungen des Körperschaftsstatus bedeutet einen Verzicht auf das Antragserfordernis gem. Art. 140 GG i. V. m. Art. 137 Abs. 5 S. 2 WRV. Der Antrag stellt die einzige formelle Voraussetzung zur Erlangung des Körperschaftsstatus dar. Dem Antragserfordernis zu genügen bereitete einer islamischen Religionsgemeinschaft, die den Weg zur Erlangung des Status einer Körperschaft des öffentlichen Rechts nach Entscheidung für diesen Status eingeschlagen hat, regelmäßig von allen Kriterien die geringsten Schwierigkeiten.[241] Der Unterschied zu einer Forderung nach der bereits erlangten Korporationsqualität ist für diesen Fall gering. Immerhin würde die religiöse Entscheidung einer Religionsgemeinschaft respektiert, nicht Körperschaft des öffentlichen Rechts werden zu wollen. Dies entspräche dem Selbstbestimmungsrecht der Religionsgemeinschaften und dem Umstand, dass es sich bei dem Korporationsstatus nur um ein Angebot des Staates handelt.[242] Sonst bestünde für die Dauer des Verfahrens der Anerkennung als Körperschaft des öffentlichen Rechts keine Möglichkeit, islamischen Religionsunterricht zu erteilen. Diese Zeitspanne gilt es nicht abzuwarten, wenn allein die Erfüllung der materiellen Kriterien gefordert wird.

Eine Religionsgemeinschaft, die den Status indes nicht erstrebt und sich auch nicht bewusst aus einer solchen Entscheidung heraus organisiert, weil der Status ihrem religiösen Selbstverständnis nicht entspricht,[243] wird die Erfüllung dieser materiellen Voraussetzungen möglicherweise mehr Schwierigkeiten bereiten. Folglich müssen Religionsgemeinschaften, die Religionsunterricht erteilen wollen, nicht die materiellen Verleihensvoraussetzungen des Körperschaftsstatus erfüllen.

c) Verfassungstreue

Weitere zusätzliche Voraussetzung könnte die Verfassungstreue der Religionsgemeinschaften sein. Verfassungstreue bedeutet nach der Rechtsprechung des Bundesverfassungsgerichts zu den ungeschriebenen Verleihensvoraussetzungen des Körperschaftsstatus gem. Art. 140 GG i. V. m. Art. 137 Abs. 5 S. 2 WRV die Gewähr dafür, dass durch das künftige Verhalten der Religionsgemeinschaft die in Art. 79 Abs. 3 GG umschriebenen fundamentalen Verfassungsprinzipien, die dem staatlichen Schutz anvertrauten Grundrechte Dritter sowie die Grundprinzipien des freiheitlichen Religions- und Staatskirchenrechts des Grundgesetzes nicht gefährdet werden.[244]

Eine zusätzliche Voraussetzung dieses Inhalts für Religionsgemeinschaften, die Religionsunterricht erteilen wollen, fordern implizit auch diejenigen, die den Körperschaftsstatus als kontextabhängige Voraussetzung sehen. Dieser Zusammenhang wird auch von *Korioth* gesehen und als Vorteil gewertet, denn der Körperschaftsstatus als Voraussetzung für die Erteilung von Religionsunterricht löse auch das weitere Prob-

---

[241] Vgl. *Bohl*, S. 37f., die für die Wirksamkeit des Antrages weder Schriftlichkeit noch Angaben zur Verfassung der Religionsgemeinschaft oder der Zahl ihrer Mitglieder fordert. Stattdessen sieht sie eine Mitwirkungspflicht der Religionsgemeinschaft im Verleihungsverfahren, vgl. S. 38 in Fn. 113.

[242] *Bohl*, S. 37.

[243] So lag der Fall für die Wachtturm Bibel- und Traktat-Gesellschaft, Deutscher Zweig, e. V., BVerfGE 12, S. 129, 134. Die Religionsgemeinschaft der Zeugen Jehovas in Deutschland e. V. erstrebt jetzt diesen Status, vgl. BVerfGE 102, S. 370ff.

[244] BVerfGE 102, S. 370, 392.

lem, dass dahin formuliert werde, dass Bedenken hinsichtlich der Verträglichkeit islamischer Lehren mit wichtigen Grundsätzen des verfassungsrechtlichen Systems bestünden.[245] Diejenigen, die das Vorliegen der materiellen Voraussetzungen dieses Status als spezielles Erfordernis für die Religionsunterricht erteilenden Religionsgemeinschaften begreifen, sehen auch die nicht ausdrücklich genannte Voraussetzung der Verfassungstreue neben der Rechtstreue als weitere ungeschriebene Verleihungsvoraussetzung von dieser zusätzlichen Voraussetzung als umfasst an.[246] Die Verfassungstreue fordert, dass die Religionsgemeinschaft als künftige Körperschaft des öffentlichen Rechts die Gewähr dafür bieten muss, dass sie die ihr übertragene Hoheitsgewalt in Einklang mit den verfassungsrechtlichen und den sonstigen gesetzlichen Vorgaben ausübt.[247] Sowohl der Körperschaftsstatus als auch die materiellen Verleihensvoraussetzungen dieses Status stellen keine kontextabhängigen Voraussetzungen dar.
Die Existenz einer solchen zusätzlichen Voraussetzung für Religionsgemeinschaften, die Religionsunterricht erteilen wollen, wird in der Literatur aber auch unabhängig von den zwei genannten Auffassungen bejaht.[248]
Ein solches präventives Prüfungsrecht des Staates wird in der Literatur andererseits mit der Erwägung zurückgewiesen, dass eine Vermutung zugunsten eines grundrechtskonformen Verhaltens spreche.[249] Das präventive Prüfungsrecht stößt aber insbesondere auf Bedenken, weil dem religiös neutralen Staat verwehrt ist, sich aus eigener Kompetenz für eine bestimmte – insbesondere aber für eine aus Sicht der Religionsgemeinschaft negative – Deutungsmöglichkeit hinsichtlich eines kritischen Themenkreises zu entscheiden.[250] Wenn die Religionsgemeinschaft im Rahmen der Lehre an einer theologischen Hochschuleinrichtung eindeutig Stellung hinsichtlich eines problematischen Themenkreises bezogen hat, bestehen im Hinblick auf die Neutralität des Staates in religiöser und weltanschaulicher Hinsicht keine rechtlichen Probleme mehr.
Daher ist auch die Verfassungstreue keine zusätzliche Voraussetzung.

d) Dauerhafter Bestand

Als kontextabhängige Voraussetzung aus dem Bereich der Organisation der Religionsgemeinschaften kommt der dauerhafte Bestand der Religionsgemeinschaft in Be-

---

[245] *Korioth*, NVwZ 1997, S. 1041, 1048.
[246] Vgl. die Begründung bei *Hillgruber*, Körperschaftsstatus, S. 79, 95.
[247] BVerfGE 102, S. 370, 390.
[248] *Jochum*, in: 41. Assistententagung, S. 101, 120 mit der Forderung nach Verfassungstreue und Respekt vor staatlichen Bildungszielen. Dass es sich um ein Erfordernis handelt, das an das Bestehen einer Religionsgemeinschaft gestellt wird, die beabsichtigt, Religionsunterricht ihres Bekenntnisses zu erteilen, zeigt sich in der Gliederung, so insbes. in den zwei nächsthöheren Gliederungsebenen auf S. 111: „1. Die Anerkennung ‚des Islam' oder islamischer Gruppen als Religionsgemeinschaften" und „a) Der Begriff ‚Religionsgemeinschaft'". Von anderen wird für den Religionsunterricht die Auffassung vertreten, dass eine Anforderung bestehe, die sich auf die zu erwartende Gestaltung der Unterrichtsinhalte beziehe, vgl. *Muckel*, JZ 2001, S. 58, 62; *Anger*, S. 376ff. Genüge die Religionsgemeinschaft dem nicht, müsse der Staat der Forderung nach Einrichtung von Religionsunterricht nicht Folge leisten, so *Anger*, S. 376.
[249] *Mückl*, AöR 122, S. 513, 553f.; *Oebbecke*, in: Handbuch Islam, S. 323f.
[250] *Mückl*, AöR 122, S. 513, 553.

tracht, der sich nicht, hierauf sei ausdrücklich hingewiesen, mit dem Ziel längeren Bestehens als Erfordernis des verfassungsrechtlichen Begriffs der Religionsgemeinschaft im Rahmen des Kriteriums des personellen Zusammenschlusses deckt.
Für den Religionsunterricht wird sowohl in Literatur als auch Rechtsprechung eine zusätzliche Voraussetzung bejaht, die den dauerhaften Bestand der Religionsgemeinschaft zum Gegenstand hat. Diese Voraussetzung wird in unterschiedlichster Weise benannt. Bezüglich der Dauer finden sich einerseits in enger Anlehnung an die Formulierung von Art. 140 GG i. V. m. Art. 137 Abs. 5 S. 2 WRV die Forderungen nach einer nach Verfassung und Zahl der Mitglieder gegebenen Gewähr der Dauer[251] oder des dauerhaften Bestandes[252] und andererseits in zurückhaltenderen Formulierungen die Forderungen einer gewissen Gewähr der Dauer[253] oder Gewähr einer gewissen Dauer.[254] Ohne derartig nahe Anlehnung an den Wortlaut von Art. 140 GG i. V. m. Art. 137 Abs. 5 S. 2 WRV finden sich weitere Wendungen, die zum Teil ebenfalls von „Dauer" sprechen,[255] zum Teil in anderen Formulierungen einen gleichen Aussagegehalt aufweisen.[256] Von diesen Wendungen zu unterscheiden ist die Forderung nach „eine(r) hinreichende(n) Mitgliederzahl sowie ein gewisser Bestandszeitraum"[257]. Diese Voraussetzung weist nur mittelbar in die Zukunft, nimmt aber Bezug darauf, dass ein Bestandszeitraum, dessen mindestens erforderliche Dauer unterschiedlich beurteilt

[251] VG Düsseldorf, NWVBl. 2001, S. 110, 112; VG Düsseldorf, NWVBl. 2002, S. 196, 198 und 199 ohne Klammerzusatz. Auch wenn im Urteil VG Düsseldorf, NWVBl. 2001, S. 110, 112 zur Begründung dieses Erfordernisses und des Erfordernisses der organisatorischen Verfestigung von einem Ansprechpartner die Rede ist, der die Fähigkeit zu verbindlicher und hinreichend legitimierter Artikulation von Grundsätzen der Religionsgemeinschaft habe, so dass davon auszugehen ist, die Herleitung dieser Voraussetzungen seien aus dem konkreten Regelungszusammenhang (Erteilung von Religionsunterricht) erfolgt, so wird aus einem Umkehrschluss deutlich, dass das Gericht dieses Erfordernis bereits dem Begriff der Religionsgemeinschaft entnimmt. Das Gericht zitiert *Fechner*, NVwZ 1999, S. 735, 736 und weist explizit darauf hin, dass *Fechner* diese Voraussetzungen nicht dem Begriff der Religionsgemeinschaft entnehme, sondern dem in Art. 7 Abs. 3 GG angelegten Kooperationsverhältnis zwischen Staat und Religionsgemeinschaft. Beim Hauptsacheurteil VG Düsseldorf, NWVBl. 2002, S. 196, 199 findet sich die Ausführung, dass diese (und weitere) Anforderungen sich daraus ergäben, dass die Erteilung von Religionsunterricht nach den verfassungsrechtlichen Vorgaben ein Zusammenwirken von Staat und Religionsgemeinschaft erfordere, so dass das Gericht in der Gewähr der Dauer eine zusätzliche Voraussetzung sieht. Außerdem wird *Fechner* zitiert, eine nähere Erläuterung fehlt indes.

[252] *Bader*, in: U/C, GG, Art. 7 I-III, Rn. 151.

[253] *Heimann*, DÖV 2003, S. 238, 241.

[254] *Robbers*, in: M/K/S, Art. 7, Rn. 151; ähnl. *Harks*, JA 2002, S. 875, 877: „die Gewähr einer gewissen Dauerhaftigkeit".

[255] *Fechner*, NVwZ 1999, S. 735, 736: „ein dauerhafter Bestand der Gemeinschaft in die Zukunft hinein"; *M. Heckel*, JZ 1999, S. 741, 752: „auf Dauer vereinigen"; *Oebbecke*, epd 2/00, S. 3, 9: „Dauerhaftigkeit".

[256] *Muckel*, JZ 2001, S. 58, 61: „daß die Gemeinschaft nach Organisation, Ausstattung und Mitgliederzahl Bestand zu haben verspricht"; *Anger*, S. 374 in der Überschrift: „Zu erwartende längere Existenz der Religionsgemeinschaft"; *Niehues*, Rn. 547: „einen beständigen Zusammenschluss hinreichend garantiert".

[257] *Link*, ZevKR 46, S. 257, 280.

wird, auch für die Gewähr der Dauer i. S. v. Art. 140 GG i. V. m. Art. 137 Abs. 5 S. 2 WRV als Voraussetzung erachtet wird.[258]

Überprüft man die genannten Stellen auf Begründungen für die Forderung einer zeitlichen Dimension, so erweist sich, dass direkt oder indirekt auf den organisatorischen und finanziellen Aufwand des Staates zur Durchführung des Religionsunterrichts hingewiesen wird.[259] Als besonderer Aspekt dieses staatlichen Aufwands findet sich auch ein Verweis auf die erforderliche Ausbildung der Lehrer.[260]

So wird in der Literatur für die Länge des auf diese Weise geforderten Zeitraums ausgeführt, dass an die Dauer einer Lehrplanperiode oder die Verwendbarkeit der für den Religionsunterricht eingestellten Lehrergeneration gedacht werden könnte.[261] Ein anderer Ansatzpunkt wird gewählt, wenn für den Religionsunterricht als ordentliches Lehrfach daran angeknüpft wird, dass traditionell aus der Stellung als ordentliches Lehrfach folge, dass Religionsunterricht grundsätzlich in allen Jahrgangsstufen zu erteilen sei. So könne an den Zeitraum der Schullaufbahn eines Kindes gedacht werden, damit der Religionsunterricht ein konstanter Bestandteil der Schulausbildung sein könne.[262]

Eine zusätzliche Voraussetzung für Religionsunterricht erteilende Religionsgemeinschaften besteht daher in einem dauerhaften Bestand der Religionsgemeinschaft.

e) Stelle mit verbindlicher Entscheidungsbefugnis

Die Frage nach einem Partner, der bindende Grundsätze für den Religionsunterricht i. S. v. Art. 7 Abs. 3 S. 2 GG festlegen kann, wird auf breiter Ebene diskutiert. Für diesen Sachbereich finden sich zahlreiche Formulierungen, die ein solches zusätzliches Erfordernis mit unterschiedlicher Akzentuierung umschreiben. Es finden sich Forderungen nach einem verantwortlichen,[263] verbindlichen[264] oder hinreichend legitimierten[265] Ansprechpartner. In einigen Formulierungen werden auch die Momente der Verbindlichkeit sowie Legitimation des Ansprechpartners gleichermaßen berücksichtigt.[266] Andere sprechen von der Verbindlichkeit[267] der Entscheidungen der Religions-

---

[258] *Weber*, ZevKR 34, S. 337, 351.

[259] VG Düsseldorf, NWVBl. 2002, S. 196, 199; *Bader*, in: U/C, GG, Art. 7 I-III, Rn. 151; *Häußler*, ZAR 2000, S. 255, 262; *Link*, ZevKR 46, S. 257, 280; *Anger*, S. 374; *Spriewald*, S. 131f. nennt den erheblichen zeitlichen und materiellen Aufwand.

[260] *Robbers*, in: M/K/S, Art. 7, Rn. 151.

[261] *Häußler*, ZAR 2000, S. 255, 262; *Spriewald*, S. 132; krit. *Emenet*, Islamische Religionskunde, S. 226 hinsichtlich einer solchen pauschalierenden Betrachtung des zeitlichen Mindestbestandes.

[262] *Anger*, S. 375.

[263] *Renck*, NWVBl. 2001, S. 425, 425.

[264] *Lindner*, ZevKR 48, S. 178, 181 für den Status einer Körperschaft des öffentlichen Rechts; ähnl. *Jeand'Heur/Korioth*, Rn. 325: „verbindlich sprechenden religiösen Verhandlungspartners".

[265] *Mückl*, AöR 122, S. 513, 522; ähnl. *Harks*, JA 2002, S. 875, 877: „dass dem Staat ein Ansprechpartner zur Verfügung steht, (…) der legitimiert und in der Lage ist, Grundsätze für den Religionsunterricht zu artikulieren"; ähnl. *Emenet*, Islamische Religionskunde, S. 214: „Instanz muss vor allem hinreichend legitimiert sein, um die personelle, inhaltliche und organisatorische Übereinstimmung der Unterrichtsinhalte mit den Grundsätzen der Gemeinschaft feststellen zu können".

[266] VG Düsseldorf, NWVBl. 2001, S. 110, 112 und wortgleich VG Düsseldorf, NWVBl. 2002, S. 196, 198: „dem Staat ein Ansprechpartner gegenübersteht, der die Fähigkeit zu verbindlicher und hinreichend legitimierter Artikulation von Grundsätzen der Religionsgemeinschaft hat"; *Schmitt-Kammler*,

gemeinschaft. Zum Teil wird die Bindung einer Entscheidung gegenüber den staatlichen Stellen in den Vordergrund gerückt, wenn ein Mindestmaß der Verfasstheit zur Gewährleistung der erforderlichen Zusammenarbeit mit den staatlichen Stellen[268], eine Autorisierung für die Festlegung der Grundsätze nach Art. 7 Abs. 3 GG[269] oder eine Instanz, die als von der Anhängerschaft einer Religion anerkannte oder bevollmächtigte Autorität die Übereinstimmung des Unterrichts mit den religionsspezifischen Grundsätzen festzustellen in der Lage sein soll,[270] gefordert werden. Auch das Außenverhältnis der Religionsgemeinschaft wird zum Teil im Wortlaut ausdrücklich herangezogen, indem die Formulierung die Wendung „nach außen"[271] oder das Substantiv „Außenverhältnis"[272] enthält. Andere sprechen von Rechtsverbindlichkeit[273] der Ent-

---

in: Sachs, GG, Art. 7, Rn. 41: „eines berechenbaren Partners mit der Fähigkeit zu verbindlicher und hinreichend legitimierter Artikulation von Grundsätzen für den Religionsunterricht gegenüber dem Staat"; *Link*, ZevKR 46, S. 257, 280: „Schulbehörde auf einen Ansprechpartner angewiesen ist, (...) um durch rechtlich legitimierte Vertretungsorgane verbindlich für seine Gemeinschaft eben jene Grundsätze zu definieren und die erforderlichen Mitwirkungsbefugnisse wahrzunehmen"; *Oebbecke*, DVBl. 1996, S. 336, 339: „Fähigkeit zu verbindlicher und hinreichend legitimierter Artikulation von Grundsätzen für den Religionsunterricht gegenüber dem Staat".

[267] *Korioth*, NVwZ 1997, S. 1041, 1046: „Instanz aufweist, die (...) verbindlich Inhalte des Glaubens und des Religionsunterrichtes angeben kann", und auf S. 1047 die weitere Formulierung: „Ansprechpartner aufweisen, die mit Verbindlichkeit zu sprechen und zu handeln in der Lage sind"; *Link*, ZevKR 47, S. 449, 461: setzt „Instanz voraus, die die Grundsätze (...) verbindlich zu definieren vermag"; ähnl. *ders.*, ZevKR 46, S. 257, 280: „auf einen Ansprechpartner angewiesen ist, der über eine hinreichend feste Verbandsstruktur verfügt, um durch rechtlich legitimierte Vertretungsorgane verbindlich für seine Gemeinschaft eben jene Grundsätze zu definieren und die erforderlichen Mitwirkungsbefugnisse wahrzunehmen"; *Muckel*, JZ 2001, S. 58, 61f.: „als Ansprechpartner fungiert und befugt ist, für die Gemeinschaft verbindliche Erklärungen abzugeben und Aufgaben wahrzunehmen"; vgl. auch *ders.*, in: Islamisches Recht II, S. 11, 19: „über eine Institution verfügen, die für den Staat als Ansprechpartner fungiert und befugt ist, für die Gemeinschaft verbindliche Erklärungen abzugeben und Aufgaben wahrzunehmen"; *Rohe*, Bürger im Staat 4 2001: „verlässlichen Partner, der zugleich die nötige Autorität aufweist, um die Lehrinhalte verbindlich festlegen zu können".

[268] *Robbers*, in: M/K/S, Art. 7, Rn. 151; in Rn. 154 findet sich die weitere Formulierung: „Ansprechpartner mit tragfähigem Mandat zu finden, die über die Übereinstimmung der Unterrichtsinhalte mit den Grundsätzen der Religionsgemeinschaft rechtlich verbindlich entscheiden können".

[269] *Oebbecke*, in: Handbuch Islam, S. 322.

[270] *Bock*, RdJB 49, S. 330, 338.

[271] OVG Berlin, DVBl. 1999, S. 554, 557: „die *nach außen* wirkenden Angelegenheiten und Rechtsverhältnisse, die der Klarheit und Sicherheit im Rechtsverkehr dienen, eindeutig geregelt sind"; *Heimann*, DÖV 2003, S. 238, 241: „Minimum an organisatorischer Struktur vorhanden (...), das nach außen die Entscheidungs- und Vertretungsgremien der Gruppe deutlich macht"; vgl. aber auch *ders.*, NVwZ 2002, S. 935, 936: „eine Instanz mit verbindlichem Letztentscheidungsrecht über die Lehrmeinung innerhalb der Religionsgemeinschaft"; *Mahler*, Z. f. Paed. 1989, S. 381, 385: „eine verbindliche Vertretung nach außen haben, die es erst möglich macht, daß gegenüber staatlichen Stellen mit Verbindlichkeit Festlegungen zu Lehrinhalten, Lehrmethoden und Lehrbüchern getroffen werden"; *Niehues*, Rn. 547: „eindeutig geregelt sein, welche Personen im rechtserheblichen Geschäftsverkehr nach außen hin verantwortlich sind".

[272] *Poscher*, Der Staat 39, S. 49, 56: „Organe müssen im Außenverhältnis dazu berechtigt sein, mit Wirkung für und gegen die Religionsgemeinschaft zu handeln".

[273] *Fechner*, NVwZ 1999, S. 735, 736: „Instanz, deren Legitimität durch eine institutionell hinreichend geordnete Struktur begründet wird, die die Vertretungsmacht regelt und die Kompetenz einschließt, für die Gemeinschaft rechtsverbindliche Erklärungen abzugeben"; *Link*, HdbStKirchR II 1995, S. 439,

scheidungen der Religionsgemeinschaft. Weiter wird die Forderung nach Verlässlichkeit im Rechtsverkehr erhoben.[274]

Zum Teil werden auch Anforderungen an die interne Willensbildung der Religionsgemeinschaft gestellt. So wird zum Teil verlangt, dass die entsprechende Stelle authentisch in Fragen der Religion entscheiden könne.[275] Das Verwaltungsgericht Düsseldorf fordert demgegenüber bei reinen Dachverbänden eine durchgehende „Legitimationskette" von der dem Staat gegenüber zuständigen Stelle zu den betroffenen natürlichen Personen.[276] Beide Ansichten betreffen den Binnenbereich der Religionsgemeinschaft und damit die Frage nach der Reichweite dieser zusätzlichen Voraussetzung.

Systematisch ist Art. 7 Abs. 3 S. 2 GG heranzuziehen, der von „Grundsätzen" der Religionsgemeinschaften spricht, die von der Religionsgemeinschaft festgelegt werden müssen.[277] Gemeint sind mit den Grundsätzen in erster Linie die zentralen Glaubenslehren der Religionsgemeinschaft; die Bindung an diese Grundsätze soll die konfessionelle Positivität und Gebundenheit des Religionsunterrichts sichern.[278] In personeller Hinsicht wird die Übereinstimmung mit den Grundsätzen durch Einflussrechte der Religionsgemeinschaften bei der Auswahl der Lehrkräfte gewahrt.[279] Die Einflussrechte der Religionsgemeinschaften im personellen Bereich können daher der Norm des Art. 7 Abs. 3 S. 2 GG entnommen werden. Es findet sich auch die Anmerkung, dass die Grundsätze der Religionsgemeinschaft nur dann gewahrt seien, wenn auch die Ausbildung der Lehrer ihnen entspreche.[280] Es wird zudem auf die weltanschaulich-religiöse Neutralität des Staates verwiesen[281] sowie auf das hierin enthaltene Verbot an den Staat, den Inhalt einer in Rede stehenden Religion selbst zu definieren.[282]

Es ist daher die Einrichtung einer Instanz in der Religionsgemeinschaft erforderlich, die nach außen verbindlich die Inhalte der Religion bestimmen kann, um dem Neutralitätsprinzip zu genügen.

501: „Instanz, deren Legitimität durch eine institutionell hinreichend geordnete Struktur begründet wird, die ihrerseits die Vertretungsmacht regelt und die Kompetenz einschließt, für die Gemeinschaft rechtsverbindliche Erklärungen abzugeben und die sich aus Art. 7 Abs. 3 GG ergebenden Aufgaben wahrzunehmen".

274 *Schmitt-Kammler*, in: Sachs, GG, Art. 7, Rn. 41.

275 Vgl. nur VG Berlin, InfAuslR 1998, S. 353, 353f. für Berlin unter Geltung von Art. 141 GG.

276 VG Düsseldorf, NWVBl. 2001, S. 110, 113; nicht auf dieses Erfordernis eingehend, da es im vorliegenden Zusammenhang unerheblich sei: OVG NRW, NWVBl. 2004, S. 224, 227. Im Anschluss an das VG Düsseldorf auch *Frisch*, ZevKR 2004, S. 589, 635.

277 VG Düsseldorf, NWVBl. 2001, S. 110, 112; VG Düsseldorf, NWVBl. 2002, S. 196, 199; *Bock*, RdJB 49, S. 330, 338; *Heimann*, NVwZ 2002, S. 935, 936; *ders.*, DÖV 2003, S. 238, 241; *Link*, ZevKR 46, S. 257, 280; *ders.*, ZevKR 47, S. 449, 461; *ders.*, HdbStKirchR II 1995, S. 439, 501; *Mückl*, AöR 122, S. 513, 552; *Muckel*, JZ 2001, S. 58, 61; *Oebbecke*, DVBl. 1996, S. 336, 339; *ders.*, in: Handbuch Islam, S. 322; *Tillmanns*, RdJB 47, S. 471, 476; *Hildebrandt*, S. 226.

278 *Link*, HdbStKirchR II 1995, S. 439, 489.

279 Zu den möglichen Benennungen für den Islam S. 15.

280 *Heimann*, DÖV 2003, S. 238, 241.

281 VG Düsseldorf, NWVBl. 2001, S. 110, 112; VG Düsseldorf, NWVBl. 2002, S. 196, 199; *Fechner*, NVwZ 1999, S. 735, 736; *Heimann*, NVwZ 2002, S. 935, 936; *Link*, ZevKR 47, S. 449, 461; *ders.*, HdbStKirchR II 1995, S. 439, 501; *Mückl*, AöR 122, S. 513, 552; *Muckel*, JZ 2001, S. 58, 61; *Hildebrandt*, S. 226.

282 *Rohe*, ZRP 2000, S. 207, 209.

Neben dem Hinweis auf die Neutralität des Staates findet sich vielfach auch der Hinweis auf dessen Säkularität.[283] Der Begriff der Säkularität findet sich ebenso wenig wie jener der Neutralität in der Verfassung. Säkularität bedeutet eine Selbstbeschränkung des Staates auf weltliche Ziele und Inhalte, oder anders gewendet, die Religion rechnet nicht zu den Zwecken und Aufgaben des Staates. Bei Säkularität und Neutralität handelt es sich um ein und dasselbe Rechtsinstitut, wobei der Blickwinkel variiert.[284] Folgt man dieser Sicht, so ist dem Verweis auf die Säkularität des Staates nichts anderes als jenem auf dessen Neutralität zu entnehmen. Um der staatlichen Säkularität Rechnung zu tragen, ist daher ebenfalls die Einrichtung einer Stelle in der Religionsgemeinschaft geboten, die nach außen verbindlich die Inhalte der Religion bestimmen kann.

Weiterhin werden zur Begründung das erforderliche Zusammenwirken oder die Kooperation von Staat und Religionsgemeinschaft für den Religionsunterricht herangezogen.[285] Der Hinweis auf den Staat als Veranstalter des Religionsunterrichts[286] geht in diese Richtung, denn auch ihm liegt die Aufteilung in den gemeinsamen Angelegenheiten zugrunde. Die gemeinsamen Angelegenheiten zeichnen sich schließlich dadurch aus, dass Staat und Religionsgemeinschaft zwingend zusammenwirken müssen, um die von beiden Seiten verfolgten Zwecke erreichen zu können.[287] Daher liegt auch dem Verweis auf die gemeinsamen Angelegenheiten die Neutralität des Staates zugrunde.

Insbesondere ist die weitere Frage aufgeworfen, ob auch im Innenverhältnis der Religionsgemeinschaften Auswirkungen bestehen. Hier sind zwei Ansichten zu unterscheiden, die dies in unterschiedlicher Weise bejahen.

Zum Teil wird verlangt, dass die Religionsgemeinschaft über ein Organ verfügen müsse, das authentisch in Fragen der Religion entscheiden könne.[288] Gegen diese Forderung ist einzuwenden, dass der Status einer im Außenverhältnis gegenüber dem Staat

---

[283] *Link*, ZevKR 47, S. 449, 461; *ders.*, HdbStKirchR II 1995, S. 439, 501 mit dem weiteren Hinweis auf die Säkularität des Staates; *Hildebrandt*, S. 226 mit dem Hinweis auf den säkular-neutralen Staat.

[284] *Isak*, S. 191ff.

[285] VG Düsseldorf, NWVBl. 2001, S. 110, 112; VG Düsseldorf, NWVBl. 2002, S. 196, 199; *Bock*, RdJB 49, S. 330, 338; *Fechner*, NVwZ 1999, S. 735, 736; *Häußler*, ZAR 2000, S. 255, 263; *Link*, ZevKR 46, S. 257, 280; *Niehues*, Rn. 547. Ähnl. *Poscher*, Der Staat 39, S. 49, 56, der von dem Gegenüber von weltlichem Staat und Religionsgemeinschaften spricht.

[286] *Hildebrandt*, S. 226.

[287] *Morlok/M. H. Müller*, JZ 1997, S. 549, 552; *Weber*, NVwZ 2000, S. 848, 851.

[288] Vgl. VG Berlin, InfAuslR 1998, S. 353, 353f.: „Die Vereinigung muß daher ein Organ bestimmen, dass authentisch über Lehre und Ordnung sowie Grundsätze und Inhalte des Religionsunterrichts entscheiden und dem Staat gegenüber verbindlich Inhalte des abzuhaltenden Religionsunterrichts angeben kann.", und S. 354: „Das Fehlen der notwendigen Organisationsstruktur ergibt sich daraus, daß die Satzung des Klägers keine Bestimmungen zu Stellung, Funktion und Befugnissen seiner Exekutivorgane (Vorstand, Verwaltungsrat und Oberster Religiöser Rat) in bezug auf den Kläger selbst und seine Mitgliedsvereine enthält."; *M. Heckel*, JZ 1999, S. 741, 752: „Dazu müssen die religiöse Grundlage, die Organisationsstruktur und Vertretungsbefugnis ihrer maßgeblichen religiösen und rechtlichen Leitungsorgane sowie die Mitgliedschaftsregelung und Mitgliedschaftszugehörigkeit der Schüler und Erziehungsberechtigten jeweils *im Innenverhältnis* und im Außenverhältnis zu den staatlichen Ansprechpartnern bestimmt und unzweideutig erkennbar sein."; *Muckel*, DÖV 1995, S. 311, 314 für den Körperschaftsstatus; *Mückl*, AöR 122, S. 513, 552: „muß dieser Ansprechpartner die verbindliche und von den Angehörigen auch akzeptierte Definitionsmacht über deren ‚Grundsätze' haben".

verbindlichen Entscheidung im Innenverhältnis zu den Mitgliedern der Religionsgemeinschaft dem Selbstbestimmungsrecht der Religionsgemeinschaften gem. Art. 140 GG i. V. m. Art. 137 Abs. 3 S. 1 WRV unterliegt.[289] Das Selbstbestimmungsrecht steht auch den Religionsgemeinschaften zu, die keine authentischen Interpretationen der Religion und entsprechende hierarchisierte religiöse Entscheidungsstrukturen kennen,[290] denn religionstypische und glaubensbedingte Anforderungen an die innere Ordnung erfahren Schutz.[291] Die Verbindlichkeit von Handlungen im Außenverhältnis hat lediglich zur Folge, daß die Vertretung nach außen auch für die Mitglieder rechtliche Verbindlichkeit aufweist, so zum Beispiel eine inhaltliche Festlegung des Religionsunterrichts auf verschiedene Strömungen.[292]

Die Argumentationslinie, wonach das Selbstbestimmungsrecht eine Beschränkung erfahre und in der Folge der Forderung nach Authentizität nicht entgegen gesetzt werden könne, setzt die Erlangung des Körperschaftsstatus voraus. Das Selbstbestimmungsrecht erfahre bei der Wahl des öffentlich-rechtlichen Status eine Beschränkung, indem sich die Religionsgemeinschaften durch die Entscheidung für diesen Status dem Staat zuwendeten, der hoheitliche Befugnisse übertrage, und die sachgerechte Ausübung dieser Befugnisse eine Einschränkung des Selbstbestimmungsrechts erfordere.[293] Dem legitimen Zweck, die Neutralität des Staates in Fragen der Religion und Weltanschauung zu wahren, ist zudem bereits dann genügt, wenn im Außenverhältnis der Religionsgemeinschaft Verbindlichkeit der Entscheidungen besteht. Religiöse Bindungswirkungen zu beurteilen, ist der religiös-weltanschaulich neutrale Staat nicht befugt,[294] so dass die Neutralität hier vielmehr ein Heraushalten des Staates fordert. Insofern wird für den Religionsunterricht zu Recht darauf hingewiesen, dass die erforderliche Kooperation zwischen Staat und Religionsgemeinschaft voraussetzt, dass schulaufsichtliche Einwirkungsmöglichkeiten einen Adressaten finden.[295] Daher ist die Forderung nach einer im Innenbereich der Religionsgemeinschaft authentischen Interpretation oder Festlegung über die Grundsätze/Inhalte der Religion abzulehnen.[296]

Das Verwaltungsgericht Düsseldorf fordert keine Authentizität, aber bei einer Organisation in reinen Dachverbänden, dass der Ansprechpartner auf Seiten der Religionsgemeinschaft ein Mandat für die Festlegung von inhaltlichen Grundsätzen des Religionsunterrichts erhalten habe, das sich bis zur Basis der Religionsgemeinschaft, also den davon betroffenen natürlichen Personen, zurückverfolgen lasse. Diese Anforderung wird vom Verwaltungsgericht Düsseldorf als durchgehende Legitimationskette bezeichnet.[297] Vereinzelt wurde dem Verwaltungsgericht Düsseldorf gefolgt[298] und es

289 *Poscher*, Der Staat 39, S. 49, 57.
290 A. a. O.
291 OVG Berlin, DVBl. 1999, S. 554, 557.
292 *Poscher*, Der Staat 39, S. 49, 57.
293 *Muckel*, DÖV 1995, S. 311, 314.
294 *Anger*, S. 373.
295 *Niehues*, Rn. 547; für Berlin unter Geltung von Art. 141 GG auch VG Berlin, InfAuslR 1998, S. 353, 353.
296 *Oebbecke*, in: Handbuch Islam, S. 322; *Poscher*, Der Staat 39, S. 49, 57; *Tillmanns*, RdJB 47, S. 471, 476; *Niehues*, Rn. 547.
297 VG Düsseldorf, NWVBl. 2001, S. 110, 113.

wird darauf hingewiesen, dass dies eine konsequente Fortschreibung des Grundsatzes darstelle, dass eine Religionsgemeinschaft aus einer gelebten Gemeinschaft natürlicher Personen bestehen müsse.[299] Dem ist entgegen zu halten, dass die innere Organisation der Religionsgemeinschaft obliegt und Schutz durch das Selbstbestimmungsrecht gem. Art. 140 GG i. V. m. Art. 137 Abs. 3 S. 1 WRV erfährt.[300]
Daher ist die Existenz einer Stelle mit verbindlicher Entscheidungsbefugnis im Außenverhältnis eine kontextabhängige Voraussetzung. Soweit eine islamische Religionsgemeinschaft als eingetragener Verein organisiert ist und dementsprechend über einen Vorstand verfügt, ist diese Voraussetzung erfüllt. Viele der islamischen Religionsgemeinschaften organisieren sich in der Rechtsform des eingetragenen Vereins.

f) Exakte Mitgliedschaftsregelungen

Das Erfordernis einer exakten Mitgliedschaftsregelung bei Religionsgemeinschaften, die Religionsunterricht als ordentliches Lehrfach an den öffentlichen Schulen erteilen wollen, wird mit der Stellung als Pflichtfach oder ordentliches Lehrfach begründet.[301] Eltern können ihre Kinder und später auch die Schüler sich selbst vom Religionsunterricht gem. Art. 7 Abs. 2 GG abmelden, doch die Schulpflicht knüpft zunächst an die Mitgliedschaft in der Religionsgemeinschaft an und verlangt von dem Schüler die Teilnahme am Unterricht.[302] Das Fach kann weiterhin auf Grund der Gestaltungsfreiheit des Landes versetzungsrelevant[303] sein, ebenso wie das Land entscheidet, ob eine Benotung der Leistungen im Religionsunterricht erfolgt.[304] Exakte Mitgliedschaftsregelungen der Religionsgemeinschaften stellen somit eine weitere kontextabhängige Voraussetzung für diejenigen Religionsgemeinschaften dar, die Religionsunterricht erteilen wollen. Die Mitgliedschaft in einer Religionsgemeinschaft kann jedoch durch eine Willenserklärung des Schülers bzw. seiner Eltern erreicht werden, durch die nach außen eindeutig dokumentiert wird, dass sich der Schüler der Religionsgemeinschaft zugehörig fühlt.[305]

III. Auslegung des Tatbestandsmerkmals „ordentliches Lehrfach"

Art. 7 Abs. 3 S. 1 GG statuiert den Religionsunterricht als ordentliches Lehrfach. Dies besagt, dass Religionsunterricht ein Fach mit derselben Stellung und Behandlung wie andere ordentliche Lehrfächer ist[306] und der Staat als Veranstalter des Religionsunter-

---

298 Vgl. im Anschluss auch *Rüfner*, NWVBl. 2001, S. 114, 114; *Emenet*, Islamische Religionskunde, S. 177ff. explizit als Teil der Beurteilung des Charakters von Dachverbänden und nicht als zusätzliche Voraussetzung für Religionsunterricht erteilende Religionsgemeinschaften.
299 *Emenet*, Islamische Religionskunde, S. 178.
300 *Harks*, JA 2002, S. 875, 877; ablehnend auch *Oebbecke*, in: Islamischer Religionsunterricht, S. 55, 57.
301 *Emenet*, Islamische Religionskunde, S. 214; *Spriewald*, S. 136.
302 *Muckel*, in: Islamisches Recht II, S. 11, 19; *Spriewald*, S. 136.
303 BVerwGE 42, S. 346, 349.
304 *Pieroth*, ZevKR 38, S. 189, 192.
305 Ausführlich *Classen*, S. 102ff.
306 BVerfGE 74, S. 244, 251.

richtes auftritt.[307] Der Staat muss die sachlichen und personellen Voraussetzungen für den Religionsunterricht schaffen.[308] Bezüglich der personellen Voraussetzungen bringt die staatliche Unternehmerschaft des Religionsunterrichtes mit sich, dass dieser grundsätzlich durch Lehrkräfte im öffentlichen Dienst zu erteilen ist.[309]
In der Literatur wird vertreten, dass die Verfassungsgarantie des Religionsunterrichtes als ordentliches Lehrfach die staatliche Vorsorge für die Ausbildung der Religionslehrer einschließt, die beabsichtigen, in den öffentlichen Dienst einzutreten.[310] Gegenteilige Auffassungen im Schrifttum existieren wenige.[311] Entscheidungen sind – soweit ersichtlich – zu dieser Fragestellung nicht vorhanden. Die gegenteiligen Auffassungen im Schrifttum beruhen zumindest zum Teil auf einem anderen Verständnis des Trennungsprinzips. So sieht *Wasmuth*, der die theologischen Fakultäten als verfassungswidrig einstuft auf Grund einer strengen Auffassung von Art. 140 GG i. V. m. Art. 137 Abs. 1 WRV,[312] von Art. 7 Abs. 3 S. 1 GG lediglich einen Anspruch auf angemessene staatliche Förderung kirchlicher Ausbildungsstätten umfasst, sollte eine Ausbildung dort für erforderlich gehalten werden und sollten nach dem Dafürhalten der Religionsgemeinschaften an den staatlichen Hochschulen religionswissenschaftlich ausgebildete Religionslehrer nicht genügen.[313] *Kleine* stuft nicht die theologischen Fakultäten als verfassungswidrig ein, jedoch die Zustimmungs- und Beanstandungsrechte.[314] Diesen Ansätzen wird bereits nicht gefolgt.[315] *Korioth* begründet seine Ansicht, wonach aus Art. 7 Abs. 3 GG keine Bestandsgarantie theologischer Fakultäten folge, damit, dass die Norm den Staat lediglich verpflichte, innerhalb des staatlichen Schulwesens Religionsunterricht einzurichten, d. h. zu veranstalten und die Kosten zu tragen. Eine staat-

---

[307] BVerfGE 74, S. 244, 251 nennt die Erteilung eine staatliche Aufgabe und Angelegenheit; vgl. auch *Hollerbach*, HdbStR VI, § 140, Rn. 35.
[308] *Robbers*, in: M/K/S, Art. 7, Rn. 132; *Frisch*, ZevKR 2004, S. 589, 600.
[309] *Robbers*, in: M/K/S, Art. 7, Rn. 134; *Schmitt-Kammler*, in: Sachs, GG, Art. 7, Rn. 48; *Link*, HdbStKirchR II 1995, S. 439, 472.
[310] So *Maunz*, in: M/D, Art. 7, Rn. 48b; *Robbers*, in: M/K/S, Art. 7, Rn. 135; *v. Campenhausen*, in: Islamunterricht an deutschen Schulen?, S. 1, 15; *ders.*, Staatskirchenrecht, S. 241, Fn. 13; *Hollerbach*, HdbStKirchR II, Fakultäten, S. 549, 554; *ders.*, Ess.Gespr. 16, S. 69, 73; *ders.*, in: Biesinger/Hänle, S. 133, 137f.; *Link*, HdbStKirchR II 1995, S. 439, 473 und bereits *ders.*, HdbStKirchR II 1975, S. 503, 524; *Puza*, ZRG Kan. Abt. 88, S. 391, 396; *Rees*, in: FS Listl, S. 367, 382; *ders.*, Religionsunterricht, S. 254f.; *ders.*, HdbkathKirchR, S. 734, 737; *ders.*, KuR 1996, S. 99, 104; *Emenet*, Islamische Religionskunde, S. 139; *Hildebrandt*, S. 50; *Schachten*, S. 43; *Schmoeckel*, S. 68; *Thieme*, Rn. 162; *Voll/Störle*, HdbbayStKirchR, S. 132.
[311] So *Korioth*, in: M/D, Art. 140, Art. 136 WRV, Rn. 69; *Wasmuth*, in: FS Brohm, S. 607, 624f.; *Kleine*, S. 96; zweifelnd *H. J. Meyer*, Kerygma und Dogma 47, S. 2, 5.
[312] *Wasmuth*, in: FS Brohm, S. 607, 608ff.
[313] *Wasmuth*, in: FS Brohm, S. 607, 624f.
[314] *Kleine*, S. 96 bemerkt nach der Rezipierung u. a. der Darlegung von *Hollerbach*, Art. 7 Abs. 3 GG garantiere den Religionsunterricht und somit auch die Ausbildungsstätten der Religionslehrer, dass diese durch die Verfassung legitimierte Garantie „mit jedem Versuch einer rationalen normtextorientierten Methodik in Widerspruch" stehe und „dem Interpreten bei der Rechtsfindung einen schier unermeßlichen Spielraum" eröffne. Zu der von *Kleine* angenommenen Verfassungswidrigkeit der Zustimmungs- und Beanstandungsrechte S. 99ff.; *Kleine* legt seiner Auffassung ein Trennungs- und Neutralitätsverständnis des Grundgesetzes zugrunde, das nicht dem der überwiegenden Ansicht entspricht, vgl. *Dirksen*, S. 158.
[315] Zu der verfassungsrechtlichen Zulässigkeit theologischer Fakultäten S. 43ff.

liche Verpflichtung, für ein ausreichendes Potential an Religionslehrern Sorge zu tragen, sei daraus nicht ableitbar. Dies sei Aufgabe der jeweiligen Religionsgemeinschaft und könne durch eigene Hochschulen gewährleistet werden, zumal gem. Art. 7 Abs. 3 S. 2 GG die inhaltliche Gestaltung des Religionsunterrichts in den Verantwortungsbereich der Religionsgemeinschaft falle.[316] Auf diese Argumentation wird im Rahmen der sich anschließenden Auslegung näher eingegangen.
Die von der herrschenden Meinung postulierte Reichweite ergibt sich indes nicht unmittelbar aus dem Wortlaut des Art. 7 Abs. 3 S. 1 GG (dazu im Anschluss). Daher ist eine Auslegung des Art. 7 Abs. 3 S. 1 GG erforderlich, um die Sicht der Literatur zu stützen.

1. Auslegung von Art. 7 Abs. 3 S. 1 GG

a) Normtext

Art. 7 Abs. 3 S. 1 GG statuiert den Religionsunterricht als ordentliches Lehrfach, ohne den Begriff näher auszuführen. Der Begriff des ordentlichen Lehrfachs müsste zwingend auch Auswirkungen auf den Organisationsbereich der Hochschulen haben, um eine unmittelbare Antwort auf die vorliegende Fragestellung allein aus dem Normtext des Art. 7 Abs. 3 S. 1 GG zu geben. Dem Wortlaut des Art. 7 Abs. 3 S. 1 GG ist zunächst zu entnehmen, dass der Religionsunterricht nicht als außer-ordentliches Lehrfach ausgestaltet sein darf.[317] Das Bundesverfassungsgericht formuliert: „der Staat muß gewährleisten, daß er [der Religionsunterricht] ein Unterrichtsfach mit derselben Stellung und Behandlung wie andere ordentliche Lehrfächer ist."[318] Die Übernahme der Personalkosten auch für den Religionsunterricht folgt so aus dem Wortlaut.
Um aber die vorliegende Frage unmittelbar zu beantworten, müsste die Behandlung des Religionsunterrichtes parallel zum Sachbereich der öffentlichen Schule, auf das sich das Substantiv „Lehrfach" bezieht und das der Schulterminologie zuzuordnen ist, zwingend auch auf den Sachbereich der Hochschule erstrecken, indem nicht nur die Personalkosten, sondern auch die Ausbildung des später zu besoldenden Personals umfasst ist. Eine solche Auslegung des Begriffes „ordentliches Lehrfach" ist dem Wortlaut dieser Grundgesetznorm nicht eindeutig zu entnehmen. Das Verständnis der herrschenden Auffassung ist nicht ausgeschlossen.

b) Vor- und Entstehungsgeschichte

Der hier relevante Begriff des ordentlichen Lehrfachs fand erstmals Verwendung in der Weimarer Reichsverfassung. Gegenüber Art. 149 Abs. 1 S. 1 WRV[319] hat Art. 7 Abs. 3 S. 1 GG geringfügige sprachliche Modifikationen erfahren. Inhaltlich bewirkten sie keine Änderungen beim Begriff des ordentlichen Lehrfachs, so dass die Vor-

---

[316] *Korioth*, in: M/D, Art. 140, Art. 136 WRV, Rn. 69.
[317] *F. Müller/Pieroth*, S. 22.
[318] BVerfGE 74, S. 244, 251.
[319] Art. 149 Abs. 1 S. 1 WRV: „Der Religionsunterricht ist ordentliches Lehrfach der Schulen mit Ausnahme der bekenntnisfreien (weltlichen) Schulen."

gängernorm des Art. 149 Abs. 1 S. 1 WRV zur Auslegung von Art. 7 Abs. 3 S. 1 GG herangezogen werden kann.[320]

aa) Vorgeschichte

(1) Weimarer Nationalversammlung

Der Entwurf des Staatssekretärs *Preuß*, der dem Staatenausschuss vorgelegte 1. Regierungsentwurf sowie der der Nationalversammlung vorgelegte Regierungsentwurf enthielten nur wenige allgemeine Sätze.[321] Das Zentrum und die Rechtsparteien brachten einen Antrag ein mit dem Wortlaut: „Der Religionsunterricht ist ordentliches Lehrfach in den Schulen."[322] In der Begründung des Antrags wird der Terminus ordentliches Lehrfach derart erläutert, dass der Religionsunterricht als „Pflichtfach für die Schule zu bezeichnen" sei, „in dem Sinne, daß die Schule verpflichtet ist, dieses Fach lehren zu lassen, aber nicht in dem Sinne, daß die Schüler genötigt sind, den Religionsunterricht zu besuchen"[323] bzw. in anderer Formulierung, dass das Fach Religionsunterricht „zur wesentlichen Ordnung der Schule gehört, also ein verpflichtendes ist, abgesehen von den gesetzlichen Ausnahmen."[324] Bezüglich der Frage, wie weit sich der Organisationsbereich des Staates erstreckt, heißt es, „daß die äußeren Verhältnisse und die Methode des Religionsunterrichts der staatlichen Regelung unterstehen"[325]. Der Terminus der äußeren Verhältnisse erfährt keine weitere Konkretisierung. Die Sozialdemokraten beantragten demgegenüber: „Der Religionsunterricht als ordentliches, jedoch nicht verbindliches Lehrfach wird in der Schule durch die Religionsgemeinschaften erteilt."[326] Dies sollte bedeuten, dass den Religionsgemeinschaften nur Gelegenheit zur Erteilung des Religionsunterrichtes in der Schule gegeben werden sollte, d. h. man wollte „den Religionsunterricht als fakultatives Lehrfach im Lehrplan zugeben"[327].

In erster Lesung im Verfassungsausschuss wurde der Vermittlungsantrag des Abgeordneten *Naumann* angenommen: „Die Erteilung des Religionsunterrichts, der ordentlicher Lehrgegenstand der Schulen ist, wird im Rahmen der Schulgesetzgebung geregelt."[328] Die Begründung lautete: „Wir wollen deshalb den Religionsunterricht als ordentlichen Lehrgegenstand aufgenommen wissen, das heißt als ein wesentliches Stück des Lehrplans, dessen Besuch verbindlich ist, soweit hierfür nicht besondere gesetzliche Ausnahmen bestehen."[329]

---

[320] *F. Müller/Pieroth*, S. 22f.
[321] *Landé*, Bildung und Schule, S. 1, 7.
[322] Antrag Nr. 91, *Gröber* und Gen., VerfA. S. 175, zit. bei *Landé*, Schule in der Reichsverfassung, S. 183 in Fn. 667.
[323] Abg. *Gröber*, VerfA. S. 209, zit. bei *Landé*, Schule in der Reichsverfassung, S. 185 in Fn. 672.
[324] Abg. *Mausbach*, VerfA. S. 226, zit. bei *Landé*, Schule in der Reichsverfassung, S. 186 in Fn. 672.
[325] Abg. *Gröber*, VerfA. S. 209, zit. bei *Landé*, Schule in der Reichsverfassung, S. 185 in Fn. 672.
[326] Antrag Nr. 119, *Quarck* und Gen., VerfA. S. 224, zit. bei *Landé*, Schule in der Reichsverfassung, S. 184 in Fn. 669.
[327] Abg. *Quarck*, VerfA. S. 223, zit. bei *Landé*, Schule in der Reichsverfassung, S. 187 in Fn. 673.
[328] Antrag Nr. 122, *Naumann*, VerfA. S. 224, zit. bei *Landé*, Schule in der Reichsverfassung, S. 184 in Fn. 670.
[329] Abg. *Weiß*, VerfA. S. 225, zit. bei *Landé*, Schule in der Reichsverfassung, S. 189 in Fn. 675.

In der zweiten Lesung im Verfassungsausschuss sowie in den Lesungen in der Nationalversammlung wurde die Stellung des Religionsunterrichtes als ordentliches Lehrfach nicht mehr angezweifelt, nachdem zwischenzeitlich der Terminus „ordentlicher Lehrgegenstand“ Verwendung gefunden hatte.[330]
Deutlich trat in den Beratungen der Weimarer Nationalversammlung die Absicht hervor, dass der Religionsunterricht staatlicher Unterricht und die Schule zur Veranstaltung des Unterrichts verpflichtet sein sollte. Dies wiederum ist eine Voraussetzung dafür, dass von der Garantie des Religionsunterrichtes die Vorsorge für geeignete Ausbildungsstätten umfasst ist, doch eine Aussage für die Beantwortung dieser Frage ist damit nicht verbunden.

(2) Literatur zu Art. 149 Abs. 1 S. 1 WRV

Ebers nimmt folgendermaßen zu Art. 149 Abs. 1 S. 1 WRV Stellung: „Ist er [der Religionsunterricht] aber verpflichtendes Fach, so bedeutet dies, (...) daß (...) die Schulunterhaltungspflichtigen die hierfür erforderlichen besonderen Kosten aufzubringen haben. Der Staat hat deshalb weiter auch für Einrichtungen zu sorgen, die eine Ausbildung von Lehrkräften zur Erteilung des Religionsunterrichts ermöglicht.“[331] Gegenteilige Stimmen existieren in der Weimarer Literatur – soweit ersichtlich – nicht.
Ein Reichsschulgesetz, das Hinweise auf das zeitgenössische Verständnis von Art. 149 Abs. 1 S. 1 WRV hätte geben können, wurde unter Geltung der Weimarer Reichsverfassung nicht erlassen.[332] § 29 Abs. 2 des Referentenentwurfs des Reichsministeriums des Innern eines Gesetzes zur Ausführung des Art. 146 Absatz 2 der Reichsverfassung und über die Erteilung von Religionsunterricht in den Volksschulen vom August 1925 sah aber vor: „Die Länder haben die nötigen Vorkehrungen zu treffen, daß für die Erteilung des Religionsunterrichts eine entsprechende Ausbildung von Lehrern und Lehrerinnen in ausreichendem Maß gewährleistet ist.“[333]
In der Begründung des Referentenentwurfs findet sich zu § 29 folgende Erläuterung: „Da die Länder die Verpflichtung haben, für den Religionsunterricht zu sorgen, gehört es auch zu ihren Aufgaben, für die Heranbildung der erforderlichen Lehrer und Lehrerinnen Sorge zu tragen.“[334] Die Begründung lässt erkennen, dass auch der Entwurfsverfasser, ebenso wie *Ebers*, davon ausging, dass Art. 149 Abs. 1 S. 1 WRV eine entsprechende Garantie enthalte, so dass das Reichsgesetz, erlassen im Wege der Grundsatzgesetzgebung, die Verpflichtung der Länder nicht erst einfach-rechtlich schaffe, sondern lediglich aufgreife. Nach einer Beratung mit Vertretern der Unterrichtsverwaltungen der Länder wurde der Gesetzentwurf nicht weiter verfolgt.[335]
Der frühere Reichsschulgesetzentwurf des Zentrums von 1924[336] enthielt in § 3 Abs. 5 folgende Bestimmung: „Die Vorbildung der Lehrer muß den Erfordernissen der Be-

---

[330] Vgl. *F. Müller/Pieroth*, S. 25f. und *Landé*, Schule in der Reichsverfassung, S. 189-194, 205.
[331] *Ebers*, Staat und Kirche, S. 282f.
[332] BVerfGE 41, S. 29, 53; *Maurer*, ZPT 1998, S. 409, 411; *E. R. Huber/W. Huber*, S. 252.
[333] Der Gesetzentwurf ist abgedr. bei *Landé*, Aktenstücke, S. 46ff. und in Auszügen ohne § 29 Abs. 2 bei *E. R. Huber/W. Huber*, S. 240ff.
[334] Zit. nach *Landé*, Aktenstücke, S. 69.
[335] *Landé*, Aktenstücke, S. 5.
[336] In Auszügen abgedr. bei *E. R. Huber/W. Huber*, S. 234ff.

kenntnisschule Rechnung tragen." Dieser Normierung kann keine Aussage zu der Reichweite von Art. 149 Abs. 1 S. 1 WRV entnommen werden, da die Ausbildungsstätten für die Lehrer nicht angesprochen sind.
Der frühere Entwurf eines Gesetzes zur Ausführung des Artikel 146 Abs. 2 der Reichsverfassung, dem Reichstag vorgelegt am 22.04.1921,[337] die spätere Skizze des Reichsinnenministers *Külz* zu einem Reichsschulgesetz von 1926[338] und der spätere Entwurf eines Gesetzes zur Ausführung der Artikel 146 Abs. 2 und 149 der Reichsverfassung vom 16.07.1927[339] enthielten ebenfalls keine Bestimmungen zur Religionslehrerausbildung.
Die Auffassung des Referentenentwurfs des Jahres 1925, die *Ebers* teilt, ist demnach als die maßgebliche Auffassung der Weimarer Zeit anzusehen.

(3) Systematik zu Art. 149 Abs. 3 WRV

(a) Weimarer Nationalversammlung

Die Garantie der Weimarer Reichsverfassung in Bezug auf die theologischen Fakultäten in Art. 149 Abs. 3 WRV[340] könnte Relevanz für die vorliegende Frage haben.
Der Aufnahme in die Weimarer Verfassung vorausgegangen waren Erklärungen verschiedener Fakultäten, von Senaten und anderen Instanzen, die sich für die Erhaltung der theologischen Fakultäten in den Universitäten aussprachen.[341] Nach den Beschlüssen in zweiter Lesung sollten nur die „bestehenden" theologischen Fakultäten erhalten bleiben.[342] Das Wort „bestehenden" wurde in dieser Lesung in den Wortlaut neu eingefügt.[343] Die Einfügung wurde damit begründet, dass dem vorherigen Wortlaut nicht entnommen werden sollte, auch in neu errichteten Universitäten theologische Fakultäten einrichten zu müssen.[344]

---

[337] *Landé*, Aktenstücke, S. 11ff.; in Auszügen abgedr. bei *E. R. Huber/W. Huber*, S. 226ff.
[338] Abgedr. bei *E. R. Huber/W. Huber*, S. 246ff.
[339] Abgedr. bei *Landé*, Aktenstücke, S. 70ff. u. in Auszügen bei *E. R. Huber/W. Huber*, S. 252ff. Bei *Landé*, Aktenstücke, S. 77f. auch die Begleiterklärung der Reichsregierung, auf S. 79ff. die Begründung, auf S. 102ff. die Fassung des Entwurfs nach den Anträgen des Preußischen Staatsministeriums im Reichsrat und auf S. 111ff. die Begründung der Anträge des Preußischen Staatsministeriums durch den preußischen Minister für Wissenschaft, Kunst und Volksbildung.
[340] Wortlaut von Art. 149 Abs. 3 WRV auf S. 46 in Fn. 64.
[341] Vgl. *Deißmann*, S. 8ff.
[342] Antrag auf Nr. 566 4c, zit. bei der Fortsetzung der zweiten Beratung des Entwurfs einer Verfassung des Deutschen Reichs, 60. Sitzung, Freitag den 18.07.1919, Sten. Ber. über die Verhandlungen der verfassunggebenden Nationalversammlung, S. 1717 (C).
[343] Fortsetzung der zweiten Beratung des Entwurfs einer Verfassung des Deutschen Reichs, 60. Sitzung, Freitag den 18.07.1919, Sten. Ber. über die Verhandlungen der verfassunggebenden Nationalversammlung, S. 1717 (C).
[344] Abg. *Schulz*, Fortsetzung der dritten Beratung des Entwurfs einer Verfassung des Deutschen Reichs, 71. Sitzung, Donnerstag, den 31.07.1919, Sten. Ber. über die Verhandlungen der verfassunggebenden Nationalversammlung, S. 2169 (B).

In der dritten Lesung wurde das Wort „bestehenden" gestrichen.[345] Auch der Antrag auf Streichung[346] wurde begründet: „Das Wort ‚bestehenden' ist doch nicht notwendig. Es macht bei demjenigen, der die Entstehung dieser Bestimmung nicht kennt, leicht den Eindruck, als solle die theologische Fakultät auf den Aussterbeetat gesetzt werden. Und auf etwas derartiges können wir uns nicht einlassen. Ich glaube, daß wir, wenn wir das Wort streichen, durchaus sachgemäß verfahren. Selbstverständlich soll nicht in der Verfassung einer neuen Universität wie Köln oder Frankfurt die Verpflichtung auferlegt werden, eine derartige Fakultät neu zu begründen; das muß der Sonderentscheidung überlassen bleiben, je nach Lage des Falles. Aber wir dürfen doch wohl sagen, daß zu einer *universitas scientiarum* nun einmal die theologische Fakultät gehört, und daß kein Idealzustand vorhanden ist, wo eine der vier Fakultäten nicht in dem Gesamtorganismus der Universität enthalten ist. Darum scheint es uns eben richtiger zu sein, daß das Wort ‚bestehenden' hinwegfällt."[347]
Die Bestimmung des Art. 149 Abs. 3 WRV erschien der Mehrheit der Nationalversammlung notwendig, um einer von ihr nicht gewollten Auffassung einer radikalen Trennung von Staat und Kirche im Vorfeld entgegenzutreten.[348] Insofern steht Art. 149 Abs. 3 WRV in einer Reihe mit den Art. 137 Abs. 5, 139-141, 146 Abs. 2, 149 Abs. 1 WRV, in denen zum Ausdruck kommt, dass eine radikale Trennung von Staat und Kirche nicht intendiert war.[349]

(b) Literatur zu Art. 149 Abs. 3 WRV

Art. 149 Abs. 3 WRV gestattet den Ländern, die bestehenden theologischen Fakultäten an den Hochschulen zu erhalten sowie neue zu errichten.[350] Dieses Recht sollte nicht beschränkt sein auf die beiden christlichen Kirchen, in deren Bekenntnis allein theologische Fakultäten existierten.[351] In der zeitgenössischen Literatur zu Art. 149 Abs. 3 WRV wurde ausdrücklich eine Verpflichtung der Länder zur Errichtung von theologischen Fakultäten mit Ausnahme der Verpflichtung aus bestehenden Verträgen allein aus Gründen des Art. 149 Abs. 3 WRV abgelehnt, so auch von *Anschütz*: „Mehr darf aus Abs. 3 nicht herausgelesen werden. Unzweifelhaft ist das Recht des Staates, bei Gründung neuer Hochschulen auch die Theologie zu berücksichtigen, nicht zugleich

---

345 Fortsetzung der dritten Beratung des Entwurfs einer Verfassung des Deutschen Reichs, 71. Sitzung, Donnerstag, den 31.07.1919, Sten. Ber. über die Verhandlungen der verfassunggebenden Nationalversammlung, S. 2176 (B).
346 Antrag Abg. *Arnstadt* und Gen., zit. bei der Fortsetzung der dritten Beratung des Entwurfs einer Verfassung des Deutschen Reichs, 71. Sitzung, Donnerstag, den 31.07.1919, Sten. Ber. über die Verhandlungen der verfassunggebenden Nationalversammlung, S. 2176 (B).
347 Abg. *Mumm*, Fortsetzung der dritten Beratung des Entwurfs einer Verfassung des Deutschen Reichs, 71. Sitzung, Donnerstag, den 31.07.1919, Sten. Ber. über die Verhandlungen der verfassunggebenden Nationalversammlung, S. 2166 (A).
348 *Anschütz*, WRV, 14. Aufl., Art. 149, Anm. 5, S. 692; *Giese*, Art. 149, Anm. 3.
349 *Anschütz*, WRV, 14. Aufl., Art. 149, Anm. 5, S. 692.
350 *Anschütz*, WRV, 14. Aufl., Art. 149, Anm. 5, S. 692; *Giese*, Art. 149, Anm. 3; *Ebers*, Staat und Kirche, S. 285; *Mausbach*, S. 123; anders wohl *Holstein*, in: Das akademische Deutschland III, S. 127, 135 mit der Einstufung von Art. 149 Abs. 3 WRV als Schutzgesetz für die Theologischen Fakultäten.
351 *Anschütz*, WRV, 14. Aufl., Art. 149, Anm. 5, S. 692; *Giese*, Art. 149, Anm. 3.

eine Pflicht",[352] „es sei denn, daß eine solche Pflicht vom Staate vertragsmäßig, insbes. durch Konkordat oder konkordatsähnliche Vereinbarung mit den beteiligten Kirchen, übernommen ist."[353] Auch *Giese* sieht die Länder allein berechtigt, dagegen nicht auch verpflichtet, theologische Fakultäten beizubehalten oder neu zu errichten.[354] Deutlich kommt diese Sicht auch bei *C. Schmitt* zum Ausdruck, der zu der Auslegung von Art. 149 Abs. 3 WRV bemerkte, dass sich die richtige Auslegung des Artikels zwischen einer extremen Status-quo-Garantie und einer institutionellen Minimalgarantie bewegen dürfte.[355]

Art. 149 Abs. 3 WRV ermöglichte aber, unabhängig von der Frage der Verpflichtung, die Neugründung theologischer Fakultäten auch anderer Bekenntnisse und steht einer möglichen Auslegung von Art. 149 Abs. 1 WRV, die auch die Vorsorge für geeignete Ausbildungsstätten für Religionslehrer von der Garantie des ordentlichen Lehrfachs umfasst sieht, nicht entgegen.

(4) Folgerungen aus der Vorgeschichte

Die Literatur zu Art. 149 Abs. 1 WRV stützt das Auslegungsergebnis, dass die Einrichtung von Ausbildungsstätten von der Garantie des Art. 7 Abs. 3 S. 1 GG umfasst ist. Aus Art. 149 Abs. 3 WRV und seinem Verständnis in der Literatur der Weimarer Zeit lässt sich gerade keine Verpflichtung zur Errichtung theologischer Fakultäten an den Hochschulen als möglicher Ausbildungsstätten der Religionslehrer herleiten. Indes steht Art. 149 Abs. 3 WRV einer entsprechenden Auslegung von Art. 149 Abs. 1 S. 1 WRV auch nicht entgegen.

Die Vorgeschichte stützt daher insgesamt die Auslegung von Art. 7 Abs. 3 S. 1 GG, dass der Begriff „ordentliches Lehrfach" auch die Vorsorge für geeignete Ausbildungsstätten umfasst.

bb) Entstehungsgeschichte

In den Beratungen des Parlamentarischen Rates findet sich die Begrifflichkeit des ordentlichen Lehrfachs[356] wieder, und abgesehen von Änderungen der Vorschrift im

---

[352] *Anschütz*, WRV, 14. Aufl., Art. 149, Anm. 5, S. 693.

[353] *Anschütz*, WRV, 14. Aufl., Art. 149, Anm. 5, S. 693 in Fn. 2.

[354] *Giese*, Art. 149, Anm. 3.

[355] *C. Schmitt*, S. 18f.

[356] Zwischenzeitlich fand sich auch der Begriff „schulplanmäßiges Lehrfach", vgl. den Antrag der CDU/CSU-Fraktion v. 24.11.1948, Drucks. Nr. 302, abgedr. in: Der Parlamentarische Rat, Bd. 5/II, S. 634 m. Fn. 28 und vgl. Art. 7 b in der in erster Lesung des Hauptausschusses angenommenen Fassung, zit. bei *v. Doemming/Füsslein/Matz*, JöR N.F. 1, S. 1, 105. Die vom Allgemeinen Redaktionsausschuss redigierte Fassung der Präambel und der Art. 1-29 c v. 13.12.1948 enthielt in Art. 7 b Abs. 2 S. 1 den Terminus „ordentliches Lehrfach" (Der Parlamentarische Rat, Bd. 5/II, S. 880) ebenso wie Art. 7 b Abs. 2 S. 1 der Abänderungsvorschläge des Ausschusses für Grundsatzfragen zur Fassung der Grundrechtsbestimmungen der ersten Lesung des Hauptausschusses v. 11.01.1949 (Der Parlamentarische Rat, Bd. 5/II, S. 958). Die vom Hauptausschuss des Parlamentarischen Rates in zweiter Lesung beschlossene Fassung v. 20.01.1949 enthielt in Art. 7 b Abs. 2 S. 2 den Begriff „ordentliches Lehrfach", Der Parlamentarische Rat, Bd. 7, S. 210. Der Begriff wurde im Folgenden beibehalten.

Wortlaut ist die Stellung des Religionsunterrichtes als ordentliches Lehrfach nicht mehr grundsätzlich angezweifelt worden.[357]
Das Grundgesetz hat aber die Bestandsgarantie für theologische Fakultäten aus der Weimarer Reichsverfassung nicht übernommen.[358] Die Anträge über die Beziehungen von Staat und Kirche enthielten allesamt keine dem Art. 149 Abs. 3 WRV vergleichbare Norm. Die Kulturhoheit sollte in die Kompetenz der Länder gelegt werden, was sich in den im Folgenden aufgeführten Argumentationen und Stellungnahmen von Abgeordneten der verschiedenen Parteien im Parlamentarischen Rat mehrfach gezeigt hat.[359] Verschiedene Landesverfassungen, die zum Teil vor dem Grundgesetz in Kraft getreten sind, enthalten Bestandsgarantien oder Normen über die Besetzung von theologischen Lehrstühlen, und auch hierin wird die entsprechende Kompetenzverteilung zwischen Bund und Ländern deutlich.[360]
Bereits in der 24. Sitzung des Ausschusses für Grundsatzfragen am 23.11.1948 führte *Heuss* (FDP) aus: „Ich werde dagegen stimmen, daß über die Kirchen etwas in das Grundgesetz hereinkommt. Ich hoffe dabei vor dem Verdacht geschützt zu sein, daß ich kirchenfeindlich bin. Ich habe im Einvernehmen mit den Vertretern der Kirche als Kultusminister diese Fragen bei der Beratung der württembergischen Verfassung durchgepaukt. Wir haben in einem Zuständigkeitskatalog die Gesetzgebung des Bundes klar umrissen. Danach ist der Bund weder für Kirchen- noch für Schulangelegenheiten zuständig."[361]
Heuss (FDP) vertrat weiter in der ersten Lesung im Hauptausschuss am 08.12.1948 auf einen Antrag der Fraktionen der CDU/CSU, des Zentrums und der DP vom 29.01.1948 über die Beziehungen von Staat und Kirche bereits die Ansicht, dass die Regelung des Verhältnisses zwischen Staat und Kirche eine spezifisch föderative Angelegenheit sei. In der gleichen Sitzung bekräftigte auch *Bergsträsser* (SPD), dass kulturelle Probleme zur Zuständigkeit der Länder gehörten und damit auch die Regelung des Verhältnisses zwischen Staat und Kirche.[362] Bei der Beratung eines Vorschlages von *Süsterhenn* (CSU) im Hauptausschuss in erster Lesung mit dem Inhalt, das Inkraftbleiben der am 08.05.1945 bestehenden Verträge mit den Kirchen ausdrücklich zu betonen,[363] wies erneut *Heuss* (FDP) darauf hin, dass die Frage der kirchenrechtlichen Ordnung auf die Ebene der Länder, also auf die föderative Basis zurückgeführt werden solle,[364] und bezog damit Stellung gegen eine Einbeziehung des Reichskon-

---

[357] Vgl. *F. Müller/Pieroth*, S. 28f.
[358] *v. Campenhausen*, HdbWissR I, S. 963, 968; *Hollerbach*, HdbStKirchR II, Fakultäten, S. 549, 552.
[359] Vgl. *G. Heckel*, S. 73.
[360] Vgl. *Hollerbach*, HdbStKirchR II, Fakultäten, S. 549, 552f.
[361] Der Parlamentarische Rat, Bd. 5/II, S. 636.
[362] *v. Doemming/Füsslein/Matz*, JöR N.F. 1, S. 1, 901.
[363] Vgl. den Wortlaut des Antrages über die als Art. 139cc Abs. 2 vorgeschlagene Bestimmung: „Die am 8. Mai 1945 bestehenden Verträge mit den Kirchen bleiben in Kraft, bis sie durch neue, von den Ländern abzuschließende Verträge ersetzt werden.", zit. bei *v. Doemming/Füsslein/Matz*, JöR N.F. 1, S. 1, 902.
[364] *v. Doemming/Füsslein/Matz*, JöR N.F. 1, S. 1, 903.

kordates von 1933.[365] Der entsprechende Abs. 2 des Art. 139cc wurde vom Hauptausschuss in der Fassung des Vorschlages von *Heuss* (FDP) angenommen; in der Sitzung des Organisationsausschusses vom 13.01.1949 wiesen dann sowohl *Süsterhenn* (CSU) als auch *Dehler* (FDP) in ihren Stellungnahmen zu Art. 139cc Abs. 2 auf die Kompetenzverteilung hin.[366] In der zweiten Lesung des Hauptausschusses am 14.01.1949 begründete *Zinn* (SPD) seinen Antrag der Streichung von Art. 139cc unter anderem mit der Kompetenzverteilung im Kulturbereich zugunsten der Länder und auch *Bergsträsser* (SPD) wandte sich gegen einen Antrag der DP mit dem Argument eines Eingriffes in die Rechte der Länder.[367] *Höpker-Aschoff* (FDP) beantragte die Streichung des Abs. 2 von Art. 139cc auf Grund einer Unvereinbarkeit mit der Zuständigkeitsverteilung des Grundgesetzes. In der Sitzung des Hauptausschusses vom 20.01.1949, weiterhin in zweiter Lesung, wiederholte *Zinn* (SPD) seine Bedenken, wobei er in der Begründung unter anderem die ausschließliche Länderzuständigkeit anführte.[368] Die heutige Bestimmung des Art. 123 Abs. 2 GG ändert daher nichts an der vom Parlamentarischen Rat grundsätzlich intendierten Länderzuständigkeit für den Kultusbereich. Aus der Nichtaufnahme einer Art. 149 Abs. 3 WRV entsprechenden Bestimmung in das Grundgesetz lässt sich somit keine Aussage über die Garantie der Vorsorge für geeignete Ausbildungsstätten für Religionslehrer ableiten.
Die Entstehungsgeschichte von Art. 7 Abs. 3 S. 1 GG hilft – anders als die Vorgeschichte – nicht weiter.

c) Teleologische Gesichtspunkte

Die Schaffung geeigneter Ausbildungsstätten ist eine Realisierungs- bzw. Vorbereitungsmaßnahme für den Status des Religionsunterrichts als ordentliches Lehrfach. Der Mangel an Religionslehrern könnte das Unterrichtsangebot im Fach Religion erheblich einschränken. Diese Vorbereitungsmaßnahme stellt sicher, dass die Garantie des Religionsunterrichts als ordentliches Lehrfach nicht staatlicherseits durch fehlende Religionslehrerbildungsstätten unterlaufen werden kann.[369]
Die Ausbildung zum Religionslehrer könnte aber sowohl durch eine staatliche als auch eine vom Staat anerkannte Ausbildung durch die Religionsgemeinschaft ermöglicht werden. Den Religionsgemeinschaften allein obliegt die Entscheidung, eigene Ausbildungsstätten, so an nicht-staatlichen Hochschulen in Trägerschaft der Religionsgemeinschaft, anzubieten. Eine „Islamische Hochschule" vergleichbar der Hochschule für Jüdische Studien in Heidelberg als Einrichtung des Zentralrates der Juden in Deutschland[370] existiert bundesweit nicht.

---

[365] Die Worte „Die am 8.5.45 bestehenden Verträge mit den Kirchen bleiben in Kraft" beantragte er zu ersetzen durch den Wortlaut „Die am 8.5.45 bestehenden Verträge zwischen den Ländern und den Kirchen bleiben in Kraft.", *v. Doemming/Füsslein/Matz*, JöR N.F. 1, S. 1, 902f.
[366] *v. Doemming/Füsslein/Matz*, JöR N.F. 1, S. 1, 903f.
[367] *v. Doemming/Füsslein/Matz*, JöR N.F. 1, S. 1, 904f.
[368] *v. Doemming/Füsslein/Matz*, JöR N.F. 1, S. 1, 905f.
[369] Zu diesem Gedanken hinsichtlich Art. 15 S. 3 nrwVerf S. 89.
[370] *Schmitt-Kammler*, in: Sachs, GG, Art. 7, Rn. 59; *Langenfeld*, AöR 123, S. 375, 404. Zu der Hochschule für Jüdische Studien *Hollerbach*, HdbStKirchR II, Fakultäten, S. 549, 550.

Die Ausbildung von Religionslehrern an eigenen Hochschulen belastet die Religionsgemeinschaft finanziell, während der Staat für die theologischen Einrichtungen an den staatlichen Hochschulen die volle Finanzierungslast trägt.[371] Die eigene Hochschule kann Staatszuschüsse erhalten, so nach den Vorschriften des Ersatzhochschulrechts der Länder und auch durch die bundesrechtliche Einbeziehung bestimmter nicht-staatlicher Hochschulen in die Gemeinschaftsaufgabe Hochschulbau gem. Art. 91a Abs. 1 Nr. 1 GG; zum Teil bestehen auch vertraglich vereinbarte Finanzierungen.[372] Die Finanzierung ist daher nach derzeitigem Rechtszustand zumindest zum Teil von den Religionsgemeinschaften zu tragen. Dabei kann nicht ausgeschlossen werden, dass diese Finanzierung von einzelnen Religionsgemeinschaften nicht zu leisten ist. Nach Änderung der derzeitigen Rechtslage kommt aber aus verfassungsrechtlicher Sicht auch eine Vollfinanzierung nicht-staatlicher Ausbildungseinrichtungen in Betracht. Nicht allein die Existenz von staatlichen Religionslehrerausbildungsstätten führt dann dazu, dass die Garantie des ordentlichen Lehrfachs nicht unterlaufen werden kann.
Die Möglichkeit, für die Erteilung von Religionsunterricht auf Lehrkräfte der Religionsgemeinschaften zurückzugreifen,[373] könnte eine andere Beurteilung hervorrufen. Zu dem Kreis der Lehrkräfte im öffentlichen Dienst zählen nicht die von den Religionsgemeinschaften gestellten Lehrkräfte.[374] Die Möglichkeit, Lehrkräfte der Religionsgemeinschaften einzusetzen, soll die Erteilung des Religionsunterrichtes im Fall des Mangels an geeigneten Lehrkräften überhaupt sichern und nicht eine andere Beurteilung für den Bereich der Ausbildung zum Religionslehrer im Gegensatz zu anderen Fächern bewirken. Zudem erfordert Religionsunterricht als ordentliches Lehrfach einen vergleichbaren pädagogischen und wissenschaftlichen Standard des Unterrichts im Vergleich zu anderen Fächern,[375] welcher nur durch eine entsprechende Ausbildung des Lehrpersonals gesichert werden kann. Auch die Geistlichen, die im Rahmen des christlichen Religionsunterrichtes beider Bekenntnisse in den Schulen eingesetzt werden, haben eine universitäre Ausbildung durchlaufen.[376] So ist sichergestellt, dass ein vergleichbarer Unterrichtsstandard gewahrt ist. Eine universitäre Ausbildung für Geistliche im Bereich des Islam existiert in Deutschland nicht. Für die Geistlichenausbildung an nicht-staatlichen Hochschulen gelten die genannten Einwände finanzieller Art in gleichem Maße.

---

[371] Vgl. *Puza*, ZRG Kan. Abt. 88, S. 391, 392.

[372] *Baldus*, HdbWissR I, S. 1131, 1154; *ders.*, HdbStKirchR II, S. 601, 634f.; vgl. auch *Solte*, ZevKR 49, S. 351, 355.

[373] Zu den Lehrkräften der Religionsgemeinschaften *Link*, HdbStKirchR II 1995, S. 439, 472f. Eine Übersicht über die Praxis der Gestellungsverträge in den einzelnen Ländern findet sich unter URL: http://www.kmk.org/doc/publ/relig.pdf (Stand: 02.01.2005) zur Organisation des Religionsunterrichts unter Nr. 6, Personelle Absicherung des Unterrichts durch nichtstaatliche Lehrkräfte, S. 25-27. In allen Ländern, in denen der Religionsunterricht ordentliches Lehrfach gem. Art. 7 Abs. 3 S. 1 GG ist, gibt es demnach die Möglichkeit, nichtstaatliche Lehrkräfte einzusetzen.

[374] *Robbers*, in: M/K/S, Art. 7, Rn. 134.

[375] *Langenfeld*, AöR 123, S. 375, 403; *Link*, ZevKR 47, S. 449, 452.

[376] Als Ergebnis der Reformation setzt die Übertragung und Ausübung des geistlichen Amts ein wissenschaftliches Theologiestudium voraus, *Hollerbach*, Art. Theologische Fakultäten, StL V, Sp. 461, 461.

Ein weiteres teleologisches Argument kann beim Blick auf die Landesverfassungen gewonnen werden. Mehrere Landesverfassungen schreiben vor, dass der Religionsunterricht ordentliches Lehrfach ist.[377] Eine Besonderheit ist hierbei in Nordrhein-Westfalen zu verzeichnen, denn neben Art. 14 Abs. 1 S. 1 nrwVerf,[378] der die Stellung als ordentliches Lehrfach festschreibt, findet sich auch Art. 15 S. 3 nrwVerf.[379] Art. 14 Abs. 1 S. 1 nrwVerf rezipiert den Terminus des ordentlichen Lehrfachs, welcher für Art. 7 Abs. 3 S. 1 GG prägend ist. So könnte auch Art. 15 S. 3 nrwVerf, der sich auf Art. 14 Abs. 1 S. 1 nrwVerf bezieht, die Auslegung, dass die Garantie des ordentlichen Lehrfachs im Grundgesetz die Vorsorge für geeignete Ausbildungsstätten für Religionslehrer umfasst, unterstützen. Art. 15 S. 3 nrwVerf wurde im Jahr 1969 eingefügt.[380]
In der Entstehungsgeschichte findet sich folgende Begründung: „Der dritte Satz des Verfassungstextes ist erst recht eine Selbstverständlichkeit: Es ist sicherzustellen, daß die Befähigung zur Erteilung des Religionsunterrichts erworben werden kann. Da der Religionsunterricht nach Art. 7 GG ordentliches Lehrfach ist, ergeht daraus sicher auch an den Staat das Gebot, die Ausbildungsmöglichkeiten für dieses ordentliche Lehrfach bereitzustellen. Das geschieht bisher selbstverständlich bereits an Universitäten, und es wird auch weiterhin an unseren den Universitäten im Range gleichgeordneten Pädagogischen Hochschulen geschehen. Nun, wir sind diesem Wunsch gefolgt, es hier noch einmal ausdrücklich zu fixieren."[381]
In der Literatur zu Art. 15 S. 3 nrwVerf findet sich weiter der Hinweis, dass die Garantie des Religionsunterrichtes aus Art. 14 Abs. 1 S. 1 nrwVerf leer laufen könnte, wenn entsprechende Ausbildungsmöglichkeiten für Religionslehrer nicht bestünden.[382] Art. 15 S. 3 nrwVerf legt nicht fest, wie die Ausbildung zum Religionslehrer zu erfolgen hat, so dass sowohl eine staatliche als auch nicht-staatliche Ausbildung die landesverfassungsrechtlich vorgesehene Ausbildungsmöglichkeit für Religionslehrer sicherstellen kann.[383] In Nordrhein-Westfalen ist Art. 15 S. 3 nrwVerf gegenüber Art. 14 Abs. 1 S. 1 nrwVerf die speziellere Vorschrift für die Ausbildungsmöglichkeiten für Religionslehrer. Sowohl die Entstehungsgeschichte als auch die Literatur begründen die Existenz von Art. 15 S. 3 nrwVerf jedoch damit, dass die Garantie des Religionsunterrichtes leer laufen könnte. Dies ist eine von Art. 14 Abs. 1 S. 1 nrwVerf ausgehende teleologische Überlegung. Diese stützt die teleologische Auslegung, die dem Terminus ordentliches Lehrfach in Art. 7 Abs. 3 S. 1 GG auch die Vorsorge für geeig-

---

[377] Zu den Landesverfassungen, die den Status des Religionsunterrichts als ordentliches Lehrfach normieren S. 41f. mit Fn. 29 und zu den einfach-gesetzlichen Regelungen S. 41f. mit Fn. 30.

[378] Art. 14 Abs. 1 S. 1 nrwVerf: „Der Religionsunterricht ist ordentliches Lehrfach an allen Schulen, mit Ausnahme der Weltanschauungsschulen (bekenntnisfreien Schulen)."

[379] Art. 15 S. 3 nrwVerf: „Es ist sicherzustellen, dass die Befähigung zur Erteilung des Religionsunterrichts erworben werden kann."

[380] Art. 15 nrwVerf geändert durch Gesetz v. 24.06.1969 (GVBl NW 1969 S. 448).

[381] *Bargmann* (SPD), PlProt. NRW 6/1996.

[382] *Dästner*, Art. 15, Rn. 2; *Ennuschat*, in: Löwer/Tettinger, Art. 15, Rn. 9; *Fleck*, in: Geller/Kleinrahm, Art. 15, Anm. 2.

[383] *Ennuschat*, in: Löwer/Tettinger, Art. 15, Rn. 9. In Fn. 14 führt *Ennuschat* zudem aus: „Aktualität erlangt dies, wenn islamischer Religionsunterricht als ordentliches Lehrfach eingeführt werden soll und dann qualifiziertes Lehrpersonal erforderlich ist".

nete Ausbildungsstätten für Religionslehrer entnimmt, die den Eintritt in den öffentlichen Dienst beabsichtigen.

d) Systematik

Nach *Korioth*, der der Auslegung der herrschenden Meinung nicht folgt, ist die Ausbildung von Religionslehrern Aufgabe der jeweiligen Religionsgemeinschaft und kann durch eigene Hochschulen gewährleistet werden, zumal gem. Art. 7 Abs. 3 S. 2 GG die inhaltliche Gestaltung des Religionsunterrichts in den Verantwortungsbereich der Religionsgemeinschaft falle.[384] Art. 7 Abs. 3 S. 2 GG hat den Bedeutungsgehalt, dass die staatliche Schulaufsicht, die sich auf den Bereich des Religionsunterrichts erstreckt, in diesem Bereich Einschränkungen unterliegt, denn der Lehrstoff, die Art und die Methode der Darbietungen werden von der Religionsgemeinschaft bestimmt. Ebenfalls kann die Lehrberechtigung für den Religionsunterricht auch von einer Erlaubnis der Religionsgemeinschaft abhängig gemacht werden.[385] Dieser auch der Neutralität des Staates gerecht werdenden Behandlung des Religionsunterrichts entspricht nicht, das Fach in der Religionslehrerausbildung zu benachteiligen, indem allein auf eigene Hochschulen verwiesen wird. Eine konsequente Fortschreibung von Art. 7 Abs. 3 S. 2 GG bedeutet, dass auch Mitwirkungsrechte an der staatlichen Hochschule bestehen und der Inhalt von der Religionsgemeinschaft maßgeblich vorgegeben ist. Entsprechend steht auch die Systematik nicht der Auslegung entgegen, dass der Begriff des ordentlichen Lehrfachs auch das Vorhalten von Religionslehrerausbildungsstätten umfasst.

e) Ergebnis zur Auslegung des Art. 7 Abs. 3 S. 1 GG

Der Normtext von Art. 7 Abs. 3 S. 1 GG erlaubt ebenso wie die Entstehungsgeschichte keine unmittelbare Antwort auf die vorliegende Frage, während teleologische Aspekte allein die Annahme stützen, dass der Begriff des ordentlichen Lehrfachs in Art. 7 Abs. 3 S. 1 GG die Vorsorge für geeignete Ausbildungsstätten umfasst. Die Vorgeschichte stützt durch die angeführte Literatur zu Art. 149 Abs. 1 WRV das Ergebnis.
Es ist daher mit der überwiegenden Mehrheit der Literatur davon auszugehen, dass Art. 7 Abs. 3 S. 1 GG die Vorsorge für geeignete Ausbildungsstätten zum Erwerb der Religionsfakultas für jene Lehrkräfte umfasst, die im öffentlichen Dienst tätig werden wollen.

2. Bestimmung der geeigneten Ausbildungsstätten

Im staatlichen Bereich könnten sowohl Fakultäten als auch theologische Lehrstühle geeignete Ausbildungsstätten an staatlichen Hochschulen darstellen. Die Lehrerausbildung mit Ausnahme des Bedarfes für die höheren Schulen wird im Bereich der katholischen und evangelischen Theologie durch religionspädagogische Lehrstühle wahrge-

---

[384] *Korioth*, in: M/D, Art. 140, Art. 136 WRV, Rn. 69.

[385] *Hemmrich*, in: MüK, Art. 7, Rn. 30. Zu den möglichen Bezeichnungen bei islamischen Religionsgemeinschaften S. 15.

nommen.[386] Die entsprechende Ausbildung für die Lehrer an höheren Schulen wird dagegen regelmäßig von den theologischen Fakultäten geleistet,[387] welche hierdurch eine im Verhältnis zur Funktion der Ausbildung von Geistlichen zusätzliche verfassungsrechtliche Rechtfertigung aufweisen können.[388]
Es fragt sich aber, ob die Ausbildung der Religionslehrer für die höheren Schulen allein an theologischen Fakultäten erfolgen kann. Die Ausbildung an einer theologischen Fakultät stellt eine geeignete Ausbildung zum Religionslehrer an höheren Schulen dar, aber nicht die einzig mögliche. Die Lehrerausbildung auch für den Bereich der höheren Schulen kann ebenfalls durch religionspädagogische Lehrstühle wahrgenommen werden.[389] An den Hochschulen existieren mittlerweile zahlreiche Einrichtungen sowohl für katholische als auch evangelische Theologie außerhalb theologischer Fakultäten, d. h. Lehrstühle, die nicht den Status einer eigenen Fakultät besitzen, sondern in andere Fakultäten/Fachbereiche eingegliedert sind, der Lehre der Theologie dienen, der theologischen Forschung gewidmet sind und Aufgaben im Rahmen der Religionslehrerausbildung wahrnehmen.[390] Die Geschichte dieser singulären theologischen Lehrstühle lässt sich bis in die Weimarer Zeit durch zeitgenössische Aussagen zu diesen Lehrstühlen zurückverfolgen: „Einen gewissen Ersatz (für fehlende theologische Fakultäten) bietet aber eine Einrichtung, die in der Nachkriegszeit verschiedentlich verwirklicht worden ist, nämlich die sogenannte Weltanschauungsprofessur. Gemeint ist damit eine Professur oder ein Lehrauftrag für katholische Weltanschauung, der einem Dozenten irgendeiner theologischen Fakultät an einer Universität übertragen wird, die keine solche Fakultät aufweist."[391] Geeignete Ausbildungsstätten sind demnach auch für Lehrer an höheren Schulen religionspädagogische Lehrstühle, die in eine nicht-theologische Fakultät organisatorisch eingebunden sein können.
Die Errichtung, Einrichtung und Unterhaltung religionspädagogischer Lehrstühle, und zwar als Minimalgrenze auch für den Bereich der höheren Schulen, ist von der objektiven Garantie des Religionsunterrichtes als ordentliches Lehrfach umfasst, sofern der Hochschulbereich in den Blick genommen wird.
Es ist andererseits auch die Schaffung staatlicher Einrichtungen außerhalb der Hochschule denkbar.

---

[386] *Link*, HdbStKirchR II 1995, S. 439, 473.
[387] *Link*, HdbStKirchR II 1995, S. 439, 473; *Hollerbach*, Art. Theologische Fakultäten, StL V, Sp. 461, 462.
[388] *Hollerbach*, HdbStKirchR II, Fakultäten, S. 549, 554; *ders.*, in: Biesinger/Hänle, S. 133, 137f.
[389] Ebenso *Fischer*, 3. Aufl., S. 312. Nach *Voll/Störle*, HdbbayStKirchR, S. 132 habe der Staat auch die Pflicht, für die Ausbildung der erforderlichen Religionslehrer Sorge zu tragen, was in der Regel an den theologischen Fakultäten geschehe; eine weitere Differenzierung erfolgt nicht.
[390] Zu den theologischen Hochschuleinrichtungen in den Ländern S. 102ff.
[391] *Meinertz*, S. 178, 188 auch mit dem Hinweis auf die Forderung nach solchen Professuren auch für den evangelischen Bereich. Eine Aufzählung der im Jahr 1930 bestehenden „Weltanschauungsprofessuren" im katholischen Bereich findet sich sodann auf S. 189: „Im übrigen ist die Form, in der die Versuche – und zwar ‚erfolgreiche' Versuche, wie der preußische Kultusminister *Becker* hervorhebt – gemacht worden sind, ganz verschieden, sei es, daß eine eigene Professur geschaffen worden ist (Berlin, Gießen), sei es, daß ein Lehrauftrag erteilt wurde (Frankfurt), sei es, daß Dozenten benachbarter Fakultäten sich in die Vorlesungen teilten (Göttingen, Hannover, Königsberg), sei es, daß durch Einzelvorlesungen oder Einzelkurse in verschiedenartiger Auswahl ein Ersatz geboten wurde."

IV. Leistungsrecht der Religionsgemeinschaften

Fraglich ist, ob den Religionsgemeinschaften sowohl ein subjektives Recht als auch ein Leistungsrecht zukommen.

Bei Art. 7 Abs. 3 S. 1 GG handelt es sich nach ganz überwiegender Auffassung um eine institutionelle Garantie des Religionsunterrichts.[392] Die Intention von Einrichtungsgarantien, Oberbegriff für privat-rechtliche Institutsgarantien und öffentlich-rechtliche Einrichtungen schützende institutionelle Garantien,[393] ist es, den Kerngehalt bestimmter verfassungsrechtlicher Gewährleistungen gegen den unbegrenzten Zugriff des Gesetzgebers zu sichern.[394]
Art. 7 Abs. 3 GG könnte den Religionsgemeinschaften auch ein subjektives Recht gewähren. Die Einstufung von Art. 7 Abs. 3 GG als institutioneller Garantie hindert nach dem Dafürhalten der neueren Literatur nicht das gleichzeitige Bestehen eines subjektiven Rechts.[395] Hierdurch wäre die Position der islamischen Religionsgemeinschaft im Hinblick auf die gerichtlichen Durchsetzungsmöglichkeiten verstärkt. Dann wäre insbesondere die Beschwerdebefugnis im Verfahren der Verfassungsbeschwerde gem. Art. 93 Abs. 1 Nr. 4 a) GG, § 90 Abs. 1 BVerfGG zu bejahen.[396]

1. Existenz eines subjektiven Rechts

Zu der Frage der Existenz eines subjektiven Rechts der Religionsgemeinschaften bietet sich im Schrifttum, ebenso wie zu der Frage nach der Existenz entsprechender Rechte für Eltern und Kinder, kein einheitliches Bild. Zum Teil wird vertreten, dass Art. 7 Abs. 3 S. 1 GG kein subjektives Recht der Religionsgemeinschaften auf Durchführung von Religionsunterricht als ordentliches Lehrfach beinhalte,[397] andere Stimmen in der Literatur bejahen die Existenz eines subjektiven Rechts,[398] zum Teil in einer Verbin-

---

[392] BVerfGE 74, S. 244, 253; *Stern*, StR III/1, S. 768, 797f., 799f.; anders *Renck*, ZRP 2003, S. 137, 138, der in Art. 7 Abs. 3 GG keine institutionelle Garantie enthalten sieht.
[393] *Stern*, StR III/1, S. 776.
[394] Zu den Einrichtungsgarantien und insbesondere zu deren historischer Entwicklung vgl. *Stern*, StR III/1, S. 751ff.
[395] Vgl. *Spriewald*, S. 65ff.
[396] *de Wall*, NVwZ 1997, S. 465, 465.
[397] *Hillgruber*, JZ 1999, S. 538, 545 a. E. mit der Einordnung der Gewährleistung des Religionsunterrichts an den staatlichen Schulen als Institut des Staatskirchenrechts; *ders.*, NVwZ 2001, S. 1347, 1353; *Hollerbach*, HdbStR VI, § 140, Rn. 34; *Maurer*, in: FS Zacher, S. 577, 586; *Renck*, ZRP 2003, S. 137, 138; *ders.*, DÖV 2002, S. 56, 65; *ders.*, NJ 2000, S. 393, 395f.; *ders.*, LKV 1997, S. 81, 83; *Peters*, Grundrechte IV/1, S. 369, 413; *Sachs*, Grundrechte, B 7, Rn. 13f.; vgl. auch *Hesse*, VerfR, Rn. 279, wonach Art. 7 Abs. 3 S. 1 und 2 GG überhaupt keine Individualrechte gewährleisteten. *Korioth*, NVwZ 1997, S. 1041, 1045f. verneint einen grundrechtlichen Anspruch von Eltern und Schülern auf Einrichtung von Religionsunterricht, beantwortet dieselbe Frage aber nicht im Hinblick auf Religionsgemeinschaften. Nach eigener Aussage zweifelnd *Böckenförde*, Ess.Gespr. 32, S. 99, 100 mit der Begründung, dass die Kirchen in ihrer Verkündigungsfreiheit und ihrem eigenen Wirken nicht unmittelbar betroffen seien, wenn der staatliche Religionsunterricht als ordentliches Lehrfach oder nur auf freiwilliger Grundlage zur Schulwirklichkeit gehöre oder nicht gehöre.
[398] *Badura*, in: M/D, Art. 6, Rn. 120; *Gröschner*, in: Dreier, 2. Aufl., Art. 7, Rn. 90; *Hemmrich*, in: MüK, Art. 7, Rn. 23; *Hömig*, in: Seifert/Hömig, Art. 7, Rn. 7; *Maunz*, in: M/D, Art. 7, Rn. 47; *Robbers*, in: M/K/S, Art. 7, Rn. 122; *Schmitt-Kammler*, in: Sachs, GG, Art. 7, Rn. 44; *Çavdar*, RdJB 41,

dung mit anderen Grundgesetznormen. Hier ergibt sich kein einheitliches Bild hinsichtlich der zusätzlich herangezogenen Grundgesetznormen.[399]
Von besonderem Interesse ist die Rechtsprechung des Bundesverfassungsgerichts, das weder in der Entscheidung über den Religionsunterricht[400] noch im LER-Verfahren[401] Stellung zu der Frage bezogen hat, ob Religionsgemeinschaften ein subjektives Recht zusteht, welches zur Beschwerdebefugnis gem. Art. 93 Abs. 1 Nr. 4 a) GG i. V. m. § 90 Abs. 1 BVerfGG führen kann. Der in § 90 Abs. 1 BVerfGG enthaltene formelle Grundrechtsbegriff ist nicht so zu verstehen, dass alle in Art. 1 bis 19 GG enthaltenen Regelungen mit der Verfassungsbeschwerde als verletzt geltend gemacht werden können; die Beschwerdebefugnis ist im Abschnitt des Grundgesetzes zu den Grundrechten nur für die Bestimmungen zu bejahen, die subjektive Rechte vermitteln.[402] Im erstgenannten Urteil wird das Recht der Religionsgemeinschaften auf Festlegung der Inhalte des Religionsunterrichts und die Einhaltung der konfessionellen Positivität und Gebundenheit betont.[403] Im LER-Verfahren, und hier genau in den Verfahren 1 BvR 1718/96 des Erzbistums Berlin, des Bistums Görlitz und des Bistums Magdeburg sowie 1 BvR 1783/96 der Evangelischen Kirche in Berlin-Brandenburg, jeweils unmittelbar gegen § 9 Abs. 2 und 3, § 11 Abs. 2 bis 4 und § 141 des Gesetzes über die Schulen im Land Brandenburg vom 12.04.1996, wird diesen Religionsgemeinschaften als Beteiligten auch der Vorschlag einer einvernehmlichen Verständigung unterbreitet, nicht allein den Beteiligten der anderen Verfahren des LER-Verfahrens. Das Bundesverfassungsgericht stellt jedoch ausdrücklich klar, dass es bei dieser Vorgehensweise nicht bereits vom Vorliegen der Beschwerdebefugnis und der Zulässigkeit der Verfassungsbeschwerden ausgeht.[404] Demnach hat das Bundesverfassungsgericht auch im 104. Band keine Aussage über die Beschwerdebefugnis getroffen.[405] Auch das Urteil des Oberverwaltungsgerichts Nordrhein-Westfalen zur Einrichtung des islamischen

---

S. 265, 266; *de Wall*, NVwZ 1997, S. 465, 465f.; *M. Heckel*, JZ 1999, S. 741, 750; *Isensee*, Ess.Gespr. 32, S. 101, 101f.; *Kästner*, Ess.Gespr. 32, S. 61, 68, 104; *Link*, HdbStKirchR II 1995, S. 439, 441; *ders.*, ZevKR 46, S. 257, 263; *Mikat*, HdbVerfR, § 29, Rn. 18; *Mückl*, AöR 122, S. 513, 521; *Oebbecke*, DVBl. 1996, S. 336, 339; *Rees*, in: FS Listl, S. 367, 380; *ders.*, Religionsunterricht, S. 228 m. w. N. aus dem älteren Schrifttum; *Renck*, NVwZ 1992, S. 1171, 1171f.; *Rohe*, ZRP 2000, S. 207, 208; *v. Busse*, S. 29f.; *Emenet*, Islamische Religionskunde, S. 112ff.; *H. Heckel*, Privatschulrecht, S. 206f.; *M. Heckel*, Religionsunterricht in Bbg, S. 27ff.; *Hildebrandt*, S. 164ff.; *Stempel*, S. 357.

399 *Eiselt*, DÖV 1981, S. 205, 206: Verknüpfung von Art. 4 Abs. 2, Art. 2 Abs. 1, Art. 19 Abs. 2, Art. 140 GG, Art. 137 WRV mit Art. 7 Abs. 3 GG; *Pieroth*, Art. Religionsunterricht, EvStL II, Sp. 2981, 2982: Art. 7 Abs. 3 S. 1 als organisationsrechtliche Regelung, S. 2 als Grundrecht der Religionsgemeinschaften; *P/S*, Rn. 670, 672: Art. 7 Abs. 3 S. 2 GG im Zusammenhang mit S. 1; ähnl. *Spriewald*, S. 85: Art. 7 Abs. 3 S. 1, 2 GG; *Richter*, RdJB 44, S. 295, 300: Art. 7 Abs. 3 GG in Zusammenhang mit Art. 4 GG, allerdings ohne explizite Erwähnung der Religionsgemeinschaften; *Maunz*, in: M/D, Art. 7, Rn. 47 sieht dasselbe Ergebnis, ein Recht der Religionsgemeinschaft auf Erteilung von Religionsunterricht im Rahmen des Art. 7 Abs. 3 GG, ansonsten auch über Art. 2 Abs. 1 GG i. V. m. Art. 19 Abs. 3 GG gewährleistet.

400 BVerfGE 74, S. 244-263.

401 BVerfGE 104, S. 305-310.

402 Vgl. *Kley/Rühmann*, in: U/C, BVerfGG, § 90, Rn. 43.

403 BVerfGE 74, S. 244, 252.

404 Ausweislich BVerfG, LKV 2003, S. 181, 181 sub III. 2.

405 Zu dem Verfahren BVerfGE 74, S. 244ff. und der fehlenden Aussage zum Grundrechtscharakter des Art. 7 Abs. 3 S. 1 GG auch *M. Heckel*, Religionsunterricht in Bbg, S. 28.

Religionsunterrichts in Nordrhein-Westfalen enthält sich ausdrücklich einer Stellungnahme zu dieser Frage.[406]

Begründet wird die Sicht, die ein subjektives Recht der Religionsgemeinschaften auf Durchführung von Religionsunterricht als ordentliches Lehrfach verneint, zunächst mit dem Argument, der Religionsunterricht sei der Schüler und nicht der Religionsgemeinschaften wegen gewährleistet, so dass Letztere sich nicht auf Art. 7 Abs. 3 S. 1 GG berufen könnten.[407] Grundlage von Art. 7 Abs. 3 S. 1 GG sei Art. 4 Abs. 1, 2 GG, der die Glaubens- und Religionsfreiheit der Schüler sichere, indem nicht nur ein Abwehrrecht gegen einen staatlichen Eingriff in die Glaubens- und Religionsfreiheit gewährt werde, sondern durch Art. 7 Abs. 3 S. 1 GG ein Anspruch auf staatliche Förderung zur Verwirklichung des Grundrechts gewährleistet werde, soweit der Schüler in einen staatlichen Leistungs- und Verwaltungsbereich, die Schule, eingegliedert sei. Dabei komme der Schule ein umfassender Bildungsauftrag zu, so dass religiöse Unterweisung in die Schule zu integrieren sei, wolle man Art. 4 Abs. 1, 2 GG gerecht werden.[408] Art. 7 Abs. 3 S. 2 GG ist nach dieser Auffassung lediglich Folge der religiös-weltanschaulichen Neutralität des Staates und so als objektive Voraussetzung für die Durchführung des Religionsunterrichtes zu sehen.[409]
Es stellt sich die Frage, ob dem Argument, dass der Religionsunterricht allein der Schüler und nicht der Religionsgemeinschaften wegen gewährleistet sei, der Wortlaut von Art. 7 Abs. 3 S. 1, 2 GG entgegen gehalten werden kann. Die grammatische Auslegung der Sätze ergibt nicht eindeutig, dass keine subjektiven Rechte der Religionsgemeinschaften enthalten sind. Die für solche subjektiven Rechte in Frage kommenden Personen, seien es Kinder, Eltern oder – wie hier relevant – Religionsgemeinschaften, sind in Satz 1 nicht angesprochen.[410] In Satz 2 wiederum werden die Religionsgemeinschaften genannt, doch es ist weder von einem Recht noch von einer Freiheit die Rede. Diese Begriffe hätten die Existenz eines subjektiven Rechts nahe gelegt.[411] Aber auch der Wortlaut von Art. 14 Abs. 1 GG deutet zunächst darauf hin, dass nur Einrichtungsgarantien von Eigentum und Erbrecht enthalten sind; indes enthält dieser Artikel unstreitig auch subjektive Rechte.[412] Im Landesverfassungsrecht wird zum Teil ausdrücklich von einem Recht auf Bildung gesprochen, gleichwohl gewähren die entsprechenden Normen nicht auch ein subjektives Recht; vielmehr gibt Art. 7 Abs. 3 S. 2 GG mit dem Begriff der Übereinstimmung einen Anhaltspunkt für ein subjektives Recht, denn dieses kann nur bestehen, wenn zwei Parteien mitreden.[413] Eine eindeutige Aussage kann dem Wortlaut der Sätze nicht entnommen werden.
Gegen das genannte systematische Argument der ein subjektives Recht ablehnenden Auffassung kann aber als systematisches Argument der Funktionszusammenhang des

---

[406] OVG NRW, NWVBl. 2004, S. 224, 225.
[407] *Maurer*, in: FS Zacher, S. 577, 586.
[408] *Maurer*, in: FS Zacher, S. 577, 582.
[409] Vgl. *Maurer*, in: FS Zacher, S. 577, 586.
[410] *Sachs*, Grundrechte, B 7, Rn. 13.
[411] *Spriewald*, S. 75.
[412] Ebenso *de Wall*, NVwZ 1997, S. 465, 465.
[413] *Spriewald*, S. 75f.

Religionsunterrichtes mit der Religionsfreiheit der Religionsgemeinschaften[414] angeführt werden. Den Religionsgemeinschaften wird die Möglichkeit eröffnet, ihre Lehre auch in der Schule weiterzugeben und somit dem durch Art. 4 Abs. 1, 2 GG geschützten Verkündigungsauftrag nachzukommen.[415] Art. 7 Abs. 3 GG ist eine besondere, bereichsspezifische Präzisierung und Erweiterung der Religionsfreiheit aus Art. 4 Abs. 1, 2 GG nicht nur für Schüler und Eltern, sondern auch für Religionsgemeinschaften.[416] Die institutionellen Garantien des Grundgesetzes dienen, soweit sie im Grundrechtsteil des Grundgesetzes enthalten sind, der Verstärkung und Unterstützung der Grundrechtsausübung.[417] Die institutionelle Garantie des Art. 7 Abs. 3 S. 1 GG ist mit der subjektiv-rechtlichen Freiheitsgarantie des Art. 4 Abs. 1, 2 GG verknüpft. Die Verknüpfung spricht dafür, den Religionsunterricht subjektiv-rechtlich zu verstärken.[418]

Gegen die Existenz des subjektiven Rechts wird ein weiteres systematisches Argument angeführt. Aus dem Bestimmungsrecht der Religionsgemeinschaften aus Art. 7 Abs. 3 S. 2 GG sei ein subjektives Recht nicht zwingend abzuleiten. Das Bestimmungsrecht des zweiten Satzes behalte auch ohne einen originären Anspruch auf Durchführung von Religionsunterricht seine substantielle Bedeutung, indem es verhindere, dass der Staat für den Bereich einer bestimmten Religion einen Unterricht betreibe, mit dem sich diese Religionsgemeinschaft nicht einverstanden erklärte.[419]
Diesen Erwägungen steht entgegen, dass der Schutz nur effektiv sein kann, wenn jemand berechtigt ist, ihn gegebenenfalls gerichtlich geltend zu machen.[420] Auch das Recht der Religionsgemeinschaften auf Festlegung der Grundsätze für den Religionsunterricht aus Art. 7 Abs. 3 S. 2 GG könnte vom Staat durch die Nichtaufnahme von Religionsunterricht als Unterrichtsfach unterlaufen werden, gäbe es keinen Anspruch aus Art. 7 Abs. 3 S. 1 GG.[421] Die Gewährung eines subjektiven Rechts bewirkt, dass die Leistung von den Begünstigten eingefordert werden kann, so dass der im Grundrechtsteil enthaltenen Garantie zu optimaler Wirksamkeit verholfen wird.[422]

Für die zweite Ansicht und damit das Vorliegen eines subjektiven Rechts könnte in systematischer Hinsicht auch die Stellung des Art. 7 Abs. 3 S. 1 GG im Grundrechtsteil des Grundgesetzes sprechen.[423] Die Regeln des Grundrechtsteils begründen

---

[414] *de Wall*, NVwZ 1997, S. 465, 465; *Eiselt*, DÖV 1981, S. 205, 206; *Spriewald*, S. 80; vgl. zur kollektiven Religions- und Weltanschauungsfreiheit *P/S*, Rn. 517.
[415] *de Wall*, NVwZ 1997, S. 465, 465.
[416] *M. Heckel*, JZ 1999, S. 741, 750.
[417] *de Wall*, NVwZ 1997, S. 465, 465; *M. Heckel*, JZ 1999, S. 741, 750.
[418] *de Wall*, NVwZ 1997, S. 465, 465.
[419] *Sachs*, Grundrechte, B 7, Rn. 14.
[420] *Oebbecke*, DVBl. 1996, S. 336, 339; *Emenet*, Islamische Religionskunde, S. 113.
[421] *Stempel*, S. 357.
[422] *de Wall*, NVwZ 1997, S. 465, 465; VG Düsseldorf, NWVBl. 2002, S. 196, 197; vgl. BVerfGE 6, S. 55, 72 und BVerfGE 43, S. 154, 167, wonach derjenigen Auslegung zu folgen ist, die die juristische Wirkungskraft der Norm am besten zur Geltung bringt.
[423] *Emenet*, Islamische Religionskunde, S. 113.

im Zweifel subjektive Rechte.[424] Im Regelfall meint Art. 1 Abs. 3 GG die Wendung „nachfolgende Grundrechte“ buchstäblich und aktualisiert so die nachfolgenden Grundrechtsnormen zu subjektiven Rechten.[425] Auch Art. 19 Abs. 2, 4 GG können ihren Sinn und Zweck nur subjektiven Rechten gegenüber erweisen. Insbesondere die Fassung des Art. 7 Abs. 3 S. 1 GG scheint aber dafür zu sprechen, dass es sich um eine Bestimmung ohne Grundrechtscharakter handelt, auch wenn dies dem Sinn des die Grundrechte enthaltenden Abschnittes des Grundgesetzes widerspräche.[426] Ein Vergleich der Grundrechtsartikel in der Weimarer Reichsverfassung und im Grundgesetz allein nach der Anzahl – statt 57 in der Weimarer Reichsverfassung jetzt 19 im Grundgesetz – dokumentiert den Willen des Parlamentarischen Rates, die Grundrechte in ihrem ursprünglichen Sinn als individuelle Freiheitsrechte wiederherzustellen.[427] Die Weimarer Reichsverfassung hat dem Vorbild ausländischer Verfassungen des 19. Jahrhunderts folgend ihren Grundrechten zahlreiche Bestimmungen eingereiht, die das soziale Leben ordneten, wozu auch die Vorschriften über die Schule in den Art. 143 bis 149 WRV zählten. Der Grundgesetzgeber hingegen schied Sozialordnungsbestimmungen möglichst aus oder formte sie in Grundrechte um. Daher ist anzunehmen, dass den Bestimmungen, die in den Grundrechtsabschnitt aufgenommen sind, wirklich der Charakter von subjektiven Rechten zukommen sollte.[428] Doch gerade für Art. 7 GG sowie Art. 6 GG war sich der Parlamentarische Rat des abweichenden Charakters bewusst. Dieses Bewusstsein wird zunächst deutlich in einer Anmerkung des Allgemeinen Redaktionsausschusses zu der Fassung von Art. 7b, in der ausgeführt wurde, dass Absatz 2 eigentlich nicht in die Grundrechte gehöre, da er Regeln für das Schulwesen enthalte, während in den Grundrechten nur die Individualsphäre gegenüber dem Staat abgegrenzt werde.[429] Weiterhin wird diese Sicht in dem für das Plenum verfassten Schriftlichen Bericht zu den Grundrechten des Abgeordneten *von Mangoldt* (CDU) deutlich, wonach Art. 6 und 7 GG aus dem allgemeinen Rahmen der Grundrechte insoweit heraus fielen, als sie neben Deklarationen ohne unmittelbare Rechtswirkung Programmsätze und Weisungen an den Gesetzgeber enthielten und teilweise ohne vorhergehende Regelung durch ein Gesetz nicht zu verwirklichen seien.[430] Gerade für Art. 7 GG hat das Bundesverfassungsgericht bereits früh festgestellt, dass die Norm Einrichtungsgarantien, Grundrechtsnormen und Auslegungsregeln für den schulrechtlichen Bereich enthält,[431] jedoch keine in sich geschlossene Regelung.[432] Aus der Stellung des Art. 7 Abs. 3 S. 1, 2 GG innerhalb des Art. 7 GG im ersten Abschnitt des

---

[424] *Maunz*, in: M/D, Art. 7, Rn. 47; *Eiselt*, DÖV 1981, S. 205, 206; *H. Heckel*, Privatschulrecht, S. 207.

[425] *Maunz*, in: M/D, Art. 7, Rn. 47.

[426] *H. Heckel*, Privatschulrecht, S. 206f.

[427] *H. Heckel*, Privatschulrecht, S. 207.

[428] *H. Heckel*, Privatschulrecht, S. 206f.

[429] *v. Doemming/Füsslein/Matz*, JöR N.F. 1, S. 1, 105. Art. 7b Abs. 2 dieser Fassung lautete: „Der Religionsunterricht ist in allen Schulen ordentliches Lehrfach. Er wird nach den Grundsätzen der Religionsgemeinschaften in ihrem Auftrag und unter ihrer Aufsicht erteilt.“; abgedr. bei *v. Doemming/ Füsslein/Matz*, JöR N.F. 1, S. 1, 105.

[430] Entsprechende Passage abgedr. bei *Hildebrandt*, S. 175f.

[431] BVerfGE 6, S. 309, 355.

[432] BVerfGE 26, S. 228, 238.

Grundgesetzes kann daher keine Aussage zum Charakter eines subjektiven Rechts für Religionsgemeinschaften gewonnen werden.[433]

Indes stützen teleologische Erwägungen die Einstufung von Art. 7 Abs. 3 S. 1 GG als subjektives Recht der Religionsgemeinschaften. Subjektive Rechte sind nicht mit institutionellen Garantien unlösbar verbunden, wenn die Garantie allgemeine öffentliche Einrichtungen ausschließlich oder überwiegend im Allgemeininteresse des Staates und der Gesellschaft unterhält, wodurch individuelle Rechtspositionen nur objektiv-rechtlich tangiert und allenfalls im Reflex gesichert und gefördert werden sollen.[434] Aus einer institutionellen Garantie ist hingegen dann zwingend ein subjektives Recht abzuleiten, wenn die Gewährleistung gerade Förderung und Schutz von Individuen als Grundrechtsträger bezweckt. Das ist anzunehmen, wenn die Rechtsposition sogar in der Situation einer Konfrontation mit dem Staatsinteresse gesichert sein soll, welches durch die demokratische Willensbildung bestimmt wird und durch die kompetenten Staatsorgane formuliert wird.[435] Der Schutz eigenständiger Lebensbereiche vor der Instrumentalisierung durch Staatsorgane und Parteien ist als Schutzgut der freiheitlichen Verfassung insgesamt und insbesondere im Bereich des Religiösen anerkannt.[436] Förderung und Schutz der Religionsgemeinschaften als Grundrechtsträger sind bei Art. 7 Abs. 3 GG aber gerade von der institutionellen Garantie bezweckt.

Für Art. 149 Abs. 1 S. 1 WRV, die Vorläufernorm von Art. 7 Abs. 3 S. 1 GG, wurde in der zeitgenössischen Literatur überwiegend kein subjektives Recht der Religionsgesellschaft bejaht,[437] so dass hieraus kein Argument gewonnen werden kann.

Daher beinhaltet Art. 7 Abs. 3 S. 1, 2 GG ein subjektives Recht der Religionsgemeinschaften. Dieses ist in den Sätzen 1 und 2 enthalten, denn erst Satz 2 nennt die Religionsgemeinschaften als Grundrechtsberechtigte.

2. Existenz und Inhalt eines Leistungsrechts

Den Religionsgemeinschaften kommt ein Leistungsrecht zu. Es steht bei Art. 7 Abs. 3 S. 2 GG für die Religionsgemeinschaften die Leistungsfunktion im Vordergrund.[438] Dabei muss der Grundsatz herangezogen werden, dass Verfassungsnormen so zu interpretieren sind, dass sie ihre Wirkungskraft möglichst effektiv entfalten können.[439]

---

[433] *Hildebrandt*, S. 176; *Spriewald*, S. 77.
[434] *M. Heckel*, Religionsunterricht in Bbg, S. 28.
[435] *M. Heckel*, Religionsunterricht in Bbg, S. 28f.
[436] *M. Heckel*, Religionsunterricht in Bbg, S. 29.
[437] Ablehnend *Poetzsch-Heffter*, Art. 149, Anm. 5, S. 477 mit der Entstehungsgeschichte des Art. 149 WRV argumentierend, dass die Schulgesetzgebung nicht nur bestimme, wie der Religionsunterricht erteilt werde, sondern auch, ob er erteilt werde, so dass in der Konsequenz dem nicht ein subjektives Recht der Religionsgemeinschaften korrespondieren könne. Bejahend *Landé*, Schule in der Reichsverfassung, S. 25, der neben der hauptsächlichen organisatorischen Seite den Art. 149 Abs. 1 S. 1 WRV im Verhältnis von Staat und Religionsgesellschaft als eine „Art Grundrecht der Religionsgesellschaften" auffasst. Er spricht davon, dass die Einführung einer Rechtsposition an die Religionsgesellschaft der Rechtsposition des Individuums „durchaus analog" sei; mit letzterer Formulierung auch *ders.*, Bildung und Schule, S. 1, 4f.
[438] *Jarass*, in: J/P, Vorb. vor Art. 1, Rn. 10.
[439] *de Wall*, NVwZ 1997, S. 465, 465.

Die Einzelheiten des Leistungsrechts sind der Regelung durch den Landesgesetzgeber überlassen.[440] Konkrete Maßnahmen bei der Schaffung der Lehrstühle können nicht gefordert werden, hingegen die Existenz als solche. Das Leistungsrecht ist nicht auf eine faktische Leistung gerichtet, sondern auf verfassungskonformes Tätigwerden des Gesetzgebers.[441]
Eine Einschränkung könnte sich daraus ergeben, dass das Recht auf Religionsunterricht als Leistungsrecht nach den allgemeinen Grundsätzen unter dem Vorbehalt des Möglichen steht, d. h. es besteht lediglich im Rahmen dessen, was vernünftigerweise vom Staat gefordert werden kann.[442] Der Ausgleich der widerstreitenden Interessen zwischen dem finanziellen Aufwand des Staates und der Religionsfreiheit wird durch die Einführung von Mindestschülerzahlen geleistet, doch der grundsätzliche Anspruch der Religionsgemeinschaften wird dadurch nicht in Frage gestellt.[443] Die Einführung der Mindestschülerzahlen hat dabei Auswirkungen auf die Anzahl der einzurichtenden Lehrstühle.

B. Anspruch aus der Parität

Parität bezeichnet einerseits die Gleichstellung der Staatsbürger unter politischen, wirtschaftlichen, kulturellen und insbesondere religiösen Aspekten im Sinne einer staatsbürgerlichen Parität,[444] andererseits und insbesondere aber auch die Verbürgung prinzipieller rechtlicher Gleichordnung und Gleichbehandlung von Kirchen und Religionsgemeinschaften im Rahmen der Verfassungsordnung im Sinne einer staatskirchenrechtlichen Parität.[445]
Die staatskirchenrechtliche Parität könnte den islamischen Religionsgemeinschaften einen Anspruch auf Einrichtung islamischer Hochschuleinrichtungen gewähren.
Nach dem Urteil zur Einführung islamischen Religionsunterrichts des Oberverwaltungsgerichts Nordrhein-Westfalen können die Kläger auch aus dem verfassungsrechtlichen Gebot der religiösen und weltanschaulichen Neutralität des Staates – als Rechtsgrundlage zitiert werden im Klammerzusatz Art. 4 Abs. 1, 33 Abs. 3 GG sowie Art. 140 GG i. V. m. Art. 136 Abs. 1, 4, Art. 137 Abs. 1 WRV – keinen Anspruch herleiten, denn „auch ein aus diesem Gebot folgender Anspruch auf Gleichbehandlung wegen eines Paritätsverstoßes könnte von vornherein nur Religionsgemeinschaften zustehen“[446]. So wird für diesen möglichen Anspruch nicht die Neutralität als Anspruchsgrundlage herangezogen, sondern ebenfalls die Parität, die ausdrücklich als Konsequenz des Neutralitätsgebots begriffen wird. Diesem Ansatz wird hier mit Tei-

---

[440] *Anger*, S. 331.
[441] *Hildebrandt*, S. 134; *Spriewald*, S. 74.
[442] *Robbers*, in: M/K/S, Art. 7, Rn. 124.
[443] *Emenet*, Islamische Religionskunde, S. 114f.
[444] *v. Campenhausen*, in: M/K/S, Art. 140, Rn. 27.
[445] *v. Campenhausen*, HdbStKirchR I, S. 47, 75; *ders.*, in: M/K/S, Art. 140, Rn. 27; vgl. auch *Listl/Hollerbach*, HdbkathKirchR, S. 1268, 1277 und die dogmatische Aufbereitung des Grundsatzes der Parität durch *Heinig*, S. 183ff.
[446] OVG NRW, NWVBl. 2004, S. 224, 230; zum Klagehintergrund S. 34f.

len der Literatur[447] gefolgt, so dass nicht zusätzlich ein Anspruch aus Gründen der Neutralität zur Prüfung ansteht. Andere Stimmen in der Literatur leiten aus der religiös-weltanschaulichen Neutralität des Staates hingegen auch die Pflicht des Staates zu positiver Religionspflege ab.[448]

I. Rechtsgrundlage

Das Gebot der Parität hat im Grundgesetz – ebenso wie zuvor in der Weimarer Reichsverfassung – keine spezielle Normierung erfahren, während es in § 147 Abs. 2 der Verfassung des deutschen Reichs vom 28.03.1849[449] noch speziell geregelt war. Ihre Rechtsgrundlage findet die staatskirchenrechtliche Parität nach mittlerweile herrschender Meinung im allgemeinen Gleichheitssatz.[450] Der Gedanke der Parität ließe sich alternativ auch aus der Verwirklichung der Religionsfreiheit gem. Art. 4 Abs. 1, 2 GG ableiten, soweit in der Religionsfreiheit auch die Gleichstellung der Religionsgemeinschaften eingeschlossen ist.[451] Andererseits muss sich die auf den allgemeinen Gleichheitssatz gestützte Auffassung bei der Anerkennung sachlich möglicher und gebotener Differenzierungen auf das Staatskirchenrecht beziehen.[452] Dem Ansatz, der auf den allgemeinen Gleichheitssatz Bezug nimmt, folgt auch das Bundesverwaltungsgericht im Kruzifix-Urteil mit der kennzeichnenden Formulierung „Gleichheitsgebot in Gestalt des Paritätsgedankens“[453]. Für beide Auffassungen ist die Statthaftigkeit der Verfassungsbeschwerde festzuhalten.[454] Die herrschende, auf Art. 3 Abs. 1 GG verweisende Auffassung kann sich jedoch der Dogmatik der Gleichheitsrechte bedienen und gleichzeitig die staatskirchenrechtlichen Besonderheiten berücksichtigen, so dass sie als vorzugswürdig erscheint. Für eine Verankerung im allgemeinen Gleichheitssatz

---

[447] Eine enge Verbindung von Parität und Neutralität wird vielfach gesehen, so bei *Vulpius*, Evangelische Kirchenverträge in den neuen Ländern, S. 216, 228; *Weber*, ZevKR 36, S. 253, 260; *Angor*, S. 54; *Isak*, S. 198, 201; *Muckel*, Religiöse Freiheit, S. 88; *Schlaich*, S. 24. Nach *Heimann*, in: Islamischer Religionsunterricht in Nds, S. 27, 37 ist Parität „gleichsam als Modifikation“ der Neutralitätspflicht zu verstehen.

[448] Vgl. *Janz/Rademacher*, NVwZ 1999, S. 706, 706; *Robbers*, HdbStKirchR I, S. 867, 888f.

[449] § 147 Abs. 2 der Verfassung des deutschen Reichs: „Keine Religionsgesellschaft genießt vor anderen Vorrechte durch den Staat; es besteht fernerhin keine Staatskirche.“

[450] BVerfGE 19, S. 1, 6ff.; *v. Campenhausen*, HdbStKirchR I, S. 47, 75; *ders.*, in: M/K/S, Art. 140, Rn. 31; *M. Heckel*, HdbStKirchR I 1994, S. 589, 589f. m. w. N. aus Rspr. und Lit.; *Hollerbach*, JZ 1965, S. 612, 612; a. A. *Listl*, HdbStKirchR I, S. 439, 447, wonach die Parität in den Bestimmungen der Art. 3 Abs. 3, 33 Abs. 3 und 140 GG i. V. m. Art. 136 Abs. 1, 2 WRV ihren verfassungsrechtlichen Ausdruck finde.

[451] Vgl. *v. Campenhausen*, HdbStKirchR I, S. 47, 75 in Fn. 66 m. w. N.

[452] Vgl. *v. Campenhausen*, HdbStKirchR I, S. 47, 75 in Fn. 66 m. w. N. Spezielle Paritätsmaßstäbe sind nach *M. Heckel*, HdbStKirchR I 1994, S. 589, 590 z. B. in Art. 3 Abs. 3, 33 Abs. 2, 3 GG, Art. 140 GG i. V. m. Art. 136 Abs. 1, 2, 137 Abs. 5 S. 1, 2, Abs. 7, in der Religionsfreiheit gem. Art. 4 Abs. 1, 2 GG, der Religionsgesellschaftsfreiheit gem. Art. 140 GG i. V. m. Art. 137 Abs. 2, 3 WRV und in den besonderen religionsrechtlichen Verfassungsgarantien, so in Art. 140 GG i. V. m. Art. 137 Abs. 4, 6, 138 Abs. 1, 2, 139, 141 WRV, Art. 7 Abs. 3, 4 GG enthalten.

[453] BVerwGE 109, S. 40, 47.

[454] Vgl. *Renck*, DÖV 2002, S. 56, 57 in Fn. 12.

spricht vor allem, dass dieser die grundlegende Gewährleistung eines subjektiven Rechts auf Gleichbehandlung enthält.[455]
Gegen die weitere Ansicht, die Art. 140 GG i. V. m. Art. 137 Abs. 5 WRV als Rechtsgrundlage der Parität annimmt, ist einzuwenden, dass in dieser Verfassungsbestimmung zwar die Rede ist von gleichen Rechten für neukorporierte Religionsgemeinschaften (Art. 140 GG i. V. m. Art. 137 Abs. 5 S. 2 WRV), hierdurch aber gerade zwischen Religionsgemeinschaften mit Status einer Körperschaft des öffentlichen Rechts und jenen ohne diesen Status unterschieden wird.[456] Als Rechtsgrundlage kann diese Normierung allenfalls für den Fall gedacht werden, dass eine Körperschaft des öffentlichen Rechts Gleichbehandlung mit anderen öffentlich-rechtlich verfassten Religionsgemeinschaften begehrt.
Der allgemeine Gleichheitssatz als Rechtsgrundlage der staatskirchenrechtlichen Parität ist seinem Wesen nach auf inländische juristische Personen des Privatrechts anwendbar (vgl. Art. 19 Abs. 3 GG).[457] Die Normierung des Art. 19 Abs. 3 GG ist relevant, wenn die jeweilige islamische Religionsgemeinschaft – wie bislang alle islamischen Religionsgemeinschaften – nicht als Körperschaft des öffentlichen Rechts gem. Art. 140 GG i. V. m. Art. 137 Abs. 5 WRV organisiert ist. Sollte eine islamische Religionsgemeinschaft die Korporationsqualität erlangen, ist sie als öffentlich-rechtlich organisierte Religionsgemeinschaft, die nicht im staatlichen Bereich wurzelt, ebenfalls Grundrechtsträger im Rahmen des allgemeinen Gleichheitssatzes.[458]

II. Paritätsverstoß

1. Ungleichbehandlung

Das Paritätsgebot ist einschlägig, wenn wesentlich Gleiches ungleich oder wesentlich Ungleiches gleichbehandelt wird.[459] Vorliegend geht es um einen Anspruch auf Gleichbehandlung, mithin um die Konstellation, dass wesentlich Gleiches ungleich behandelt wird.
Es bedarf eines gemeinsamen Oberbegriffes (genus proximum), unter den die rechtlich verschieden behandelten Personengruppen fallen.[460] Gemeinsamer Oberbegriff ist die „Religionsgemeinschaft" i. S. d. Verfassung.[461] Die Wahl dieses Oberbegriffs ent-

---

[455] *Anger*, S. 54f.
[456] Vgl. *Weiß*, KritV 2000, S. 104, 106 in Fn. 13 m. w. N.
[457] *Jarass*, in: J/P, Art. 3, Rn. 7; *M. Heckel*, Gleichheit, S. 12; vgl. *Weiß*, KritV 2000, S. 104, 132 bzgl. der Religionsgemeinschaften.
[458] BVerfGE 19, S. 1, 5; *Jarass*, in: J/P, Art. 19, Rn. 21a.
[459] *Jeand'Heur/Korioth*, Rn. 169.
[460] *Heun*, in: Dreier, 2. Aufl., Art. 3, Rn. 23; *P/S*, Rn. 433.
[461] Vgl. *Emenet*, NWVBl. 2004, S. 214, 219 mit der Fragestellung, ob die islamischen Religionsgemeinschaften gegenüber den Kirchen und anderen Religionsgemeinschaften, für deren Bekenntnis bereits ein konfessioneller Religionsunterricht angeboten wird, in unzulässiger Weise ungleich behandelt werden und der sich anschließenden Prüfung der Parität: „Den Ansatz einer konfessionellen Ungleichbehandlung bietet die unterbliebene Berücksichtigung der Mitwirkungs- und Mitbestimmungsrechte der islamischen Religionsgemeinschaften. Die islamischen Religionsgemeinschaften sind mit den christlichen Kirchen und anderen Religionsgemeinschaften, die bereits als Ansprechpartner des Staates für den Religionsunterricht herangezogen werden, strukturell vergleichbar."

spricht auch dem Umstand, dass gerade die Parität, die auf Gleichbehandlung von Religionsgemeinschaften gerichtet ist, geprüft wird. Im Folgenden sollen verschiedene Unterscheidungsmerkmale (differentiae specificae)[462] geprüft werden. Auf diese Weise ergeben sich mehrere getrennte Prüfungen der Parität, bei denen jeweils unterstellt wird, dass allein d i e s e s Unterscheidungsmerkmal verwirklicht ist. So können sich Unterscheidungsmerkmale ergeben, die eine Ungleichbehandlung zu tragen vermögen. Ist das Ergebnis der Überprüfung dieser Merkmale für eine konkrete islamische Religionsgemeinschaft, dass gerade diese Religionsgemeinschaft keines der Unterscheidungsmerkmale verwirklicht, so ist die Rechtsfolge genauer zu betrachten. Sie besteht in der Ausdehnung der ungleich vorenthaltenen Begünstigung – die theologische Hochschuleinrichtung – auf die zuvor ungleich behandelte Gruppe als abgestufter Anspruch[463] auf Gleichbehandlung dieser islamischen Religionsgemeinschaft.[464]
Als Unterscheidungsmerkmale kommen insbesondere diejenigen zusätzlichen Voraussetzungen in Betracht, die für die Erteilung des Religionsunterrichts diskutiert werden. Bei den zusätzlichen Voraussetzungen handelt es sich methodisch um die Herleitung normativer Aussagen aus anderen Normen oder Normbestandteilen, insbesondere mittels systematischer Interpretation, die Auswirkungen auf die Religionsgemeinschaften haben.[465] So können sich bspw. organisatorische Anforderungen ergeben, die in anderen Tätigkeitsbereichen von Religionsgemeinschaften nicht bestehen.[466] Für den Religionsunterricht wird daher die Frage aufgeworfen, ob dessen besondere Sachgesetzlichkeiten die Erfüllung über den Wortlaut von Art. 7 Abs. 3 S. 2 GG hinausgehender Kriterien verlange.[467]
Erstes zur Prüfung anstehendes Unterscheidungsmerkmal ist der Status einer Körperschaft des öffentlichen Rechts gem. Art. 140 GG i. V. m. Art. 137 Abs. 5 WRV, die Bedeutung/Größe der Religionsgemeinschaften ist das zweite zur Prüfung anstehende Unterscheidungsmerkmal. Als eine der Verleihungsvoraussetzungen für den Status einer Körperschaft des öffentlichen Rechts wird die Verfassungstreue der Religionsgemeinschaften als drittes Unterscheidungsmerkmal geprüft. Weiterhin kommen organisatorische Unterscheidungsmerkmale in Betracht, so als viertes Unterscheidungsmerkmal ein dauerhafter Bestand, als fünftes Merkmal die Existenz einer Stelle in der Religionsgemeinschaft, die über eine verbindliche Entscheidungsbefugnis verfügt, sowie zuletzt das Vorhandensein exakter Mitgliedschaftsregelungen.

---

462 Zu den Unterscheidungsmerkmalen *Heun*, in: Dreier, 2. Aufl., Art. 3, Rn. 23; *P/S*, Rn. 433.
463 Der abgestufte Anspruch umfasst eine der Größe und Bedeutung der Religionsgemeinschaft angepasste Behandlung und stellt somit keine „gestufte Parität" dar. Zu dem Unterscheidungsmerkmal der Größe und Bedeutung der Religionsgemeinschaften S. 114f.
464 Näher S. 120ff.
465 OVG NRW, NWVBl. 2004, S. 224, 230; *Pieroth*, in: Muslimische Gemeinschaften, S. 109, 116f.; vgl. auch BVerfGE 102, S. 370, 389, wonach der Verleihensanspruch des Körperschaftsstatus gem. Art. 140 GG i. V. m. Art. 137 Abs. 5 S. 2 WRV weiteren Einschränkungen aus dem Grundgesetzzusammenhang unterliegt.
466 *Pieroth*, in: Muslimische Gemeinschaften, S. 109, 116f.
467 *Spriewald*, S. 98; vgl. *Anger*, S. 370, der von kontextabhängigen weiteren Anforderungen spricht.

Die Ungleichbehandlung muss durch dieselbe Rechtsetzungsgewalt erfolgt sein,[468] so dass das jeweilige Land die maßgebliche Bezugsebene darstellt. Entsprechend sind die in den Ländern bestehenden theologischen Hochschuleinrichtungen darzustellen. Dem Überblick kann auch entnommen werden, welche Unterscheidungsmerkmale in einzelnen Bundesländern entfallen, so z. B. der Körperschaftsstatus in Bayern auf Grund der Gastprofessur für die als eingetragener Verein verfasste IRE.

In **Baden-Württemberg** existieren die Katholisch-Theologischen Fakultäten Freiburg i. Br. und Tübingen sowie die Evangelisch-Theologischen Fakultäten Heidelberg und Tübingen, die durchweg bereits vor Inkrafttreten der Landesverfassung bestanden.[469] An den Pädagogischen Hochschulen in Eßlingen, Freiburg, Heidelberg, Karlsruhe, Lörrach, Ludwigsburg, Reutlingen, Schwäbisch Gmünd und Weingarten bestehen evangelische und katholische religionspädagogische Lehrstühle.[470]

In **Bayern** sind die Katholisch-Theologischen Fakultäten München und Würzburg, die beide bereits vor Inkrafttreten der Landesverfassung errichtet wurden, sowie die Katholisch-Theologischen Fakultäten in Regensburg (seit 1966), Augsburg (seit 1970), Bamberg (seit 1972) und Passau (seit 1978) vorhanden. In Erlangen-Nürnberg (vor Inkrafttreten der Landesverfassung errichtet) und München (seit 1967) bestehen Evangelisch-Theologische Fakultäten.[471] Weiter existieren in Bayern an den Universitäten Erlangen-Nürnberg und Bayreuth je ein Lehrstuhl für Katholische Theologie und einer für Didaktik des katholischen Religionsunterrichts in einem für das erziehungswissenschaftliche Studium zuständigen Fachbereich. Für die Evangelische Kirche wiederum bestehen in Passau, Regensburg und Würzburg sowie an der Gesamthochschule Bamberg an dem für das erziehungswissenschaftliche Studium zuständigen Fachbereich je ein Lehrstuhl für Evangelische Theologie und für die Didaktik des evangelischen Religionsunterrichts sowie an den Universitäten Augsburg und Bayreuth je ein Lehrstuhl für Biblische Theologie, für Systematik und für Religionspädagogik mit Fachdidaktik.[472] Außerhalb der Einrichtungen für die Großkirchen ist für Bayern zu verzeichnen, dass an der Ludwig-Maximilians-Universität München 1994 eine „Ausbildungseinrichtung für Orthodoxe Theologie" entstanden ist. Zuvor war am Katholisch-Theologischen Fachbereich seit 1984 ein Lehrstuhl für Orthodoxe Theologie errichtet. Dieser war aus einer Umwandlung des Lehrstuhls für Missions- und Religionswissenschaften

---

[468] Vgl. BVerfGE 42, S. 20, 27; 52, S. 42, 57f.; 93, S 319, 351; *Jarass*, in: J/P, Art. 3, Rn. 4a; *P/S*, Rn. 431.

[469] *Braun*, Art. 10, Rn. 1; *v. Campenhausen*, HdbWissR I, S. 963, 964; *Hollerbach*, HdbStKirchR II, Fakultäten, S. 549, 550f.

[470] *v. Campenhausen*, HdbWissR I, S. 963, 988; bei *Hollerbach*, HdbStKirchR II, Fakultäten, S. 549, 594f. nur Nennung der konkordatären und staatskirchenvertraglichen Grundlagen.

[471] *v. Campenhausen*, HdbWissR I, S. 963, 964; *Hollerbach*, HdbStKirchR II, Fakultäten, S. 549, 550f.; vgl. auch *v. Busse*, in: N/L/S/Z, Art. 150, Rn. 9 mit Stand v. August 1976, zu dem noch die staatliche philosophisch-theologische Hochschule in Passau bestand.

[472] *Hollerbach*, HdbStKirchR II, Fakultäten, S. 549, 591 mit Nennung der konkordatären und staatskirchenvertraglichen Grundlagen; Existenz der Lehrstühle erwähnt bei *v. Campenhausen*, HdbWissR I, S. 963, 988.

der Katholisch-Theologischen Fakultät entstanden.[473] 1985 errichtete das Bayerische Kultusministerium dann das „Institut für Orthodoxe Theologie".[474] Die Aufgabe der Ausbildungseinrichtung besteht in der Ausbildung von Geistlichen, Religionslehrern und Katecheten in orthodoxer Theologie; hierfür wird ein Diplom der Orthodoxen Theologie angeboten.[475] Die neuen Professoren der Ausbildungseinrichtung gehören keiner der bestehenden Fakultäten an, hingegen besteht unter Mitwirkung der beiden theologischen Fakultäten eine gemeinsame Kommission.[476] Weiterhin besteht in Bayern nun die Gastprofessur für Islamische Religionslehre an der Friedrich-Alexander-Universität Erlangen-Nürnberg für die IRE.[477]

In **Berlin** wurde an der Humboldt-Universität eine Evangelisch-Theologische Fakultät bereits vor Inkrafttreten der Landesverfassung errichtet.[478] An der Freien Universität Berlin besteht ein Institut für Evangelische Theologie, das Aufgaben in der Lehrerausbildung wahrnimmt.[479] Trotz der Bemühungen, eine Katholisch-Theologische Fakultät an der Humboldt-Universität zu errichten, existiert eine solche bislang nicht. An der Freien Universität Berlin dient ein Seminar für Katholische Theologie der Lehrerausbildung.[480]

In **Brandenburg** existiert – soweit ersichtlich – trotz landesverfassungsrechtlicher Normierung über die Besetzung theologischer Lehrstühle[481] derzeit keine theologische Hochschuleinrichtung.

Die Universität Bremen bietet für das Land **Bremen** ein überkonfessionelles religionswissenschaftliches/religionspädagogisches Lehramtsstudium.[482] Es werden am Fachbereich Kulturwissenschaften verschiedene Abschlüsse im Bereich des Lehramtsstudiums angeboten. Hierfür existieren mehrere Professuren.[483] Das Studium ist als religionspädagogisches Studium im Hinblick auf den bremischen bekenntnismäßig nicht gebundenen Unterricht in Biblischer Geschichte auf allgemein christlicher

---

[473] *Westrick*, in: Festgabe Augoustinos, S. 145, 147; vgl. *Mussinghoff*, in: Festgabe Schwendenwein, S. 617, 627 m. w. N. in Fn. 69 auf S. 635.

[474] Vgl. den Internetauftritt der Ausbildungseinrichtung für Orthodoxe Theologie, abrufbar unter URL: http://www.orththeol.uni-muenchen.de/index2.html (Stand: 02.01.2005).

[475] A. a. O.

[476] A. a. O.

[477] Oben S. 14ff.

[478] *v. Campenhausen*, HdbWissR I, S. 963, 964; *Hollerbach*, HdbStKirchR II, Fakultäten, S. 549, 551.

[479] Vgl. die Homepage des Lehrstuhls, abrufbar unter URL: http://www.fu-berlin.de/einrichtungen/fachbereiche/gesch-kultur/evt.html (Stand: 02.01.2005).

[480] *Ruh*, HK 1995, S. 293, 294f.

[481] Vgl. Art. 32 Abs. 4 bbgVerf: „Zur Ausbildung ihrer Geistlichen haben die Kirchen das Recht, eigene Anstalten mit Hochschulcharakter zu errichten und zu unterhalten. Entsprechendes gilt für Religionsgemeinschaften. Die Besetzung der Lehrstühle an den staatlichen theologischen Fakultäten erfolgt im Benehmen mit den Kirchen."

[482] *v. Campenhausen*, HdbWissR I, S. 963, 988.

[483] Vgl. die Homepage für den Studiengang, abrufbar unter URL: http://www.religion.uni-bremen.de (Stand: 02.01.2005).

Grundlage (Art. 32 Abs. 1 bremVerf) zu kennzeichnen. Der Unterricht stellt nicht allein eine Religionskunde dar.[484]

In **Hamburg** besteht seit 1946 – noch vor Inkrafttreten der Landesverfassung – eine Evangelisch-Theologische Fakultät.[485] Theologische Hochschuleinrichtungen für die Katholische Kirche sind nicht vorhanden.

In **Hessen** gab es die Evangelisch-Theologische Fakultät Marburg bereits vor Inkrafttreten der Landesverfassung.[486] Mit Erlass vom 23.09.1987 teilte das Land Hessen zudem den bikonfessionellen Fachbereich Religionswissenschaften an der Universität in Frankfurt a. M. in nunmehr zwei eigenständige Fachbereiche Evangelische Theologie und Katholische Theologie.[487] Hier erfolgt auch die Lehramtsausbildung, so dass keine getrennten religionspädagogischen Lehrstühle mehr benannt werden können.[488] Weiterhin bestehen an der Universität Gießen sowie an der Gesamthochschule Kassel Lehrstühle für die evangelische und katholische religionspädagogische Ausbildung.[489]

In **Mecklenburg-Vorpommern** sind aus der Zeit vor Inkrafttreten der Landesverfassung die Evangelisch-Theologischen Fakultäten Greifswald und Rostock vorhanden.[490] Die Gründung einer Katholisch-Theologischen Fakultät oder einzelner Lehrstühle ist derzeit nicht beabsichtigt.[491]

In **Niedersachsen** existiert die Evangelisch-Theologische Fakultät Göttingen, die bereits vor Inkrafttreten der Landesverfassung errichtet wurde.[492] Religionspädagogische Ausbildung erfolgt an den Universitäten Braunschweig, Göttingen, Hannover, Hildesheim, Lüneburg und Osnabrück.[493] Oldenburg bietet religionspädagogische Ausbil-

---

[484] Vgl. *Link*, ZevKR 24, S. 54, 89ff., 105ff.

[485] *v. Campenhausen*, HdbWissR I, S. 963, 964; *Hollerbach*, HdbStKirchR II, Fakultäten, S. 549, 551.

[486] *v. Campenhausen*, HdbWissR I, S. 963, 964; *Hollerbach*, HdbStKirchR II, Fakultäten, S. 549, 551.

[487] Vgl. BVerwGE 101, S. 309, 310; VGH Kassel, NVwZ 1995, S. 505, 506; *Lecheler*, NJW 1997, S. 439, 439. In der Schweiz existiert auf Grund einer Vereinigung der zwei theologischen Fakultäten an der Universität Bern die „Christkatholische und Evangelisch-Theologische Fakultät“, hierzu *Lienemann*, in: Schweizerisches Jahrbuch 2003, S. 11, 22.

[488] Vgl. die Homepage der Zentralen Studienberatung der Universität, abrufbar unter URL: http://www.uni-frankfurt.de/studium/studienangebot/studanfb.html (Stand: 02.01.2005) und http://www.uni-frankfurt.de/studium/studienangebot/studanfb.html (Stand: 02.01.2005); zur früheren religionspädagogischen Ausbildung *v. Campenhausen*, HdbWissR I, S. 963, 988 und *Hollerbach*, HdbStKirchR II, Fakultäten, S. 549, 592.

[489] *v. Campenhausen*, HdbWissR I, S. 963, 988; *Hollerbach*, HdbStKirchR II, Fakultäten, S. 549, 592 mit Nennung der konkordatären und staatskirchenvertraglichen Grundlagen.

[490] *v. Campenhausen*, HdbWissR I, S. 963, 964; *Hollerbach*, HdbStKirchR II, Fakultäten, S. 549, 551.

[491] Vgl. *Weber*, in: FS Heckel, S. 463, 489. Nach Art. 6 des Vertrages mit der Katholischen Kirche ist dann, wenn das Land oder eine seiner Hochschulen eine Einrichtung für Katholische Theologie oder Religionspädagogik errichten will, eine gesonderte Vereinbarung des Landes mit dem Heiligen Stuhl erforderlich.

[492] *v. Campenhausen*, HdbWissR I, S. 963, 964; *Hollerbach*, HdbStKirchR II, Fakultäten, S. 549, 551.

[493] *v. Campenhausen*, HdbWissR I, S. 963, 988; *Hollerbach*, HdbStKirchR II, Fakultäten, S. 549, 592 Nennung der konkordatären und staatskirchenvertraglichen Grundlagen.

dung allein für evangelische Theologie,[494] Vechta allein für katholische Theologie am Institut für Katholische Theologie.[495]

In **Nordrhein-Westfalen** bestehen die Katholisch-Theologischen Fakultäten Bonn, Münster (jeweils bereits vor Inkrafttreten der Landesverfassung errichtet) und Bochum (seit 1967) sowie die Evangelisch-Theologischen Fakultäten Bonn, Münster (vor Inkrafttreten der Landesverfassung errichtet) und Bochum (seit 1967).[496] In Nordrhein-Westfalen sind auch religionspädagogische Lehrstühle im erziehungswissenschaftlichen/pädagogischen Bereich an der Technischen Hochschule Aachen, an den Universitäten Bielefeld, Bonn, Dortmund, Köln und Münster und an den Gesamthochschulen Duisburg, Essen, Paderborn, Siegen und Wuppertal vorhanden.[497] Außerhalb der Einrichtungen für die Großkirchen ist weiter auf das Katholische Bistum der Alt-Katholiken in Deutschland hinzuweisen, das durch das zur Universität Bonn gehörende Alt-Katholische Seminar über eine vom Staat getragene Ausbildungsstätte für Priesteramtskandidaten verfügt.[498] An der Westfälischen Wilhelms-Universität Münster bestand außerdem seit 1979 ein Lehrstuhl für Orthodoxe Theologie, der organisatorisch dem Fachbereich Katholische Theologie über das Katholisch-Ökumenische Institut, Abt. II Östliche Kirche, angebunden war. Der Lehrstuhlinhaber war nicht Mitglied des Fachbereichs Katholische Theologie, sondern unmittelbar dem Senat unterstellt.[499] Nach der Emeritierung des ersten Lehrstuhlinhabers im Jahr 1999 blieb die Stelle zunächst unbesetzt,[500] während sie nun in das neu gegründete Centrum für Religiöse Studien eingebracht und wieder ausgeschrieben wurde.[501]

In **Rheinland-Pfalz** bestehen an der Universität in Mainz eine Katholisch-Theologische sowie eine Evangelisch-Theologische Fakultät, jeweils vor Inkrafttreten der Landesverfassung errichtet.[502] An der Universität Koblenz-Landau, vormals Erziehungs-

---

494 *v. Campenhausen*, HdbWissR I, S. 963, 988; *Hollerbach*, HdbStKirchR II, Fakultäten, S. 549, 592 Nennung der konkordatären und staatskirchenvertraglichen Grundlagen.

495 Vgl. die Homepage des Instituts, abrufbar unter URL: http://www.uni-vechta.de/institute/kt /index.html (Stand: 02.01.2005).

496 *v. Campenhausen*, HdbWissR I, S. 963, 964; *Hollerbach*, HdbStKirchR II, Fakultäten, S. 549, 550f.

497 *v. Campenhausen*, HdbWissR I, S. 963, 988; *Hollerbach*, HdbStKirchR II, Fakultäten, S. 549, 592 mit Nennung der konkordatären und staatskirchenvertraglichen Grundlagen.

498 *Hollerbach*, HdbStKirchR II, Fakultäten, S. 549, 550; *Mussinghoff*, Theologische Fakultäten, S. 85; *Solte*, Theologie an der Universität, S. 93; vgl. auch den Internetauftritt des Alt-Katholischen Seminars, abrufbar unter URL: http://www.alt-kath.uni-bonn.de (Stand: 02.01.2005).

499 *Mussinghoff*, in: Festgabe Schwendenwein, S. 617, 627; vgl. *Westrick*, in: Festgabe Augoustinos, S. 145, 147.

500 *Pröpper*, in: Jahresbericht 1999, zum Punkt Personal, Nachwuchsförderung; *ders.*, in: Jahresbericht 2000, zum Punkt Personal, Nachwuchsförderung.

501 *Werbick*, in: Jahresbericht 2002, zum Punkt Entwicklung/ Perspektiven; *ders.*, in: Jahresbericht 2001, zum Punkt Entwicklung/ Perspektiven; *Bremer*, in: Jahresbericht 2003, zum Punkt Entwicklung/ Perspektiven. Vgl. auch II. 1.1. Errichtung eines „Centrums für Religiöse Studien", in: Zielvereinbarung zwischen der Westfälischen Wilhelms-Universität Münster und dem Ministerium für Schule, Wissenschaft und Forschung des Landes Nordrhein-Westfalen, abrufbar unter URL: http://wwwuv2. uni-muenster.de/Dokumente/zielvereinbarung.pdf (Stand: 02.01.2005): „Zur Erreichung dieses Ziels wird sie dem Centrum eine C 3-Stelle für Orthodoxe Theologie *wieder* zuweisen." Näher zum Centrum für Religiöse Studien S. 30ff.

502 *v. Campenhausen*, HdbWissR I, S. 963, 964; *Hollerbach*, HdbStKirchR II, Fakultäten, S. 549, 550f.

wissenschaftliche Hochschule Rheinland-Pfalz, existieren jeweils in Koblenz und Landau religionspädagogische Lehrstühle.[503]

Im **Saarland** bestehen keine theologischen Fakultäten, aber an der Philosophischen Fakultät der Universität des Saarlandes eine Fachrichtung Katholische Theologie auf Grund Vertrages aus dem Jahr 1985 mit mindestens vier Stellen. Auf vertraglicher Grundlage des gleichen Jahres ist Entsprechendes für die Evangelische Theologie zu verzeichnen.[504]

Sachsen besitzt eine Evangelisch-Theologische Fakultät in Leipzig (vor Inkrafttreten der Landesverfassung errichtet).[505] Die Gründung einer Katholisch-Theologischen Fakultät ist nicht beabsichtigt.[506] An der Technischen Universität Dresden bestehen an der Philosophischen Fakultät ein Institut für Evangelische Theologie[507] sowie eines für Katholische Theologie[508]. Die Institute sind je mit einem Lehrstuhl für Systematische Theologie sowie zwei Professuren für Biblische Theologie und Religionspädagogik ausgestattet.[509]

In **Sachsen-Anhalt** besteht die Evangelisch-Theologische Fakultät Halle-Wittenberg (vor Inkrafttreten der Landesverfassung errichtet).[510] Die Gründung einer Katholisch-Theologischen Fakultät ist nicht beabsichtigt.[511] Mit dem Wintersemester 2003/2004 begann an der Martin-Luther-Universität Halle-Wittenberg der Lehrbetrieb des Instituts für Katholische Theologie und ihre Didaktik unter Eingliederung des Instituts in die Philosophische Fakultät.[512]

In **Schleswig-Holstein** existiert in Kiel eine Evangelisch-Theologische Fakultät, die bereits vor Inkrafttreten der Landesverfassung errichtet wurde.[513] Religionspädagogische Lehrstühle bestehen zudem an den Pädagogischen Hochschulen Flensburg (hier allein für Evangelische Theologie) und Kiel.[514]

---

503 *v. Campenhausen*, HdbWissR I, S. 963, 988; bei *Hollerbach*, HdbStKirchR II, Fakultäten, S. 549, 593f. auch Nennung der konkordatären und staatskirchenvertraglichen Grundlagen.

504 *Hollerbach*, HdbStKirchR II, Fakultäten, S. 549, 591f. m. Nennung der konkordatären und staatskirchenvertraglichen Grundlagen; Existenz der Lehrstühle auch erwähnt bei *v. Campenhausen*, HdbWissR I, S. 963, 988.

505 *v. Campenhausen*, HdbWissR I, S. 963, 964; *Hollerbach*, HdbStKirchR II, Fakultäten, S. 549, 551.

506 *Weber*, in: FS Heckel, S. 463, 489.

507 Vgl. die Homepage des Instituts, abrufbar unter URL: http://www.tu-dresden.de/phfiet/ (Stand: 02.01.2005).

508 Vgl. die Homepage des Instituts, abrufbar unter URL: http://www.tu-dresden.de/phfikt/homepage.html (Stand: 02.01.2005).

509 Vgl. die Homepage des Instituts für Evangelische Theologie, abrufbar unter URL: http://www.tu-dresden.de/phfiet/institut/institut_text.htm (Stand: 02.01.2005).

510 *v. Campenhausen*, HdbWissR I, S. 963, 964; *Hollerbach*, HdbStKirchR II, Fakultäten, S. 549, 551.

511 *Weber*, in: FS Heckel, S. 463, 489.

512 Vgl. auf der Homepage des Bistums Magdeburg, abrufbar unter URL: http://www.bistum-magdeburg.de/15/14/192 (Stand: 02.01.2005) und unter http://www.kathweb.de/bistum-magdeburg/Detailed/906.html (Stand: 02.01.2005).

513 *v. Campenhausen*, HdbWissR I, S. 963, 964; *Hollerbach*, HdbStKirchR II, Fakultäten, S. 549, 551.

514 *v. Campenhausen*, HdbWissR I, S. 963, 988; bei *Hollerbach*, HdbStKirchR II, Fakultäten, S. 549, 592 Nennung der konkordatären und staatskirchenvertraglichen Grundlagen.

In **Thüringen** ist eine Evangelisch-Theologische Fakultät in Jena eingerichtet (errichtet vor Inkrafttreten der Landesverfassung).[515] Seit dem 01.01.2003 existiert an der Universität Erfurt ebenso eine Katholisch-Theologische Fakultät durch die Eingliederung des Erfurter Philosophisch-Theologischen Studiums in diese Universität.[516]

2. Verfassungsrechtliche Rechtfertigung

Fraglich ist, ob die Ungleichbehandlungen anhand der verschiedenen Unterscheidungsmerkmale verfassungsrechtlich gerechtfertigt sind.

a) Maßstab

Vorrangig käme eine Überprüfung am Maßstab von Art. 3 Abs. 3 S. 1 GG auf Grund der Merkmale des Glaubens und der religiösen Anschauungen in Betracht. Das Verhältnis von Art. 3 Abs. 3 S. 1 GG zu den staatskirchenrechtlichen Normen wird insgesamt als ungeklärt bezeichnet.[517]

Art. 3 Abs. 3 S. 1 GG kann nach dem Dafürhalten der Literatur im Einzelfall überlagert werden,[518] so dass eine Anwendung von Art. 3 Abs. 3 S. 1 GG ausgeschlossen sein kann. Was als sachlicher Grund anzuerkennen ist, ergibt sich zunächst aus den staatskirchenrechtlichen Normen,[519] denn das Staatskirchenrecht erlaubt Differenzierungen, die sich ansonsten nach dem Grundgesetz als unzulässig darstellen.[520] Art. 140 GG i. V. m. Art. 137 Abs. 5 WRV enthält eine besondere staatskirchenrechtliche Differenzierungserlaubnis.[521]

Gegen eine dreistufige Parität, die zwischen den traditionellen Großkirchen, den übrigen Körperschaften des öffentlichen Rechts und den privatrechtlich organisierten Religionsgemeinschaften unterscheidet,[522] ist bereits einzuwenden, dass sie dem Wortlaut des Grundgesetzes nicht zu entnehmen ist. Art. 140 GG i. V. m. Art. 137 Abs. 5 S. 2 WRV spricht gerade von der Einräumung gleicher Rechte.[523] Hiermit ist sogar die einzige direkte Paritätsaussage des Grundgesetzes betroffen.[524]

Hiervon abgesehen spiegelt sich in der Anwendung allein von Art. 3 Abs. 1 GG wider, dass die staatskirchenrechtliche Parität ihre Rechtsgrundlage im allgemeinen Gleichheitssatz gem. Art. 3 Abs. 1 GG und nicht im besonderen Gleichheitssatz gem. Art. 3

---

515 *v. Campenhausen*, HdbWissR I, S. 963, 964; *Hollerbach*, HdbStKirchR II, Fakultäten, S. 549, 551.

516 *Solte*, ZevKR 49, S. 351, 354 in Fn. 9; *Deckers*, F.A.Z. v. 20.11.2002, S. 10.

517 Vgl. *Osterloh*, in: Sachs, GG, Art. 3, Rn. 301.

518 *Heun*, in: Dreier, 1. Aufl., Art. 3, Rn. 118; *Starck*, in: M/K/S, Art. 3, Rn. 372; *Sachs*, HdbStR V, § 126, Rn. 61.

519 *Korioth*, in: M/D, Art. 140, Rn. 32; *M. Heckel*, HdbStKirchR I 1994, S. 589, 609; *Schlaich*, ZevKR 19, S. 195, 204; *Jeand'Heur/Korioth*, Rn. 169.

520 *Weiß*, KritV 2000, S. 104, 118.

521 *Starck*, in: M/K/S, Art. 3, Rn. 394.

522 Vgl. *J. Heckel*, in: FS Smend, S. 103, 109; *M. Heckel*, Gleichheit, S. 57f.; *Jeand'Heur/Korioth*, Rn. 170.

523 Kritik an der dreistufigen Parität üben *Korioth*, in: M/D, Art. 140, Rn. 32; *Renck*, DÖV 2002, S. 56, 58f.; *Schlaich*, ZevKR 19, S. 195, 203; *Jeand'Heur/Korioth*, Rn. 170.

524 *Mayer-Scheu*, S. 211f.

Abs. 3 S. 1 GG hat.[525] Dieses Verständnis hat das Bundesverfassungsgericht seinen Entscheidungen zugrunde gelegt, als es einerseits die Zulässigkeit von Sonderregelungen für Religionsgemeinschaften mit dem verfassungsrechtlichen Status als öffentlich-rechtliche Körperschaften vollständig ohne Prüfung des Art. 3 Abs. 3 S. 1 GG begründete.[526] Andererseits hat das Gericht bei der Begründung der Unzulässigkeit einer Gebührenbefreiung nur der großen Kirchen nicht mit Art. 3 Abs. 3 S. 1 GG, sondern mit Art. 3 Abs. 1 GG argumentiert, und Art. 3 Abs. 3 S. 1 GG nur beiläufig mit herangezogen.[527] Dem Verständnis des Bundesverfassungsgerichts entsprechend findet sich in der Literatur auch die Klassifizierung von Parität im engeren Sinne zwischen den beiden großen Konfessionskirchen, von Parität im weiteren Sinne als Gleichheit jeweils zwischen den Religionsgemeinschaften des öffentlichen und des privaten Rechts und zwischen beiden Gruppen, wo die Verfassung diesen allen gleiche Rechte einräumt, und drittens die bürgerliche Parität als Parität im weitesten Sinne mit der Garantie der allgemeinen Gleichheit aller Individuen/weltanschaulichen Vereinigungen ohne Rücksicht auf das Bekenntnis, heute Art. 3 Abs. 3 GG.[528]

b) Die Unterscheidungsmerkmale

aa) Körperschaftsstatus

(1) Als staatskirchenrechtliche Differenzierungserlaubnis

Vorrangig zu prüfen ist die in Art. 140 GG i. V. m. Art. 137 Abs. 5 WRV enthaltene besondere staatskirchenrechtliche Differenzierungserlaubnis, die einer Prüfung der verfassungsrechtlichen Rechtfertigung am Maßstab von Art. 3 Abs. 1 GG vorgeht. Es stellt sich die Frage, ob die Errichtung theologischer Hochschuleinrichtungen ein Vorrecht ist, das bereits in der Verfassung enthalten oder zumindest Teil des mit dem Körperschaftsstatus verbundenen einfach-rechtlich geregelten Privilegienbündels ist.

Die Katholische und Evangelische Kirche sind öffentlich-rechtlich korporiert. Weiterhin besitzen sowohl die Griechisch-Orthodoxe Metropolie von Deutschland (betrifft deren theologische Hochschuleinrichtungen in Bayern und Nordrhein-Westfalen) als auch die Alt-Katholische Kirche (betrifft das Altkatholische Seminar in Nordrhein-Westfalen) den Status einer Körperschaft des öffentlichen Rechts.[529] Die IRE (für die Gastprofessur an der bayerischen Universität Erlangen-Nürnberg) teilt als eingetragener Verein diesen Status ersichtlich nicht, so dass für einen in Bayern geltend gemach-

---

[525] Vgl. *Mikat*, Art. Parität, StL IV, Sp. 294, 296. In der Literatur wird zum Teil auch eine Anwendbarkeit von Art. 3 Abs. 3 S. 1 GG für die Bevorzugung von bestimmten religiösen Gemeinschaften bejaht, so *Jarass*, in: J/P, Art. 3, Rn. 114.

[526] BVerfGE 19, S. 129, 134f.

[527] BVerfGE 19, S. 1, 6ff., 11. Diese Rspr. heranziehend auch *Rüfner*, in: BK, Art. 3, Rn. 852.

[528] *M. Heckel*, Art. Parität, EvStL II, Sp. 2411, 2417f.; aber Anwendung von Art. 3 Abs. 1 und 3 GG bei Fehlen besonderer staatskirchenrechtlicher Differenzierungserlaubnisse bei *Weber*, ZevKR 36, S. 253, 261.

[529] Vgl. *Lehmann*, S. 30 für die Alt-Katholische Kirche; Homepage der Griechisch-Orthodoxen Metropolie von Deutschland, die am 29.10.1974 den Status einer Körperschaft des öffentlichen Rechts durch das Land Nordrhein-Westfalen verliehen erhielt, abrufbar unter URL: http://www.orthodoxie.net/de/1_d.html (Stand: 26.02.2004).

ten Anspruch aus der Parität das Differenzierungskriterium des Körperschaftsstatus bereits entfällt.
Es kommt eine zweistufige Parität in Betracht, die zwischen den Religionsgemeinschaften mit und ohne Status einer Körperschaft des öffentlichen Rechts differenziert.[530] Soweit der Körperschaftsstatus bestimmte Vorrechte mit sich bringt, sind diese anzuerkennen und eine Bewertung aus dem Gleichheitssatz heraus kann dahingestellt bleiben.[531]
Der Status einer Körperschaft des öffentlichen Rechts ist nicht ausdrücklich im Grundgesetz – vergleichbar dem Art. 137 Abs. 6 WRV in Bezug auf die Kirchensteuer – als Voraussetzung für die Errichtung einer theologischen Hochschuleinrichtung normiert, so dass nur noch die Möglichkeit besteht, dass der Körperschaftsstatus aus einer Interpretation der Verfassung heraus die Errichtung theologischer Hochschuleinrichtungen als Vorrecht einschließt.
Es erscheint nicht ausgeschlossen, dass die Vertreter der Ansicht, die den Körperschaftsstatus als Voraussetzung für die Erteilung von Religionsunterricht nach Art. 7 Abs. 3 GG sehen,[532] gleiche Voraussetzung auch für theologische Hochschuleinrichtungen forderten, sollte diese Fragestellung größere Aktualität auch im juristischen Schrifttum erlangen. Bei beiden Bereichen handelt es sich um gemeinsame Angelegenheiten. Und für die Begründung der Ansicht, die den Körperschaftsstatus Voraussetzung für die Erteilung von Religionsunterricht sein lässt, wird gerade auf das Kooperationsverhältnis zwischen Staat und Religionsgemeinschaft, das die gemeinsamen Angelegenheiten kennzeichnet, verwiesen.[533]

Gegen die Korporationsqualität als zusätzliche Anforderung für Religionsgemeinschaften, die die Errichtung theologischer Hochschuleinrichtungen ihres Bekenntnisses beabsichtigen, spricht die Verknüpfung der theologischen Hochschuleinrichtungen mit der Lehrerausbildung. Traditionell dienen insbesondere singuläre theologische Lehrstühle, aber auch theologische Fakultäten der Ausbildung von Lehrern für den Religionsunterricht. Die Lehrerausbildung mit Ausnahme des Bedarfs für die höheren Schulen wird im Bereich der katholischen und evangelischen Theologie durch religionspädagogische Lehrstühle wahrgenommen.[534] Die entsprechende Ausbildung für die Lehrer an höheren Schulen erfolgt dagegen regelmäßig durch die theologischen Fakultäten, die weiterhin Ausbildungsfunktionen für Geistliche und sonstige Bedienstete der Kirche, d. h. andere seelsorgerische Dienste, wahrnehmen.[535] Forderte man die Korporationsqualität indes für die Errichtung theologischer Hochschuleinrichtungen, soweit sie auch Aufgaben in der Lehrerausbildung wahrnehmen, so könnte die durch Art. 7

530 Vgl. *Listl/Hollerbach*, HdbkathKirchR, S. 1268, 1278. Zur dreistufigen Parität S. 107.
531 *Weiß*, KritV 2000, S. 104, 111.
532 Zu den kontextabhängigen Voraussetzungen zur Erteilung des Religionsunterrichts S. 68ff.
533 *Korioth*, NVwZ 1997, S. 1041, 1047f.; vgl. auch BVerfGE 42, S. 312, 331 mit der Rede von verständiger Kooperation.
534 *Hollerbach*, Art. Theologische Fakultäten, StL V, Sp. 461, 462; *Link*, HdbStKirchR II 1995, S. 439, 473.
535 *Hollerbach*, Art. Theologische Fakultäten, StL V, Sp. 461, 462; *Link*, HdbStKirchR II 1995, S. 439, 473; *Puza*, ThQ 1991, S. 108, 111f.

Abs. 3 S. 2 GG getroffene Entscheidung[536] zumindest teilweise unterlaufen werden. Den Religionsgemeinschaften wäre es zwar unbenommen, private Hochschulen zu errichten,[537] doch die Ausbildung der Religionslehrer an einer staatlichen Hochschule ist eine Möglichkeit, die die Religionsgemeinschaft legitimer Weise aus verschiedenen Gründen für sich als vorzugswürdig erachten kann, so aus finanziellen Erwägungen.
Aus der Vorgeschichte lässt sich ebenfalls nicht herleiten, dass die Errichtung theologischer Hochschuleinrichtungen ein mit der Korporationsqualität nach dem Grundgesetz verknüpftes Vorrecht ist. Art. 149 Abs. 3 WRV enthielt den Begriff der Religionsgesellschaft nicht und traf insgesamt keine Aussage zu der Qualität des staatlichen Gegenübers bei der Errichtung theologischer Fakultäten. Anders stellt sich das für Art. 149 Abs. 1 S. 3 WRV dar, der Vorläufernorm zu Art. 7 Abs. 3 S. 2 GG, die den Begriff der Religionsgesellschaft verwendete. Auf Grund der nachgeordneten Stellung des Art. 149 Abs. 3 WRV im gleichen Artikel der Weimarer Reichsverfassung könnte angenommen werden, dass auf den Begriff der Religionsgesellschaft als Partner des Staates auch für die theologischen Fakultäten Bezug genommen werden sollte. Art. 149 WRV wiederum war innerhalb der Weimarer Reichsverfassung im Zweiten Hauptteil (Grundrechte und Grundpflichten der Deutschen), Vierter Abschnitt, Bildung und Schule (Art. 142–150), platziert. Die Regelungen zum Körperschaftsstatus in dem heute mittels Art. 140 GG inkorporierten Art. 137 Abs. 5, 6 WRV waren dem Zweiten Hauptteil der Weimarer Reichsverfassung (Grundrechte und Grundpflichten der Deutschen), Dritter Abschnitt, Religion und Religionsgesellschaften (Art. 135–141), zugeordnet. Auf Grund dieser Systematik könnte man annehmen, dass es eines besonderen Hinweises darauf bedurft hätte, dass der an anderer Stelle im Rahmen der staatskirchenrechtlichen Normen geregelte Körperschaftsstatus für den Status einer Religionsgesellschaft erforderlich sein sollte.[538] In der zeitgenössischen Literatur wurde diese Frage aber unterschiedlich beantwortet.
Koeniger/Giese verwendeten den Begriff der Religionsgesellschaft, nicht den der Körperschaft des öffentlichen Rechts, in Bezug auf die theologischen Fakultäten: „Nur darf dabei nicht mehr, wie bisher, eine Beschränkung auf die christlichen [theologischen Fakultäten an den Hochschulen] stattfinden, muß vielmehr jeder Religionsgesellschaft und jeder Weltanschauungsvereinigung das gleiche Recht zuerkannt werden.“[539] *Giese* schrieb weiterhin ausdrücklich an anderer Stelle: „Auch hier ist die Bevorzugung abgeschwächt durch die (theoretische) Möglichkeit, daß auch für nicht öf-

[536] Zu dem Anspruch auf Einrichtung theologischer Lehrstühle aus Art. 7 Abs. 3 GG S. 42ff.
[537] Vgl. Art. 32 Abs. 4 S. 1, 2 bbgVerf: „Zur Ausbildung ihrer Geistlichen haben die Kirchen das Recht, eigene Anstalten mit Hochschulcharakter zu errichten und zu unterhalten. Entsprechendes gilt für Religionsgemeinschaften.“; § 70 HRG; Regelungen der nichtstaatlichen Hochschulen und ihrer Anerkennung in den Ländern: § 128 bwUG; Art. 108ff. bayHG; § 123 berlHG; §§ 78ff. bbgHG; § 112 bremHG; §§ 114ff. hmbHG; §§ 101ff. hessHG; §§ 108ff. mvHG; §§ 64ff. ndsHG; §§ 113ff. nrwHG; §§ 117ff. rhpfHG; §§ 121ff. sächsHG; §§ 107ff. saHG; §§ 106ff. shHG; §§ 113ff. thürHG. Im sldUG findet sich keine Normierung.
[538] *Oebbecke*, in: Handbuch Islam, S. 321 führt dieses Argument gegen das Erfordernis des Status der Körperschaft des öffentlichen Rechts für die Erteilung von Religionsunterricht an.
[539] *Koeniger/Giese*, S. 295.

fentlich-rechtliche Religionsgesellschaften solche Fakultäten errichtet werden können."[540]

Anders sah das *Schoen*, der von einer „staatliche(n) Bevorzugung(..) der Kirchen im Gegensatze zu anderen Religionsgesellschaften" sprach und in diesem Zusammenhang die theologischen Fakultäten nannte: „Der Staat sorgt durch den Unterhalt der theologischen Fakultäten an den Hochschulen, die nach Artikel 149 Abs. 3 RVerf. erhalten bleiben, für die Vorbildung der Diener der katholischen und evangelischen Kirche, während er für die Ausbildung der Diener anderer Religionsgesellschaften keine Sorge trägt, diese vielmehr in privaten, allein von diesen Gesellschaften unterhaltenen Anstalten erfolgt (...)".[541] An späterer Stelle heißt es: „Nur insofern bleiben die mit öffentlicher Korporationsqualität beliehenen Religionsgesellschaften *rechtlich* noch benachteiligt gegenüber den Landeskirchen, als der Staat nicht für die Ausbildung ihrer Diener sorgt".[542] *Schoen* differenzierte daher zwischen den alt- und neu-korporierten Religionsgesellschaften.

Es findet sich in der Literatur zur Weimarer Reichsverfassung weiterhin die (umstrittene) Auffassung, dass sich eine Beschränkung der Errichtung theologischer Fakultäten an den Hochschulen auf diejenigen Bekenntnisse, für die bereits vor Inkrafttreten der Weimarer Reichsverfassung theologische Fakultäten bestanden, aus Art. 149 Abs. 3 WRV entnehmen lasse.[543] Indem für die Errichtung theologischer Fakultäten eine Beschränkung auf diejenigen Bekenntnisse vertreten wurde, für die schon vor 1919 theologische Fakultäten bestanden, wären in der Konsequenz auch die Religionsgesellschaften ohne Status einer Körperschaft des öffentlichen Rechts ausgeschlossen.

Aus der Vorgeschichte lässt sich daher insbesondere auf Grund der vielfältig vertretenen Auffassungen nicht herleiten, dass die Errichtung theologischer Hochschuleinrichtung ein mit der Korporationsqualität nach dem Grundgesetz verknüpftes Vorrecht ist. Die Errichtung theologischer Hochschuleinrichtungen ist mithin kein Vorrecht, das mit dem Körperschaftsstatus verbunden ist.

Die Errichtung theologischer Hochschuleinrichtungen ist auch nicht Teil des Privilegienbündels,[544] das die als Körperschaften des öffentlichen Rechts organisierten Religionsgemeinschaften genießen. Das Privilegienbündel umfasst mit dem Korporationsstatus verbundene Rechte, die aber durch Gesetz oder auf Grund Gesetzes wieder entzogen werden können.[545] Dem Privilegienbündel gehört die Errichtung theologischer Hochschuleinrichtungen nicht an, da die Gründung theologischer Hochschuleinrichtungen nicht auch allen anderen öffentlich-rechtlichen Religionsgemeinschaften eingeräumt wird.[546]

---

540 *Giese*, AöR 46, S. 1, 48. Vgl. auch S. 39.

541 *Schoen*, VerwArch 29, S. 1, 18.

542 *Schoen*, VerwArch 29, S. 1, 30.

543 *Holstein*, in: FS Pappenheim, S. 190, 192; a. A. *Anschütz*, WRV, 14. Aufl., Art. 149, Anm. 5, S. 692; *Giese*, Art. 149, Anm. 7. c).

544 Zum Privilegienbündel vgl. *Jarass*, in: J/P, Art. 140, Art. 137 WRV, Rn. 18; *Muckel*, DÖV 1995, S. 311, 311f.; *v. Campenhausen*, Staatskirchenrecht, S. 307ff.

545 *v. Campenhausen*, Staatskirchenrecht, S. 307ff.

546 Vgl. *Weiß*, KritV 2000, S. 104, 104f.

Die weitere Bewertung aus dem allgemeinen Gleichheitssatz kann daher nicht dahin gestellt bleiben, denn die Differenzierungserlaubnis des Art. 140 GG i. V. m. Art. 137 Abs. 5 WRV greift nicht ein.

(2) Als sachlicher Grund für die Ungleichbehandlung

Aus dem allgemeinen Gleichheitssatz, auf den für die staatskirchenrechtliche Parität Bezug genommen wird, ergeben sich unterschiedliche Grenzen für die Kontrolldichte, die sich von einem einfachen Willkürverbot hin zu einer strengen Bindung an den Verhältnismäßigkeitsgrundsatz staffeln.[547] Nach der vom Ersten Senat des Bundesverfassungsgerichts entwickelten Neuen Formel, die bei Ungleichbehandlungen größerer Intensität Verwendung findet, ist Art. 3 Abs. 1 GG verletzt, „wenn eine Gruppe von Normadressaten im Vergleich zu anderen Normadressaten anders behandelt wird, obwohl zwischen beiden Gruppen keine Unterschiede von solcher Art und solchem Gewicht bestehen, dass sie die ungleiche Behandlung rechtfertigen könnten"[548]. Anwendung findet die Neue Formel regelmäßig in Fällen, in denen es um die unterschiedliche Behandlung von Personengruppen und nicht allein von Sachverhalten geht.[549] Insbesondere ist das der Fall, wenn die Personen durch ihr Verhalten die Verwirklichung der Merkmale, nach denen unterschieden wird, nur schwer beeinflussen können.[550] Weiterhin ist die Anwendung der Neuen Formel in Fällen angezeigt, in denen die Ungleichbehandlung sich auf die Ausübung von grundrechtlich geschützten Freiheiten nachteilig auswirken kann.[551] Hier hat die Prüfung umso strenger auszufallen, je intensiver in das Grundrecht eingegriffen wird.[552] Zudem ist die Anwendung geboten, je mehr sich die personenbezogenen Merkmale jenen in Art. 3 Abs. 3 S. 1 GG pönalisierten Kriterien annähern und je größer so die Gefahr ist, dass eine an dieses Merkmal anknüpfende Ungleichbehandlung zur Diskriminierung einer Minderheit führt.[553]
Der erste angeführte Anwendungsbereich der Neuen Formel, die unterschiedliche Behandlung von Personengruppen, ist anzunehmen, da eine unterschiedliche Behandlung von Religionsgemeinschaften in Rede steht. Die Religionszugehörigkeit ist durch die Regelung der positiven und negativen Religionsfreiheit in der Hand des Einzelnen, dessen freie religiöse Entscheidung möglich ist.[554] Der Religion, die anders als die

---

[547] Vgl. BVerfGE 88, S. 87, 96; 89, S. 15, 22; 89, S. 365, 375; 91, S. 389, 401; 103, S. 172, 193; 105, S. 73, 110. Die Einführung einer Verhältnismäßigkeitsprüfung hat im Schrifttum für unterschiedliche Reaktionen gesorgt. Für eine Anwendung der Neuen Formel im ganzen Geltungsbereich von Art. 3 Abs. 1 GG *Herzog*, in: M/D, Art. 3 Anh., Rn. 10; krit. zur Prüfung einer Verhältnismäßigkeit im Rahmen von Gleichheitsrechten *Ipsen*, Rn. 767ff.

[548] BVerfGE 55, S. 72, 88; vgl. auch BVerfGE 91, S. 389, 401 m. w. N.; vgl. die Nachweise der älteren Rechtsprechung des Ersten Senats bei *Maaß*, NVwZ 1988, S. 14, 14 in Fn. 8 und zur Rechtsprechung des Zweiten Senats S. 15.

[549] BVerfGE 89, S. 365, 375; 90, S. 46, 56; 91, S. 389, 401; *Jarass*, NJW 1997, S. 2545, 2547.

[550] BVerfGE 88, S. 87, 96; 97, S. 169, 181; 99, S. 367, 388; *Jarass*, in: J/P, Art. 3, Rn. 19; *ders.*, NJW 1997, S. 2545, 2547; vgl. auch *Sachs*, NWVBl. 1988, S. 295, 299.

[551] BVerfGE 90, S. 46, 56 m. w. N.; *Jarass*, NJW 1997, S. 2545, 2547; *P/S*, Rn. 438.

[552] Vgl. BVerfGE 88, S. 87, 96; 99, S. 367, 388; 103, S. 172, 193; 105, S. 73, 110f.; *Jarass*, in: J/P, Art. 3, Rn. 21.

[553] BVerfGE 88, S. 87, 96; vgl. auch BVerfGE 97, S. 169, 181; *P/S*, Rn. 438.

[554] *M. Heckel*, Gleichheit, S. 84.

Weltanschauung mit ihren immanenten Bezügen auf einer transzendenten Wirklichkeit fußt, liegt eine Gewissheit über bestimmte Aussagen zum Weltganzen sowie zur Herkunft und zum Ziel menschlichen Lebens zugrunde.[555] Auf Grund dieser Gewissheit des Gläubigen ist es ihm ohne ernste Zweifel zumeist nicht möglich, sich einer anderen religiösen oder weltanschaulichen Vereinigung zuzuwenden. Die Personen, die einer Religionsgemeinschaft zugehören, können mithin das Kriterium der Ungleichbehandlung nur schwer beeinflussen. Entsprechend wird im Arbeitsrecht auch von einer personenbedingten in Abgrenzung zu einer verhaltensbedingten Kündigung ausgegangen, wenn es sich um eine unausweichliche Gewissensentscheidung des Arbeitnehmers handelt, die auf religiösen Gründen beruht.[556]
Zudem ist eine nachteilige Auswirkung auf die Grundrechtsausübung zu konstatieren, da hier die kollektive Religionsfreiheit gem. Art. 4 Abs. 1, 2, Art. 19 Abs. 3 GG betroffen ist.[557]
Im Anwendungsbereich der Parität handelt es sich weiter jeweils um Religionsgemeinschaften, die ungleich behandelt werden, und damit um die dahinter stehenden unterschiedlichen Religionen und Konfessionen. Damit besteht die Gefahr, dass das durch Art. 3 Abs. 3 S. 1 GG verbotene Kriterium der Religion aufgegriffen wird.[558] Daher ist in mehrfacher Hinsicht angezeigt, die Neue Formel zur Anwendung zu bringen, also eine größere Intensität der Prüfung.

Die Rechtfertigung im Rahmen von Art. 3 Abs. 1 GG durch einen sachlichen Grund verlangt die Verfolgung eines legitimen Zweckes, die Geeignetheit und Notwendigkeit zur Erreichung dieses Zweckes sowie das angemessene Verhältnis von Ungleichbehandlung zum Wert des Zweckes.[559]
Der gewichtige sachliche Grund für eine pauschale Unterscheidung nach korporierter oder nicht-korporierter Religionsgemeinschaft verlangt die Verfolgung eines legitimen Zwecks. Als legitime Zwecke der Differenzierung nach korporierten und nicht-korporierten Religionsgemeinschaften kommen die unterschiedliche Bedeutung und Größe der Religionsgemeinschaften und die auch hieraus resultierenden Ausbildungsbedürfnisse und Studentenzahlen in Betracht.[560] Diese Zwecke werden auch oftmals zur Rechtfertigung – in verschiedenen Formulierungen – von mit dem Status einer Körperschaft des öffentlichen Rechts verbundenen Privilegien angeführt.[561]
Im nächsten Schritt ist weiter nach der Geeignetheit und somit danach zu fragen, ob die tatsächlich vorgenommene Ungleichbehandlung ihrer Art bzw. Anlage nach geeignet ist, den vorgefundenen Verschiedenheiten der Sachverhalte Rechnung zu tragen.[562]
Das tatsächliche Bild der korporierten Religionsgemeinschaften ist sehr uneinheitlich. Es existieren auf der einen Seite zum Teil sehr kleine, d. h. mitgliederschwache Kör-

[555] BVerwGE 90, S. 112, 115; vgl. auch *Jarass*, in: J/P, Art. 4, Rn. 8.
[556] Vgl. BAG, NJW 1990, S. 203, 205.
[557] *Weiß*, KritV 2000, S. 104, 110.
[558] A. a. O.
[559] *P/S*, Rn. 440.
[560] Vgl. *Hesse*, JöR N.F. 10, S. 1, 28 m. w. N.
[561] *Weiß*, KritV 2000, S. 104, 107 m. w. N.
[562] *Wendt*, NVwZ 1988, S. 778, 784.

perschaften des öffentlichen Rechts.[563] Auf der anderen Seite der nicht-korporierten Religionsgemeinschaften stehen zum Teil erheblich mitgliederstärkere Vereine und Vereinigungen auch und insbesondere des islamischen Spektrums. Diese Situation ist zumindest teilweise dadurch bedingt, dass einigen religiösen Vereinigungen ihr glaubensgeprägtes Selbstverständnis die Organisationsform einer Körperschaft des öffentlichen Rechts verbietet.[564] Diese Situation führt dazu, dass eine Differenzierung nach korporierten und nicht-korporierten Religionsgemeinschaften nicht geeignet ist, den legitimen Zwecken der unterschiedlichen Bedeutung und Größe der Religionsgemeinschaften Rechnung zu tragen.[565]
Folglich ist eine Ungleichbehandlung anhand des Merkmals des Körperschaftsstatus verfassungsrechtlich nicht gerechtfertigt.[566]

bb) Größe und Bedeutung der Religionsgemeinschaften

Weiteres Unterscheidungsmerkmal könnte die Größe und Bedeutung der Religionsgemeinschaften und die hieraus resultierenden Ausbildungsbedürfnisse und Studentenzahlen sein. Diese spiegeln sich – wie gezeigt – nicht in dem Umstand der Korporation oder Nicht-Korporation einer Religionsgemeinschaft wider. Auch das Bundesverfassungsgericht schließt eine Ungleichbehandlung nach der Größe der Religionsgemeinschaften „nicht von vornherein"[567] aus.
Legitime Zwecke dieses Unterscheidungsmerkmals sind, der Neutralität des Staates in religiös-weltanschaulicher Hinsicht sowie dem Organisationsaufwand des Staates im Hochschulbereich Rechnung zu tragen.
Die in diesem Zusammenhang erforderliche Wertung birgt Parallelen zu jener im Bereich der so genannten abgestuften Chancengleichheit der Parteien[568]: „...für die Abstufung spricht schließlich der Umstand, daß die absolute, formale Gleichbehandlung aller Parteien eine Verfälschung mit sich brächte, weil mit einer solchen Gleichbehandlung der Anschein des gleichen Gewichts der verschiedenen Parteien erweckt und der Wähler über die wahre Bedeutung der einzelnen Parteien getäuscht würde; die formale Gleichbehandlung würde damit das Recht der größeren Parteien auf Achtung auch ihrer Chancengleichheit zugunsten der kleineren Parteien und damit zugleich das Neutralitätsgebot der Träger öffentlicher Gewalt im Wahlkampf verletzen."[569] Zur Klarstellung der Terminologie ist darauf hinzuweisen, dass nicht eine „gestufte Pari-

---

[563] *Weiß*, KritV 2000, S. 104, 128f.
[564] Vgl. *Jarass*, in: J/P; Art. 140, Art. 137 WRV, Rn. 18; *Renck*, NVwZ 1987, S. 669, 671; a. A. BVerfGE 19, S. 129, 134f. Dass der Status einer Körperschaft des öffentlichen Rechts kein Differenzierungskriterium für die Errichtung theologischer Hochschuleinrichtungen darstellt, sehen auch *Mayer-Scheu*, S. 280f. und bereits für die WRV *Giese*, AöR 46, S. 1, 48.
[565] *v. Campenhausen*, in: M/K/C, Art. 140, Rn. 32 ist hingegen der gegenteiligen Ansicht, dass die gestufte Parität der Tatsache Rechnung trage, dass die Mitgliederzahl einer Kirche oder Religionsgemeinschaft für die Ausfüllung staatskirchenrechtlich relevanter Rechtspositionen bedeutsam sei.
[566] Vgl. auch *Mayer-Scheu*, S. 280f. und bereits für die WRV *Giese*, AöR 46, S. 1, 48.
[567] BVerfGE 19, S. 1, 10.
[568] Zu dieser proportionalen Gleichheit *Klein*, in: M/D, Art. 21, Rn. 306ff.; *Pieroth*, in: J/P, Art. 21, Rn. 16.
[569] BVerwGE 47, S. 280, 289.

tät" vertreten wird. Diese ist der Oberbegriff für eine zweistufige oder dreistufige Parität.[570]
Die Abstufung nach der Größe und Bedeutung der Religionsgemeinschaften und der auch hieraus resultierenden Ausbildungsbedürfnisse und Studentenzahlen ist geeignet, erforderlich und angemessen, die Neutralität des Staates zu wahren. Auch in der Literatur wird eine Differenzierung nach der Größe und Bedeutung der Religionsgemeinschaften als verfassungsrechtlich gerechtfertigt eingestuft.[571]

cc) Verfassungstreue

Weiterhin ist das Unterscheidungsmerkmal der Verfassungstreue der Religionsgemeinschaften auf seine verfassungsrechtliche Rechtfertigung hin zu untersuchen. Die Verfassungstreue für die Errichtung theologischer Fakultäten wird teilweise ausdrücklich gefordert.[572]
Die Herleitung der ungeschriebenen Verleihensvoraussetzung der Verfassungstreue in der Zeugen Jehovas-Entscheidung des Bundesverfassungsgerichts erfolgt über die mit dem Körperschaftsstatus verbundene besondere Rechtsstellung, die neben erhöhten Einflussmöglichkeiten auch die erhöhte Gefahr eines Missbrauchs zum Nachteil der Religionsfreiheit der Mitglieder oder zum Nachteil anderer Verfassungsgüter bewirkt.[573] Entsprechend kann auch der legitime Zweck für die Ungleichbehandlung nach dem Unterscheidungsmerkmal der Verfassungstreue derart benannt werden, dass der erhöhten Gefahr eines Missbrauchs bzw. den besonderen Gefahren durch den Eintritt der Religionsgemeinschaft in den staatlichen Raum der Hochschule entgegenzuwirken ist.
Die Geeignetheit ist zu bejahen, so dass weiterhin die Erforderlichkeit der Differenzierung zu prüfen ist. Diese setzt voraus, dass keine weniger belastende Differenzierung zur Verfügung steht bzw. dass der verfolgte Zweck die Ungleichbehandlung in ihrem gesamten Ausmaß legitimieren muss.[574] Die inhaltliche Überprüfung allein der Lehrveranstaltungen auf ihre Verfassungstreue stellt kein mögliches Unterschcidungsmerkmal dar. Es handelt sich bei einer solchen Überprüfung nicht mehr um eine Ungleichbehandlung zu dem Zeitpunkt des Eintritts der Religionsgemeinschaft in den staatlichen Raum, sondern um eine zeitlich nachgelagerte Überprüfung. Verfassungswidrige Lehren müssen auf Grund der Normierung des Art. 5 Abs. 3 S. 2 GG nicht

---

[570] Zu der zweistufigen Parität S. 109 und zu der dreistufigen Parität S. 107.

[571] *v. Campenhausen*, in: M/K/C, Art. 140, Rn. 31; *M. Heckel*, Fakultäten, S. 45; *Renck*, NVwZ 1996, S. 333, 334 bemerkt in diesem Kontext: „Wenngleich nicht jeder religiösen Gruppierung im Hinblick auf ihre Größe und gesellschaftliche Bedeutung eine eigene theologische Fakultät zur Verfügung gestellt werden könnte, so würde die paritätische Gleichbehandlung der Bekenntnisgemeinschaften wenigstens erfordern, den ausgeschlossenen Gemeinschaften einzelne Lehrstühle oder entsprechende finanzielle Zuwendungen für vergleichbare Zwecke zukommen zu lassen."; anders aber *Nawiasky*, in: N/L/S/Z, Art. 150, Rn. 13. Zu dem von *Renck* geforderten Aspekt der finanziellen Zuwendungen näher S. 125.

[572] *M. Heckel*, in: FS Link, S. 213, 296: „(5.) daß sie [eine religiöse Gemeinschaft] auch die Verfassung des freiheitlich-demokratischen Staates grundsätzlich anerkennt und sich in ihre wissenschaftlichen, amtrechtlichen und beamtenrechtlichen Bindungen einfügt".

[573] BVerfGE 102, S. 370, 388.

[574] *Jarass*, NJW 1997, S. 2545, 2549.

hingenommen werden. Der kollektiven Religionsfreiheit wird bei der zeitlich nachgelagerten Überprüfung in größerem Umfang Rechnung getragen als bei einer Differenzierung nach dem Merkmal der Verfassungstreue, da es nur auf die tatsächlichen Lehren an der theologischen Hochschuleinrichtung und nicht auf die Gesamtheit der vertretenen Lehren der Religionsgemeinschaft ankommt. Die Erforderlichkeit der Differenzierung ist mithin zu verneinen.

dd) Dauerhafter Bestand

Als erstes rechtfertigendes Unterscheidungsmerkmal aus dem Bereich der Organisation der Religionsgemeinschaften kommt der dauerhafte Bestand der Religionsgemeinschaften in Betracht. *M. Heckel* stellt für die theologischen Fakultäten fest, „daß sie [eine religiöse Gemeinschaft] nach ihrer inneren Konsistenz und ihrem äußeren Umfang den Anforderungen genügt, die billigerweise von Regierung und Parlament zu verlangen sind, um den Einsatz beträchtlicher Haushaltsmittel und Verwaltungskapazitäten für den Betrieb kostspieliger wissenschaftlicher Einrichtungen zu rechtfertigen“[575].

Für den zu fordernden Zeitraum ist an die Ausbildung eines Studentenjahrgangs zu denken, dem die Möglichkeit eröffnet sein sollte, sein Studium zu beenden. Daher kann an einen Zeitraum von mindestens fünf Jahren gedacht werden. Die Ausgaben des Staates erfolgen im Hinblick auf die zu leistende Ausbildungsfunktion, so dass an das Studium, nicht an den Einstellungszeitraum eines Professors anzuknüpfen ist. Die Einrichtung einer Gastprofessur, die zeitlich beschränkt ist, kann für die Ausbildung des ersten Studentenjahrgangs eine sinnvolle Alternative zu einer dauerhaften Professur bilden.

Verfolgter legitimer Zweck ist es, dem vom Staat zu tragenden Organisations- sowie Finanzaufwand Rechnung zu tragen. Sowohl die Geeignetheit als auch Erforderlichkeit sind zu bejahen.

Das Anknüpfen an den Zeitraum der Ausbildung eines Studentenjahrgangs steht der Angemessenheit noch nicht entgegen. Die Angemessenheit hängt davon ab, welche Aspekte herangezogen werden, um diese zeitliche Dimension zu bejahen. Zunächst könnte an die Kriterien gedacht werden, die für den Körperschaftsstatus zu der Einschätzung der Gewähr der Dauer führen. Aussagen zur Gewähr der Dauer auf Grund der Verfassung (Art. 140 GG i. V. m. Art. 137 Abs. 5 S. 2 WRV), d. h. neben der Satzung auch die Verfasstheit der Gemeinschaft, also ihr Gesamtzustand,[576] sollten für theologische Hochschuleinrichtungen nur bedingt herangezogen werden. Für den Körperschaftsstatus wird ein gewisser Zeitraum des Bestehens in der Vergangenheit gefordert, wobei die diesbezüglichen von Rechtsprechung und Literatur geforderten Zeiträume erheblich differieren. Der Bezug auf den Organisations- und Kostenaufwand des Staates bei theologischen Hochschuleinrichtungen erfordert die Prognose der Dauerhaftigkeit in die Zukunft hinein, die sich auch aus einer längeren Dauer des Bestehens in der Vergangenheit ergeben kann. Die Anforderung an den Zeitraum des Bestehens ist in diesem Zusammenhang, der vom Organisations- und Kostenaufwand des

---

[575] *M. Heckel*, in: FS Link, S. 213, 296.

[576] *Ehlers*, in: Sachs, GG, Art. 140, Art. 137 WRV, Rn. 20.

Staates bestimmt wird, aber geringer. Für die Diskussion einer zusätzlichen Voraussetzung für Religionsunterricht erteilende Religionsgemeinschaften findet sich die Ansicht, dass an einen Bestehenszeitraum von fünf bis zehn Jahren gedacht werden könnte.[577]

Eine ausreichende Finanzausstattung[578] sowie ein intensiveres religiöses Leben,[579] von denen ebenfalls die Verfassung der Religionsgemeinschaft abhängt, tragen auch zu der dauerhaften Existenz einer theologischen Hochschuleinrichtung bei. Aber auch diese Aspekte sind weniger streng zu handhaben. Körperschaften sind insolvenzunfähig.[580] Dieser Umstand spricht in größerem Umfang für eine umfangreichere Finanzausstattung bei Körperschaften als die Ausbildung eines Studentenjahrgangs an einer theologischen Hochschuleinrichtung diese erfordert.

Eine hinreichende Organisation, welche ebenfalls als Voraussetzung der Verfassung i. S. v. Art. 140 GG i. V. m. Art. 137 Abs. 5 S. 2 WRV gesehen wird,[581] sollte für theologische Hochschuleinrichtungen mit diesem Differenzierungskriterium nicht verbunden sein. Mindestanforderungen der Organisation wurde bereits Genüge getan, um Religionsgemeinschaft i. S. d. Grundgesetzes sein zu können; darüber hinaus bietet das Selbstbestimmungsrecht den Religionsgemeinschaften Schutz. Weitere Organisationsanforderungen kommen allenfalls als weitere Differenzierungskriterien in Betracht.

Die Verwaltungspraxis orientiert sich bei der Verleihung des Status einer Körperschaft des öffentlichen Rechts bei der Frage nach der Zahl der Mitglieder als zweites ausdrücklich genanntes Kriterium des Art. 140 GG i. V. m. Art. 137 Abs. 5 S. 2 WRV zur Bestimmung der Gewähr der Dauer als Untergrenze an einem Tausendstel der Einwohner des betreffenden Landes.[582] Das Erreichen dieser Zahl vermag ebenfalls ein Indiz für einen dauerhaften Bestand zu sein. Aber auch für den Körperschaftsstatus kann sich dann eine geringere Zahl als die genannte ergeben, wenn in anderen Bundesländern ausreichend Mitglieder dieser Religionsgemeinschaft leben[583] oder die Religionsgemeinschaft in ausländischen Staaten eine größere Bedeutung hat.[584] Für den Bereich theologischer Hochschuleinrichtungen kommt noch hinzu, dass für den Fall, dass die Mitglieder der Religionsgemeinschaft vorwiegend in bestimmten Gegenden leben, die Erforderlichkeit einer dauerhaften Einrichtung von theologischen Hochschuleinrichtungen zur Ausbildung von Geistlichen und/oder Seelsorgern (u. U. auch zur Religionslehrerausbildung für dieses Gebiet) trotz Unterschreitung dieser Grenze nicht von vornherein auszuschließen ist.[585] Dem Grundgesetz kann nicht entnommen werden, dass eine Zusammenarbeit mit einer Vielzahl kleiner und kleinster Religionsgemeinschaften nicht erwünscht ist, weil ansonsten das Leistungsvermögen des Staates über-

---

[577] *Spriewald*, S. 32.
[578] Vgl. BVerfGE 66, S. 1, 24; vgl. *Kirchhof*, HdbStKirchR I, S. 651, 685 für den Körperschaftsstatus.
[579] *Ehlers*, in: Sachs, GG, Art. 140, Art. 137 WRV, Rn. 20.
[580] Vgl. *Weiß*, KritV 2000, S. 104, 125; diff. *Jurina*, in: FS Rüfner, S. 381, 388f.
[581] *Ehlers*, in: Sachs, GG, Art. 140, Art. 137 WRV, Rn. 20.
[582] A. a. O.
[583] *Weber*, ZevKR 34, S. 337, 355.
[584] *Ehlers*, in: Sachs, GG, Art. 140, Art. 137 WRV, Rn. 20; *Weber*, ZevKR 34, S. 337, 355.
[585] Vgl. *Emenet*, Islamische Religionskunde, S. 222ff. und insbes. S. 225 für den Religionsunterricht.

stiegen würde.[586] Hinsichtlich des Religionsunterrichts ist dies in tatsächlicher Hinsicht ein Problem der Mindestschülerzahlen.[587]
Die Kriterien des Art. 140 GG i. V. m. Art. 137 Abs. 5 S. 2 WRV können mithin für diese Prognose nicht uneingeschränkt übernommen werden; sie sind vielmehr weniger streng zu handhaben[588] Sie müssen auch nicht in Kumulation vorliegen, damit die Angemessenheit bejaht werden kann. Andererseits spricht das Vorliegen dieser Kriterien für einen dauerhaften Bestand. Insgesamt sind hier die Umstände des Einzelfalles zu berücksichtigen. Entsprechend fordert auch *Emenet* für den Religionsunterricht, dass in jedem Einzelfall im Wege der Gesamtschau die vorhandenen Strukturmerkmale untersucht und zu einem möglichst vollständigen Bild zusammengefügt werden sollten.[589]
Es bleibt festzuhalten, dass ein dauerhafter Bestand der Religionsgemeinschaft für einen Zeitraum von fünf Jahren als Differenzierungskriterium der verfassungsrechtlichen Rechtfertigung standhält. Diesen Bestandszeitraum vermögen die meisten islamischen Religionsgemeinschaften zu erfüllen. Hierfür spricht auch, dass sich einige der islamischen Religionsgemeinschaften bereits über einen längeren Zeitraum, oftmals mehr als fünf Jahre, für die Erteilung von islamischem Religionsunterricht einsetzen.[590]

ee) Stelle mit verbindlicher Entscheidungsbefugnis

Auch eine Stelle innerhalb der Religionsgemeinschaft, die gegenüber dem Staat über eine verbindliche Entscheidungsbefugnis verfügt, könnte ein Differenzierungsmerkmal sein, das der verfassungsrechtlichen Rechtfertigung nach Art. 3 Abs. 1 GG standhält. Ohne genauere Erläuterung bzw. Herleitung findet sich die Forderung nach einer solchen Instanz für Religionsgemeinschaften, die die Schaffung theologischer Hochschuleinrichtungen begehren, in der Literatur bislang nur vereinzelt, so bei *M. Heckel*: „Z. B. bilden die Moslime in der Zersplitterung nach ihren Herkunftsländern keine gemeinsame Religionsgemeinschaft, auf deren theologisches Selbstverständnis und

---

[586] So aber *Spriewald*, S. 133.
[587] *Emenet*, Islamische Religionskunde, S. 223. Vgl. auch *Heimann*, in: Islamischer Religionsunterricht in Nds, S. 27, 33f., der aus Effizienzgründen das Erfordernis einer Mindestanzahl von Mitgliedern eines Vereins durch den jeweiligen Landesgesetzgeber einführen möchte. Dabei fragt sich, ob dem Charakter des Religionsunterrichts als ordentliches Lehrfach eine solche Mitglieder-Mindestanzahl entnommen werden kann; die Mindestschülerzahlen haben demgegenüber einen konkreten Bezug zur Schulorganisation.
[588] Auch *Spriewald*, S. 132 will für den Religionsunterricht die Voraussetzung der Bestehensdauer weniger streng als im Rahmen der Körperschafts-Verleihensvoraussetzungen handhaben.
[589] *Emenet*, Islamische Religionskunde, S. 226.
[590] So wird der Streit um die Einführung islamischen Religionsunterrichts an hessischen Schulen bereits seit mehreren Jahren von der IRH geführt. Auch das Urteil des Verwaltungsgerichts Wiesbaden vom 15.06.2004 (Az. 6 E 2394/01 (V)) beseitigt nicht den Wunsch und das weitere Bestreben der IRH, islamischen Religionsunterricht zu veranstalten, „Islamunterricht: Gericht beklagt formale Mängel bei hessischer Religionsgemeinschaft“, in: Muslim-Zeitung, Juli-August 2004, S. 3. Zu dem Zeitpunkt der Abweisung des Antrags auf Einführung islamischen Religionsunterrichts am 30.10.2001 – hiergegen hat die IRH Klage erhoben – wurde der Streit bereits seit einigen Jahren geführt, vgl. *Rainer*, Kein islamischer Religionsunterricht an hessischen Schulen, Pressemitteilung des VG Wiesbaden v. 15.06.2004.

repräsentative Selbstbestimmung durch gemeinsam gebildete und anerkannte Organe der Staat Bezug nehmen könnte, ohne eine verfassungswidrige Zwangsintegration ihrer Glieder vorzunehmen."[591] *Isensee* wiederum führt aus, dass der Islam keine Institution bilde, die dem Staat gegenübertreten und mit ihm Verantwortung für den Religionsunterricht oder für theologische Fakultäten in den staatlichen Universitäten teilen könne.[592]

Bei der Betrachtung der verschiedenen Begründungen für die Forderung nach dieser weiteren Voraussetzung für den Religionsunterricht ergibt sich, dass der legitime Zweck der Ungleichbehandlung darin besteht, der Neutralität des Staates in Fragen der Weltanschauung und Religion Rechnung zu tragen.[593] Die Geeignetheit ist insofern zu bejahen, als es eine Stelle geben muss, die verbindlich über Mitwirkungsrechte entscheiden kann.[594] Aus verschiedenen Verfassungsnormen folgt, dass die Entscheidung der Religionsgemeinschaft im Außenverhältnis zum Staat Verbindlichkeit haben muß, was die Existenz einer Instanz erfordert, die diese verbindlichen Entscheidungen zu treffen vermag. Die Ausübung der Mitwirkungsrechte ist nicht allein ein Angebot an die Religionsgemeinschaften, sondern zugleich eine Pflicht.[595] Als solche Stelle kommen eine rechtlich verfasste Gruppe, eine Einzelperson oder auch eine Reihe von Einzelpersonen mit abgestimmten Entscheidungskompetenzen in Betracht.[596] Die Erforderlichkeit der Ungleichbehandlung nach der Existenz einer Stelle, die im Außenverhältnis über eine verbindliche Entscheidungsbefugnis verfügt, ist zu bejahen, da eine weniger belastende, aber gleich geeignete Ungleichbehandlung nicht ersichtlich ist. Insbesondere ist auch die Angemessenheit der Ungleichbehandlung gegeben. Folglich ist das Differenzierungskriterium für Auswirkungen im Außenverhältnis der Religionsgemeinschaften verfassungsrechtlich gerechtfertigt.

ff) Exakte Mitgliedschaftsregelungen

Das Bestehen oder Nichtbestehen exakter Mitgliedschaftsregelungen könnte ein rechtfertigendes Differenzierungsmerkmal darstellen. Es besteht auch bei der kontextabhängigen Voraussetzung im Bereich des Religionsunterrichts der legitime Zweck, Nicht-Mitglieder der Religionsgemeinschaft von belastenden Wirkungen auszunehmen.

Die Geeignetheit der Ungleichbehandlung zur Erreichung dieses Zwecks ist zu verneinen. Der Student wird zum Studium zunächst ohne Relevanz seiner Konfession zugelassen, doch der Konfessionsfremde oder Konfessionslose ist von den theologischen Prüfungen und Graden und daher auch vom Studienabschluss grundsätzlich ausge-

---

591 *M. Heckel*, Fakultäten, S. 45f.

592 *Isensee*, VVDStRL 59, S. 323-327.

593 Vgl. S. 75f.

594 Zu der Herleitung von Mitwirkungsrechten in Personalangelegenheiten S. 149ff. und bei universitären Ordnungen S. 159f.

595 *Link*, ZevKR 24, S. 54, 91.

596 Arbeitsgruppe Kirchenrecht und Staatskirchenrecht an der Forschungsstätte der Evangelischen Studiengemeinschaft Heidelberg (FEST), Empfehlung zum islamischen Religionsunterricht, März 2002, abrufbar unter URL: http://www.epd.de/dokumentation/647_3246.htm (Stand: 02.01.2005).

schlossen.[597] Bei den theologischen Hochschuleinrichtungen existieren Konfessionsklauseln in den Zulassungsvoraussetzungen der theologischen Prüfungen und zum Teil Öffnungsklauseln für Konfessionsfremde mit Ausnahmecharakter.[598] Der Ausnahmecharakter der Zulassung von Personen anderer oder keiner Konfession ergibt sich auch, wenn die Ordnung den Ausnahmecharakter nicht expressiv verbis benennt oder zur Konfessionsfrage schweigt.[599] Die erkennbare Mitgliedschaftszugehörigkeit zu der Religionsgemeinschaft muss erst im Zeitpunkt der Zulassung zu einer Prüfung bestehen, wobei die Zulassung besonders beantragt wird. Die in diesem Zeitpunkt zumeist erforderliche Mitgliedschaft kann durch eine Willenserklärung des Studenten erreicht werden, durch die nach außen eindeutig dokumentiert wird, dass er sich der Religionsgemeinschaft zugehörig fühlt.[600] Hinzuweisen ist aber darauf, dass das Mitgliedschaftsrecht dem Selbstbestimmungsrecht der Religionsgemeinschaft unterfällt,[601] so dass diese darüber befindet, auf welche Weise eine Person zum Mitglied wird.[602] Dem Religionsunterricht als Pflichtfach vergleichbare Wirkungen im staatlichen Bereich für alle Mitglieder einer Religionsgemeinschaft bestehen an den theologischen Hochschuleinrichtungen nicht, an denen der Student erst nach einer bewussten Entscheidung für einen theologischen Studiengang und der Immatrikulation in diesen studieren kann. Das Unterscheidungsmerkmal des Vorhandenseins von exakten Mitgliedschaftsregelungen ist daher verfassungsrechtlich nicht gerechtfertigt.

Verfassungsrechtlich gerechtfertigte Differenzierungsmerkmale sind daher organisatorische Merkmale, und zwar der dauerhafte Bestand und eine allein nach außen, nicht auch im Innenverhältnis, über eine verbindliche Entscheidungsbefugnis verfügende Instanz innerhalb der Religionsgemeinschaft, sowie die Größe und Bedeutung der Religionsgemeinschaften.

III. Rechtsfolge

Die Wirkungen von Gleichheitsverstößen unterscheiden sich danach, durch welche der drei Gewalten diese erfolgen.[603] Vorliegend handelt es sich durchweg um Paritätsverstöße durch Gesetz.

Bei der Bezugnahme auf das jeweilige Gesetz kann eine Einteilung der Länder in drei Gruppen je nach getroffener Regelung zu den theologischen Fakultäten erfolgen. Die erste Gruppe bilden diejenigen Länder, die Bestandsgarantien für theologische Fakul-

---

[597] *M. Heckel*, Fakultäten, S. 313. Nach *Tetzel*, S. 98ff. liegt in der Berücksichtigung der konfessionellen Zugehörigkeit bei der Zulassung in den Promotions- und Habilitationsordnungen ein Verstoß gegen Art. 3 Abs. 3 S. 1 GG.

[598] *M. Heckel*, Fakultäten, S. 272 m. Fn. 578 u. S. 273f.; *Hollerbach*, HdbStKirchR II, Fakultäten, S. 549, 570 sieht eine Durchbrechung des konfessionellen Homogenitätsprinzips als Verbot mit Erlaubnisvorbehalt als möglich an.

[599] *M. Heckel*, Fakultäten, S. 274.

[600] Vgl. *Spriewald*, S. 135 für den Religionsunterricht.

[601] *v. Campenhausen*, HdbStKirchR I, S. 777, 777.

[602] *Spriewald*, S. 135.

[603] Zu den Wirkungen *P/S*, Rn. 479ff.

täten kennen[604] und damit die Bestandsgarantie aus Art. 149 Abs. 3 WRV im Landesverfassungsrecht fortschreiben. In der zweiten Gruppe sind die Länder zusammengefasst, die Regelungen über die Besetzung theologischer Lehrstühle innerhalb oder außerhalb theologischer Fakultäten zum Gegenstand haben.[605] Hessen[606] und Baden-Württemberg[607] enthalten die kennzeichnenden Elemente beider Gruppen. Die dritte Gruppe bilden schließlich die Länder, die keine direkten landesverfassungsrechtlichen Normierungen zu theologischen Fakultäten oder Lehrstühlen enthalten. Aus dieser sich in den Ländern unterschiedlich darstellenden Situation ergibt sich, auf welche Norm für den Anspruch aus der Parität Bezug zu nehmen ist. Für zum Zeitpunkt des Inkrafttretens der Landesverfassung bereits bestehende theologische Hochschuleinrichtungen kann dies, sofern vorhanden, ein unter der Landesverfassung weitergeltender Staatskirchenvertrag oder ein Gesetz sein, sonst die (ggf. auch in Verbindung mit) – soweit vorhanden – Bestandsgarantie in der Landesverfassung zumindest für den Fall, dass es sich nunmehr um die einzige theologische Fakultät des Landes handelt. Für theologische Hochschuleinrichtungen, die nach Inkrafttreten der jeweiligen Landesverfassung errichtet wurden, kann fast durchweg das Zustimmungsgesetz zum Staatskirchenvertrag herangezogen werden.[608] Ein Staatskirchenvertrag, der eine mögliche Kooperationsform zwischen Staat und Religionsgemeinschaft darstellt, ist der Oberbegriff für Konkordate, d. h. Verträge mit der Katholischen Kirche, und für Verträge mit der Evangelischen Kirche sowie mit anderen Religionsgemeinschaften.[609] Eine vertragliche Grundlage fehlt für die Evangelisch-Theologischen Fakultäten an den Universitäten Hamburg und Tübingen sowie für den Ausbau des Fachbereichs „Evangelische Theologie" an der Johann Wolfgang Goethe-Universität Frankfurt am Main zu einer Vollfakultät mit dem Angebot (auch) eines volltheologischen Studiengangs für Pfarramtsanwärter.[610] In Hamburg besteht allein diese eine theologische Hochschuleinrichtung, so dass für den Anspruch nicht auf eine andere theologische Hochschuleinrichtung, diese dann mit vertraglicher Grundlage und entsprechendem Zustimmungsge-

[604] Art. 150 Abs. 2 bayVerf; Art. 60 Abs. 2 S. 1 hessVerf; Art. 9 Abs. 3 S. 1 mvVerf i. V. m. Art. 9 Abs. 2 mvVerf; Art. 39 Abs. 1 S. 3 rhpfVerf; Art. 36 Abs. 2 sldVerf; vgl. auch Art. 85 bwVerf als Bestandsgarantie der Universitäten und Hochschulen mit Promotionsrecht, denn nach der Kommentierung von *Braun*, Art. 10, Rn. 3, 5 zur bwVerf seien auch die vier theologischen Fakultäten in ihrer Eigenschaft als zum Kernbereich der Universitäten zählende Wissenschaftsbereiche garantiert.

[605] Art. 10, 19 Abs. 2 bwVerf; Art. 32 Abs. 4 S. 3 bbgVerf; Art. 60 Abs. 2 S. 2 hessVerf; Art. 111 Abs. 2 S. 1 sächsVerf; Art. 28 Abs. 3 S. 2 thürVerf. Vgl. zum Wortlaut der Normen S. 147f.

[606] Art. 60 Abs. 2 S. 1 hessVerf und Art. 60 Abs. 2 S. 2 hessVerf.

[607] Art. 85 bwVerf als Bestandsgarantie der Universitäten und Hochschulen mit Promotionsrecht und Art. 10, 19 Abs. 2 bwVerf.

[608] Zu dem Abschluss von Staatskirchenverträgen ausführlich S. 130ff.

[609] *Ehlers*, ZevKR 46, S. 286, 288.

[610] Vgl. *Weber*, NVwZ 2000, S. 848, 851. Anders *Preuß*, in: AK-GG, Art. 140, Rn. 43 und *Oppermann*, Kulturverwaltungsrecht, S. 333 (Monographie aus dem Jahr 1969, also zumindest vor Gründung der Evangelisch-Theologischen Fakultät in Frankfurt a. M.), die die Evangelisch-Theologische Fakultät Hamburg als einzige ohne vertragliche Grundlage nennen.

setz,[611] verwiesen werden kann. Doch die Evangelisch-Theologische Fakultät in Hamburg beruht auf einfach-gesetzlicher Grundlage.[612]
Besonderer Betrachtung bedarf die Wirkung des Verstoßes gegen die staatskirchenrechtliche Parität in vorliegender Konstellation. Bei einem Verstoß gegen den allgemeinen Gleichheitssatz beanstandet die Rechtsprechung im Rahmen ihres Kontrollauftrages nur Rechtsfehler, ersetzt indes eine fehlerhafte Rechtslage nicht gestaltend durch eine der möglichen fehlerfreien Alternativen. Ein Verstoß gegen den allgemeinen Gleichheitssatz bei einer ungleich vorenthaltenen Begünstigung führt regelmäßig nicht zu einer Nichtigkeit des fehlerhaften Gesetzes (vgl. § 78 S. 1 BVerfGG), sondern allein zu der Feststellung der Verfassungswidrigkeit des Ausschlusses von der Begünstigung.[613] Es wird die Ungleichbehandlung von zwei Gruppen festgestellt, während die Auswahl unter den verschiedenen Möglichkeiten zur Behebung des Gleichheitsverstoßes dem zuständigen Organ überlassen wird.[614] Bei einer Ungleichbehandlung von zwei Gruppen kann die Ungleichheit behoben werden, indem beide Gruppen wie die erste, beide Gruppen wie die zweite oder beide Gruppen auf eine noch andere Art behandelt werden.[615]
Ausnahmsweise ist auch bei einer ungleich vorenthaltenen Begünstigung lediglich die Ausdehnung der Begünstigung auf die zweite, zuvor ungleich behandelte Gruppe denkbar, wenn nur sie eine gleichheitskonforme Lösung darstellt.[616] Das ist der Fall, wenn mit Rücksicht auf einen zwingenden Verfassungsauftrag oder nach den sonstigen Umständen des Einzelfalles nur diese eine Möglichkeit zur Beseitigung des Verfassungsverstoßes in Betracht kommt.[617] *M. Heckel* sieht gerade diese Rechtsfolge für theologische Hochschuleinrichtungen und nennt bereits zwei Aspekte, aus denen die Einschränkung der Entscheidungsalternativen resultieren kann: „Sollten aber diese – weltlichen – Voraussetzungen vorliegen, so ergibt sich aus Art. 3 III GG die Pflicht nicht zur generellen Kassierung, sondern zur weiteren Errichtung theologischer Forschungs- und Ausbildungseinrichtungen zugunsten der entsprechenden Religionsgemeinschaften, und zwar mit vergleichbarem Standard wie ihn die theologischen Fakultäten besitzen, die ja durch *die Verfassungen* und *die Verträge* gesichert sind."[618]

Die Entscheidungsalternativen könnten daher sowohl durch Landesrecht als auch durch das Grundgesetz eingeschränkt sein.

1. Einschränkung der Entscheidungsalternativen durch das Grundgesetz

Die Gestaltungszuständigkeit des Gesetzgebers, die durch die Entscheidungsvariante der Beschränkung auf die Unvereinbarerklärung einer verfassungswidrigen Norm ge-

---

[611] *M. Heckel*, BWStVR, S. 580, 588 spricht von paritätischer Sicherungswirkung auch für die Tübinger Evangelisch-Theologische Fakultät.
[612] Gesetz über die Errichtung einer Evangelisch-Theologischen Fakultät an der Universität Hamburg v. 24.10.1952 (GVBl. S. 231).
[613] Vgl. *Kirchhof*, HdbStR V, § 124, Rn. 272; *Epping*, Grundrechte, Rn. 665; *P/S*, Rn. 487.
[614] *Kirchhof*, HdbStR V, § 124, Rn. 272.
[615] BVerfGE 22, S. 349, 361; *Kirchhof*, HdbStR V, § 124, Rn. 272; *P/S*, Rn. 479.
[616] Vgl. *Kirchhof*, HdbStR V, § 124, Rn. 273; *P/S*, Rn. 484.
[617] BVerfGE 22, S. 349, 362.
[618] *M. Heckel*, Fakultäten, S. 46; vgl. auch *ders.*, HdbStKirchR I 1974, S. 445, 522.

schützt werden soll,[619] ist im zu begutachtenden Fall bereits durch das Grundgesetz eingeschränkt. Aus Art. 7 Abs. 3 S. 1 GG folgt eine Verfassungsgarantie für geeignete Ausbildungsstätten für Religionslehrer, die beabsichtigen, in den öffentlichen Dienst einzutreten.[620] Steht allein die Ausbildung von Geistlichen und Seelsorgern in Rede, vermag diese Verfassungsgarantie keine Wirkungen zu entfalten. Gleiches ist für die Länder festzuhalten, in denen Art. 141 GG gilt.
Des Weiteren wird von *Hollerbach* auch Art. 5 Abs. 3 S. 1 GG als verfassungsrechtlicher Rahmen theologischer Fakultäten angeführt. Die Theologie sei nach herrschender Auffassung als Wissenschaft erfasst und dem Grunde nach garantiert. Die Existenz theologischer Fakultäten habe mithin eine grundrechtliche Basis in Art. 5 Abs. 3 GG, wonach sich keine konkrete „actio" auf Einrichtung einer Fakultät an einer bestimmten oder gar an jeder staatlichen Universität herleiten lasse. Aber die Institution „Theologische Fakultät" im Verband der Wissenschaften als solche sei dem Grunde nach garantiert.[621]
Die Beschränkung aus Gründen des Art. 123 Abs. 2 GG ist sogleich im Kontext des Landesrechts mit auszuführen.

2. Einschränkung der Entscheidungsalternativen durch Landesrecht

Außerhalb des Grundgesetzes könnten auch die Konkordate, Staatskirchenverträge und Landesverfassungen dazu führen, dass allein die Ausdehnung der Begünstigung eine gleichheitskonforme Lösung darstellt. Einige Landesverfassungen kennen Bestandsgarantien für theologische Fakultäten. Trotz der Schwierigkeiten im Verständnis der Bestandsgarantien, die bereits für Art. 149 Abs. 3 WRV bestanden, ist zumindest die Auflösung der theologischen Fakultäten und Lehrstühle insgesamt als ein Verstoß gegen diese Bestandsgarantien einzustufen.[622]
Die existierenden theologischen Hochschuleinrichtungen sind in der Mehrzahl durch Konkordate und Staatskirchenverträge gesichert.[623] Dabei ist auch das Reichskonkordat zu nennen. Das Grundgesetz bekräftigt durch Art. 123 Abs. 2 GG die Fortgeltung des Reichskonkordats.[624] Dieses garantiert durch Art. 19 S. 1 die Existenz bestimmter

[619] *Schlaich/Korioth*, Rn. 389.
[620] Ausführlich S. 78ff.
[621] *Hollerbach*, HdbStKirchR II, Fakultäten, S. 549, 554ff.
[622] Für Art. 149 Abs. 3 WRV war zweifelhaft, ob der konkrete Status vom 14.08.1919 nur eine institutionelle Garantie oder gar nur eine Gestattung der Fortbestandes ohne Zukunftsgarantie enthielt, vgl. die Nachweise bei *Oppermann*, Kulturverwaltungsrecht, S. 95. Vgl. für Art. 150 bayVerf *v. Busse*, in: N/L/S/Z, Art. 150, Rn. 7, wonach umstritten ist, ob sich die Garantie nur auf die Institution Evangelisch- bzw. Katholisch-Theologischer Fakultäten als solcher oder auf jede einzelne bestehende Fakultät beziehen soll. Vgl. für die Bestandsgarantie nach Art. 60 Abs. 2 S. 1 rhpfVerf *Stein*, in: Zinn/Stein, Art. 60, Anm. 5, wonach nur eine institutionelle Garantie in der Verfassungsnorm enthalten sei. Vgl. zu den Bestandsgarantien S. 120f.
[623] Zu den Ausnahmen S. 121f.
[624] *v. Doemming/Füsslein/Matz*, JöR N.F. 1, S. 1, 840-842. Die Weitergeltung des Reichskonkordates wurde in BVerfGE 6, S. 309, 330ff. bestätigt.

Katholisch-Theologischer Fakultäten.[625] Art. 123 Abs. 2 GG soll allein Zweifel darüber ausschliessen, ob das Reichskonkordat deshalb keinen Bestand mehr hat, weil es unter einer nicht mehr geltenden Verfassungsordnung entstanden ist.[626] Entsprechend ist auch nicht Art. 123 Abs. 2 GG als maßgebliche Norm heranzuziehen, sondern allein das Zustimmungsgesetz zum Reichskonkordat. Eine vertraglich nicht vorgesehene Kündigungsmöglichkeit dieser Konkordate und Staatskirchenverträge durch die staatliche Seite käme nur in den Fällen eines Wegfalls der Geschäftsgrundlage in Betracht. In diesem Fall müssten sich solche Umstände geändert haben, die zur Zeit des Vertragsschlusses gegeben waren, die Änderung müsste grundlegend sein und von den Vertragsparteien nicht vorausgesehen worden sein. Das Bestehen der Umstände müsste eine wesentliche Grundlage für die Zustimmung der Parteien gebildet haben, durch den Vertrag gebunden zu sein und die Änderung das Ausmaß der auf Grund des Vertrages noch zu erfüllenden Verpflichtungen tief greifend umgestaltet haben.[627]
Geändert hat sich der Umstand, dass eine andere Religionsgemeinschaft zu einer Größe angewachsen ist, die auch ihr die Einrichtung theologischer Hochschuleinrichtungen ihres Bekenntnisses ermöglicht. Die Größe einer anderen, konkurrierenden Religionsgemeinschaft kann nicht wesentliche Grundlage für die Bindung an den Staatskirchenvertrag/das Konkordat und damit die Zustimmung hierzu gewesen sein, soweit dieser Vertrag Regelungen im Bereich der gemeinsamen Angelegenheiten für die Religionsgemeinschaft, die den Vertrag abschließt, zum Inhalt hat. Anders könnte dies nur sein, wenn die Kapazitäten der theologischen Hochschuleinrichtungen in erheblichem Umfang zu groß und für den Staat sogar untragbar geworden wären, indem z. B. die weitere Religionsgemeinschaft in großem Ausmaß ihre Anhänger aus dem Kreis der Anhänger der Religionsgemeinschaften, die theologische Hochschuleinrichtungen besitzen, bezogen hätte. Die Kündigung des Staatskirchenvertrages kommt daher nicht deshalb in Betracht, weil auch eine andere Religionsgemeinschaft aus Paritätsgründen theologische Hochschuleinrichtungen begehrt. Es ist derzeit zudem nicht erkennbar, dass nicht an den Staatskirchenverträgen und Konkordaten festgehalten werden soll.
Hätte der (Landes-)Gesetzgeber vorliegend von dem Verstoß gegen die staatskirchenrechtliche Parität Kenntnis gehabt, hätte er auf Grund der grundgesetzlichen Bestimmungen und des Landesrechts dennoch an dem Bestand der theologischen Hochschuleinrichtungen festgehalten. Daher ist allein die Ausdehnung der Begünstigung auf die zuvor ungleich behandelte Gruppe denkbar.

Die paritätische Behandlung der islamischen Religionsgemeinschaften erfordert die Einrichtung islamischer Hochschuleinrichtungen in den genannten Ländern, die theologische Hochschuleinrichtungen für andere Religionsgemeinschaften kennen. Insbesondere ist dieser Anspruch nicht begrenzt auf die Einrichtung islamischer Lehrstühle, sondern umfasst auch, sofern die Größe und Ausbildungsbedürfnisse der islamischen Religionsgemeinschaft dies zulassen und auch Geistlichenausbildung und/oder Aus-

---

[625] Art. 19 S. 1 Reichskonkordat: „Die katholisch-theologischen Fakultäten an den staatlichen Hochschulen bleiben erhalten.“ (Reichskonkordat abgedr. bei *Listl*, Konkordate und Kirchenverträge I, S. 33ff.).
[626] Vgl. zu Art. 123 Abs. 2 GG *Tetzel*, S. 15ff.
[627] *Ehlers*, ZevKR 46, S. 286, 316f.

bildung von Seelsorgern beabsichtigt ist, islamische Fakultäten.[628] Hierfür kommt es maßgeblich auf die nach Landesrecht erforderliche Mindestgröße einer Fakultät an, die jedoch einfach-gesetzlich oder durch Staatskirchenvertrag unterschritten werden kann.[629]
Nach einer Stimme in der Literatur kämen auch entsprechende finanzielle Zuwendungen für vergleichbare Zwecke in Betracht, wenn die Religionsgemeinschaft beabsichtigt, Ausbildungskapazitäten außerhalb der staatlichen Hochschulen zu schaffen.[630] Eine solche Zuwendung ist jedoch nicht Inhalt der Parität, welche auf Gleichbehandlung zielt. Auch mit der Rechtsgrundlage der Parität in Art. 3 Abs. 1 GG ist eine solche Zahlung nicht verbunden. Solche finanziellen Zuwendungen könnten hingegen Inhalt einer positiven Religionspflege sein, wie sie teilweise aus dem Neutralitätsprinzip abgeleitet wird.[631]

C. Anspruch aus der Wissenschaftsfreiheit

Fraglich ist, ob sich aus der Wissenschaftsfreiheit gem. Art. 5 Abs. 3 S. 1 GG ein originärer Anspruch der islamischen Religionsgemeinschaft auf Schaffung einer theologischen Einrichtung an einer staatlichen Hochschule herleiten lässt. Die Existenz theologischer Fakultäten an den staatlichen Hochschulen hat in der Wissenschaftsfreiheit eine grundrechtliche Basis,[632] da nach überwiegender Ansicht auch die Theologie als Wissenschaft zu qualifizieren ist.[633] Dementsprechend wird teilweise auch Art. 5 Abs. 3 S. 1 GG herangezogen, um die verfassungsrechtliche Zulässigkeit theologischer Fakultäten zu begründen.[634]
Als übliche Gewährleistungsebenen der Wissenschaftsfreiheit werden ein Abwehrrecht, eine objektive Wertentscheidung, zum Teil auch eine institutionelle Garantie der Universität und ihrer akademischen Selbstverwaltung sowie ein Recht auf angemessene Teilhabe des universitären Wissenschaftlers an den staatlichen Wissenschaftsleistungen gesehen.[635] Der Gehalt des theoretisch möglichen Leistungsrechts könnte allein vom Grundrechtsträger der Wissenschaftsfreiheit geltend gemacht werden. Die Herleitung eines originären Anspruchs bedürfte daher dann keiner genaueren Erörterung, wenn die jeweilige Religionsgemeinschaft bereits nicht Grundrechtsträger der Wissenschaftsfreiheit wäre.

---

[628] Vgl. auch *Renck*, NVwZ 1996, S. 333, 334; *ders.*, DÖV 2002, S. 56, 66.
[629] Ausführlich S. 134ff.
[630] So *Renck*, NVwZ 1996, S. 333, 334; *ders.*, DÖV 2002, S. 56, 66; vgl. *ders.* DÖV 1994, S. 27, 32 für Bekenntnisgemeinschaften, für die kein Religionsunterricht erteilt wird für die religiös-weltanschauliche Unterweisung der zurechenbaren Schüler.
[631] Vgl. *Janz/Rademacher*, NVwZ 1999, S. 706, 706; *Badura*, Schutz von Religion und Weltanschauung, S. 82.
[632] *Hollerbach*, HdbStKirchR II, Fakultäten, S. 549, 555.
[633] *v. Campenhausen*, HdbWissR I, S. 963, 969 m. w. N.; *Hollerbach*, HdbStKirchR II, Fakultäten, S. 549, 554f.; *Hufen*, in: FS Schiedermair, S. 623, 629. Problematisch ist das Vorliegen des Grundsatzes der Voraussetzungslosigkeit der Wissenschaft, vgl. *Hufen*, in: FS Schiedermair, S. 623, 629f.
[634] Vgl. *Hollerbach*, HdbStKirchR II, Fakultäten, S. 549, 554f.
[635] *Schulze-Fielitz*, HdbVerfR, § 27, Rn. 6ff.; zu der objektiven Wertentscheidung: BVerfGE 35, S. 79, 114ff.; 88, S. 129, 136f.; 93, S. 85, 95; *Knemeyer*, BayVBl. 1982, S. 513, 514; *M. Heckel*, Organisationsstrukturen, S. 26; *Oppermann*, HdbStR VI, § 145, Rn. 20.

In der Konstellation, in der es um den Zugang einer Religionsgemeinschaft zu den staatlichen Hochschulen geht, bleibt die Grundrechtsträgerschaft für die Wissenschaftsfreiheit außerhalb der staatlichen Hochschule ausgeklammert. Die Grundrechtsträgerschaft der Wissenschaftsfreiheit ist sowohl individuell als auch korporativ zu bestimmen. Zu den individuellen Grundrechtsträgern rechnen vor allem Hochschullehrer, Studenten und wissenschaftliche Mitarbeiter.[636] Die islamische Religionsgemeinschaft selbst ist nicht individueller Grundrechtsträger der Wissenschaftsfreiheit.[637] Träger der korporativen Wissenschaftsfreiheit (Art. 19 Abs. 3 GG) ist neben der öffentlich-rechtlich organisierten Universität auch die ebenfalls öffentlich-rechtlich organisierte Fakultät als Teilgliederung der Universität.[638] Theologische Fakultäten stellen keine Ausnahme dar.[639] Andere Untergliederungen der Universität können Grundrechtsträger gem. Art. 19 Abs. 3 GG sein, soweit sie eine eigenständige Funktion in Forschung und/oder Lehre vertreten,[640] so dass, je nach konkreter Organisationsform, auch ein singulärer islamischer Lehrstuhl als Grundrechtsträger zumindest in Betracht kommt. Ein solcher existiert aber gerade noch nicht, ebenso wie auch eine islamische Fakultät bislang nicht eingerichtet wurde.

Mangels Grundrechtsträgerschaft der islamischen Religionsgemeinschaft lässt sich aus der Wissenschaftsfreiheit gem. Art. 5 Abs. 3 S. 1 GG daher kein Leistungsrecht auf Schaffung einer islamischen Hochschuleinrichtung an einer staatlichen Hochschule herleiten.[641]

---

[636] *Bethge*, in: Sachs, GG, Art. 5, Rn. 207f.; *Schulze-Fielitz*, HdbVerfR, § 27, Rn. 5.

[637] Ebenso *Hufen*, in: FS Schiedermair, S. 623, 632 mit Verweis auf einen Schutz der Religionsgemeinschaft durch Art. 140 GG i. V. m. Art. 137 Abs. 3 S. 1 WRV und Art. 4 GG.

[638] BVerfGE 75, S. 192, 196 unter Hinweis darauf, dass diese juristischen Personen des öffentlichen Rechts von den ihnen durch die Rechtsordnung übertragenen Aufgaben her unmittelbar einem durch bestimmte Grundrechte geschützten Lebensbereich zugeordnet sind; 15, S. 256, 262 bzgl. der Universitäten; 93, S. 85, 93 auch bzgl. der Fakultäten und Fachbereiche. Vgl. auch *Bethge*, in: Sachs, GG, Art. 5, Rn. 210f.; *Jarass*, in: J/P, Art. 5, Rn. 125.

[639] *Bethge*, in: Sachs, GG, Art. 5, Rn. 211; vgl. *Hufen*, in: FS Schiedermair, S. 623, 632 bezüglich der Erarbeitung von Berufungsvorschlägen durch die theologische Fakultät.

[640] *Scholz*, in: M/D, Art. 5 Abs. III, Rn. 123.

[641] Vgl. auch *Hollerbach*, HdbStKirchR II, Fakultäten, S. 549, 555: „Die Existenz theologischer Fakultäten hat mithin eine grundrechtliche Basis in Art. 5 Abs. 3 GG. Zwar lässt sich daraus allein keine konkrete ‚actio' auf Einrichtung einer Fakultät an einer bestimmten oder gar an jeder staatlichen Universität herleiten".

Dritter Abschnitt: Die Einrichtung islamischer Lehrstühle und Fakultäten

A. Das Vorgehen des Staates bei der Einrichtung islamischer Lehrstühle und Fakultäten

Mit den Ansprüchen auf Einrichtung islamischer Hochschuleinrichtungen eng verbunden ist das Vorgehen des Staates bei deren Einrichtung. Zunächst fragt sich, ob das Einvernehmen der islamischen Religionsgemeinschaft notwendig ist (I.). Diese Fragestellung ist derzeit von geringer praktischer Relevanz. Fraglich ist aber, wie die Entwicklung in Hamburg verlaufen wird und ob hier ein Konsens mit der SCHURA, Rat der islamischen Gemeinschaften in Hamburg e. V., gesucht wird, denn der Rat hat die Existenz von Mitwirkungsrechten bereits zur Sprache gebracht. Doch derzeit wendet er sich nicht gegen die Einrichtung eines islamischen Lehrstuhls.[1] Weiterhin ist die Frage aufgeworfen, ob ein Anspruch der islamischen Religionsgemeinschaft auf Abschluss eines Staatskirchenvertrages besteht (II.), der die übliche Kooperationsform zwischen Staat und Religionsgemeinschaft darstellt.

I. Notwendigkeit des Einvernehmens für den Errichtungsakt

Inwieweit der Staat auch bei der Einrichtung einer islamischen Hochschuleinrichtung die islamische Religionsgemeinschaft beteiligen muss, ist vor dem Hintergrund des gerichtlich ausgetragenen Streits um den Diplomstudiengang Katholische Theologie an der Johann Wolfgang Goethe-Universität zu Frankfurt am Main nicht endgültig im Sinne der Notwendigkeit einer Zustimmung der Religionsgemeinschaft entschieden.[2] Der Vorsitzende Richter des Bundesverwaltungsgerichts hat im genannten Verfahren anlässlich der mündlichen Urteilsbegründung ausdrücklich auf den Umstand hingewiesen, dass eine Übertragung des Ergebnisses der gerichtlichen Entscheidung auf andere Fälle nicht ohne weiteres möglich ist und bei einem anderen Sachverhalt ein anderer Ausgang denkbar ist.[3] Das Gericht hat nicht mehr geprüft, ob sich ein Zustimmungserfordernis aus anderen verfassungsrechtlichen Gründen als dem des Selbstbestimmungsrechtes gem. Art. 140 GG i. V. m. Art. 137 Abs. 3 S. 1 WRV erge-

---

[1] Zu den Entwicklungen an der Universität Hamburg S. 17ff.

[2] BVerwGE 101, S. 309, 309ff. mit den Vorinstanzen VGH Kassel, NVwZ 1995, S. 505, 505ff. und VG Wiesbaden, NVwZ-RR, 1991, S. 84, 84ff. Vgl. auch *Kriewitz*, Errichtung, S. 21-64; *ders.*, NVwZ 1995, S. 767, 767ff. zu VGH Kassel und die Besprechungen der bundesverwaltungsgerichtlichen Entscheidung von *Amend*, KuR 1996, S. 239, 239ff.; *Lecheler*, NJW 1997, S. 439, 439ff.; *Morlok/M. H. Müller*, JZ 1997, S. 549, 549ff.; *Muckel*, DVBl. 1997, S. 873, 873ff. Vor der Umwandlung der Betriebseinheit Katholische Theologie des Fachbereiches Religionswissenschaften in eine Katholisch-Theologische Fakultät bereits BVerwG, NVwZ 1989, S. 859f. mit den Vorinstanzen VGH Kassel, NVwZ 1988, S. 850, 850ff. und VG Wiesbaden, NVwZ 1986, S. 409, 409ff. Hierzu auch *Kirste*, insbes. S. 79ff. und die Besprechung von *Quaritsch*, NVwZ 1990, S. 28, 28ff. Zur gleichen Problematik auch *M. Heckel*, Fakultäten, S. 322ff. Vgl. weiter Art. 36 Abs. 2 sldVerf: „Die Kirche kann im Einvernehmen mit dem Staat theologische Fakultäten einrichten." Zu der Anwendbarkeit des Wortes Kirche auf islamische Religionsgemeinschaften S. 148f.

[3] Vgl. *Amend*, KuR 1996, S. 239, 240.

ben könnte.[4] Diese Frage hat Relevanz, sollte das Selbstbestimmungsrecht der Religionsgemeinschaften nicht weiter führen.

Zu der vorliegenden Konstellation der Errichtung einer islamischen Hochschuleinrichtung sind erhebliche Unterschiede zu verzeichnen. Der Rechtsstreit um den Diplomstudiengang Katholische Theologie betraf die Einrichtung eines katholisch-theologischen Studienganges, zunächst an einem bikonfessionellen Fachbereich Religionswissenschaften mit den Betriebseinheiten Evangelische Theologie sowie Katholische Theologie, später an einem selbständigen Fachbereich Katholische Theologie,[5] nicht aber die Errichtung eines singulären theologischen Lehrstuhls oder einer theologischen Fakultät. Das Bundesverwaltungsgericht sah den Schutzbereich des Selbstbestimmungsrechts der Katholischen Kirche gem. Art. 140 GG i. V. m. Art. 137 Abs. 3 S. 1 WRV betroffen,[6] verdeutlicht durch die Charakterisierung des Studienganges als bekenntnisgebundenen Studiengang.[7] Die Problematik wurde sodann durch eine „konkrete Güterabwägung (…) (gelöst), bei der ein möglichst schonender Ausgleich der gegensätzlichen Interessen zu suchen“[8] war. Das Bundesverwaltungsgericht folgte damit der Ansicht, die eine solche im Rahmen der verfassungsrechtlichen Rechtfertigung eines Eingriffes in das Selbstbestimmungsrecht der Religionsgemeinschaft aus Art. 140 GG i. V. m. Art. 137 Abs. 3 S. 1 WRV vornimmt.[9]

Der Schutzbereich des Selbstbestimmungsrechts ist bei der Frage der Errichtung eines islamisch-theologischen Lehrstuhls oder einer islamisch-theologischen Fakultät an einer staatlichen Hochschule betroffen. Die jeweilige Religionsgemeinschaft legt bei der Entscheidung über die Errichtung einer Hochschuleinrichtung an einer staatlichen Hochschule zugleich die Grundstrukturen und die Organisation ihres Ämter- und Ausbildungswesens fest.[10] Auch wenn sich weiter der Abwägungsvorgang hinsichtlich der zuvor zu treffenden Auswahl der in die Abwägung einzustellenden Güter beider Seiten und der vorzunehmenden Gütergewichtung theoretisch anders als im vom Bundesverwaltungsgericht entschiedenen Fall gestalten kann, so ist doch kein anderes Ergebnis denkbar. Die Entscheidung über die Frage, ob Theologenausbildung an einer staatlichen Hochschule erfolgen soll oder nicht, ist eine zentrale, allein der Religionsgemeinschaft selbst zugewiesene Frage. Hier ist auch das Recht zur Gründung eigener Universitäten anzuführen.[11] Außerdem kann allein die Religionsgemeinschaft, nicht der neutrale Staat, entscheiden, wo Verkündigung stattfindet[12] und ob auch Verkündigung an einer staatlichen Hochschule stattfinden soll. Dadurch fällt die Güterabwägung

---

[4] Vgl. BVerwGE 101, S. 309, 309ff.

[5] Zum Sachverhalt *Amend*, KuR 1996, S. 239, 239f.

[6] BVerwGE 101, S. 309, 312ff.

[7] *Morlok/M. H. Müller*, JZ 1997, S. 549, 550.

[8] BVerwGE 101, S. 309, 315.

[9] So auch BVerfGE 53, S. 366, 399ff.; 72, S. 278, 289; Nachweise der verschiedenen Auffassungen zur Auslegung der Schrankenformel des Selbstbestimmungsrechts gem. Art. 140 GG i. V. m. Art. 137 Abs. 3 S. 1 GG bei *Neureither*, S. 238ff.

[10] Vgl. *M. Heckel*, Fakultäten, S. 334.

[11] Vgl. *Morlok/Muckel*, JZ1997, S. 549, 554.

[12] *Muckel*, DVBl. 1997, S. 873, 877: „Theologie an der Universität ist für die Kirche Teil der Glaubensverkündigung. Nur die Kirche, nicht der säkulare Staat kann entscheiden, wo Verkündigung stattfindet.“

grundsätzlich zugunsten der Religionsgemeinschaft und nicht zugunsten des Staates aus.

Für den Fall der Einrichtung theologischer Fakultäten wird auch in der Literatur mehrheitlich davon ausgegangen, dass ein Einvernehmen zwischen Staat und Religionsgemeinschaft bestehen muss.[13] Es wird auch rechtshistorisch darauf hingewiesen, dass es seit 1902 zu keiner Errichtung einer theologischen Fakultät kam, die nicht auf der Verständigung zwischen Staat und Kirche basierte.[14] Zudem bestehen Mitwirkungsrechte der Religionsgemeinschaft in Personalangelegenheiten,[15] so dass der singuläre Lehrstuhl nicht bereits arbeitsfähig wäre. Anders stellte sich dies für den Diplomstudiengang in Frankfurt am Main dar, wo bereits eine theologische Fakultät mit ausreichend Professoren existierte, die das nihil obstat zumindest für die Religionslehrerausbildung besaßen. Insbesondere ist ein Konsens zwischen Staat und Religionsgemeinschaft aber auch notwendig, damit die angebotene Ausbildung auch in Anspruch genommen wird.[16] *M. Heckel* spricht für den Fall, dass die spätere Zusammenarbeit mit der Religionsgemeinschaft in Belangen der theologischen Hochschuleinrichtung unterbleibt, von einem Torso bzw. einer „Reformruine".[17]

Eine Institutionalisierung des Islam an der staatlichen Hochschule ist somit ohne das Einvernehmen der jeweiligen islamischen Religionsgemeinschaft nicht zulässig.

II. Kooperation mittels eines Staatskirchenvertrages

Es besteht kein allgemeines Koordinationsverhältnis zwischen dem Staat und der Religionsgemeinschaft, dessen Konsequenz es wäre, dass allein ein Vertragsschluss die von der Verfassung gebotene Basis für die gegenseitigen Beziehungen bilden könnte.[18] Das notwendige Einvernehmen zwischen Staat und Religionsgemeinschaft kann in verschiedener Weise zum Ausdruck kommen. Die möglichen Kooperationsformen variieren zwischen einer förmlichen Vereinbarung durch Staatskirchenvertrag und einer formlosen Absprache der Errichtungs- und Anerkennungsakte auf Seiten des Staates und der Religionsgemeinschaft, die auch durch konkludente Koordinierung erfolgen kann.[19] Wird das Recht einseitig vom Staat gesetzt,[20] liegt gar keine Kooperation vor, es sei denn, dieses Gesetz wurde zuvor informell zwischen Staat und Religions-

---

[13] Vgl. *v. Campenhausen*, HdbWissR I, S. 963, 972f. mit dem Hinweis, dass für theologische Hochschuleinrichtungen neuer Art die gleichen Verhältnisse gelten; *Hollerbach*, HdbStKirchR II, Fakultäten, S. 549, 566.

[14] *v. Campenhausen*, HdbWissR I, S. 963, 973. Unter Geltung der WRV vertrat *J. Heckel*, ThBL 11, Sp. 193, 201 im Jahr 1932: „Die staatlichen theologischen Fakultäten haben also nicht etwa von Staatsrechts wegen einen Anspruch auf die kirchliche Anerkennung, und die Kirche ist zu ihrer Anerkennung nicht verpflichtet. Will nun der Staat seinen Fakultäten jene Anerkennung auf die Dauer sichern, so bleibt ihm gar nichts übrig, als sich mit der Kirche bei Zeiten praktisch zu verständigen."

[15] Zu der Herleitung von Zustimmungsrechten S. 151ff.

[16] *Puza*, ThQ 2001, S. 307, 324.

[17] *M. Heckel*, Fakultäten, S. 335.

[18] *Hollerbach*, HdbStKirchR I, Vertragsrechtliche Grundlagen, S. 253, 268.

[19] *M. Heckel*, Fakultäten, S. 335. Nach *Hollerbach*, HdbStKirchR II, Fakultäten, S. 549, 567 muss die materielle Zustimmung der Kirche manifest sein, wenn kein förmlicher Vertrag abgeschlossen wird.

[20] *Ehlers*, in: Sachs, GG, Art. 140, Rn. 6; vgl. *Obermayer*, in: BK, Art. 140, Rn. 88 mit Gesetzesbeispielen.

gemeinschaft abgesprochen.[21] Beim Erlass dieser Gesetze, insbesondere für den Fall einer informellen Absprache, ergeben sich keine besonderen staatskirchenrechtlichen Probleme. Auch im Bereich der bestehenden theologischen Hochschuleinrichtungen kann nicht ausnahmslos auf eine staatskirchenvertragliche/konkordatäre Grundlage verwiesen werden.[22]

Es liegt ein Staatskirchenvertrag vor, wenn der Vertragsabschluss auf staatlicher Seite der Mitwirkung des Parlaments bedarf.[23] Auch die Er- und Einrichtung eines theologischen Lehrstuhls wird als zulässiger Gegenstand eines Staatskirchenvertrages erachtet.[24] Folglich soll auch hier das Hauptaugenmerk auf die mögliche Kooperationsform des Abschlusses eines Staatskirchenvertrages gelegt werden. Gründe, die sowohl auf Seiten des Staates als auch der Religionsgemeinschaft dafür sprechen, die Vertragsform einem informell abgesprochenen Gesetz vorzuziehen, gibt es mehrere. Insbesondere dem hohen Koordinierungsbedarf, der sich bei der Schaffung einer theologischen Hochschuleinrichtung an einer staatlichen Hochschule ergibt, kann besonders sinnvoll durch vertragliche Regelungen begegnet werden.[25] Ungeachtet einer neuen Gesetzeslage können sich die Religionsgemeinschaften grundsätzlich solange auf einen gültig abgeschlossenen Staatskirchenvertrag berufen, bis dieser gekündigt worden ist.[26] Erwähnung finden sollte in diesem Zusammenhang auch die Reputation, die einer Religionsgemeinschaft, welche mit dem Staat einen Staatskirchenvertrag geschlossen hat, in der Öffentlichkeit zukommen könnte,[27] soweit der Abschluss des Staatskirchenvertrages die Religionsgemeinschaft in eine Reihe auch mit der Evangelischen sowie Katholischen Kirche stellt, mit denen traditionell Staatskirchenverträge/Konkordate abgeschlossen werden. Die Reputation könnte auch daraus folgen, dass in der Vergangenheit die islamischen Religionsgemeinschaften ihre Rechte oftmals einklagen mussten,[28] und dass durch den Vertragsabschluss eine geänderte Zusammenarbeit des Staates mit der islamischen Religionsgemeinschaft zum Ausdruck kommt.

Eine grundgesetzliche Normierung, die die Zulässigkeit des Vertragsabschlusses festlegt, findet sich nicht. Die Zulässigkeit für den Abschluss eines Staatskirchenvertrages ergibt sich aus mehreren Landesverfassungen, die ausdrücklich entweder auf die abgeschlossenen oder abzuschließenden Verträge Bezug nehmen.[29] Aber auch in Ländern,

---

[21] Auf die Möglichkeit der informellen Absprache verweisen *Czermak*, KJ 2000, S. 229, 237; *Ehlers*, ZevKR 46, S. 286, 300.

[22] Vgl. S. 121f.

[23] *Ehlers*, in: Sachs, GG, Art. 140, Rn. 6; *ders.*, ZevKR 46, S. 286, 288; *ders.*, in: FS Maurer, S. 333, 334; *Korioth*, in: M/D, Art. 140, Rn. 22. Zum Ablauf des Vertragsverfahrens *Jeand'Heur/Korioth*, Rn. 287.

[24] *Obermayer*, in: BK, Art. 140, Rn. 95; *Ehlers*, ZevKR 46, S. 286, 312f. benennt die gemeinsamen Angelegenheiten als möglichen Vertragsgegenstand.

[25] *Ehlers*, ZevKR 46, S. 286, 310.

[26] *Ehlers*, ZevKR 46, S. 286, 305.

[27] Vgl. BVerfGE 102, S. 370, 388 m. w. N., wonach die öffentlich-rechtliche Korporation einer Religionsgemeinschaft in der Wahrnehmung der Gesellschaft eine besondere Stellung verleiht.

[28] Für die Einrichtung von islamischem Religionsunterricht VG Düsseldorf, NWVBl. 2001, S. 110-114; VG Düsseldorf, NWVBl. 2002, S. 196-200; OVG NRW, NWVBl. 2004, S. 224-230.

[29] Art. 8 bwVerf; Art. 182 bayVerf für früher abgeschlossene Verträge; Art. 50 Abs. 2 hessVerf; Art. 9 Abs. 2 mvVerf; Art. 23 nrwVerf, der die mit dem früheren Freistaat Preußen abgeschlossenen Verträge für die Gebiete des Landes, die zu Preußen gehörten, anerkennt, aber gleichzeitig in Abs. 2 den

in denen sich keine explizite Regelung in der Verfassung findet, ist von der grundsätzlichen Zulässigkeit vertraglicher Vereinbarungen mit den Religionsgemeinschaften auszugehen. Einerseits findet sich im Grundgesetz kein ausdrückliches Verbot und andererseits lassen die Normtexte des Art. 140 GG i. V. m. Art. 138 Abs. 1 WRV und des Art. 123 Abs. 2 GG den Schluss auf die grundsätzliche Zulässigkeit vertraglicher Vereinbarungen zu.[30]

Vertragspartner eines Staatskirchenvertrages sind der Bund oder ein Land/mehrere Länder auf der einen Seite, die islamische Religionsgemeinschaft auf der anderen Seite.[31] Auf Seiten des Staates sind Verbandszuständigkeit sowie Organzuständigkeit zu beachten. Die Verbandszuständigkeit folgt den allgemeinen Regeln der innerstaatlichen Kompetenzverteilung, so dass von einer Kongruenz von Gesetzgebungs- und Vertragskompetenz auszugehen ist.[32] Die Organzuständigkeit kommt im Bereich der Länder dem Ministerpräsidenten, im Bereich des Bundes der Bundesregierung zu.[33] Die Staatskirchenverträge bedürfen der parlamentarischen Zustimmung in Form eines Gesetzes, wodurch die innerstaatliche Verbindlichkeit des Vertrages herbeigeführt wird.[34] Für den Bund ergibt sich dies aus Art. 59 Abs. 2 S. 1 GG, welcher neben den Konkordaten auch für alle anderen Staatskirchenverträge gilt. Für den Bereich der Gesetzgebungskompetenz der Länder gelten die Regeln über Staatsverträge, welche ebenfalls eine parlamentarische Zustimmung erfordern.[35] Das staatliche Vertragsgesetz transformiert den Inhalt des Vertrags in staatliches Recht.[36] Der Bund sowie die Länder dürfen den Staatskirchenvertrag erst ratifizieren, wenn der Gesetzgeber dem Vertrag zugestimmt hat.[37]

Auf der anderen Seite des Vertrages steht die jeweilige islamische Religionsgemeinschaft. Sachgrund für die Rechtsgestaltung durch Staatskirchenvertrag ist nicht die Eigenschaft der Religionsgemeinschaft als Körperschaft des öffentlichen Rechts, sondern die vom Staat respektierte Eigenrechtsmacht der Religionsgemeinschaft, kraft derer sie im politischen Gemeinwesen wirkt. Demnach können auch Religionsgemeinschaften, die nicht Körperschaften des öffentlichen Rechts sind, Vertragspartner des Staates bei Staatskirchenverträgen sein.[38] Die Zuständigkeit für den Abschluss von Staatskirchenverträgen bestimmt sich nach dem Organisationsrecht der islamischen

---

Abschluss neuer Verträge zulässt; Art. 35 Abs. 2 sldVerf für früher abgeschlossene Verträge unter der Voraussetzung, dass sie zu Recht bestehen; Art. 109 Abs. 2, 3 sächsVerf; Art. 32 Abs. 4 saVerf. Vgl. auch *Ehlers*, in: Sachs, GG, Art. 140, Rn. 6; *ders.*, ZevKR 46, S. 286, 289 m. w. N., 308; *Hollerbach*, HdbStKirchR II, Fakultäten, S. 549, 552f.; *Thieme*, Rn. 162 m. w. N.

[30] *Korioth*, in: M/D, Art. 140, Rn. 24.

[31] *Obermayer*, in: BK, Art. 140, Rn. 91.

[32] Vgl. *Ehlers*, in: Sachs, GG, Art. 140, Rn. 6; *ders.*, ZevKR 46, S. 286, 311; *Jeand'Heur/Korioth*, Rn. 285; vgl. weiter *Hollerbach*, HdbStKirchR I, Vertragsrechtliche Grundlagen, S. 253, 278.

[33] *Ehlers*, in: Sachs, GG, Art. 140, Rn. 6; *ders.*, ZevKR 46, S. 286, 312; *Jeand'Heur/Korioth*, Rn. 287.

[34] *Korioth*, in: M/D, Art. 140, Rn. 24.

[35] *Hollerbach*, HdbStKirchR I, Vertragsrechtliche Grundlagen, S. 253, 279. Hinzuweisen ist auf die ausdrückliche Regelung in Art. 21 Hs. 2 nrwVerf.

[36] *Obermayer*, in: BK, Art. 140, Rn. 92. Hier findet sich auch eine Zusammenstellung der staatlicherseits zu erbringenden Schritte des Vertragsverfahrens.

[37] *Ehlers*, ZevKR 46, S. 286, 312.

[38] *Hollerbach*, HdbStKirchR I, Vertragsrechtliche Grundlagen, S. 253, 275.

Religionsgemeinschaft.[39] Die verfahrensrechtliche Ausgestaltung wiederum ist vom Selbstbestimmungsrecht geschützt.[40] Das Organisationsrecht kann daher vorsehen, dass innerhalb der Religionsgemeinschaft die Zustimmung eines oder auch mehrerer weiterer Organe erforderlich ist. Innerhalb eines Dachverbandes käme daher eine Regelung in Betracht, wonach es einer internen Zustimmung von Organen mehrerer Mitgliedsverbände bedarf.

Für die islamischen Lehrstühle ergeben sich die gleichen Regelungsbedürfnisse wie für religionspädagogische/singuläre theologische Lehrstühle außerhalb theologischer Fakultäten der Evangelischen und Katholischen Kirche, für welche Staatskirchenverträge/Konkordate bestehen.[41] Für islamische Fakultäten gilt gleiches. Insbesondere existieren Mitwirkungsrechte der jeweiligen islamischen Religionsgemeinschaft, hergeleitet aus verschiedenen Grundgesetznormen.[42] Daher besteht ein Regelungsbedürfnis für die Ausgestaltung der Mitwirkungsrechte im Verfahren, in den Rechtsfolgen, den betroffenen Personen und der Zuständigkeit bestimmter Organe der Religionsgemeinschaft gegenüber dem Staat bei der Wahrung der Mitwirkungsrechte. Auch die Sicherung einer Mindestausstattung kann Regelungsgegenstand des Vertrages sein.[43] Die Einrichtung des Religionsunterrichtes als ordentliches Lehrfach gem. Art. 7 Abs. 3 S. 1 GG und damit korrespondierende Regelungsbedürfnisse können in einem einheitlichen Staatskirchenvertrag einer eingehenderen Regelung zugeführt werden.

Das Bundesverfassungsgericht hat eine Pflicht des Staates zum Abschluss von Staatskirchenverträgen verneint: „Es steht völlig im Belieben des Staates, ob und mit welchen Kirchen er Verträge abschließen will."[44]
Dem wird in der Literatur zum Teil gefolgt,[45] zum Teil wird aber auch die Möglichkeit gesehen, dass sich aus Gründen der Parität eine in der Verfassung begründete Pflicht des Staates zum Vertragsschluss ergeben kann, wenn die islamische Religionsgemeinschaft auf Paritätswahrung anträgt und die Gleichstellung sachlich begründet ist.[46] Die Feststellung erfolgte im Zusammenhang der Darlegung, dass bestehende Konkordate und Staatskirchenverträge keine Ungleichbehandlung zu tragen vermögen. Im Ergebnis wurde so die Neuapostolische Kirche begünstigt, indem der Beschluss lautete, dass

---

[39] *Ehlers*, ZevKR 46, S. 286, 312.
[40] *Mainusch*, DÖV 1999, S. 677, 681.
[41] Vgl. *Hollerbach*, HdbStKirchR II, Fakultäten, S. 549, 591ff.
[42] Zu den Mitwirkungsrechten S. 147ff.
[43] Vgl. *Lienemann*, in: Schweizerisches Jahrbuch 2003, S. 11, 37.
[44] BVerfGE 19, S. 1, 12. Eine originäre Verpflichtung, die Beziehungen des Staates zur Religionsgemeinschaft durch Staatsvertrag zu regeln, findet sich in Art. 109 Abs. 2 S. 3 sächsVerf.
[45] *v. Campenhausen*, in: M/K/C, Art. 140, Rn. 32; *Obermayer*, in: BK, Art. 140, Rn. 91; *M. Heckel*, Art. Parität, EvStL II, Sp. 2411, 2420; *Müller-Volbehr*, HdbStKirchR I, S. 289, 294; *Jeand'Heur/ Korioth*, Rn. 274.
[46] *Hollerbach*, HdbStKirchR I, Vertragsrechtliche Grundlagen, S. 253, 268; *Ehlers*, ZevKR 46, S. 286, 309 sieht Art. 3 Abs. 1 i. V. m. Art. 4 Abs. 1 und 2 sowie Art. 19 Abs. 3 GG als Rechtsgrundlage für einen möglichen Anspruch der anderen Kirchen auf Gleichbehandlung; *Weber*, in: FS Maurer, S. 469, 478 spricht nicht explizit von einer Verpflichtung: „Vieles spricht schließlich dafür, auch das Instrument des Vertragskirchenrechts nicht (...) auf Verträge mit den großen Kirchen (...) zu beschränken, sondern auch andere Religionsgemeinschaften, soweit sie das wünschen, in diese Regelungsform einzubeziehen".

Art. 3 Abs. 1 GG gebiete, § 8 Abs. 1 Nr. 4 PrGKG derart auszulegen, dass die Neuapostolische Kirche des Landes Nordrhein-Westfalen als Körperschaft des öffentlichen Rechts Gebührenfreiheit genieße.[47]
Den Stimmen in der Literatur wird hier nicht gefolgt. Dem Anspruch auf Abschluss einrichtungsbezogener Staatskirchenverträge aus dem Gleichheitssatz steht entgegen, dass sich dieser nicht auch auf bloße Verfahrensweisen erstreckt.

B. Auswirkungen auf die Organisationsstruktur

Die Organisation der Hochschulen, und damit auch die Entscheidung über die Eingliederung eines singulären theologischen Lehrstuhls in eine bestimmte Fakultät, fallen in die Zuständigkeit des Staates.[48]
Hierbei kann auf Wunsch der islamischen Religionsgemeinschaften auch eine theologische Hochschuleinrichtung, sei es ein theologischer Lehrstuhl oder eine Fakultät, für mehrere Religionsgemeinschaften gemeinsam errichtet werden. Auch für die christlichen Kirchen bestehen gemeinsame Einrichtungen an den staatlichen Hochschulen. Der Fachbereich Evangelische Theologie der Westfälischen Wilhelms-Universität Münster steht in Rechtsverhältnissen zur Evangelischen Landeskirche von Westfalen (Kirche der Union) und zur Lippischen Landeskirche (Reformierte Kirche).[49] Ebenso sind auch ökumenische Hochschuleinrichtungen für die großen christlichen Kirchen nicht ausgeschlossen. Eine gemeinsame Einrichtung wird auch für die orthodoxen Theologien[50] sowie nun von alevitischer Seite angedacht. Die Föderation der Aleviten Gemeinden in Deutschland e. V. lässt grundsätzliche Bereitschaft daran erkennen, eine gemeinsame theologische Hochschuleinrichtung mit anderen Religionsgemeinschaften einzurichten.[51] Derzeit ist noch nicht absehbar, ob in den einzelnen Ländern die ver-

---

[47] BVerfGE 19, S. 1, 1ff.
[48] Vgl. *Weber*, NVwZ 2000, S. 848, 852.
[49] *Mussinghoff*, in: Festgabe Schwendenwein, S. 617, 635 in Fn. 78. Im Hinblick auf die Ausbildung der Geistlichen der kleineren Lippischen Landeskirche werden zwei Lehrstühle des Fachbereichs (Systematische und Historische Theologie) gem. § 124 Abs. 1 nwHG i. V. m. Art. 11 Abs. 1 des Vertrages des Landes Nordrhein-Westfalen mit der Lippischen Landeskirche v. 06. März 1958 mit reformierten Theologen besetzt: „Die Landesregierung trägt dafür Sorge, daß an der Universität Münster zwei für die Ausbildung reformierter Theologiestudenten vorwiegend geeignete Lehrstühle eingerichtet und besetzt werden." (Vertrag abgedr. bei *Listl*, Konkordate und Kirchenverträge II, S. 322ff.).
[50] Nach *Mussinghoff*, in: Festgabe Schwendenwein, S. 617, 629 könnte den Bedürfnissen der kleineren orthodoxen Schwesterkirchen durch die Besetzung von ein oder zwei Lehrstühlen mit einem serbisch- bzw. russisch-orthodoxen Theologen in einem Griechisch-Orthodoxen Institut oder einer Griechisch-Orthodoxen Fakultät Rechnung getragen werden.
[51] *Kaplan*, in: Islam und Bildung, S. 159, 161: „Die geplanten Lehrstühle für Islamwissenschaft oder Pädagogik sollen den alevitischen Teil der Theologie gleichzeitig decken. Wir haben daran Interesse, dass das Alevitentum ein Bestandteil der zukünftigen Theologie wird." Dass trotz der Benennung der Lehrstühle als islamwissenschaftlich bzw. pädagogisch an die Errichtung theologischer Lehrstühle gedacht ist, lässt die vorhergehende Forderung nach der Ausbildung der Lehrer des Religionsunterrichts an den Universitäten erkennen.

schiedenen Vereinigungen getrennte theologische Hochschuleinrichtungen erstreben oder gemeinsame Einrichtungen befürworten.[52]

I. Bildung von Fakultäten

Denkbar ist zunächst die Bildung eigener Fakultäten parallel zu den vorhandenen Katholisch-Theologischen sowie Evangelisch-Theologischen Fakultäten.[53] In Betracht kommt die Bildung einer Fakultät für die Theologie einer einzelnen islamischen Religionsgemeinschaft in einem Land oder für die Theologie einer einzelnen Religionsgemeinschaft unter Beteiligung mehrerer Länder.[54]

1. Für die Theologie einer einzelnen islamischen Religionsgemeinschaft

Die islamischen Lehrstühle einer einzelnen islamischen Religionsgemeinschaft werden zumeist von geringer Anzahl sein. Zu untersuchen ist, ob nach den hochschulrechtlichen Regelungen der Länder trotzdem die Möglichkeit besteht, eine eigene Fakultät für diese Theologien zu bilden. Somit ist die Frage aufgeworfen, ob eine Mindestanzahl an Professuren einer Fakultät angehören muss. Sollte dies nicht der Fall sein, könnte eine Fakultät mit nur sehr wenigen Professuren errichtet werden und die Fakultät käme im Einzelfall als Organisationsrahmen auch für die Theologie einzelner islamischer Religionsgemeinschaften in Betracht.
Eine Durchbrechung der sich aus dem Hochschulrecht ergebenden Anzahl an Professorenstellen ist möglich, denn die Verfassungsgarantien für theologische Fakultäten sind, soweit solche existieren, gegenüber den einfach-gesetzlich normierten Mindestanforderungen an Professorenstellen vorrangig, sobald theologische Fakultäten eingerichtet sind; die Gesetze über die Errichtung und Einrichtung theologischer Fakultäten sowie die Zustimmungsgesetze zu den Staatskirchenverträgen wiederum sind Ausnahmen begründende Spezialnormen für die theologischen Fakultäten.[55]
Dem Hochschulrahmengesetz ist keine Aussage zu der Mindestgröße einer Fakultät/eines Fachbereichs zu entnehmen, nachdem auch § 64 Abs. 1 HRG a. F., der eine Organisationsfrage betraf und die Gliederung in Fachbereiche vorsah, aufgehoben ist.[56]

Die Länder können nach den in den Hochschulgesetzen getroffenen Regelungen in drei Gruppen eingeteilt werden. Nur die Hochschulgesetze von Baden-Württemberg, Hessen und Sachsen (erste Gruppe) enthalten Angaben zu der Mindestanzahl von Pro-

---

[52] Vgl. *M. Heckel*, in: Gesammelte Schriften IV, S. 647, 796 für den Religionsunterricht, die theologischen Fakultäten und die Militär- und Anstaltsseelsorge. Zu der Einrichtung eines Lehrstuhls für den Bedarf mehrerer Länder S. 140f.
[53] Forderungen von islamischen Fakultäten bei *Puza*, ThQ 2001, S. 307, 323; *Yoldaş*, in: Islamische Theologie, S. 145, 146; *Rohe*, Der Islam, S. 172, wonach die Ausbildung von Religionslehrern entweder an islamischen Fakultäten in Kooperation mit erziehungswissenschaftlichen Fachrichtungen oder in Mischformen erfolgen könne.
[54] So die Forderung bei *Mussinghoff*, in: Festgabe Schwendenwein, S. 617, 629 für die orthodoxe Theologie.
[55] So *Solte*, ZevKR 49, S. 351, 358.
[56] Aufhebung von § 64 Abs. 1 HRG a. F. durch das Vierte Gesetz zur Änderung des Hochschulrahmengesetzes v. 20.08.1998 (BGBl. I, S. 2190).

fessuren an einer Fakultät, wobei diese zwischen 10 und 20 Professuren variiert.[57] Betrachtet man den Wortlaut dieser Hochschulgesetze, ist jedoch regelmäßig eine Durchbrechung der Mindestgröße möglich: Während § 16 Abs. 2 S. 3 bwPHG sowie § 21 Abs. 2 S. 3 bwUG von Ausnahmefällen sprechen, in denen weniger als 10 bzw. 20 Planstellen eingerichtet werden können, § 49 Abs. 2 hessHG von einer Besetzung in der Regel mit 20 oder mehr Professuren spricht, wurde bei § 82 Abs. 1 S. 2 sächsHG für die Mindestanzahl von 10 Professoren die Form einer Sollvorschrift und die Festlegung dieser Mindestanzahl als Regel gewählt.
In weitaus mehr Hochschulgesetzen der Länder findet sich allein die Bestimmung, dass die Größe (und Zusammensetzung) der Fakultät derart bemessen sein muss, dass die Aufgaben angemessen erfüllt werden können (zweite Gruppe).[58] In den verbleibenden Hochschulgesetzen (dritte Gruppe) finden sich zu der Mindestgröße einer Fakultät keine Angaben.[59]
Fraglich ist daher, ob in der zweiten und dritten Gruppe der soeben skizzierten Einteilung die hochschulrechtliche Möglichkeit besteht, Fakultäten mit nur sehr wenigen Professuren zu errichten. Die Frage danach, ob die Aufgaben angemessen erfüllt werden können (für die Länder der zweiten Gruppe), soll zunächst außer Betracht bleiben, soweit sich durch anderweitige Überlegungen bereits konkrete Aussagen zur Beantwortung der Frage nach der Mindestgröße gewinnen lassen.

Systematisch können die Normen der Hochschulgesetze der Länder herangezogen werden, die Aussagen über die Zusammensetzung des Fakultätsrates enthalten. Diesem Gremium muss nach der Normierung der Hochschulgesetze eine zum Teil numerisch festgelegte Gruppengröße an Professoren als Mitglieder angehören.[60] Von den

---

[57] § 21 Abs. 2 S. 3 bwUG: „Die Fakultät darf nur in Ausnahmefällen weniger als 20 Planstellen für Professoren umfassen."; § 16 Abs. 2 S. 3 bwPHG: „Die Fakultät darf nur in Ausnahmefällen weniger als 10 Planstellen für Professoren umfassen."; § 49 Abs. 2 hessHG: „in der Regel zwanzig oder mehr Professuren"; § 82 Abs. 1 S. 2 sächsHG: „Eine Fakultät soll (...) in der Regel über mindestens zehn Professoren verfügen".

[58] § 71 Abs. 2 S. 2 bbgHG; § 86 Abs. 1 S. 3 bremHG; § 25 Abs. 1 S. 3 nrwHG; § 24 Abs. 1 S. 2 sldUG; § 86 Abs. 1 S. 3 saHG; § 51 Abs. 1 S. 4 shHG; § 83 Abs. 1 S. 3 thürHG. Zu § 25 nrwUG, Vorläufernorm zu § 25 nrwHG, findet sich bei *Leuze*, in: Leuze/Bender, UG NRW, § 25, Rn. 6 eine Erklärung für die derart unbestimmte Normierung: „Der nordrhein-westfälische Gesetzgeber wollte damit eine übermäßige Expansion der Fachbereiche ebenso verhindern, wie ihre Entwicklung zu zwergwüchsigen Gebilden. (...) Aus der Begründung zum Reg.-Entwurf v. Dezember 1978 ergibt sich, daß der nordrhein-westfälische Gesetzgeber ‚angesichts der von Fach zu Fach abweichenden Bedingungen und der aus der Sache heraus teilweise gegebenen unterschiedlichen Zuordnungsmöglichkeiten konkretere Merkmale, insbesondere Quantifizierungen', als ‚nicht sinnvoll normierbar' angesehen hat."

[59] bayHG; berlHG; § 90 hmbHG; mvHG; nun auch rhpfHG v. 21.07.2003; vgl. § 79 Abs. 1 S. 2 rhpfUG a. F.: „Ein Fachbereich darf nur gebildet werden, wenn ihm mindestens fünf Professoren angehören."

[60] In folgenden Hochschulgesetzen der Länder, die keine exakte Angabe über die Mindestgröße einer Fakultät enthalten (entsprechend der zweiten und dritten Gruppe der obigen Einteilung), findet sich eine exakte Angabe über die Anzahl der Mitglieder im Fakultätsrat/Fachbereichsrat aus der Gruppe der Professoren, wobei die jeweils kleinstmögliche Zusammensetzung zugrunde gelegt wurde, sofern das Hochschulgesetz des Landes verschiedene Größen zulässt: 7 Professoren gem. Art. 40 Abs. 2 S. 1 Nr. 1 bayHG, aber gesetzlich vorgesehene Möglichkeit gem. Art. 47 Abs. 1 bayHG, dass weniger Vertreter einer Gruppe dem Gremium angehören; 7 Professoren gem. § 70 Abs. 2 Nr. 1 berlHG; 6 Profes-

Normierungen über die Zusammensetzung des Fakultätsrates in den entsprechenden Hochschulgesetzen der Länder bestehen dem Wortlaut nach keine Ausnahmemöglichkeiten, so dass diese Anzahl der Professoren die regelmäßige Mindestgröße einer Fakultät darstellt. Für das bayHG findet sich in der Kommentarliteratur die Stellungnahme, dass die Errichtung eines Fachbereichs, in dem die Professoren im Fachbereichsrat auf absehbare Zeit die Sitze der Professorenvertreter nicht vergeben können, unzulässig sein dürfte.[61]
Auch für die Länder der ersten Gruppe, die zwar Normierungen über die Größe der Fakultät kennen, aber Abweichungen von der Anzahl der Professoren vorsehen, können die Normen über die Zusammensetzung des Fakultätsrates[62] als Untergrenze einer Abweichung herangezogen werden.[63]
Nun ist für die zweite Gruppe noch auf das Erfordernis einer angemessenen Aufgabenerfüllung zurückzugreifen. Diese Wendung stellt auch Anforderungen an die Anzahl der Professoren.[64] Aber auch für die dritte Gruppe ist die Funktionsfähigkeit der Fakultät Voraussetzung. Für Bayern wird daher die Forderung nach einer handlungsfähigen, aber überschaubaren Einheit erhoben.[65] Die Fragen der Angemessenheit und Handlungsfähigkeit können nur für den Einzelfall beantwortet werden.

Abschließend ist eine weitere systematische Überlegung heranzuziehen. Die Normierungen der Hochschulgesetze, die vorschreiben, dass gleiche oder verwandte Fachgebiete in der Fakultät zusammengefasst sein müssen,[66] könnten zudem einer Organisa-

---

soren gem. § 72 Abs. 3 S.1 Nr. 1 bbgHG; 7 Professoren gem. § 88 Abs. 1 S. 1 Nr. 1 i. V. m. § 5 Abs. 3 S. 1 Nr. 1 bremHG; 6 Professoren gem. § 27 Abs. 2 Nr. 2 sldUG zuzüglich Dekan gem. § 27 Abs. 2 Nr. 1 sldUG, hier aber auch die Möglichkeit der Einrichtung einer Kommission für die Zeit, bis der Fakultät mindestens 6 Professoren angehören (§ 27 Abs. 4 sldUG), so dass eine Fakultät mit weniger als 6 Professoren nicht als Dauerlösung gedacht ist; 6 Professoren gem. § 88 Abs. 3 S. 1 Nr. 1 i. V. m. S. 2 i. V. m. § 69 Nr. 1 saHG; 6 Professoren gem. §§ 54 Abs. 2 S. 1 Nr. 2 i. V. m. 23 Abs. 1 Nr. 1 shHG zuzüglich Dekan gem. § 54 Abs. 2 S. 1 Nr. 1 shHG; 7 Professoren gem. § 85 Abs. 2 S. 1 thürHG. Keine derartig genauen Angaben finden sich in § 92 Abs. 1 hmbHG und § 28 nrwHG mit der Normierung in Abs. 2, dass stimmberechtigte Mitglieder des Fachbereichsrats insgesamt höchstens 15 Vertreterinnen oder Vertreter der Gruppen sind. § 91 Abs. 2 S. 2 mvHG sieht eine Regelung der Anzahl der Mitglieder durch die Grundordnung vor. § 44 Abs. 2 S. 1, 2 ndsHG bestimmt eine Maximalgröße von 13 Mitgliedern für den Fakultätsrat, davon 7 Professoren gem. § 44 Abs. 2 S. 4 ndsHG und Dekan gem. § 44 Abs. 2 S. 3 ndsHG. Keine genaue Angabe findet sich im rhpfHG, das in § 37 Abs. 2 rhpfHG die Gruppen benennt und in § 37 Abs. 5 S. 2 rhpfHG bestimmt, dass die Gruppe der Hochschullehrer bei bestimmten Entscheidungen über die Hälfte der Stimmen verfügen muss.

[61] *Reich*, bayHG, Art. 36, Rn. 2.

[62] 6 Professoren gem. § 25 Abs. 2 Nr. 2 a) bwUG; 9 an der Pädagogischen Hochschule hauptberuflich tätige Professoren gem. § 20 Abs. 2 bwPHG; 7 Professoren gem. § 50 Abs. 2 S. 1 hessHG; in der kleinsten Besetzung von 11 Mitgliedern im Fakultätsrat gem. § 83 Abs. 1 S. 1 sächsHG sind 6 Professoren Mitglieder gem. § 83 Abs. 2 S. 1 sächsHG.

[63] So auch Gebrauchs-Kommentar Niedersächsisches Hochschulgesetz, § 94, S. 160. § 94 Abs. 1 S. 3 ndsHG a. F.: „Einem Fachbereich sollen mindestens 15 Planstellen für Professoren zugeordnet sein."

[64] Vgl. *Reich*, saHG, § 86, Rn. 3.

[65] *Reich*, bayHG, Art. 36, Rn. 2. Vgl. auch den Wortlaut von Art. 36 Abs. 1 S. 2 bayHG, wo bereits von der Zusammenfassung zu einer überschaubaren Einheit die Rede ist: „Er soll gleiche oder verwandte Fachgebiete zu einer überschaubaren Einheit zusammenfassen."

[66] § 21 Abs. 2 S. 2 Hs. 1 bwUG: „Gleiche oder verwandte Fachgebiete"; § 16 Abs. 2 S. 2 Hs. 1 bwPHG: „Gleiche oder verwandte Fächer"; § 36 Abs. 1 S. 2 bayHG als Sollvorschrift für „gleiche

tion entgegenstehen, die die Einrichtung von Fakultäten für eine einzelne islamische Religionsgemeinschaft vorsieht. Ist nur die Theologie einer Religionsgemeinschaft allein einer Fakultät zugeordnet, so ist dieser Anforderung der Hochschulgesetze nur dann Genüge getan, wenn die Theologie selbst in verschiedene Fächer/Fachgebiete unterteilt ist. Diese Sichtweise wird durch einen Blick auf die Evangelisch-Theologischen und Katholisch-Theologischen Fakultäten gestützt. Betriebe man auch dort nur jeweils ein Fach, würden diese Fakultäten den Anforderungen der Hochschulgesetze der Länder zumindest dann nicht gerecht, wenn nicht nur eine Sollvorschrift bestünde. Hier ist ein gleiches Verständnis für alle Religionsgemeinschaften eines Landes geboten.

Aus der Zusammenschau dieser Aspekte ergibt sich, dass eine Fakultät in keinem Fall aus nur sehr wenigen Professuren bestehen kann, so dass es zumeist nicht möglich sein wird, eine eigene Fakultät für jede islamische Religionsgemeinschaft einzurichten. Das dürfte zumindest dann der Fall sein, wenn die muslimischen Gläubigen sich in dem Land auf verschiedene islamische Religionsgemeinschaften und Vereinigungen aufteilen. Anders kann die Beurteilung ausfallen, wenn mehrere islamische Religionsgemeinschaften eine gemeinsame theologische Fakultät anstreben.

2. Interkonfessionelle Fakultät

Sollten für zwei oder mehr islamische Religionsgemeinschaften Lehrstühle an den staatlichen Hochschulen eingerichtet werden, könnte staatlicherseits der Plan entstehen, die Lehrstühle für die verschiedenen Religionsgemeinschaften zu einer interkonfessionellen Fakultät zusammenzufassen.[67] Hierdurch bestünden u. U. in der Addition der Professuren, die den einzelnen Religionsgemeinschaften zuzuordnen wären, ausreichend Planstellen für die Bildung einer eigenen Fakultät, auch wenn die Lehrstühle in ihrer jeweiligen Anzahl eine Konfession betreffend für die Bildung getrennter Fakultäten nicht ausreichten. Diese Konstellation ist von derjenigen zu unterscheiden, die durch den Zugang einer interkonfessionellen Religionsgemeinschaft zu einer staatlichen Hochschule gekennzeichnet ist.[68]

---

oder verwandte Fachgebiete"; § 69 Abs. 2 S. 1 berlHG als Sollvorschrift für „miteinander verwandte Fächer oder fächerübergreifende Bereiche"; § 71 Abs. 2 S. 1 bbgHG: „verwandte oder benachbarte Fachgebiete"; § 36 Abs. 2 S. 1 ndsHG: „möglichst fächerübergreifend"; § 85 Abs. 2 S. 1 rhpfHG: „verwandte und sachlich benachbarte Fachgebiete"; § 82 Abs. 1 S. 2 sächsHG als Sollvorschrift für „verwandte und benachbarte Fachgebiete"; § 86 Abs. 1 S. 4 saHG als Regelvorschrift für „Gleiche oder verwandte Fachgebiete"; § 51 Abs. 1 S. 3 shHG als Sollvorschrift für „verwandte oder fachlich benachbarte Fachgebiete"; § 83 Abs. 1 S. 4 thürHG für „Gleiche oder verwandte Fachgebiete". § 86 Abs. 1 S. 2 bremHG als Sollvorschrift für „verwandte oder benachbarte Studiengänge oder Teilzeitstudiengänge" stünde dem vom Wortlaut dann nicht entgegen, wenn zumindest zwei Studiengänge/Teilzeitstudiengänge angeboten würden, so z. B. ein Studiengang für die Volltheologie und einer für die Lehrer oder mehrere Lehramtsstudiengänge für die verschiedenen Schultypen. § 90 Abs. 1 S. 1 mvHG spricht von einer Gliederung „nach fachlichen Gesichtspunkten", wobei dieser Wortlaut einer Organisation nur eines Faches im Fachbereich nicht entgegensteht. Keine entsprechenden Regelungen finden sich im hessHG, im nrwHG und für die Selbstverwaltungseinheiten nach § 90 hmbHG.

[67] Vgl. zu interkonfessionellen Fakultäten *M. Heckel*, in: FS Link, S. 213, 244f.

[68] Zu der Möglichkeit der Bildung einer interkonfessionellen Religionsgemeinschaft S. 53.

Die Beschlüsse des Fakultätsrates, die Bekenntnisrelevanz besitzen, betreffen u. a. die Berufung von Theologieprofessoren, die Beschlussfassung über Studien- und Prüfungsordnungen, die Wahl von Forschungsschwerpunkten mit entsprechender Mittelvergabe und die Erteilung von Lehrbefugnissen und –aufträgen.[69] Einen Ausweg aus der Gefahr der Fremdbestimmung bei bekenntnisrelevanten Angelegenheiten böte allein eine Aufgliederung bzw. Trennung der Fakultät derart, dass keine gegenseitigen Einflüsse bestünden. Diese Aufgliederung ist den hochschulrechtlichen Regelungen zufolge nicht möglich, so dass auch das Land Hessen den bikonfessionellen Fachbereich „Religionswissenschaften" an der Universität in Frankfurt a. M. im Jahr 1987 in nunmehr zwei eigenständige Fachbereiche Evangelische und Katholische Theologie teilte.[70]
Die Bildung wissenschaftlicher Einrichtungen und Betriebseinheiten[71] für die verschiedenen Konfessionen kann nicht dazu beitragen, die bekenntnisrelevanten Angelegenheiten der Entscheidung des Fakultätsrates zu entziehen. Die Zuständigkeiten des Fakultätsrates sind in den Hochschulgesetzen der Länder explizit normiert.[72] Die mögliche Absprache, dass der Fakultätsrat eine Vorentscheidung der wissenschaftlichen Einrichtung oder Betriebseinheit in allen bekenntnisrelevanten Angelegenheiten wie dem Berufungswesen, der Vorbereitung und dem Erlass von Studien- und Prüfungsordnungen sowie Promotions- und Habilitationsordnungen übernimmt, ist rechtlich nicht bindend und verstieße auch gegen die Hochschulgesetze der Länder, welche ein

---

[69] *Kriewitz*, Errichtung, S. 132.

[70] Vgl. BVerwGE 101, S. 309, 310; VGH Kassel, NVwZ 1995, S. 505, 506; *Lecheler*, NJW 1997, S. 439, 439. Zu diesem Zeitpunkt galt noch § 64 Abs. 1 HRG a. F., der eine Aufgliederung in Fachbereiche vorsah.

[71] Wissenschaftliche Einrichtungen und Betriebseinheiten sind in allen Ländern mit Ausnahme von Niedersachsen vorgesehen: § 28 bwUG; Art. 41 bayHG; §§ 75ff. bbgHG; §§ 92, 94 bremHG; § 93 hmbHG für Betriebseinheiten und § 90 Abs. 1 S. 2 hmbHG für wissenschaftliche Einrichtungen; § 54 hessHG; §§ 94 mvHG; § 29 nrwHG; §§ 90ff. rhpfHG; § 29 sldUG; § 89 sächsHG; § 91 saHG; § 58 shHG; §§ 88f. thürHG; bei § 75 Abs. 1 S. 1 berlHG allein die Gliederung der Fachbereiche in wissenschaftliche, künstlerische und wissenschaftlich-künstlerische Einrichtungen.

[72] Zu den Grenzen der Aufteilung in Teilfachbereiche vgl. auch *M. Heckel*, Organisationsstrukturen, S. 20ff. Die Zuständigkeit von Fachbereichsrat bzw. Fakultätsrat ergibt sich aus folgenden Normen: gem. § 25 Abs. 1 bwUG der Fakultätsrat und gem. § 25 Abs. 3 bwUG der erweiterte Fakultätsrat; gem. § 20 Abs. 1 bwPHG der Fakultätsrat und gem. § 20 Abs. 3 bwPHG der erweiterte Fakultätsrat; gem. Art. 40 i. V. m. Art. 39 bayHG der Fachbereichsrat; gem. § 71 Abs. 1 berlHG der Fachbereichsrat bzw. gem. § 71 Abs. 2 berlHG bei Hochschulen ohne Fachbereiche der Akademische Senat, der die Aufgaben des Fachbereichsrates wahrnimmt; gem. § 74 Abs. 1 bbgHG der Fachbereichsrat; gem. § 87 bremHG der Fachbereichsrat; bei der Bildung von Selbstverwaltungseinheiten gem. § 90 Abs. 1 hmbHG die Selbstverwaltungseinheit gem. § 90 Abs. 2 S. 2 hmbHG; gem. § 50 Abs. 1 S. 1, 2 hessHG der Fachbereichsrat; gem. § 91 Abs. 1 S. 1 mvHG der Fachbereichsrat; gem. § 44 Abs. 1 S. 2 ndsHG der Fakultätsrat oder gem. §§ 36 Abs. 3 S. 2 i. V. m. 44 Abs. 1 S. 2 ndsHG Präsidium und Senat, wenn keine Fakultät oder vergleichbare Organisationseinheit gebildet wird; gem. § 28 Abs. 1 nrwHG der Fachbereichsrat; gem. § 86 rhpfHG der Fachbereichsrat; gem. § 27 Abs. 1 sldUG der Fakultätsrat; gem. § 85 Abs. 1 sächsHG der Fakultätsrat; gem. § 88 Abs. 2 saHG der Fachbereichsrat; gem. § 54 Abs. 1 S. 1 shHG der Fachbereichskonvent bzw. gem. § 51 Abs. 2 S. 2 Nr. 1 shHG der Senat, wenn keine Gliederung in Fachbereiche erfolgt ist; gem. § 85 Abs. 1 S. 1 thürHG der Fachbereichsrat.

Zwei-Ebenen-System etablieren.[73] Ein Stimmrecht nach Konfessionszugehörigkeit im Fakultätsrat in bekenntnisrelevanten Angelegenheiten, der den Professoren des jeweils in Rede stehenden Bekenntnisses den entscheidenden Einfluss sicherte, widerspricht den Hochschulgesetzen der Länder, welche die Zuständigkeit des Fakultätsrates in allen Forschung und Lehre betreffenden Angelegenheiten der Fakultät normieren.[74] Eine weitere Stimmendifferenzierung ist in den Hochschulgesetzen der Länder nicht vorgesehen und kann in Ermangelung einer gesetzlichen Grundlage nicht durch Satzung eingeführt werden.[75] Die derzeit vorgesehene Stimmengewichtung der Gruppen im Fakultätsrat zur Wahrung der Grundrechte der Hochschullehrer[76] knüpft an die wissenschaftliche Qualifikation der Gremienmitglieder und nicht an unterschiedliche Bekenntnisse an.[77] Diese Anknüpfung an das Bekenntnis könnte zu Spannungen führen, während die Gruppenuniversität einen einheitlichen Wissenschaftsbegriff und einen Integrationswillen zugrunde legt.[78]
So wurden an der Universität in Frankfurt am Main nach der Gründung von zwei theologischen Fakultäten diesen religionswissenschaftliche Lehrstühle eingegliedert,[79] und auch an der Hamburger Universität ist die Religionswissenschaft im Fachbereich Evangelische Theologie angesiedelt.[80] Die Unzulässigkeit ist aber auch für diesen Fall festzuhalten, in dem einer theologischen Fakultät auch nicht-theologische Lehrstühle – so z. B. religionswissenschaftliche Lehrstühle – eingegliedert werden, so auch um die Fakultätsmindestgröße nach der jeweiligen hochschulrechtlichen Regelung des Landes zu erreichen.[81]

---

[73] Diese Vorgehensweise wurde zwischenzeitlich am bikonfessionellen Fachbereich Religionswissenschaften der Johann Wolfgang Goethe-Universität zu Frankfurt am Main praktiziert, vgl. *M. Heckel*, Organisationsstrukturen, S. 16f. Zu diesem Zeitpunkt war noch § 64 Abs. 1 HRG a. F. in Kraft, aufgehoben durch das Vierte Gesetz zur Änderung des Hochschulrahmengesetzes v. 20.08.1998 (BGBl. I S. 2190), der ein Zwei-Ebenen-System mit der zweiten Ebene des Fachbereiches bundesgesetzlich normierte. Mittlerweile findet sich die Normierung der zwei Ebenen in den Hochschulgesetzen der Länder, oftmals indem der Fachbereich bzw. die Fakultät als organisatorische Grundeinheit bezeichnet wird, vgl. § 21 Abs. 1 S. 1 bwUG; § 16 Abs. 1 S. 1 bwPHG; Art. 36 Abs. 1 bayHG; § 69 Abs. 1 S. 1 berlHG; § 71 Abs. 1 S. 1 bbgHG; § 86 Abs. 1 S. 1 bremHG; § 90 Abs. 1 hmbHG mit der Nennung von Fakultäten, Fachbereichen, Forschungsschwerpunkten, Studiendekanaten und wissenschaftlichen Einrichtungen; § 49 Abs. 1 hessHG; § 90 Abs. 1 S. 1 mvHG; § 36 Abs. 2 ndsHG; § 25 Abs. 1 S. 1, 2 nrwHG; § 86 Abs. 1 S. 1 Hs. 1 rhpfHG; § 24 Abs. 1 sldUG; § 81 Abs. 1 S. 1 sächsHG; § 86 Abs. 1 S. 1, 2 saHG; § 51 Abs. 1 S. 1, 2 shHG; § 83 Abs. 1 S. 1 thürHG.

[74] Vgl. die Zuständigkeit zum Satzungserlass, S. 159 in Fn. 82.

[75] *Kriewitz*, Errichtung, S. 121ff. Es erfolgt ein Hinweis auf die Wesentlichkeitstheorie, die dazu führt, dass wegen Art. 5 Abs. 3 und Art. 4 Abs. 1 GG vorliegend ein formelles Gesetz erforderlich ist, S. 122f. Vgl. *M. Heckel*, Organisationsstrukturen, S. 50ff. und zum Erfordernis eines formellen Gesetzes S. 52f.

[76] BVerfGE 35, S. 79, 130ff.

[77] Vgl. *Kriewitz*, Errichtung, S. 123f.

[78] *Kriewitz*, Errichtung, S. 124; *M. Heckel*, Organisationsstrukturen, S. 54ff.

[79] Näher zu den religionswissenschaftlichen Angeboten an den Fachbereichen 6, Evangelische Theologie, und 7, Katholische Theologie S. 27f.

[80] *Schumann*, in: Akademie der Weltreligionen, S. 131, 135.

[81] Vgl. *Lorenz*, S. 28.

3. Für die Theologie einer Konfession unter Beteiligung mehrerer Länder

Da die „Abmilderung“ der Mindestgröße einer Fakultät durch die Bildung einer interkonfessionellen Fakultät nicht möglich ist, geraten auch Lösungen ins Blickfeld, die sich nicht auf einzelne Länder beschränken. So könnte als weitere Option die Möglichkeit angedacht werden, für mehrere Länder eine gemeinsame theologische Fakultät – Gleiches ist auch für die Errichtung von islamischen Lehrstühlen denkbar[82] – für nur ein islamisches Bekenntnis zu errichten. Diese Organisation hätte den Vorteil, dass die Errichtung in einem Land mit einer kleinen Mindestgröße stattfinden könnte und insgesamt die Mindestgröße leichter überwunden werden könnte. Ein Anspruch der Religionsgemeinschaften auf Kooperation der Länder besteht nicht. Diese Konstruktion wird von griechisch-orthodoxer Seite für ihre Theologie erwogen, d. h. es wird angestrebt, die heute lehrenden Universitätstheologen zu einer theologischen Einheit, zu einem Institut bzw. einer Fakultät, zusammenzufassen.[83] Die (zumindest potentiell) bekenntnisrelevanten Angelegenheiten der Religionsgemeinschaft sind bei der Bildung einer eigenen Fakultät in weitergehendem Maß vor Fremdeinflüssen gesichert als bei der organisatorischen Lösung, die einzelne islamische Lehrstühle einer anderen, so bspw. der erziehungswissenschaftlichen Fakultät, zuordnet. Insbesondere kommt einer theologischen Fakultät das Promotions- und Habilitationsrecht zu, das ein singulärer theologischer Lehrstuhl nicht besitzt.[84]
Die Errichtung einer Fakultät bewirkte, dass auch dem Anspruch der Religionsgemeinschaft auf Einrichtung von Lehrstühlen in dem Land nachgekommen wäre, in dem die Fakultät nicht errichtet würde. Alle beteiligten Länder kämen ihrer Pflicht zur Bereitstellung von Ausbildungsmöglichkeiten für Religionslehrer für jene Lehrkräfte nach, die den Eintritt in den öffentlichen Dienst beabsichtigten, sowie dem im Einzelfall vorhandenen Anspruch auf Einrichtung theologischer Hochschuleinrichtungen aus der Parität.[85]

Um dieses Vorhaben umzusetzen, erscheinen zunächst zwei Vorgehensweisen praktikabel. Zur Realisierung könnte einerseits ein Vertrag zwischen den beteiligten Ländern und den beteiligten Religionsgemeinschaften der verschiedenen Länder, gegebenenfalls auch mehreren Religionsgemeinschaften aus einem Land, abgeschlossen werden. Hierin zu regeln wäre die Finanzierung der Fakultät zwischen den Ländern[86] sowie die Anerkennung der Fakultät durch die Religionsgemeinschaften. Einer Regelung könnten auch die Mitwirkungsrechte der Religionsgemeinschaften zugeführt werden, insbesondere die Frage, welches die dem Land gegenüber entscheidungskompetente Stelle sein soll. Die interne Beteiligung von Organen der verschiedenen Religionsgemeinschaften unterliegt deren Selbstbestimmungsrecht und ist grundsätzlich denkbar.

---

[82] Vgl. auch Abg. *Münzel* (BÜNDNIS 90/DIE GRÜNEN), 15. HO Bay v. 16.06.1999, S. 10.
[83] *Mussinghoff*, in: Festgabe Schwendenwein, S. 617, 629.
[84] Zu dem Promotions- und Habilitationsrecht einer theologischen Fakultät S. 160.
[85] Zu dem Anspruch aus Art. 7 Abs. 3 S. 1, 2 GG, S. 78ff.; zu dem Anspruch aus der Parität S. 98ff.
[86] Vgl. *v. Campenhausen*, Staatskirchenrecht, S. 241 in Fn. 13 mit dem Verweis auf die Möglichkeit einer gemeinsamen Finanzierung islamischer Lehrstühle an staatlichen Universitäten bei einem entsprechenden Bedarf in mehreren Ländern.

Andererseits könnten die beteiligten Länder einen Staatsvertrag schließen, der auch die Finanzierung umfasste. Die beteiligten Religionsgemeinschaften könnten mit dem Land, in dem die Fakultät beheimatet sein soll, einen Staatskirchenvertrag abschließen, welcher die oben bereits angesprochenen Punkte regelte. Allein die in dem gesetzgebenden Land beheimateten Religionsgemeinschaften unterliegen dessen Rechtsetzungsgewalt, so dass ein informell abgesprochenes Gesetz des Landes, in dem die Fakultät liegt, nicht denkbar ist.

II. Einbindung eines singulären Lehrstuhls in eine andere Fakultät

Soweit die Bildung einer Fakultät nicht in Betracht kommt, ist an die organisatorische Eingliederung eines singulären islamischen Lehrstuhls in eine andere Fakultät zu denken, so in eine erziehungs- oder gesellschaftswissenschaftliche Fakultät einerseits (1.) oder in eine philosophische oder religionswissenschaftliche Fakultät andererseits (2.). Weiter stellt sich die Frage, ob die Erarbeitung der Berufungsvorschläge besonders geregelt werden sollte (3.).

1. Einbindung in eine erziehungs- oder gesellschaftswissenschaftliche Fakultät

Denkbar ist eine Eingliederung in eine erziehungs- oder gesellschaftswissenschaftliche Fakultät, soweit der Lehrstuhl zumindest überwiegend der Lehrerausbildung dient. Dabei sind Fakultäten angesprochen, an denen Lehramtsstudiengänge bestehen. Vorbilder finden sich im Bereich der evangelischen und katholischen religionspädagogischen Ausbildung, die vielfach außerhalb theologischer Fakultäten stattfindet.[87]

In der erziehungs- oder gesellschaftswissenschaftlichen Fakultät werden Studiengänge zur Lehrerbildung angeboten. So stünde die Ausbildungsfunktion der künftigen Lehrergenerationen im Vordergrund der Fakultätstätigkeit. Die Aufgaben des Fakultätsrates beträfen vorrangig die Abstimmung des Lehrangebotes und Fragen der Didaktik, so dass theologische Angelegenheiten nur am Rande bzw. mittelbar als Konsequenz vorgenannter Fragestellungen berührt wären.[88]

Eine Eingliederung des singulären islamischen Lehrstuhls in diese Fakultät, soweit der Lehrstuhl Aufgaben der Religionslehrerausbildung wahrnimmt, erscheint sinnvoll.

2. Einbindung in eine philosophische/religionswissenschaftliche Fakultät

Da die Religionswissenschaft ein Teilbereich der Philosophie ist,[89] ist weiterhin die Eingliederung singulärer islamischer Lehrstühle in die philosophischen Fakultäten zu erwägen, an denen zum Teil bereits auch religionswissenschaftliche Lehrstühle existieren.

---

[87] *v. Campenhausen*, HdbWissR I, S. 963, 979 bzgl. einzelner Katholisch-Theologischer Lehrstühle, 986 bzgl. einzelner Evangelisch-Theologischer Lehrstühle, 988ff. bzgl. der theologischen und religionspädagogischen Ausbildung im erziehungswissenschaftlichen Bereich; *Kriewitz*, Errichtung, S. 127 in Fn. 51. Ein Überblick über theologische Lehrstühle in einer erziehungs- oder gesellschaftswissenschaftlichen Fakultät im katholischen Bereich findet sich bei *May*, HdbkathKirchR, S. 749, 765f.

[88] *Kriewitz*, Errichtung, S. 127.

[89] *Kriewitz*, Errichtung, S. 131.

Es stünde nicht mehr ein übergeordnetes Ziel im Vordergrund der Fakultätsarbeit – vergleichbar den erziehungs- bzw. gesellschaftswissenschaftlichen Fakultäten mit dem Ziel der Vermittlung der Didaktik des Unterrichtes –, so dass bekenntnisrelevante Differenzen schneller zu Tage treten könnten. Die Beschlüsse, die der Fakultätsrat einer derartig zusammengesetzten Fakultät zu treffen hätte, wären größtenteils von höherer Bekenntnisrelevanz geprägt. Dies könnte eine Gefährdung für den islamischen Lehrstuhl in bekenntnisrelevanten Bereichen bedeuten. Soweit eigene religionswissenschaftliche Fakultäten bestehen, gelten die vorgetragenen Bedenken bei einer beabsichtigten Eingliederung von islamischen Lehrstühlen in diese in noch stärkerem Maße. Die Religionswissenschaft beschäftigt sich mit der gleichen Materie unter anderen wissenschaftlichen, nämlich säkularen Maßstäben.[90] Da gerade die gleiche Materie unter verschiedenen wissenschaftlichen Voraussetzungen Gegenstand von Forschung und Lehre ist, entstünde in den bekenntnisrelevanten Angelegenheiten die Gefahr fremdkonfessioneller Einflüsse. Diente der theologische Lehrstuhl aber nicht in zumindest überwiegendem Maße der Religionslehrerausbildung, wäre auf Grund Ausschlusses der Eingliederung in eine erziehungs-/gesellschaftswissenschaftliche Fakultät an eine Eingliederung in eine philosophische Fakultät zu denken. Die Eingliederung in eine religionswissenschaftliche Fakultät sollte aus genannten Gründen insgesamt vermieden werden.[91]

3. Zusammensetzung der Berufungskommissionen in nicht-theologischen Fakultäten

Die Lösungen im Bereich der singulären evangelischen sowie katholischen religionspädagogischen und theologischen Lehrstühle, die einen fremdkonfessionellen Einfluss bei den Personalentscheidungen über die Mitwirkungsrechte in Personalangelegenheiten hinaus ausschließen sollen, könnten auf die Berufung von Professoren islamischer Lehrstühle übertragen werden. Es finden sich sowohl Lösungen in den Hochschulgesetzen der Länder, so in Bayern und Nordrhein-Westfalen, als auch nur konkordatär/ staatskirchenvertraglich normierte Verfahren in Baden-Württemberg und im Saarland. Durch das Zustimmungsrecht der islamischen Religionsgemeinschaft wird dem Selbstbestimmungsrecht gem. Art. 140 GG i. V. m. Art. 137 Abs. 3 S. 1 WRV bereits Genüge getan, so dass allein ein noch größerer Schutz vor fremdkonfessionellen Einflüssen beabsichtigt ist.
Eine Erstellung der Berufungslisten von der theologischen Fakultät des gleichen Bekenntnisses der nächstgelegenen Hochschule wie in der hochschulrechtlichen Regelung in Bayern[92] – diese ist auch konkordatär/staatskirchenvertraglich abgesichert[93] –

---

[90] Zu der Definition der Religionswissenschaft S. 5f.

[91] Bei dem CRS in Münster handelt es sich nicht um eine eigene Fakultät. Hier wurden theologische (so die C 3-Professur für Orthodoxe Theologie) und religionswissenschaftliche Lehrstühle, so u. a. die C 4-Professur „Religion des Islam“, im Centrum zusammengefasst. Zum CRS S. 30ff.

[92] Art. 56 Abs. 7 S. 3, 4 bayHG: „Die Vorschlagslisten für die Ernennung oder Bestellung von Professoren der Theologie, Religionspädagogik und Didaktik des Religionsunterrichts werden von dem theologischen Fachbereich des gleichen Bekenntnisses der nächstgelegenen Hochschule erstellt, wenn an der Hochschule kein theologischer Fachbereich des gleichen Bekenntnisses besteht. Die vorhandenen

ist nicht möglich, solange keine eigene Fakultät eingerichtet ist. Die Anwendbarkeit der Norm auch für islamische Religionsgemeinschaften ist dem Wortlaut nach nicht ausgeschlossen.
In Nordrhein-Westfalen dürfen der Berufungskommission nur Professoren des jeweiligen Bekenntnisses angehören, und die weiteren Mitglieder der Berufungskommission müssen in dem jeweiligen theologischen Fach als wissenschaftliche Mitarbeiter tätig oder als Studenten eingeschrieben sein sowie der jeweiligen Kirche angehören.[94] Auch konkordatär und staatskirchenvertraglich findet sich diese Regelung.[95] Die hochschul-

---

Professoren der Theologie, Religionspädagogik und Didaktik des Religionsunterrichts gehören den jeweiligen Berufungsausschüssen dieser Fachbereiche der nächstgelegenen Hochschulen an."

[93] Vgl. Art. 56 Abs. 7 S. 5 bayHG: „Art. 3 § 4 des Konkordats mit dem Heiligen Stuhl bleibt unberührt." i. V. m. Art. 3 § 4 Abs. 2 S. 2, 3 der Bereinigten Fassung des Bayerischen Konkordats und des Schlussprotokolls: „Die Vorschlagslisten für die Besetzung dieser Lehrstühle werden für die Universität Bayreuth vom katholisch-theologischen Fachbereich der Gesamthochschule Bamberg, für die Universität Erlangen-Nürnberg vom katholisch-theologischen Fachbereich der Universität Würzberg erstellt. Für die Inhaber der Lehrstühle wird in dem Fachbereich, dem sie angehören, ein gemeinsames Institut errichtet." (Bereinigte Fassung auf dem Stand vom 01.07.1987 abgedr. bei *Listl*, Konkordate und Kirchenverträge I, S. 474ff.); Art. 3 Abs. 2 der Bereinigten Fassung des Vertrags zwischen dem Bayerischen Staate und der Evangelisch-Lutherischen Kirche in Bayern: „Die Berufungsvorschläge für die in Absatz I Satz 1 genannten Professuren werden von den evangelisch-theologischen Fachbereichen der nächstgelegenen Hochschule erstellt. Die bereits ernannten Inhaber der Lehrstühle in Augsburg und Bayreuth gehören den jeweiligen Berufungsausschüssen dieser Fachbereiche an. Das Staatsministerium für Unterricht und Kultus kann auf Vorschlag des Landeskirchenrates weitere Professoren der evangelischen Theologie zu Mitgliedern der Berufungsausschüsse bestimmen." (Bereinigte Fassung auf dem Stand vom 01.07.1987 abgedr. bei *Listl*, Konkordate und Kirchenverträge I, S. 604ff.).

[94] § 124 Abs. 2 nrwHG: „Bei der Besetzung von Stellen für Professorinnen oder Professoren der evangelischen Theologie und der katholischen Theologie, die nicht einem Fachbereich für evangelische Theologie oder einem Fachbereich für katholische Theologie zugeordnet sind, gehören den Gremien, welche die Berufungsvorschläge vorbereiten, Professorinnen oder Professoren jeweils nur der evangelischen Theologie oder der katholischen Theologie an. Die weiteren Mitglieder dieser Gremien müssen im Fach evangelische Theologie oder katholische Theologie als wissenschaftliche Mitarbeiterin oder Mitarbeiter tätig oder als Studierende eingeschrieben sein und der jeweiligen Kirche angehören. Die Gremien haben das Recht, sich mit den jeweils zuständigen kirchlichen Stellen ins Benehmen zu setzen."

[95] § 124 Abs. 1 nrwHG i. V. m. Art. 3 Abs. 2 des Vertrages zwischen dem Land Nordrhein-Westfalen und dem Heiligen Stuhl nebst Schlussprotokoll vom 26. März 1984: „Bei der Besetzung von Stellen für Professoren der Katholischen Theologie außerhalb der katholisch-theologischen Fachbereiche ist der Berufungsvorschlag von einer Berufungskommission vorzubereiten, der als Professoren nur solche der Katholischen Theologie angehören dürfen. Die weiteren Mitglieder der Berufungskommission müssen wissenschaftliche Mitarbeiter oder Studenten im Fach Katholische Theologie sein und der Katholischen Kirche angehören. Die Berufungskommission hat das Recht, sich mit dem zuständigen Bischof ins Benehmen zu setzen." (Vertrag abgedr. bei *Listl*, Konkordate und Kirchenverträge II, S. 297ff.); § 124 Abs. 1 nrwHG i. V. m. Art. 3 Abs. 3 des Vertrages zwischen dem Land Nordrhein-Westfalen und der Evangelischen Kirche im Rheinland, der Evangelischen Kirche von Westfalen und der Lippischen Landeskirche nebst Schlussprotokoll vom 29. März 1984: „Bei der Besetzung von Stellen für Professoren der Evangelischen Theologie außerhalb der evangelisch-theologischen Fachbereiche ist der Berufungsvorschlag von einer Berufungskommission vorzubereiten, der als Professoren nur solche der Evangelischen Theologie angehören dürfen. Die weiteren Mitglieder der Berufungskommission müssen wissenschaftliche Mitarbeiter oder Studenten im Fach Evangelische Theologie

rechtliche Regelung ist ihrem eindeutigen Wortlaut nach, der allein die katholische und evangelische Theologie anspricht,[96] nicht für islamische Lehrstühle anwendbar. Weiterhin setzt die Regelung voraus, dass es eine genügende Anzahl an Professoren des jeweiligen Bekenntnisses an den Universitäten gibt, auch wenn diese nicht, wie in der bayerischen hochschulrechtlichen Normierung, an einer Fakultät zusammengefasst sein müssen. Die Regelungen in Baden-Württemberg und im Saarland sind auf islamische Religionsgemeinschaften von vornherein nicht anwendbar, da es sich in Baden-Württemberg um Vereinbarungen zwischen den Kirchenleitungen und dem Land und im Saarland um staatskirchenvertragliche/konkordatäre Regelungen handelt.
Die Gruppe der Professoren/Dozenten in den Berufungsausschüssen in Baden-Württemberg bei Berufungen der Dozenten für Theologie und Religionspädagogik muss an den Pädagogischen Hochschulen in der Mehrheit aus Professoren/Dozenten für Theologie bzw. Religionspädagogik des betreffenden Bekenntnisses bestehen.[97] Im Saarland haben sich die Berufungskommissionen vor Aufstellung der Berufungsvorschläge mit den Kirchenleitungen ins Benehmen zu setzen,[98] wobei die Berufungsentscheidungen nur auf der Grundlage von Gutachten namhafter katholischer Theologen oder Ka-

---

sein und der Evangelischen Kirche angehören." (abgedr. bei *Listl*, Konkordate und Kirchenverträge II, S. 380ff.).

[96] Ebenso für § 124 Abs. 3 S. 2 nrwHG: S. 148f. mit Fn. 9.

[97] § 140 Abs. 1 bwUG i. V. m. der Vereinbarung zwischen der Regierung des Landes Baden-Württemberg und den Kirchenleitungen in Baden-Württemberg über die Berufung von Dozenten für Theologie/Religionspädagogik an den Pädagogischen Hochschulen vom 01./04./18./24. September/ 10./30. Oktober 1975: „Die Berufung der Dozenten für Theologie und Religionspädagogik erfolgt im Einvernehmen mit den zuständigen Kirchenleitungen. Bei den Berufungsausschüssen für die Erarbeitung von Vorschlägen für die Besetzung von Dozenturen für Evangelische und Katholische Theologie/Religionspädagogik an Pädagogischen Hochschulen muß in der Gruppe der Professoren/Dozenten die Mehrheit von PH-Professoren/Dozenten für Theologie/Religionspädagogik der betreffenden Konfession gestellt werden. Dem Dreiervorschlag der Pädagogischen Hochschule an das Kultusministerium ist gesondert das Votum der Fachprofessoren/-dozenten für Theologie und Religionspädagogik der betreffenden Konfession beizufügen. Nach Einreichung des Dreiervorschlags des Senats einer Pädagogischen Hochschule wird das Kultusministerium, zwecks Herstellung des Einvernehmens unverzüglich mit der zuständigen Kirchenleitung Verbindung aufnehmen und mit dem Dreiervorschlag das Votum der Fachprofessoren/-dozenten übersenden. Vor erfolgtem Einvernehmen werden keine Berufungsverhandlungen aufgenommen." (Vereinbarung abgedr. bei *Listl*, Konkordate und Kirchenverträge I, S. 204f.). Vgl. auch die Interpretationserklärung des Ministers für Wissenschaft und Kunst v. 29. Januar 1981 (abgedr. bei *Listl*, Konkordate und Kirchenverträge I, S. 205f.).

[98] Vgl. Art. 4 Abs. 2 des Vertrages zwischen dem Heiligen Stuhl und dem Saarland über die Ausbildung von Lehrkräften für das Fach Katholische Religion und über die Erteilung katholischen Religionsunterrichtes an den Schulen im Saarland nebst Zusatzprotokoll vom 12. Februar 1985: „Die Kommission, die den Berufungsvorschlag vorzubereiten hat, hat das Recht, sich mit dem zuständigen Bischof ins Benehmen zu setzen." (Vertrag abgedr. bei *Listl*, Konkordate und Kirchenverträge II, S. 620ff.); vgl. weiter Art. 4 Abs. 2 des Vertrages der Evangelischen Kirche im Rheinland und der Evangelischen Kirche der Pfalz mit dem Saarland über die Aus- und Fortbildung von Lehrkräften für das Fach Evangelische Religion und über die Erteilung evangelischen Religionsunterrichtes an den Schulen im Saarland nebst Zusatzprotokoll vom 25. Februar 1985: „Die Kommission, die den Berufungsvorschlag vorzubereiten hat, hat das Recht, sich mit den Kirchen ins Benehmen zu setzen." (Vertrag abgedr. bei *Listl*, Konkordate und Kirchenverträge II, S. 646ff.).

tholisch-Theologischer Fakultäten gefällt werden.[99] Im evangelischen Bereich gilt die entsprechende Regelung.[100]
Festzuhalten bleibt, dass vom Wortlaut allein eine Anwendbarkeit der bayerischen Regelung auch auf islamische Religionsgemeinschaften möglich ist. Es schließt sich die Frage an, ob eine der genannten Regelungen für die Situation islamischer Religionsgemeinschaften sinnvoll wäre, denn diese Rechtslage kann sowohl durch eine Änderung des Hochschulgesetzes als auch durch den Abschluss eines Staatskirchenvertrages und entsprechendes Zustimmungsgesetz oder einfaches Gesetz erreicht werden. Das bayerische Modell ist nicht anwendbar, solange keine islamische Fakultät errichtet ist. Das nordrhein-westfälische Procedere gewährleistet, dass ausschließlich Personen des jeweiligen Bekenntnisses an den Berufungskommissionen teilnehmen. Fremdkonfessionelle Einflüsse werden vermieden. Der Eingriff in die von Art. 5 Abs. 3 S. 1 GG geschützte Hochschulautonomie ist durch den Schutz von Lehre und Verkündigung der entsprechenden Religionsgemeinschaft, also von Art. 4, Abs. 1, 2, Art. 19 Abs. 3 GG sowie Art. 140 GG i. V. m. Art. 137 Abs. 3 S. 1 WRV, verfassungsrechtlich gerechtfertigt.[101] In Baden-Württemberg ist nur die Mehrheit der Gruppe der Professoren Mitglied des entsprechenden Bekenntnisses, so dass diese Organisation fremdkonfessionelle Einflüsse nicht vollständig auszuschließen vermag. Die saarländische Lösung,

[99] Zusatzprotokoll zum Vertrag zwischen dem Heiligen Stuhl und dem Saarland zu Artikel 4 Absatz 2: „Der zuständige Minister wird seine Entscheidung über die Berufung auf der Grundlage von Gutachten namhafter katholischer Theologen oder katholisch-theologischer Fakultäten fällen." (Zusatzprotokoll abgedr. bei *Listl*, Konkordate und Kirchenverträge II, S. 625ff.); vgl. den Gesetzentwurf der Regierung des Saarlandes betr. Gesetz über die Zustimmung zu dem Vertrag zwischen dem Heiligen Stuhl und dem Saarland über die Ausbildung von Lehrkräften für das Fach Katholische Religion und über die Erteilung katholischen Religionsunterrichtes an den Schulen im Saarland. Erläuterungen zu Artikel 4 des Vertrages, Drs. Sld 9/21 v. 29.04.1985, S. 2: „Absatz 2 ermöglicht Kontakte im Vorfeld der Entscheidung über den Berufungsvorschlag im Interesse eines reibungslosen Ablaufes des Berufungsverfahrens. Das Gutachtenerfordernis im dazugehörenden Zusatzprotokoll trägt den Besonderheiten des saarländischen Berufungsverfahrensrechtes Rechnung, das keine konfessionell homogenen Berufungskommissionen kennt, wenn auch in der Praxis eine angemessene bzw. mehrheitliche Vertretung der Fachrichtung Evangelische Theologie in der Berufungskommission, die den Berufungsvorschlag vorbereitet, gewährleistet ist." (Regierungsbegründung zum Gesetz und zum Vertrag abgedr. bei *Listl*, Konkordate und Kirchenverträge II, S. 628ff.).

[100] Zusatzprotokoll zum Vertrag der Evangelischen Kirche im Rheinland und der Evangelischen Kirche der Pfalz zu Artikel 4 Absatz 2: „Der zuständige Minister wird seine Entscheidung über die Berufung auf der Grundlage von Gutachten von Professoren der Evangelischen Theologie oder einer Evangelisch-Theologischen Fakultät (Fachbereich) fällen." (Zusatzprotokoll abgedr. bei *Listl*, Konkordate und Kirchenverträge II, S. 650f.); vgl. das Gesetz über die Zustimmung zu dem Vertrag der Evangelischen Kirche der Pfalz mit dem Saarland über die Aus- und Fortbildung von Lehrkräften für das Fach Evangelische Religion und über die Erteilung evangelischen Religionsunterrichtes an den Schulen im Saarland, Erläuterungen zu Artikel 4 des Vertrages, Drs. Sld 9/22 v. 29.04.1985, S. 2: „Absatz 2 ermöglicht Kontakte im Vorfeld der Entscheidung über den Berufungsvorschlag im Interesse eines reibungslosen Ablaufes des Berufungsverfahrens. Das Gutachtenerfordernis im dazugehörenden Zusatzprotokoll trägt den Besonderheiten des saarländischen Berufungsverfahrensrechtes Rechnung, das keine konfessionell homogenen Berufungskommissionen kennt, wenn auch in der Praxis eine angemessene bzw. mehrheitliche Vertretung der Fachrichtung Evangelische Theologie in der Berufungskommission, die den Berufungsvorschlag vorbereitet, gewährleistet ist." (Regierungsbegründung zum Gesetz und zum Vertrag abgedr. bei *Listl*, Konkordate und Kirchenverträge II, S. 651ff.).

[101] Ebenso *Kriewitz*, Errichtung, S. 129.

bei der sich die Berufungskommission in das Benehmen mit der zuständigen Kirchenleitung setzt, kann auch nicht den vollständigen Ausschluss fremdkonfessioneller Einflüsse bewirken.
Demnach ist eine an das nordrhein-westfälische Modell angelehnte Lösung in der Frage der Berufung sinnvoll. Die baden-württembergische Lösung ist kurz- bis mittelfristig vorzuziehen, da auch das nordrhein-westfälische Modell voraussetzt, dass auf ausreichend islamische Theologieprofessoren des jeweiligen Bekenntnisses zurückgegriffen werden kann.

III. Weitere organisatorische Möglichkeiten

Weitere organisatorische Möglichkeiten hängen vom jeweiligen Hochschulrecht des Landes ab und können daher nicht vollumfänglich dargestellt werden. Entsprechend variieren bzw. variierten auch die Organisationsmodelle für die singulären griechisch-orthodoxen Lehrstühle in Münster[102] sowie in München[103].

Es bleibt insgesamt festzuhalten, dass verschiedene organisatorische Möglichkeiten an den staatlichen Hochschulen bestehen, die von der Bildung eigener theologischer Fakultäten über eine Eingliederung in andere Fakultäten bis hin zu sonstigen Organisationsmodellen reichen.

---

[102] Vgl. S. 105 und zum CRS, dem der Lehrstuhl nun eingegliedert ist, auch S. 30ff.
[103] Vgl. S. 102f.

Vierter Abschnitt: Bekenntnisrelevante Angelegenheiten bei der Aufgabenwahrnehmung

Der Begriff der bekenntnisrelevanten Angelegenheiten ist keiner gesetzlichen Normierung entlehnt. Er soll diejenigen Bereiche zusammenfassen, denen gemeinsam ist, dass sie vom Bekenntnis und damit von der Besonderheit der Theologie geprägt sind. Teil der bekenntnisrelevanten Angelegenheiten sind einerseits die Mitwirkungsrechte (A.), andererseits die Forschung und Lehre und damit auch die möglichen inhaltlichen Begrenzungen der Lehre gerade des Islam, die an den theologischen Hochschuleinrichtungen vermittelt wird (B.).

A. Mitwirkungsrechte der islamischen Religionsgemeinschaften

Mitwirkungsrechte werden bereits von den islamischen Religionsgemeinschaften für die theologischen Lehrstühle reklamiert, so von der IRH[1], aber auch von der SCHURA, Rat der islamischen Gemeinschaften in Hamburg e. V., mit der Forderung, bei der Berufung beratend hinzugezogen zu werden.[2]
Eine Herleitung der Mitwirkungsrechte aus der Verfassung kommt in Betracht, da bislang kein Staatskirchenvertrag mit einer islamischen Religionsgemeinschaft abgeschlossen wurde und die Landesverfassungen und Hochschulgesetze der Länder den islamischen Religionsgemeinschaften Mitwirkungsrechte nur zum Teil einräumen.[3] In Brandenburg,[4] Hessen,[5] Sachsen[6] und Thüringen[7] finden sich Normierungen hinsichtlich der Besetzung von Lehrstühlen in der Landesverfassung, in Baden-Württemberg[8] sowohl in der Verfassung als auch im Hochschulrecht und schließlich in Nordrhein-

[1] Es wird gefordert, dass die Professoren der Lehrstühle auf Vorschlag der Religionsgemeinschaft und Bestätigung des zuständigen Ministeriums bestellt werden sollen, ebenso wie die Studien- und Prüfungsordnungen und die Lehrinhalte in Übereinstimmung mit der Kommission erstellt werden sollen, vgl. *Özdil*, S. 117.

[2] Hierzu S. 17f.

[3] Übersicht über die die Mitwirkungsrechte betreffenden Regelungen in den Ländern auf dem Stand von 1981 bei *Tetzel*, Anhang.

[4] Art. 32 Abs. 4 S. 3 bbgVerf: „Die Besetzung der Lehrstühle an den staatlichen theologischen Fakultäten erfolgt im Benehmen mit den Kirchen."

[5] Art. 60 Abs. 2 S. 1, 2 hessVerf: „Die theologischen Fakultäten an den Universitäten bleiben bestehen. Vor der Berufung ihrer Dozenten sind die Kirchen zu hören."

[6] Art. 111 Abs. 2 S. 1 sächsVerf: „Die Lehrstühle an theologischen Fakultäten und die Lehrstühle für Religionspädagogik werden im Benehmen mit der Kirche besetzt."

[7] Art. 28 Abs. 3 S. 2 thürVerf: „Das Mitspracherecht der Kirchen bei der Besetzung der Lehrstühle theologischer Fakultäten wird durch Vereinbarung geregelt."

[8] Art. 10 bwVerf: „Die Besetzung der Lehrstühle der theologischen Fakultäten geschieht unbeschadet der in Artikel 8 genannten Verträge und unbeschadet abweichender Übung im Benehmen mit der Kirche."; Art. 19 Abs. 2 bwVerf: „Die Dozenten für Theologie und Religionspädagogik werden im Einvernehmen mit der zuständigen Kirchenleitung berufen."; § 140 Abs. 2 bwUG und wortgleich § 100 Abs. 2 bwPHG: „Studien-, Prüfungs-, Promotions- und Habilitationsordnungen in evangelischer oder katholischer Theologie bedürfen der Zustimmung der zuständigen Kirchenleitung unter dem Gesichtspunkt des kirchlichen Amtes und der kirchlichen Lehre."

Westfalen[9] allein im Hochschulrecht. Eine Anwendung dieser Bestimmungen auf eine islamische Religionsgemeinschaft ist bereits auf Grund des eindeutigen Wortlauts ausgeschlossen, wenn die evangelische und katholische Theologie in Bezug genommen wird. Das betrifft die einfach-rechtlichen Regelungen in Baden-Württemberg und Nordrhein-Westfalen,[10] nicht aber die baden-württembergische Regelung in der Landesverfassung.
In den meisten Bestimmungen der Landesverfassungen erfolgt eine Bezugnahme auf die „Kirchen" für den Sachbereich zumeist der theologischen Fakultäten, zum Teil auch der Lehrstühle.[11] Im allgemeinen Sprachgebrauch bezeichnet Kirche allein die organisatorische Ausformung von christlichen Religionsgemeinschaften.[12] Anders stellt sich dies für den juristischen Sprachgebrauch dar, wo verschiedene Verständnisvarianten anzutreffen sind. Oftmals wird im Begriff der Kirche eine Bezeichnung allein der öffentlich-rechtlich verfassten Religionsgemeinschaften gesehen,[13] aber ein Verständnis, das alle Religionen/Religionsgemeinschaften einbezieht, ist vorzuziehen. Das Grundgesetz enthält den Begriff der Kirche lediglich an zwei Stellen, in Art. 140 GG i. V. m. Art. 137 Abs. 1 WRV, dem Verbot der Staatskirche, sowie in Art. 140 GG i. V. m. Art. 136 Abs. 4 WRV, dem Verbot des Zwanges zu einer kirchlichen Handlung oder Feierlichkeit.[14] Das Grundgesetz versteht den Begriff der Kirche so in einem umfassenden Sinn, der alle Religionen/Religionsgemeinschaften einbezieht.[15] Für die

---

[9] § 124 Abs. 3 S. 1, 2 nrwHG: „Vor der Einführung, Änderung oder Aufhebung von Studiengängen, die den Erwerb der Befähigung zur Erteilung des Religionsunterrichts ermöglichen, ist das Benehmen mit der jeweils zuständigen kirchlichen Stelle herzustellen. Studien-, Prüfungs- und Habilitationsordnungen in evangelischer Theologie oder in katholischer Theologie werden im Einvernehmen mit der jeweils zuständigen kirchlichen Stelle erlassen."

[10] § 140 Abs. 2 bwUG; § 100 Abs. 2 bwPHG; § 124 Abs. 3 S. 2 nrwHG.

[11] Art. 10, 19 Abs. 2 bwVerf; Art. 32 Abs. 4 S. 3 bbgVerf; Art. 60 Abs. 2 hessVerf; Art. 9 Abs. 3 S. 1 mvVerf; Art. 36 Abs. 2 sldVerf; Art. 111 Abs. 2 S. 1 sächsVerf; Art. 28 Abs. 3 S. 2 thürVerf.

[12] Meyers Enzyklopädisches Lexikon, Bd. 13, Stichwort Kirche: „Bez. für die organisierte Gestalt christl. Religionsgemeinschaften"; Brockhaus, Bd. 12, Stichwort Kirche: „Im Deutschen wird die Bez. K(irche) (...) auch auf die K(irche) als strukturierte Gestalt christl. Religionsgemeinschaften übertragen".

[13] Vgl. *Jurina*, HdbStKirchR I, S. 689, 689; *Kaufmann*, Art. Kirche, StL III, Sp. 409, 409: „K. im (...) *rechtlichen Sinn* (K. als verfaßte Körperschaft)"; *Peters*, VVDStRL 11, S. 177, 186f.; vgl. für die rhpfVerf i. d. F. von 1950 *Süsterhenn/Schäfer*, Vorbem. IV. Abschnitt: Kirchen und Religionsgemeinschaften, Anm. 2, S. 187f. mit der Ansicht, dass sich der Begriff Kirche nicht mit den bisherigen öffentlich-rechtlichen Religionsgesellschaften des Art. 137 Abs. 5 S. 1 WRV decke, so dass Kirchen im IV. Abschnitt der Verfassung die christlichen Religionsgemeinschaften unabhängig von ihrer Rechtsfähigkeit und Rechtsform seien.

[14] *Badura*, HdbStKirchR I, S. 211, 226; *Görisch*, NVwZ 2001, S. 885, 886.

[15] *Görisch*, NVwZ 2001, S. 885, 886. Das Bundesverfassungsgericht hat bislang nicht zur Auslegung dieser grundgesetzlichen Begrifflichkeiten Stellung genommen, aber zu § 8 Abs. 1 Nr. 4 PrGKG judiziert, dass mit dessen Wortlaut und Sinn eine Auslegung des Wortes Kirche vereinbar ist, die den Begriff der Kirche im Sinne aller Religionsgemeinschaften versteht, die Körperschaften des öffentlichen Rechts sind, vgl. BVerfGE 19, S. 1, 16. Das Urteil des BVerwG, DÖV 1972, S. 288, 288 ist restriktiver: „Unter Religionsgesellschaften sind in erster Linie die Kirchen zu verstehen und alle Verbände, die Angehörige ein und desselben Glaubensbekenntnisses zur Erfüllung der durch das gemeinsame Bekenntnis gestellten Aufgaben zusammenfassen". Auch wenn diesem Urteil keine Begriffsbestimmung der Kirche zu entnehmen ist, so wird doch deutlich, dass in dem Urteil keine Gleichsetzung von Religionsgemeinschaft und Kirche erfolgt.

Normen der Landesverfassungen, die das Wort Kirche verwenden, ergibt sich die Anknüpfung an Religionsgemeinschaften durch grundgesetzkonforme Auslegung. Wenn die Landesverfassung allein von theologischen Fakultäten spricht, ist die Anwendbarkeit aber für singuläre theologische Lehrstühle nicht gegeben.
Ergäben sich die Mitwirkungsrechte nicht nur aus den Landesverfassungen, hochschulrechtlichen Normierungen und Staatskirchenverträgen, sondern bereits aus dem Grundgesetz, wäre es weder dem Verhandlungsgeschick der islamischen Religionsgemeinschaften anheim gestellt, eine besonders günstige Rechtsposition auszuhandeln und diese im Staatskirchenvertrag verbindlich festzuschreiben, noch müsste ein Staatskirchenvertrag abgeschlossen werden, um überhaupt Mitwirkungsrechte zu begründen. Begehrte die islamische Religionsgemeinschaft dennoch den Abschluss eines solchen Staatskirchenvertrages, wäre die Verhandlungsposition gegenüber dem Staat verbessert, indem lediglich eine Klärung der Frage anstünde, durch welches Procedere diese verbindlichen Mitspracherechte ausgestaltet werden sollen.[16] Klären könnte man weiterhin die Rechtsfolgen einer durchgeführten Beanstandung. Ebenso könnte in diesem Staatskirchenvertrag der inhaltliche Maßstab der Mitwirkung der Religionsgemeinschaften, also die geistlichen Fragen, die der Mitwirkung unterliegen, schriftlich fixiert werden.
Mögliche Mitwirkungsrechte betreffen sowohl das wissenschaftliche Personal (I.) als auch universitäre Satzungen, zu denen Studien- und Prüfungsordnungen (II. 1.) sowie Promotions- und Habilitationsordnungen (II. 2.) zählen.

I. Personalangelegenheiten

Das Lehramt an einer theologischen Fakultät einer staatlichen Hochschule gehört zu den konfessionsgebundenen Staatsämtern; im Regelfall ist die Zugehörigkeit zur Religion eine Sachvoraussetzung der Lehrfunktion, die bei der Beleihung mit dem Lehramt[17] sowie später fortdauernd gegeben sein muss.[18] Die Ansicht, dass die Besetzung der theologischen Professuren mit Atheisten und Anhängern fremder Konfessionen und Weltreligionen von der Kultusverwaltung beliebig vorgenommen werden könne, wird heute allgemein abgelehnt.[19] Auch die Stimmen, die ein Zustimmungs- und/oder Beanstandungsrecht auf Grund von Lehre und Lebenswandel nicht bejahen, sehen zumindest in der Zugehörigkeit zur Religion eine Voraussetzung, die dauerhaft gegeben sein muss.[20] So bemerkt *Mahrenholz* mit Bezug auf die Evangelische Kirche, dass es

---

[16] *Frisch*, DÖV 1995, S. 636, 639 sieht die Bedeutung der Staatskirchenverträge im Bereich der Verfahrensbestimmungen, denen konstitutive Wirkung zukomme.
[17] *Hollerbach*, HdbStR VI, § 140, Rn. 48; *Mainusch*, DÖV 1999, S. 677, 678; vgl. auch *Müller-Volbehr*, ZevKR 24, S. 1, 23f.; insgesamt a. A. *Herkströter*, S. 328ff., der in der Existenz des konfessionsgebundenen Staatsamtes einen Verfassungsverstoß sieht.
[18] *M. Heckel*, ZevKR 31, S. 27, 52f.; *ders.*, Fakultäten, S. 201f.: „Das katholische bzw. evangelische Bekenntnis und die förmliche Kirchenmitgliedschaft als dessen rechtliche Äußerungsform bildet auch staatskirchenrechtlich die normale Voraussetzung für die Übertragung und Beibehaltung des entsprechenden theologischen Lehramtes."; vgl. auch *Müller-Volbehr*, ZevKR 24, S. 1, 24ff.
[19] Vgl. nur *M. Heckel*, ZevKR 31, S. 27, 53; *Müller-Volbehr*, ZevKR 24, S. 1, 23 m. w. N.; ablehnend bereits für die Weimarer Zeit *J. Heckel*, VerwArch 37, S. 280, 281.
[20] Vgl. *Müller-Volbehr*, ZevKR 24, S. 1, 19ff.

bei der sachlichen Zuordnung zu dem Bereich der jeweiligen evangelischen Landeskirche unverträglich wäre, einen Atheisten, Dissidenten oder einen nicht der Evangelischen Kirche angehörenden Christen als Professor der Evangelischen Theologie anzustellen.[21] Ausnahmen im Punkt der Religionszugehörigkeit können sich jedoch dadurch ergeben, dass die theologische Entscheidung über die Bedeutung der Mitgliedschaft in einer Religionsgemeinschaft im Hinblick auf das Lehrverständnis einer Religionsgemeinschaft eine Entscheidung ist, die der betreffenden Religionsgemeinschaft obliegt.[22] Für die Besetzung islamischer Lehrstühle verschiedener islamischer Religionsgemeinschaften könnten sich folglich Ausnahmen ergeben, wenn die jeweilige islamische Religionsgemeinschaft einen theologischen Lehrer einer anderen islamischen Religionsgemeinschaft für ihre Lehre akzeptierte.

Die Akzeptanz eines theologischen Lehrers durch die Religionsgemeinschaft, die sich nicht in der Religionszugehörigkeit erschöpft, sondern weitere Kriterien, so bspw. solche der Lehre, einbezieht, ist nach überwiegender Ansicht ebenfalls Ausdruck des konfessionsgebundenen Staatsamtes.[23] Eine Stellungnahme der Religionsgemeinschaft vor der Berufung eines theologischen Hochschullehrers (im Folgenden bezeichnet als Zustimmungsrecht) ist ebenso wie eine nachträgliche Stellungnahme über einen bereits im Amt befindlichen theologischen Lehrer (im Folgenden bezeichnet als Beanstandungsrecht) für den Staat nach ebenfalls überwiegender Ansicht auch dann verbindlich, wenn die Staatskirchenverträge/Konkordate keine diesbezügliche ausdrückliche Regelung enthalten.[24] Bei islamischen Religionsgemeinschaften geht es anders als bei der Evangelischen Kirche nicht um die verfassungskonforme Interpretation existenter Staatskirchenverträge, die keine Beanstandungsrechte kennen, sondern um die hiervon zu unterscheidende Fragestellung, ob auch ohne Abschluss eines Staatskirchenvertrages Mitwirkungsrechte bestehen.[25] Die Lösung ist unter Heranziehung staatskirchenrechtlicher Prinzipien zu suchen. Grundsätzlich sind Zustimmungs- und Beanstandungsrecht gleichermaßen angesprochen. Eine Differenzierung erfolgt nur, soweit sich Unterschiede ergeben.

---

[21] *Mahrenholz*, ZevKR 5, S. 219, 264.

[22] Vgl. *M. Heckel*, ZevKR 31, S. 27, 55.

[23] *Mainusch*, DÖV 1999, S. 677, 678.

[24] Überwiegende Meinung, vgl. *Frisch*, DÖV 1995, S. 636, 637ff.; *Mainusch*, DÖV 1999, S. 677, 678 m. w. N.; a. A. *Müller-Volbehr*, ZevKR 24, S. 1, 19ff. mit einer Einschränkung hinsichtlich der Religionszugehörigkeit.

[25] Die folgenden Ausführungen gelten auch für die Evangelisch-Theologische Fakultät in Hamburg, für die kein Staatskirchenvertrag Mitwirkungsrechte eröffnet, vgl. § 4 des Gesetzes über die Errichtung einer Evangelisch-Theologischen Fakultät an der Universität Hamburg v. 24.10.1952 (GVBl. I S. 231): „Die erstmaligen Berufungen nach diesem Gesetz erfolgen auf Vorschlag eines vom Präses der Schulbehörde gebildeten Ausschusses, dem angehören sollen: ein Vertreter des Universitätssenats, zwei Mitglieder der Philosophischen Fakultät, ein Mitglied der Kirchlichen Hochschule Hamburg, zwei Mitglieder auswärtiger evangelisch-theologischer Fakultäten. Dem Ausschuß gehören weiterhin die jeweils schon berufenen Mitglieder des Lehrkörpers der Evangelisch-Theologischen Fakultät an."

1. Herleitung von Zustimmungs- und Beanstandungsrechten aus dem Grundgesetz

a) Verbot der Staatskirche

Legt man die herrschende Interpretation des Verbots der Staatskirche zugrunde, der hier gefolgt wird,[26] ist eine kooperative Aufgabenwahrnehmung im Bereich der theologischen Lehrstühle und Fakultäten nicht ausgeschlossen. Die Trennung ist, wie auch bei den anderen gemeinsamen Angelegenheiten, keine äußerlich-institutionelle Trennung.[27] Stattdessen findet sich eine Trennung von Funktionen und Maßstäben, so auch von Beurteilungsmaßstäben, an denen ein Kandidat gemessen wird.[28] Die staatlichen Maßstäbe resultieren aus dem staatlichen Recht, wozu die beamten- und hochschulrechtlichen Voraussetzungen zählen.[29] Dem Staat ist die Letztentscheidungsbefugnis in Glaubensfragen und Angelegenheiten der Religionsgemeinschaft verwehrt, da er auf die weltlichen Aspekte und den weltlichen Maßstab beschränkt ist, während die Religionsgemeinschaft wiederum auf den religiösen Maßstab beschränkt bleibt.[30] Die kirchlichen Maßstäbe resultieren dabei aus dem kirchlichen Selbstverständnis, d. h. aus Glaube und Bekenntnis.[31] Das Trennungsgebot wird daher verletzt, wenn die Staatsorgane die Prüfung des Bewerbers am Maßstab des Bekenntnisses vornehmen, ebenso wie es verletzt wird, wenn die Religionsgemeinschaft eine eigene Prüfungskompetenz im Hinblick auf die Maßstäbe des weltlichen Rechts in Anspruch nimmt.[32] Daher erfordert Art. 140 GG i. V. m. Art. 137 Abs. 1 WRV die Verbindlichkeit der Entscheidung der Religionsgemeinschaft im geistlichen Bereich.

b) Inkompetenz des Staates hinsichtlich des Inhalts einer Religion

Eine Ausprägung des Neutralitätsprinzips ist, dass der Staat den Inhalt einer Religion nicht regeln, bestimmen oder bewerten darf.[33] Die Entscheidung der Religionsgemeinschaft, ob Lehre und Lebenswandel eines Kandidaten der Religion des Bekenntnisses entsprechen, ist eine religiöse Frage. Daher hat der Staat die Entscheidung der Religionsgemeinschaft zu respektieren und kann gegen diese Entscheidung keinen theologischen Hochschullehrer berufen.[34] Auch das Beanstandungsrecht des Staates resultiert aus der Inkompetenz des Staates hinsichtlich des Inhalts einer Religion.[35]

---

[26] Näher S. 44f.
[27] *Fuchs*, S. 188, 195; *M. Heckel*, Fakultäten, S. 31.
[28] *Fuchs*, S. 188, 195.
[29] *Fuchs*, S. 195.
[30] *v. Campenhausen*, in: M/K/S, Art. 137 WRV, Rn. 123; *M. Heckel*, Fakultäten, S. 31.
[31] *Fuchs*, S. 195.
[32] *Fuchs*, S. 195; dass das Trennungsprinzip ein votum decisivum erfordert, vertreten auch: *v. Campenhausen*, in: M/K/S, Art. 137 WRV, Rn. 123; *ders.*, in: M/K/C, Art. 140 GG, Art. 137 Abs. 3 WRV, Rn. 122; *ders.*, Staatskirchenrecht, S. 253; *ders.*, NVwZ 1995, S. 757, 759f.; *M. Heckel*, Fakultäten, S. 95; *Solte*, in: FS Hollerbach, S. 791, 799.
[33] *Korioth*, in: M/D, Art. 140, Rn. 31; *Magen*, in: U/C, GG, Art. 140, Rn. 29; nach *Holzke*, NVwZ 2002, S. 903, 905 und 912 folgt das Verbot des Staates zur Bewertung des Glaubens seiner Bürger bereits aus Art. 4 GG.
[34] Eine Verletzung der Neutralität durch ein votum consultativum sehen auch *v. Campenhausen*, in: M/K/S, Art. 137 WRV, Rn. 123; *ders.*, HdbWissR I, S. 963, 985; *de Wall*, in: Verhältnis von Gesell-

c) Selbstbestimmungsrecht

Zu den eigenen Angelegenheiten einer Religionsgemeinschaft im Rahmen des Schutzbereichs des Selbstbestimmungsrechts gem. Art. 140 GG i. V. m. Art. 137 Abs. 3 S. 1 WRV zählt das, was durch den Auftrag der Religionsgemeinschaft umschrieben und für den Vollzug dieses Dienstes nach dem Selbstverständnis der jeweiligen Religionsgemeinschaft unentbehrlich ist.[36] Hierunter sind traditionell Lehre und Verkündigung zu fassen.[37]

Ein Eingriff in den Schutzbereich des Selbstbestimmungsrechts liegt in der Einflussnahme des Staates auf die Lehre des Bekenntnisses. Das ist der Fall, wenn er über die Besetzung des islamischen Lehrstuhls, der die Lehre der Religionsgemeinschaft vertritt, allein entscheiden kann.

Das Selbstbestimmungsrecht ist den Schranken des allgemeinen Gesetzes unterworfen,[38] wobei im Sinne der Wechselwirkung der Kernbereich der Freiheitsgarantie zu wahren ist.[39] Allgemeine Gesetze sind die Hochschulgesetze der Länder, die auch Regelungen über die Berufung treffen.

Lehre und Bekenntnis gehören zum Kernbereich des Selbstbestimmungsrechts, so dass der Eingriff auch angesichts der staatlichen Organisationshoheit im Hochschulwesen nicht als verhältnismäßig angesehen werden kann.[40] Es erfolgt eine Abwägung der staatlichen Organisationshoheit mit der kollektiven Religionsfreiheit. Letzterer kann bei einem Beanstandungsrecht nur dann der Vorrang eingeräumt werden, wenn die Bedenken der Religionsgemeinschaft schwerwiegend und offensichtlich sind bzw. Lehre und Bekenntnis in entscheidenden Grundzügen preisgegeben worden sind.[41] Dem Selbstverständnis der Religionsgemeinschaft kommt maßgeblicher Einfluss für die Beurteilung der Frage zu, was die entscheidenden Aussagen der Religion sind.

Das Selbstbestimmungsrecht erfordert daher sowohl ein Zustimmungs- als auch Beanstandungsrecht mit unterschiedlichem Umfang.

---

schaft, Staat und Kirche, S. 85, 94; *Frisch*, DÖV 1995, S. 636, 637f.; *M. Heckel*, in: FS Maurer, S. 351, 375; *ders.*, Fakultäten, S. 95; *Hollerbach*, HdbStKirchR II, Fakultäten, S. 549, 589; *Solte*, in: FS Hollerbach, S. 791,799.

[35] *de Wall*, in: Verhältnis von Gesellschaft, Staat und Kirche, S. 85, 95: „Da nicht der Staat, sondern nur die Kirche darüber befinden kann, ob ein Theologieprofessor ihre Lehre noch bekenntnisgemäß verkündet, und weil auch nicht geduldet werden kann, daß ein staatlicher Amtsträger mit dem falschen Anspruch auftritt, die kirchliche Lehre wiederzugeben, steht dieses Recht auch den evangelischen Kirchen zu.“; *Vulpius*, LKV 1994, S. 277, 278 für den Evangelischen Kirchenvertrag Sachsen-Anhalt.

[36] *v. Campenhausen*, in: M/K/C, Art. 140 GG, Art. 137 WRV, Rn. 32.

[37] *v. Campenhausen*, in: M/K/C, Art. 140 GG, Art. 137 WRV, Rn. 33; *ders.*, Staatskirchenrecht, S. 111.

[38] Zu der Schranke des allgemeinen Gesetzes umfassend *Neureither*, S. 237ff.

[39] *Fuchs*, S. 198.

[40] Vgl. *Mainusch*, DÖV 1999, S. 677, 679. Auf Grund der sonst zu konstatierenden Verletzung des Selbstbestimmungsrechtes wird die Forderung nach einem votum decisivum erhoben bei *Frisch*, DÖV 1995, S. 636, 637f.; *M. Heckel*, ZevKR 31, S. 27, 38f.; *Solte*, in: FS Hollerbach, S. 791, 799; *Fuchs*, S. 198; *M. Heckel*, Fakultäten, S. 95; vgl. auch *Weber*, NVwZ 2000, S. 848, 855f.

[41] Vgl. *Mainusch*, DÖV 1999, S. 677, 681.

d) Religionsfreiheit

Weiterhin könnte der Schutzbereich der kollektiven Religionsfreiheit gem. Art. 4 Abs. 1, 2 GG, Art. 19 Abs. 3 GG die Verbindlichkeit von Zustimmungs- und Beanstandungsrechten erfordern.[42] Der Anwendbarkeit der kollektiven Religionsfreiheit gem. Art. 4 Abs. 1, 2 GG i. V. m. Art. 19 Abs. 3 GG steht das Selbstbestimmungsrecht aus Art. 140 GG i. V. m. Art. 137 Abs. 3 S. 1 WRV nicht entgegen.[43] Der Kernbereich des Selbstbestimmungsrechts wird dabei auch durch die Garantie der Religionsfreiheit aus Art. 4 Abs. 1, 2 GG erfasst.[44] Von der kollektiven Religionsfreiheit werden diejenigen Tätigkeiten geschützt, die in den Schutzbereich der individuellen Religions- und Weltanschauungsfreiheit fallen.[45] Dem Selbstverständnis der Religionsgemeinschaften ist eine wichtige Bedeutung für die Bestimmung des Schutzbereichs zuzumessen.[46] Die Bestimmung von theologischer Lehre und Ausbildung ist dabei Teil der kollektiven Freiheit.[47] Das Bekenntnis der jeweiligen Religionsgemeinschaft ist Voraussetzung der Theologie, wobei die Bestimmung des Bekenntnisses der Religionsgemeinschaft überlassen bleiben muss.[48]

Ein Übergehen der Entscheidung der Religionsgemeinschaft für oder gegen einen Bewerber stellt einen Eingriff in die Religionsfreiheit dar.

Im Rahmen der verfassungsrechtlichen Rechtfertigung ist eine praktische Konkordanz mit der in den Hochschulgesetzen der Länder geregelten Berufung als Ausdruck der Organisationshoheit des Staates im Hochschulbereich herzustellen.[49] Die Zuordnung der Güter ergibt, dass bei der Frage des Beanstandungsrechtes Lehre und Bekenntnis der Religionsgemeinschaft in entscheidungserheblichen Bereichen betroffen sein müssen und damit in stärkerem Umfang als bei der Frage nach dem Zustimmungsrecht. Aus der Religionsfreiheit folgt daher ebenfalls, dass sowohl Zustimmungs- als auch Beanstandungsrecht – indes in unterschiedlichem Umfang – existieren müssen.

e) Parität

Die Parität bringt den auf Grund der Anwendung der anderen Verfassungsprinzipien bereits gefundenen Maßstab zu einer erneuten Geltung. Wenn einer anderen Religionsgemeinschaft – insbesondere der Katholischen Kirche – umfangreiche Mitwir-

---

[42] *Müller-Volbehr*, ZevKR 24, S. 1, 23 bzgl. der Mitwirkungsrechte bei der Berufung eines Theologen und S. 24ff. bzgl. eines Beanstandungsrechtes; *M. Heckel*, in: FS Maurer, S. 351, 375; *ders.*, VVDStRL 59, S. 303, 309.
[43] Ausführlich zum Verhältnis *Görisch*, Kirchenasyl, S. 231f.
[44] Vgl. BVerfGE 42, S. 312, 322; 66, S. 1, 22; *Hollerbach*, HdbStR VI, § 136, Rn. 91.
[45] *P/S*, Rn. 517; vgl. *Neureither*, S. 131ff. zu dem Verhältnis von Selbstbestimmungsrecht und Art. 4 Abs. 1, 2 GG.
[46] BVerfGE 24, S. 236, 247f.
[47] *Mainusch*, DÖV 1999, S. 677, 678; a. A. *Emde*, AöR 106, S. 355, 393 mit dem Argument, dass die religiöse Erziehung der Gläubigen als Akt der Religionsausübung eingestuft werden könne, während die Ausbildung von Theologen dem Schwerpunkt nach ein auf die religiöse Erziehung der Gläubigen vorbereitender komplementärer Akt sei und daher nicht Art. 4 Abs. 2 GG, sondern Art. 140 GG i. V. m. Art. 137 Abs. 3 S. 1 GG unterfalle.
[48] *Mainusch*, DÖV 1999, S. 677, 678.
[49] *Bethge*, in: Sachs, GG, Art. 5, Rn. 229 zur Organisationsgesetzgebung des Staates.

kungsrechte zukommen, die oftmals auch staatskirchenvertraglich/konkordatär gesichert sind, so sind diese auch anderen Religionsgemeinschaften zu gewähren. Diese Funktion der Parität kommt auch in den Verträgen zwischen der Evangelischen Kirche und den fünf neuen Bundesländern zum Ausdruck, in denen Paritätsklauseln enthalten sind.[50]

Es bestehen daher auf Grund Verfassungsrechts sowohl Zustimmungs- als auch Beanstandungsrechte.[51] Die Herleitung dieser Rechte ergibt bereits, dass sie einen unterschiedlichen inhaltlichen Maßstab haben.

2. Ausübung der Zustimmungs- und Beanstandungsrechte

a) Inhaltlicher Maßstab zur Ausübung der Mitwirkungsrechte

Der Bereich, in dem die Religionsgemeinschaft eine verbindliche Entscheidung fällen kann, ist nach den Worten von *Hollerbach* bestimmt von der „Sorge für die Reinheit der Lehre oder für die Einhaltung von sittlichen Grundnormen der Lebensführung um ihrer [der Kirche] eigenen Glaubwürdigkeit und um der sachgerechten Aufgabenerfüllung willen“[52]. An anderer Stelle wird von ihm der Sachbereich, über den die Religionsgemeinschaft verbindlich entscheiden kann, derart umschrieben, dass es um „die Gewährleistung der Funktionstüchtigkeit der Fakultät und um die Glaubwürdigkeit der kirchlichen Verkündigung“[53] gehe. Es liegen mithin ausschließlich Fragen der Lehre und der Lebensführung, gemessen am Bekenntnis der Religion mit nicht nur geringer Relevanz, im Beurteilungsbereich der Religionsgemeinschaft.
Demgegenüber ist die Entscheidung über die wissenschaftliche oder pädagogische Qualifikation eine staatliche Angelegenheit als Konsequenz der Einfügung der Theologen- und Religionslehrerausbildung in die staatlichen Fakultäten.[54] Zu den weltlichen Voraussetzungen zählen neben der wissenschaftlichen Qualifikation etwa auch die didaktischen Fähigkeiten des Bewerbers sowie beamtenrechtliche Voraussetzungen.[55]

---

[50] Nachweise der Paritätsklauseln bei *Vulpius*, Evangelische Kirchenverträge in den neuen Ländern, S. 216, 228 m. Fn. 39, S. 217 m. Fn. 1, so bspw. in Art. 25 des Vertrages des Landes Sachsen-Anhalt mit den Evangelischen Landeskirchen in Sachsen-Anhalt v. 15.09.1993 als erster der in den neuen Bundesländern abgeschlossenen Verträge: „Sollte das Land in Verträgen mit anderen vergleichbaren Religionsgemeinschaften über diesen Vertrag hinausgehende Rechte und Leistungen gewähren, werden die Vertragsparteien gemeinsam prüfen, ob wegen des Grundsatzes der Parität Änderungen dieses Vertrages notwendig sind.“

[51] A. A. ohne nähere Begründung *Scheffler*, S. 350: „Zur Sicherung der inhaltlich richtigen Wiedergabe kirchlicher Lehren *kann* der Staat den Kirchen ein Mitwirkungsrecht bei der Berufung des Lehrpersonals im Sinne etwa einer gutachtlichen Äußerung einräumen.“; *Scheffler*, S. 351 verneint neben den nur fakultativen Zustimmungsrechten die Existenz von Beanstandungsrechten: „Die Kirchen tragen mithin das Risiko, einen Hochschullehrer auf einen theologischen Lehrstuhl berufen zu lassen, der eines Tages von der kirchlichen Lehre abweicht.“

[52] *Hollerbach*, HdbStR VI, § 140, Rn. 49.

[53] *Hollerbach*, Art. Theologische Fakultäten, StL V, Sp. 461, 462.

[54] *Hollerbach*, HdbStKirchR II, Fakultäten, S. 549, 572.

[55] *Fuchs*, S. 215.

b) Kreis der betroffenen Personen und Verfahren

Zu dem Kreis der betroffenen Personen, die dem Mitwirkungsrecht unterliegen, zählen alle, die ohne Rücksicht auf ihre dienst- oder korporationsrechtliche Stellung amtlich eine Lehrtätigkeit innerhalb der Fakultät ausüben.[56] Daher rechnen zu diesem Kreis zunächst Professoren, Privatdozenten, Honorar- und Gastprofessoren und Lehrbeauftragte.[57] Wenn eine Lehrtätigkeit ausgeübt wird, können auch weitere Gruppen des wissenschaftlichen Personals den Mitwirkungsrechten der jeweiligen Religionsgemeinschaft unterliegen.[58]
Vertreten wird, dass in allen Fällen, in denen keine Berufung eines Professors erfolge, kein förmliches Begutachtungsverfahren durchgeführt werden müsse, da dieses dem Staat, auch wenn rechtspolitisch wünschenswert, nicht zugemutet werden könne. Die Religionsgemeinschaft wäre für einen Großteil des Personals auf ein Beanstandungsrecht verwiesen.[59] Die oben genannten verfassungsrechtlichen Prinzipien gelten indes für die Personen, die keine Professoren sind, aber lehren, nicht minder. Der Verfassung ist eine solche Trennung von Personengruppen anhand der dienstrechtlichen Stellung nicht zu entnehmen. Für alle Personen, die einem Beanstandungsrecht der Religionsgemeinschaft unterliegen, gilt daher auch das Zustimmungsrecht. Dem Schutz der Religionsgemeinschaft kann es nicht dienen, sie darauf zu verweisen, einen Verstoß gegen ihre Rechte abzuwarten. Dabei besteht – um den Erfordernissen der Praxis Rechnung zu tragen – die Möglichkeit, das Begutachtungsverfahren zu vereinfachen oder zu formalisieren.

Die Nichttragbarkeit einer Person muss substantiiert vorgetragen werden, um dem Staat sowie der betroffenen Person ein größtmögliches Maß an Rechtssicherheit zu gewähren. Die Substantiierungspflicht erfordert, dass der als verletzt geltend gemachte Tatbestand zu benennen ist sowie dass Tatsachen mitzuteilen sind, die eine Ablehnung der Person ausreichend schlüssig darlegen können. Hinsichtlich der Tatsachengrundlagen, also der Richtigkeit der vorgetragenen Fakten, ist dem Staat ein Prüfungsrecht zuzuerkennen, welches hinsichtlich der Bewertung der Tatsachen zu verneinen ist. Bei

---

[56] *Flatten*, in: FS Arnold, S. 197, 205.

[57] *Hollerbach*, HdbStKirchR II, Fakultäten, S. 549, 574.

[58] *Hollerbach*, HdbStKirchR II, Fakultäten, S. 549, 574f. Dieses Verständnis, dass die Mitwirkungsrechte mit den eigenverantwortlichen Lehraufgaben verbunden sind, kommt z. B. auch in der Interpretationserklärung des Ministers für Wissenschaft und Kunst des Landes Baden-Württemberg vom 29. Januar 1981 betreffend die Vereinbarung zwischen der Regierung des Landes Baden-Württemberg und den Kirchenleitungen vom 4. Februar 1969 in der Fassung vom 30. Oktober 1975 über die Mitwirkung der Kirchen bei der Bestellung von Dozenten für Theologie/Religionspädagogik an den Pädagogischen Hochschulen zum Ausdruck, wonach unter den Begriff des Dozenten „a) Professoren, b) Gastprofessoren, c) Lehrbeauftragte und Honorarprofessoren, d) Lehrkräfte für besondere Aufgaben, soweit sie *eine selbständige und eigenverantwortliche Lehrtätigkeit wahrnehmen*“, fallen. Weiter heißt es: „Das Ministerium für Wissenschaft und Kunst erklärt außerdem seine Bereitschaft, bei der Einstellung von wissenschaftlichen Mitarbeitern und von Lehrkräften für besondere Aufgaben, die ihre Lehrtätigkeit *nicht selbständig und eigenverantwortlich wahrnehmen*, die Kirchenleitungen zu beteiligen. Das Benehmen mit der zuständigen Kirchenleitung wird von der Stelle hergestellt, die endgültig über die Einstellung entscheidet.“ (Interpretationserklärung abgedr. bei *Listl*, Konkordate und Kirchenverträge I, S. 205f.).

[59] *Fuchs*, S. 214.

letzterem wäre das Selbstbestimmungsrecht ebenso verletzt wie das Neutralitätsprinzip.[60]

c) Rechtsfolgen

Die Details eines Zustimmungs- oder Beanstandungsrechtes sind durch die Verfassungsbestimmungen, die zu einer Verbindlichkeit der Mitwirkung führen, nicht festgelegt.[61] Zu den Details zählen der Zeitpunkt der Berufung des theologischen Hochschullehrers und im Fall des Beanstandungsrechtes die Ersatzgestellung oder Entfernung des Beanstandeten aus der Fakultät[62] ebenso wie die Finanzierung einer Ersatzgestellung. Hier bleibt Raum für Staatskirchenverträge mit der jeweiligen islamischen Religionsgemeinschaft.

aa) Entfernung als Folge des Beanstandungsrechtes

Die Entfernung eines Professors aus einer islamischen Fakultät[63] könnte Folge einer Beanstandung sein. Organisatorisch vollzieht sich die Entfernung aus einer Fakultät so, dass der Lehrstuhl in der Regel in einer anderen Fakultät untergebracht wird[64] oder einen universitätsunmittelbaren Status erhält. Dabei ist umstritten, ob die Zuweisung eines Status extra facultatem gegen Hochschulrecht verstößt.[65]

Nach Ansicht der Literatur beruht der Anspruch der Religionsgemeinschaft auf Ausscheiden des Hochschullehrers aus der theologischen Fakultät auf dem Selbstbestimmungsrecht der Religionsgemeinschaft sowie der Religionsfreiheit, wobei diese aus der Verfassung hergeleiteten Ansprüche durch die staatskirchenvertraglichen/konkordatären Bestandsgarantien zugunsten der theologischen Hochschuleinrichtungen in der erforderlichen Weise als Leistungsrechte konkretisiert seien.[66] Die Bestandsgarantien umfassten neben dem äußeren Bestand der Einrichtungen auch deren bekenntnismäßi-

---

[60] *Hollerbach*, HdbStKirchR II, Fakultäten, S. 549, 576f.; zu der Substantiierungspflicht auch *ders.*, HdbStR VI, § 140, Rn. 50.

[61] *Weber*, NVWZ 2000, S. 848, 855.

[62] Vgl. *Weber*, NVWZ 2000, S. 848, 855.

[63] Zu der Organisation der islamischen Theologie in Fakultäten S. 134ff.

[64] *Mainusch*, DÖV 1999, S. 677, 682; *Hollerbach*, HdbStR VI, § 140, Rn. 50; *ders.*, Art. Theologische Fakultäten, StL V, Sp. 461, 463; *Solte*, in: FS Hollerbach, S. 791, 800 spricht von der Abberufung des Theologen aus der theologischen Fakultät und als Konsequenz der Abberufung im Regelfall von der Umsetzung in eine andere Fakultät; vgl. zu der Problematik im Recht der katholischen Fakultäten, ob der Beanstandete aus der theologischen Fakultät ausscheiden muss, *Hollerbach*, HdbStKirchR II, Fakultäten, S. 549, 580ff.

[65] *Hollerbach*, HdbStKirchR II, Fakultäten, S. 549, 583f. vertritt die Auffassung, dass die Zuweisung eines universitätsunmittelbaren Status extra facultatem nicht gegen unabdingbare Grundprinzipien der Universitätsorganisation verstoße, da ein Professor weiterhin für die zentralen Universitätsorgane aktiv und passiv wahlberechtigt bleibe. Insoweit komme es nicht auf die Fakultätszugehörigkeit, sondern die Zugehörigkeit zur Mitgliedergruppe an, ebenso wie es die Möglichkeit von Kooperationsvereinbarungen einer Fakultät mit dem ausgegliederten Lehrstuhl gebe; nach *Solte*, in: FS Hollerbach, S. 791, 800 in Fn. 42 sollte ein universitätsunmittelbarer Status die Ausnahme bleiben, da das Hochschulrecht von der Zuordnung des Universitätslehrers zu einer Fakultät ausgehe.

[66] Vgl. *Mainusch*, DÖV 1999, S. 677, 681f.

ge Prägung.[67] Damit ist ein Staatskirchenvertrag mit Bestandsgarantie der theologischen Fakultät vorausgesetzt.

Indes könnte die Wissenschaftsfreiheit des Beanstandeten gem. Art. 5 Abs. 3 S. 1 GG dieser Lösung entgegenstehen. Ein Eingriff in das Grundrecht der Wissenschaftsfreiheit kann nur durch kollidierendes Verfassungsrecht gerechtfertigt werden.[68] Erforderlich wird ein Ausgleich im Sinne praktischer Konkordanz im Rahmen der verfassungsrechtlichen Rechtfertigung der Wissenschaftsfreiheit gem. Art. 5 Abs. 3 S. 1 GG mit dem Selbstbestimmungsrecht gem. Art. 140 GG i. V. m. Art. 137 Abs. 3 S. 1 WRV einerseits und der kollektiven Religionsfreiheit gem. Art. 4 Abs. 1, 2, Art. 19 Abs. 3 GG andererseits.[69] Räumte man der Wissenschaftsfreiheit den Vorrang ein, ergäbe sich, dass die Rechte der Religionsgemeinschaft in erheblichem Maße beeinträchtigt wären. Die Fremdeinflüsse, vor denen die Theologie in größtmöglichem Maße geschützt werden soll, könnten die Funktionsfähigkeit der Ausbildung gefährden. Der Beanstandete wäre weiterhin als Dekan wählbar und könnte an den Fakultätsgremien, die auch die Studien- und Prüfungsordnungen erlassen, mitwirken.[70] Die Vermutung, dass der beanstandete Hochschullehrer als Mitglied eines Fakultätsgremiums in der Regel überstimmt würde,[71] gerät zur Spekulation und lässt die Gefährdung der Funktionsfähigkeit des theologischen Lehrstuhls befürchten. Soweit das Selbstbestimmungsrecht die Religionsgemeinschaft auch gegen einen unbefugten Gebrauch einer Konfessionsbezeichnung schützt,[72] trifft den Staat zudem die Verpflichtung, alles Erforderliche zu unternehmen, um zu vermeiden, dass der Beanstandete weiterhin als Lehrer des entsprechenden Bekenntnisses auftritt oder diesen Anschein erweckt.[73] Die Entfernung aus der Fakultät hilft diesen Anschein zu vermeiden. Der Staat wird somit von der Schwierigkeit entbunden, jederzeit kenntlich machen zu müssen, dass der Beanstandete nicht mehr die Lehrerlaubnis seiner Religionsgemeinschaft besitzt.

Räumte man stattdessen dem Selbstbestimmungsrecht der Religionsgemeinschaften und der korporativen Religionsfreiheit den Vorrang vor der Wissenschaftsfreiheit des Beanstandeten ein, so griffe man in das Recht des beanstandeten Hochschullehrers auf Zugehörigkeit zu einem bestimmten Fachbereich, das vom Schutzbereich des Art. 5 Abs. 3 S. 1 GG umfasst ist,[74] ein. Der beanstandete Professor behielte aber seinen Professorenstatus und alle bisherigen Lehr- und Forschungsmöglichkeiten, so dass von der Aufrechterhaltung einer personellen und sachlichen Grundausstattung und des Rechts auf Benutzung der Universitätseinrichtungen gesprochen werden kann.[75]

---

[67] Vgl. *Mainusch*, DÖV 1999, S. 677, 682.

[68] *P/S*, Rn. 630.

[69] Eine mögliche Einschränkung des Anspruchs auf Entfernung durch Art. 5 Abs. 3 S. 1 GG wird thematisiert bei *Mainusch*, DÖV 1999, S. 677, 682ff.

[70] *Hollerbach*, HdbStKirchR II, Fakultäten, S. 549, 581; *Mainusch*, DÖV 1999, S. 677, 683.

[71] So *Emde*, AöR 106, S. 355, 400, wonach der Eingriff in das Selbstbestimmungsrecht an Gewicht verliere, da die kirchentreuen Gremienmitglieder den beanstandeten Professor überstimmen könnten und in der Regel auch überstimmen würden.

[72] *Mainusch*, DÖV 1999, S. 677, 682.

[73] *Hollerbach*, HdbStKirchR II, Fakultäten, S. 549, 584.

[74] *Emde*, AöR 106, S. 355, 396.

[75] *Hollerbach*, HdbStKirchR II, Fakultäten, S. 549, 583; *Mainusch*, DÖV 1999, S. 677, 684.

Als Abwägungsergebnis bleibt demnach festzuhalten, dass der Beanstandete aus der islamischen Fakultät zu entfernen ist, wenn die islamische Religionsgemeinschaft den durch den Staatskirchenvertrag vermittelten Anspruch anführt. Es bietet sich die Unterbringung in der philosophischen oder – soweit vorhanden – religionswissenschaftlichen Fakultät an.

bb) Ersatzgestellung als Folge des Beanstandungsrechtes

Die Ersatzgestellung eines Professors einer theologischen Fakultät findet im Recht der Katholisch-Theologischen Fakultäten ihre Rechtsgrundlage in den Konkordaten.[76] Ersatz ist dadurch zu stellen, dass eine Planstelle gleicher Art eingerichtet wird.[77]
Die Ersatzgestellung könnte aber ebenfalls durch Verfassungsnormen geboten sein. Eine theologische Fakultät, die auf Grund einer Entfernung des Beanstandeten zahlenmäßig einen theologischen Hochschullehrer weniger in der Lehre einsetzen kann, kann weiterhin ihre Funktion in der Ausbildung des geistlichen Nachwuchses erfüllen. Anders hingegen wäre die Lage bei dem einzigen theologischen Lehrstuhl eines Landes zu beurteilen, welcher der Religionslehrerausbildung eines Bekenntnisses diente. Hier käme der Lehrbetrieb zur Gänze zum Erliegen, und die Lehrerausbildung wäre nicht nur eingeschränkt, sondern unmöglich. Der Aufgabe des Staates, für geeignete Ausbildungsstätten für die Religionslehrer Sorge zu tragen (Art. 7 Abs. 3 S. 1 GG), entspricht in dieser Konstellation die Verpflichtung des Staates zur Ersatzgestellung.
Auch die Parität führt dazu, dass Ersatzgestellungspflichten des Staates bestehen, denn solche sind im Bereich der katholischen Theologie konkordatär vorgesehen.[78]

d) Studiengang an der Universität Osnabrück

Der islamische Studiengang an der Universität Osnabrück[79] könnte künftig Probleme im Hinblick auf die Mitwirkungsrechte in Personalangelegenheiten aufwerfen, sobald die SCHURA Niedersachsen vom Land als Religionsgemeinschaft angesehen wird.[80]

Zu der Berufung eines Professors kommt es bei der Osnabrücker Konzeption nicht, so dass allein Mitwirkungsrechte in Bezug auf die in den Studiengang einbezogenen ausländischen Theologieprofessoren bestehen könnten. Da all diese Professoren eine Lehrtätigkeit innerhalb des Studiengangs ausüben, bestünden Mitwirkungsrechte hinsichtlich der Einbeziehung der ausdrücklich zu benennenden Professoren in den Studiengang. Dabei könnte das Verfahren bei Einverständnis der Religionsgemeinschaft in einer Weise ausgestaltet werden, die der Vielzahl der beteiligten Professoren Rechnung trüge.

---

[76] *M. Heckel*, in: Gesammelte Schriften IV, S. 647, 781; *ders.*, in: FS Maurer, S. 351, 375; *v. Campenhausen*, HdbWissR I, S. 963, 977.

[77] *Hollerbach*, Art. Theologische Fakultäten, StL V, Sp. 461, 463.

[78] Vgl. *v. Campenhausen*, HdbWissR I, S. 963, 977.

[79] Zu der Entwicklung an der Universität Osnabrück und dem dortigen Studiengang S. 20ff.

[80] Derzeit stuft das Land die SCHURA Niedersachsen nicht als Religionsgemeinschaft ein, vgl. die Antwort des Kultusministeriums auf die Frage 7 der Abg. *Ernst* (CDU) („Islamunterricht an niedersächsischen Schulen"), Sten. Ber. der 17. Sitzung des Niedersächsischen Landtags v. 31.10.2003, ausgegeben am 13.11.2003, S. 1746f.

II. Satzungen

1. Studien- und Prüfungsordnungen

Die Studien- und Prüfungsordnungen werden von den zuständigen Organen der Hochschule als Satzung erlassen.[81] Zuständig sind Fachbereichsrat oder Fakultätsrat.[82] In Betracht kommt auch hier ein Mitwirkungsrecht der islamischen Religionsgemeinschaft. In Baden-Württemberg[83] und Nordrhein-Westfalen[84] ist eine förmliche Zustimmung der Religionsgemeinschaften für katholisch-theologische und evangelisch-theologische Studien- und Prüfungsordnungen in den Hochschulgesetzen vorgeschrieben.[85] Diese Normierungen sind ihrem eindeutigen Wortlaut nach nicht auf die islamischen Religionsgemeinschaften anwendbar, so dass die Mitwirkungsrechte erneut allein aus der Verfassung abgeleitet werden können.

Die Mitwirkungsrechte bei den Studien- und Prüfungsordnungen ergeben sich aus den gleichen staatskirchenrechtlichen Verfassungsprinzipien wie die Mitwirkungsrechte in den Personalangelegenheiten,[86] soweit es sich ebenfalls um bekenntnisrelevante Entscheidungen handelt. Aus der Anwendung dieser Prinzipien ergibt sich erneut die Reichweite der Mitwirkungsrechte der Religionsgemeinschaft. Die spezifisch weltlichen, allgemein-wissenschaftlichen Fragen des Studien- und Prüfungswesens sind wiederum nicht der Religionsgemeinschaft überantwortet, sondern obliegen dem Staat. Hierzu zählen die Wahrung des wissenschaftlichen Niveaus, die wissenschaftliche Ausrichtung des Forschungs- und Lehrbetriebes, die Freiheitlichkeit der Lehre sowie die korporative Fakultätsautonomie[87] ebenso wie der organisatorische Studien- und Prüfungsablauf.[88] Die Entscheidung über den Studienaufbau im Einzelnen und die di-

---

[81] *Emde*, AöR 106, S. 355, 376.

[82] Die Zuständigkeiten in den Ländern: § 25 Abs. 3 Nr. 3 bwUG der erweiterte Fakultätsrat; § 20 Abs. 3 Nr. 3 bwPHG der erweiterte Fakultätsrat; Art. 40 bayHG der Fachbereichsrat; § 71 Abs. 1 S. 1 Nr. 1 berlHG der Fachbereichsrat bzw. gem. § 71 Abs. 2 berlHG bei Hochschulen ohne Fachbereiche der Akademische Senat, der die Aufgaben des Fachbereichsrates wahrnimmt; § 74 Abs. 1 Nr. 1 bbgHG der Fachbereichsrat; § 87 S. 1 Nr. 2 bremHG der Fachbereichsrat; § 90 Abs. 3 S. 1 hmbHG bei der Bildung von Selbstverwaltungseinheiten die Selbstverwaltungseinheit; § 50 Abs. 1 S. 2 Nr. 1 hessHG der Fachbereichsrat; § 91 Abs. 1 S. 1 mvHG der Fachbereichsrat; § 44 Abs. 1 S. 2 ndsHG der Fakultätsrat oder gem. §§ 36 Abs. 3 S. 2 i. V. m. 44 Abs. 1 S. 2 ndsHG Präsidium und Senat, wenn keine Fakultät oder vergleichbare Organisationseinheit gebildet wird; § 28 Abs. 1 S. 2 nrwHG der Fachbereichsrat; § 85 Abs. 2 S. 1 Nr. 1, 3 rhpfHG der Fachbereichsrat; § 27 Abs. 1 Nr. 1 sldUG der Fakultätsrat; § 85 Abs. 1 S. 2 Nr. 1 sächsHG der Fakultätsrat bezüglich der Vorschläge für Studien- und Prüfungsordnungen; § 88 Abs. 2 Nr. 1 saHG der Fachbereichsrat; § 54 Abs. 1 S. 1 shHG der Fachbereichskonvent bzw. gem. § 51 Abs. 2 S. 2 Nr. 1 shHG der Senat, wenn keine Gliederung in Fachbereiche erfolgt ist; §§ 85 Abs. 1 S. 1 thürHG der Fachbereichsrat.

[83] § 140 Abs. 2 bwUG, § 100 Abs. 2 bwPHG sind abgedr. auf S. 147 in Fn. 8.

[84] § 124 Abs. 3 S. 2 nrwHG ist abgedr. auf S. 147f. mit Fn. 9.

[85] Vgl. *M. Heckel*, ZevKR 31, S. 27, 56. *Herkströter*, S. 324f. sieht ein Mitwirkungsrecht der Religionsgemeinschaften bei der Verabschiedung von Prüfungs- und Studienordnungen auf Grund einer Verletzung der Wissenschaftsfreiheit als verfassungswidrig an.

[86] *Amend*, KuR 1996, S. 239, 244f. Zu der Herleitung von Mitwirkungsrechten bei Personalangelegenheiten aus Verfassungsbestimmungen S. 151ff.

[87] Vgl. *M. Heckel*, ZevKR 31, S. 27, 58.

[88] *Fuchs*, S. 215.

daktische Zweckmäßigkeit der Reihenfolge der Studienfächer liegt in der Kompetenz des Fachbereichs.[89]

2. Promotions- und Habilitationsordnungen

Das theologische Promotions- und Habilitationsrecht besitzen ausschließlich voll ausgebaute theologische Fakultäten, nicht auch singuläre theologische Lehrstühle.[90] Die Verleihung des theologischen Graduierungsrechts an singuläre islamische Lehrstühle ohne eigenen Fakultätsstatus und an eine Fakultät mit einem einzelnen islamischen Lehrstuhl ist unzulässig.[91] Eine nicht-theologische Fakultät kann nicht in die Kompetenz einer theologischen Fakultät „hinüberprüfen und hinübergraduieren"[92], da hierdurch die Fakultätszuständigkeit ebenso wie die wissenschaftliche Kompetenz, die durch das Fachgebiet bedingt und begrenzt ist, verletzt werden.[93] Außerdem würde ein Mitwirkungsrecht der islamischen Religionsgemeinschaft, wie es im Rahmen einer theologischen Fakultät besteht, durch das Graduierungsrecht einer fachfremden Fakultät verletzt, indem es die Funktion einer theologischen Fakultät beeinträchtigte und fachfremde Personen beteiligte.[94]
Sollte es zu der Gründung einer islamischen Fakultät kommen,[95] so ist die Frage der Mitwirkungsrechte in Parallelität zu den Studien- und Prüfungsordnungen zu lösen. Die baden-württembergischen (§ 140 Abs. 2 bwUG und § 100 Abs. 2 bwPHG) und nordrhein-westfälischen (§ 124 Abs. 3 S. 2 nrwHG) Normierungen können auf Grund ihres Wortlauts abermals keine Anwendung finden, so dass sich für alle Länder allein aus den Verfassungsbestimmungen ein Mitwirkungsrecht ergibt.

Als Ergebnis bleibt festzuhalten, dass die islamische Religionsgemeinschaft auch ohne Staatskirchenvertrag auf Mitwirkungsrechte bei Personalangelegenheiten, Studien- und Prüfungsordnungen sowie Promotions- und Habilitationsordnungen verweisen kann. Diese Mitwirkungsrechte betreffen allein geistliche Fragen.

---

[89] *Weber*, NVwZ 2000, S. 848, 853.

[90] *Müller-Volbehr*, ZevKR 24, S. 1, 14f. für Promotionen, S. 15f. für Habilitationen; *Hufen*, in: FS Schiedermair, S. 181, 188; *M. Heckel*, ZevKR 31, S. 27, 61.

[91] *Hufen*, in: FS Schiedermair, S. 181, 188, auch zu dem Problem des theologischen Graduierungsrechts mehrerer theologischer Lehrstühle als Untergliederung anderer Fakultäten.

[92] *Hufen*, in: FS Schiedermair, S. 181, 187. Jede Fakultät ist auf den Kompetenzbereich ihrer Wissenschaft und deren Teildisziplinen beschränkt, so dass sie nicht rechtmäßig und rechtswirksam in andere Fakultäten hinüberprüfen, -promovieren oder -habilitieren kann, vgl. *M. Heckel*, ZevKR 31, S. 27, 61.

[93] *Hufen*, in: FS Schiedermair, S. 181, 187. *M. Heckel*, ZevKR 31, S. 27, 61 verweist auf das gewohnheitsrechtlich verdichtete Herkommen, auf die neueren Hochschulgesetze und auf die innere Sachstruktur der Theologenfakultäten. Der Verweis auf das Herkommen bietet im Fall der islamischen Religionsgemeinschaften, für deren Theologie bzw. Konfessionen bislang keine theologischen Fakultäten existieren, keine tragfähige Grundlage.

[94] *Hufen*, in: FS Schiedermair, S. 181, 188.

[95] Zu der Bildung von Fakultäten für die Theologie einer einzelnen islamischen Religionsgemeinschaft S. 134ff. und für die Theologie einer Konfession unter Beteiligung mehrerer Länder S. 140ff.

B. Inhaltliche Begrenzungen der Lehre

In einer Rede im Januar 2004 sprach Bundespräsident Johannes *Rau* die Lehre des Islam im Kontext hiesiger Verfassungswerte an: „Wir müssen uns mit der bisher ungelösten Frage auseinandersetzen, wie sich der Islam zum demokratischen Staat, zu Toleranz, zu Glaubensfreiheit und zur Gewissensfreiheit - zu den Menschenrechten - verhält."[96] Die Auseinandersetzung ist auch im Rahmen vorliegender Untersuchung in der Form zu führen, dass die inhaltlichen Begrenzungen der islamischen Lehre an den islamisch-theologischen Hochschuleinrichtungen aufzuzeigen sind. Die Frage der Vereinbarkeit ausgewählter Lehren des Islam mit dem Grundgesetz wird insbesondere in der Literatur zum islamischen Religionsunterricht auf breiter Ebene diskutiert, für die Theologie an den staatlichen Hochschulen bislang nur im Ansatz. *M. Heckel* ist für den Hochschulbereich der Ansicht, dass „ferner die Bejahung der deutschen Verfassungswerte – wie der Grundrechtsfreiheiten, der Volkssouveränität, der Gleichstellung der Frau"[97] vorauszusetzen sei, ohne dass weiteres ausgeführt wird. Im Anschluss an eine Darstellung der problematischen islamischen Lehren (I. 1.) auch im Kontext des islamischen Glaubens (I. 2.), sollen die sich aus dem Grundgesetz ergebenden inhaltlichen Anforderungen (II.) betrachtet werden.

I. Problematische islamische Lehren

1. Darstellung der Glaubenssätze

In Anlehnung an den im Juni 1984 angenommenen Bericht[98] der im März 1983 eingesetzten Kommission der Ständigen Konferenz der Kultusminister der Länder, die eine abgestimmte Position hinsichtlich der Einführung von islamischem Religionsunterricht an den öffentlichen Schulen zu erarbeiten hatte, werden in der Literatur insbesondere die Stellung der Frau nach dem Koran, Teile des Strafensystems des Koran, fehlende Religionsfreiheit und mangelnde Toleranz gegenüber Andersgläubigen als problematische islamische Lehren im Hinblick auf die verfassungsrechtliche Wertordnung des Grundgesetzes genannt.[99] Bereits zuvor fanden sich diese Punkte in einem Gutachten des Stuttgarter Justizministeriums zum islamischen Religionsunterricht von Mai 1982 mit dem Schluss, dass diese ausgewählten Lehren weder mit der Werteordnung des Grundgesetzes noch mit der Verfassung des Landes Baden-Württemberg zu vereinbaren seien.[100] Einige Verfasser in der Literatur beschränken sich auf die Enumeration dieser (und zum Teil auch weiterer) Aspekte,[101] während sich zum Teil auch ausführli-

---

[96] *Rau*, SZ v. 23.01.2004, S. 6.
[97] *M. Heckel*, Fakultäten, S. 46.
[98] Bericht und Beschluss: Möglichkeiten religiöser Erziehung muslimischer Schüler in der Bundesrepublik Deutschland, v. 20.03.1984, zit. nach *Mahler*, in: Landesinstitut für Schule und Weiterbildung, S. 29, 30.
[99] *Mahler*, in: Landesinstitut für Schule und Weiterbildung, S. 29, 30.
[100] *Huber-Rudolf*, HK 1994, S. 580, 580; Nennung des Gutachtens auch bei *M. Heckel*, JZ 1999, S. 741, 748 in Fn. 46.
[101] *Füssel*, RdJB 33, S. 74, 75 mit zusätzlicher Nennung des Verhältnisses des Islam zur Polygamie; *Harks*, JA 2002, S. 875, 877 unter Auslassung des Punktes der Toleranz; *Häußler*, ZAR 2000, S. 255, 256 mit zusätzlicher Nennung der fehlenden Akzeptanz der Säkularität des Staates; *M. Heckel*, JZ 1999, S. 741, 748 in Fn. 46; *Heimann*, NVwZ 2002, S. 935, 937; *ders.*, in: 41. Assistententagung,

chere Erläuterungen finden.[102] Eine Erläuterung soll sich in Kenntnis des Umstands anschließen, dass nicht allen islamischen Religionsgemeinschaften diese Glaubensaussagen gemein sind. Insbesondere können und sollen sie auch nicht unterstellt werden. So wird für den Religionsunterricht zu Recht angemerkt, dass allein die Lehren und Auslegungen, die auf der Konzeption der Antragsteller beruhen, maßgeblich sind.[103] Bezogen auf den staatlichen Hochschulbereich findet sich das Beispiel, dass das Weiterbildungsangebot „Islamischer Religionsunterricht in deutscher Sprache“ an der Universität Osnabrück fordert, dass den weiterzubildenden Lehrern auch eine Haltung der Toleranz gegenüber der nicht-muslimischen und säkularen Umwelt als Kompetenz vermittelt werden soll.[104] Und der Professor für Religion des Islam an der Westfälischen Wilhelms-Universität Münster sieht sich gehalten, ein Modell des Islam zu entwickeln, in dem Religion und Verfassung nicht kollidieren.[105]
Der folgenden Prüfung liegt also lediglich die Unterstellung einer Religionsgemeinschaft mit entsprechenden Glaubenslehren zugrunde.

Hinsichtlich der zugrunde zu legenden Glaubenslehren schlägt *Balić* vor: „Wenn man vom Verhältnis der islamischen Glaubensunterweisung zum staatlichen Curriculum an den bundesdeutschen Schulen spricht, muß man m.E. vom institutionalisierten Real-Islam jener Länder ausgehen, die die erdrückende Mehrheit der muslimischen Mitbürger gestellt haben. Das sind die Türkei und Jugoslawien. In diesen beiden Ländern ist das sogenannte islamische Strafsystem, das den eigentlichen Widerspruch und die Spannung hervorruft, nicht gültig und somit auch für die bundesdeutsche Islam-Szene ohne jegliche realpolitische Relevanz.“[106] Die Darstellung der vielfach angeführten problematischen islamischen Lehren lehnt sich jedoch an die Aussagen des klassischen Islam unter Außerachtlassung geschichtlicher Entwicklungen und Situationen in bestimmten

---

S. 81, 86; *Jochum*, in: 41. Assistententagung, S. 101, 115 mit zusätzlicher Nennung der familiären Autoritätsstrukturen; *Mahler*, Z. f. Paed. 1989, S. 381, 386 mit zusätzlicher Nennung des Verhältnisses des Islam zur Polygamie; *Mückl*, AöR 122, S. 513, 553; *Oebbecke*, in: Handbuch Islam, S. 322 und *ders.*, epd 2/00, S. 3, 11 und *ders.*, DVBl. 1996, S. 336, 342 unter Auslassung des Punktes der Toleranz sowie *ders.*, DVBl. 1996, S. 336, 343 mit zusätzlicher Nennung der islamischen Forderung der Einheit von Staat und Religion; *Rees*, KuR 1996, S. 99, 111 mit zusätzlicher Nennung der Polygamie und der Einheit von Staat und Religion; *Starck*, in: FS Link, S. 483, 496; *Niehues*, Rn. 548 mit Nennung allein der Punkte der Stellung der Frau und des Strafensystems des Korans; *Hofmann*, in: Schmidt-Bleibtreu/Klein, Art. 140, Rn. 10 mit Nennung der Einheit von Kirche und Staat, der Unterscheidung von Muslimen und Andersgläubigen und der ungleichen Rechtsstellung der Frau. Außerhalb der Literatur zum islamischen Religionsunterricht sind zu nennen: *Britz*, ZRP 2003, S. 219, 219; *Muckel*, DÖV 1995, S. 311, 316 bezogen auf den Verleihensanspruch des Status einer Körperschaft des öffentlichen Rechts; *Petersohn*, ZRP 2002, S. 521, 523 mit Nennung allein des Glaubensabfalls; *Huber-Rudolf*, Religionsfreiheit, S. 206; vgl. auch die Enumeration problematischer Lehren für die IRH in der Antwort der hessischen Kultusministerin v. 05.12.2001 auf Frage 14 der Kleinen Anfrage des Abg. *Gerling* u. a. (CDU) betreffend IRH v. 08.06.2001, Drs. Hess 15/2733, S. 3, ausgegeben am 05.12.2001.

[102] Insbesondere *Füssel/Nagel*, in: Landesinstitut für Schule und Weiterbildung, S. 39, 41f.; *dies.*, EuGRZ 1985, S. 497, 498f.; *Kartal*, KJ 2003, S. 382, 390ff.

[103] *Heimann*, NVwZ 2002, S. 935, 940; *ders.*, in: Islamischer Religionsunterricht in Nds, S. 27, 43.

[104] *Graf/Sieren-Jcvanovic*, S. 1.

[105] *Kalisch*, F.A.Z. v. 27.01.2005, S. 6.

[106] *Balić*, in: FS Khoury, S. 94, 97.

Ländern an,[107] denn ein solcher Überblick wäre nur schwer zu leisten. Die Situation in den Herkunftsländern der Muslime in Deutschland (bzw. den Herkunftsländern ihrer Eltern und Großeltern) vermag die hiesigen Glaubenslehren sicherlich zu beeinflussen und bestimmte Forderungen als zumindest unwahrscheinlicher als andere kennzeichnen. So wurde in der Türkei 1926 die Einehe eingeführt. Auch das traditionelle islamische Strafensystem existiert dort nicht mehr.[108] Zumindest hinsichtlich der Polygamie ist aber anzumerken, dass eine nennenswerte Anzahl türkischer Männer neben ihrer offiziellen Ehefrau weitere Partnerinnen haben, die sie in religiösen Zeremonien geheiratet haben,[109] so dass eine Bezugnahme auf die staatlichen Vorgaben allein auch nicht genügte.

a) Stellung der Frau

Die nicht gleichberechtigte Stellung der Frau im Islam wird in der Regel als problematisch eingestuft. In diesen Bereich fällt auch das Verhältnis des Islam zur Polygamie, das von einigen Autoren getrennt oder zusätzlich zu der problematischen Stellung der Frau genannt wird.[110] Dem Mann wird die Möglichkeit eingeräumt, bis zu vier Frauen zu heiraten.[111]
Nach dem Koran steht der Mann über den Frauen.[112] Diese Ungleichbehandlung zwischen Mann und Frau wird auch an den islamischen Heiratsvorschriften deutlich, denen zufolge ein Mann eine Frau heiraten darf, die sich zu einer monotheistischen Offenbarungsreligion bekennt, mithin eine Jüdin oder eine Christin, aber eine muslimische Frau generell keinen Mann anderen Glaubens.[113] Hier ergeben sich auch unterschiedliche Konsequenzen für die Scheidung von interreligiösen Ehen, in denen erst nach der Heirat ein Partner vom muslimischen Glauben abfällt.[114]
Die Frau kann sich weiter nur unter bestimmten Umständen scheiden lassen, und zwar bei Unterlassungen und Fehlern des Mannes wie einer Verletzung der Unterhaltspflicht, bestimmten Krankheiten oder langjährigem Fortbleiben sowie schlechter Behandlung, nicht aber auf Grund einer veränderten Neigung der Frau.[115] Dem Mann hingegen kommt das Recht zu, die Frau zu verstoßen, denn der erwachsene, geistig gesunde Muslim hat jederzeit das Recht, seine Frau ohne Angabe von Gründen zu verstoßen, ohne einen Richter hinzuzuziehen, auch ohne sie überhaupt zu informieren; die

---

[107] Nach *Kappert*, in: Islamunterricht an deutschen Schulen?, S. 103, 106 sei auf Grund der großen Anzahl der sunnitischen türkischen Muslime hanefitischen Bekenntnisses in Deutschland eine Diskussion auf dieser Grundlage zu führen.
[108] *Kappert*, in: Islamunterricht an deutschen Schulen?, S. 103, 110, 114.
[109] SZ v. 25.02.2004, S. 12.
[110] *Füssel*, RdJB 33, S. 74, 75; *Mahler*, Z. f. Paed. 1989, S. 381, 386; *Rees*, KuR 1996, S. 99, 111.
[111] *M. Tworuschka*, S. 120.
[112] Vgl. *Füssel/Nagel*, in: Landesinstitut für Schule und Weiterbildung, S. 39, 41; *dies.*, EuGRZ 1985, S. 497, 498, jeweils mit Belegen aus dem Koran; *Kartal*, KJ 2003, S. 382, 390f. mit Belegen aus dem Koran; *Ruthven*, S. 129 mit Beispielen aus dem Koran; *Wiebke*, in: Religionen der Menschheit, Bd. 25, S. 388, 388.
[113] *Füssel/Nagel*, in: Landesinstitut für Schule und Weiterbildung, S. 39, 41; *dies.*, EuGRZ 1985, S. 497, 498; *Khoury*, in: Handbuch Islam, S. 142.
[114] Vgl. die verschiedenen Konstellationen bei *Kartal*, KJ 2003, S. 382, 390f.
[115] *M. Tworuschka*, S. 122.

grundlose Verstoßung gilt allerdings als missbilligt.[116] Die Rechte des Mannes bei der Scheidung werden etwas eingeschränkt, indem er gewisse Sorgepflichten erfüllen und Wartezeiten einhalten muss.[117]
Die Benachteiligung der Frau im Erbrecht wird in der Regelung deutlich, dass sie die Hälfte dessen erbt, was ein ihr im Verwandtschaftsverhältnis zu dem Verstorbenen gleichgeordneter männlicher Familienangehöriger erbt; diese Regelung wird damit gerechtfertigt, dass der Mann eine Brautgabe erbringen und außerdem für den Unterhalt der Familie aufkommen muss, während die Frauen solche Verpflichtungen nicht tragen.[118]

Der Sicht der fehlenden Gleichwertigkeit von Mann und Frau im Islam tritt *Çavdar* entgegen mit den Argumenten, dass die relevante Sure 4, 34 vielfach falsch übersetzt werde und die Frauen nach überwiegender hanefitischer Auffassung,[119] Strafsachen ausgenommen, auch Richterin über Männer sein könnten, was bei einer den Behauptungen entsprechenden Minderwertigkeit der Frau nicht möglich wäre.[120] *M. Tworuschka* sieht auch in der Polygamie keinen Wertunterschied zwischen Mann und Frau, denn es werde neben der Erlaubnis, bis zu vier Frauen zu heiraten, gleichzeitig die Forderung gestellt, dass der Mann alle seine Ehefrauen gleich und gerecht behandeln müsse.[121]

b) Teile des Strafensystems

Auch Teile des Strafensystems werden als problematisch beurteilt. Im Gegensatz zum Familien- und Erbrecht finden die strafrechtlichen Vorschriften des Korans in nur wenigen islamischen Staaten offiziell Anwendung.[122] Das islamische Strafrecht selbst ist kein geschlossenes Ganzes, sondern gibt Antworten auf Einzelfragen, welche an den Propheten Muhammad herangetragen wurden.[123] Die im Koran genannten Straftaten werden nach den im Koran oder durch die Tradition festgesetzten Strafen eingeteilt, wobei es sich um fünf Delikte handelt.[124]
Zu den kritischen Strafen zählt die Unzucht, denn Täter, die einmal während legaler Ehe außerehelichen Geschlechtsverkehr hatten, sind mit Steinigung zu bestrafen,[125]

---

[116] *Wiebke*, in: Religionen der Menschheit, Bd. 25, S. 388, 398.
[117] *M. Tworuschka*, S. 122.
[118] *Wiebke*, in: Religionen der Menschheit, Bd. 25, S. 388, 399.
[119] Zu den vier sunnitischen Rechtsschulen S. 52.
[120] *Çavdar*, RdJB 41, S. 265, 270 mit Belegen aus dem Koran; auch *M. Tworuschka*, S. 120 negiert einen Wertunterschied zwischen Mann und Frau im Islam.
[121] *M. Tworuschka*, S. 120.
[122] *Kartal*, KJ 2003, S. 382, 386f.
[123] *Dilger*, in: Islam in der Gegenwart, S. 186, 203; *ders.*, in: Religionen der Menschheit, Bd. 25, S. 60, 88.
[124] *Dilger*, in: Religionen der Menschheit, Bd. 25, S. 60, 88; *ders.*, in: Islam in der Gegenwart, S. 186, 204.
[125] *Dilger*, in: Religionen der Menschheit, Bd. 25, S. 60, 88; *ders.*, in: Islam in der Gegenwart, S. 186, 204; *Khoury*, in: Handbuch Islam, S. 234; *M. Tworuschka*, S. 124. Unter Nennung der Tatsache, dass Strafen bestehen, auch *Füssel/Nagel*, in: Landesinstitut für Schule und Weiterbildung, S. 39, 41; *dies.*, EuGRZ 1985, S. 497, 498.

und Täter, die niemals verheiratet waren, haben 100 Geißelhiebe verwirkt.[126] Verleumdung wegen angeblicher Unzucht ist mit 80 Geißelhieben zu bestrafen.[127] Weintrinken, dem der Genuss anderer alkoholischer Getränke gleichgestellt wird, unterliegt nach der Tradition, je nach Rechtsschule, einer Strafe von 40 oder 80 Geißelhieben.[128] Diebstahl wird nach dem Koran sowie einigen ergänzenden Überlieferungen beim ersten Mal mit dem Abschlagen der rechten Hand, im Wiederholungsfall mit dem Abschlagen des linken Fußes bestraft.[129] Bei Straßenraub kann bei Erfüllung besonderer Umstände die Strafe im Abschneiden der rechten Hand und des linken Fußes und im Wiederholungsfall der linken Hand und des rechten Fußes bestehen.[130] Bei der vorsätzlichen Tötung als Wegelagerer besteht die Strafe in der Tötung,[131] und wenn der Straßenräuber sowohl Raub als auch Totschlag begangen hat, sind die Strafe Hinrichtung und Kreuzigung, wobei hinsichtlich der Kreuzigung bei den Rechtsgelehrten Uneinigkeit besteht.[132]

Zudem ist Blutrache nicht völlig ausgeschlossen,[133] denn bei Totschlag ist auf Grund des Prinzips Auge-um-Auge dem nächsten männlichen Verwandten das Recht gegeben, nach gerichtlicher Schuldfeststellung den Täter unter Aufsicht des Richters mit dem Schwert eigenhändig zu töten und im Falle einer Körperverletzung das Recht, dem Täter die genau gleiche Verletzung beizubringen. Täter und Opfer müssen hierfür gleichwertig sein.[134]

c) Apostasie

Die Strafe für Apostasie, Abfall vom Glauben, und zwar exakt der Abfall vom Glauben des Islam, ist eine weitere problematische Lehre des Islam. Wer den Islam als Glauben angenommen hat, hat kein Recht, den Glauben je wieder abzulegen. Der islamischen Rechtsordnung zufolge soll derjenige, der die Glaubensgemeinschaft ver-

---

[126] *Dilger*, in: Religionen der Menschheit, Bd. 25, S. 60, 88; *ders.*, in: Islam in der Gegenwart, S. 186, 204; *Füssel/Nagel*, in: Landesinstitut für Schule und Weiterbildung, S. 39, 41; *dies.*, EuGRZ 1985, S. 497, 498; *Khoury*, in: Handbuch Islam, S. 234; *M. Tworuschka*, S. 124.

[127] *Dilger*, in: Religionen der Menschheit, Bd. 25, S. 60, 88; *ders.*, in: Islam in der Gegenwart, S. 186, 204.

[128] *Dilger*, in: Religionen der Menschheit, Bd. 25, S. 60, 88; *ders.*, in: Islam in der Gegenwart, S. 186, 204; *Füssel/Nagel*, in: Landesinstitut für Schule und Weiterbildung, S. 39, 41; *dies.*, EuGRZ 1985, S. 497, 498.

[129] *Dilger*, in: Religionen der Menschheit, Bd. 25, S. 60, 89; *ders.*, in: Islam in der Gegenwart, S. 186, 204; *Füssel/Nagel*, in: Landesinstitut für Schule und Weiterbildung, S. 39, 41; *dies.*, EuGRZ 1985, S. 497, 498; *Khoury*, in: Handbuch Islam, S. 234.

[130] *Dilger*, in: Religionen der Menschheit, Bd. 25, S. 60, 89; *ders.*, in: Islam in der Gegenwart, S. 186, 204; *Khoury*, in: Handbuch Islam, S. 232.

[131] *Dilger*, in: Religionen der Menschheit, Bd. 25, S. 60, 89; *ders.*, in: Islam in der Gegenwart, S. 186, 204; *Füssel/Nagel*, in: Landesinstitut für Schule und Weiterbildung, S. 39, 41; *dies.*, EuGRZ 1985, S. 497, 498; *Khoury*, in: Handbuch Islam, S. 231f.

[132] Vgl. *Dilger*, in: Religionen der Menschheit, Bd. 25, S. 60, 89; *ders.*, in: Islam in der Gegenwart, S. 186, 204; *Khoury*, in: Handbuch Islam, S. 232.

[133] *Füssel/Nagel*, in: Landesinstitut für Schule und Weiterbildung, S. 39, 41; *dies.*, EuGRZ 1985, S. 497, 498.

[134] *Dilger*, in: Religionen der Menschheit, Bd. 25, S. 60, 89; *ders.*, in: Islam in der Gegenwart, S. 186, 205; vgl. *Khoury*, in: Handbuch Islam, S. 232 für die Körperverletzung.

lässt, bestraft werden, bis hin zur Todesstrafe.[135] Der Wortlaut des Koran sieht als Strafe für den Glaubensabfall allein den Zorn Gottes und eine jenseitige Pein vor, während einige Rechtsgelehrte auf eine Koranstelle verweisen, die sich auf die Heuchler in den Reihen der Muslime bezieht, die, wenn sie sich abwenden, zu greifen und zu töten sind.[136] Relevanz besitzt die Tradition des Propheten und seiner ersten Gemeinde, denn es sind Sprüche des Propheten überliefert, die die Apostasie mit der Todesstrafe belegen.[137] Die Gelehrten der verschiedenen Rechtsschulen sind sich einig, dass die Apostasie mit der Hinrichtung geahndet werden muss, weil Apostasie als Auflehnung gegen Gott und als Aufkündigung der Mitgliedschaft in der islamischen Gemeinschaft gilt und damit als eine direkte Gefährdung ihres Bestandes.[138] Diese Regelung gilt für Männer, während die Behandlung der Apostasie bei Frauen zwischen den Rechtsschulen umstritten ist.[139] Die Folge der Apostasie besteht nicht allein in der Tötung, denn auch eine bestehende Ehe ist nichtig, die Behandlung der angefallenen Erbschaft ist umstritten, ebenso wie das Eigentumsrecht und sonstige rechtliche Handlungen des vom Glauben Abgefallenen.[140]
Für die Feststellung des Glaubensabfalls sollen deutliche, rechtsrelevante Tatsachen dienen, worunter „nach strenger Auffassung eindeutige Äußerungen oder Taten, z. B. die Lästerung Gottes, das Beschimpfen des Propheten Muhammad, die Leugnung unstrittiger religiöser Pflichten, auch sogar die Leugnung der ausdrücklichen Speiseverbote des Islams“[141] verstanden werden. Es werden aber stark unterschiedliche Positionen vertreten, wann ein Glaubensabfall vorliegt.[142] Weiterhin müssen zwei glaubwürdige Männer übereinstimmend dieselbe Aussage oder Handlung bezeugen, auf Grund derer der Tatbestand der Apostasie erfüllt sein soll. Nur über einen erwachsenen, seiner Sinne mächtigen und auch nicht unter Zwang stehenden Muslim kann eine entsprechende Strafe durch den Richter verhängt werden.[143]

d) Mangelnde Toleranz gegenüber Andersgläubigen

Dieser Punkt umfasst den Gedanken, dass der Islam andere Religionen nicht als gleichberechtigt anerkennt.[144] Der Rechtsstatus von nicht-muslimischen Minderheiten beruht auf einem Vertrag zwischen Eroberern und Unterworfenen, der aus den Musli-

---

[135] *Füssel/Nagel*, in: Landesinstitut für Schule und Weiterbildung, S. 39, 41; *dies.*, EuGRZ 1985, S. 497, 498.
[136] *Khoury*, in: Islam und Religionsfreiheit, S. 29, 30f.
[137] A. a. O.
[138] *Khoury*, in: Islam und Religionsfreiheit, S. 29, 33; *ders.*, in: Handbuch Islam, S. 239.
[139] A. a. O.
[140] Vgl. *Kartal*, KJ 2003, S. 382, 392; *Khoury*, in: Islam und Religionsfreiheit, S. 29, 34.
[141] *Khoury*, in: Islam und Religionsfreiheit, S. 29, 32; vgl. auch *Schirrmacher*, in: Lexikon der Religionen, S. 428, 460 für die Tatbestände der Apostasie.
[142] *Stumpf*, ZevKR 48, S. 129, 137.
[143] *Khoury*, in: Islam und Religionsfreiheit, S. 29, 32.
[144] *Füssel/Nagel*, in: Landesinstitut für Schule und Weiterbildung, S. 39, 42; *dies.*, EuGRZ 1985, S. 497, 499; vgl. ausführlich *Kartal*, KJ 2003, S. 382, 393f.; *Noth*, Saeculum 29, S. 190, 190 fasst unter das Stichwort der islamischen Toleranz das Gewährenlassen bzw. das Nicht-Verfolgen von Personengruppen anderer Religion; *Paret*, Saeculum 21, S. 344, 344ff., auch zu der historischen Seite der Toleranz im Islam.

men die eigentlichen vollen Bürger des Landes und aus den anderen Schutzbürger (Dhimmi) macht.[145] Zu den Schutzbürgern in diesem Sinne zählen allein Juden und Christen als Schriftbesitzer,[146] nicht auch Anhänger anderer Religionen.[147] Dieses Schutzabkommen hat die Pflicht der Schutzbürger zum Inhalt, der islamischen Obrigkeit untertan zu sein, sich dem islamischen Staat gegenüber loyal zu verhalten und die vereinbarten Tribute und Abgaben, Eigentums- und Kopfsteuern zu entrichten, während sich im Gegenzug der islamische Staat verpflichtet, das Leben der Schutzbürger und die ihnen zugestandenen Rechte zu schützen.[148] Zu den Pflichten der Schutzbürger gehört auch, gegenüber der islamischen Obrigkeit materiellen Beistand im Kriegsfall zu leisten.[149] Das Recht der Religionsfreiheit kommt den Schutzbürgern insoweit zu, als sie die Zeremonien ihres Kultes innerhalb der Kultgebäude und in einer Weise zu vollziehen haben, die dem religiösen Empfinden und Überlegenheitsgefühl der Muslime nicht widerspricht. Der Bau neuer Kultgebäude ist nur im Ausnahmefall möglich, und es existieren Regeln zur Renovierung und Restaurierung bestehender Kultgebäude und zum Wiederaufbau zerfallener Kirchen und Synagogen.[150]

Zu nennen ist weiterhin das teilweise Verbot von Mischehen mit Juden und Christen, wobei auch die vom Koran erlaubten Mischehen von den Rechtsgelehrten nicht empfohlen werden.[151] Im Prozessrecht gilt das Zeugnis von Schutzbürgern als wenig aussagekräftig und auch in Strafsachen gilt oft eine Ungleichwertigkeit von Muslimen und Schutzbürgern; bei der Ausübung kaufmännischer Tätigkeiten und bei der Abwicklung von Handelsgeschäften sind Einschränkungen vorgesehen. So gehen die Rechtsgelehrten davon aus, dass bei partnerschaftlichen Geschäftsbeziehungen zwischen einem Schutzbürger und einem Muslim letzterer die Leitung des Betriebs übernimmt oder an allen wichtigen Entscheidungen und praktischen Maßnahmen beteiligt wird.[152] Weiterhin ist der Zugang zu hohen Ämtern im Staat den Schutzbürgern verwehrt.[153]

Anhängern anderer Religionen als den Buchreligionen kommt die eben bezeichnete Stellung nicht zu, d. h. es wird differenziert zwischen Angehörigen von Buchreligionen und anderen, zu denen sowohl Angehörige von Naturreligionen als auch Polytheisten zählen, heute zudem in größerem Umfang Atheisten.[154] Eine Heirat eines Muslims mit einem Mitglied dieser Personengruppen ist ausgeschlossen.[155] In der klassischen Zeit des Islam wurde dieser Gruppe lediglich die Gelegenheit geboten,

---

[145] *Khoury*, in: Handbuch Islam, S. 266.
[146] *Paret*, Saeculum 21, S. 344, 344f., 349ff. zu den Gründen, die zu einer Differenzierung zwischen den monotheistischen Schriftbesitzern und den Polytheisten führten.
[147] *Khoury*, in: Handbuch Islam, S. 271.
[148] *Khoury*, in: Handbuch Islam, S. 266.
[149] *Stumpf*, ZevKR 48, S. 129, 135.
[150] *Khoury*, in: Handbuch Islam, S. 267; vgl. auch *Stumpf*, ZevKR 48, S. 129, 135f.
[151] *Khoury*, in: Handbuch Islam, S. 268.
[152] *Khoury*, in: Handbuch Islam, S. 268f.
[153] *Khoury*, in: Handbuch Islam, S. 270; vgl. *Noth*, Saeculum 29, S. 190, 203, der von einem dauernden Wechselspiel von Beschäftigung und willkürlicher Entlassung von Schutzbefohlenen im Staatsdienst spricht.
[154] *Stumpf*, ZevKR 48, S. 129, 135f.
[155] *Khoury*, in: Handbuch Islam, S. 273.

sich nach kurzer Unterweisung zum Islam zu bekehren. Wenn sie diese Gelegenheit nicht ergriffen, konnten sie unmittelbar getötet werden.[156]

e) Forderung der Einheit von Staat und Religion

Die Forderung der Einheit von Staat und Religion bzw. das Verhältnis des Islam zur Säkularität des Staates ist ein weiterer Aspekt, der von einigen Autoren als diskussionsbedürftige islamische Glaubenslehre eingestuft wird.[157] Hierzu zählt auch die Forderung der Einführung eines Verfassungsartikels, der das islamische Recht zur wichtigsten Grundlage der Gesetzgebung erklärt[158] nach dem Vorbild vieler Verfassungen der Staaten der islamischen Welt, die das islamische Recht zur primären Rechtsquelle berufen.[159]

Es ist nicht die Frage angesprochen, ob Muslime in einem nicht-islamischen Staat dauerhaft leben können,[160] sondern die Forderung nach dem „Idealzustand", auch wenn es in der islamischen Tradition bereits deutliche Differenzierungen von Staat und Religion gibt. Daher wird hier auf die Lehren des klassischen Islam Bezug genommen, wonach das politische Ideal der Religion nur in der medinesischen Gemeinde unter dem Propheten Muhammad voll erfüllt war.[161] Die Scharia beschäftigt sich mit Fragestellungen, die nach europäischem Verständnis in den Aufgabenbereich des Staates fallen, so u. a. Politik, Recht und Wirtschaft.[162] In den islamischen Ländern, in denen die Scharia eine oder die Hauptquelle der Gesetzgebung darstellt, erhält der Staat nach klassischer sunnitischer Auffassung seine Legitimation nicht aus sich heraus, sondern dadurch, dass er für seine Untertanen den Rahmen für die Gestaltung eines Lebens auf der Grundlage der islamischen Gesetze schafft. Der Staat selbst wird als eine religiöse Institution begriffen, der seine Existenzberechtigung und die seines Oberhauptes insbesondere beim Erlass von Gesetzen, die der Scharia zuwiderlaufen, verliert, da die Religion nach islamischer Auffassung prinzipiell Grundlage jeder politischen Herrschaft ist.[163]

2. Stellung des Muslim im Ausland nach der islamischen Rechtsfigur des Schützlings

In der Literatur zum Religionsunterricht wird von einigen Autoren bei der Frage der problematischen islamischen Lehren auf die islamische Figur des Schützlings verwie-

---

[156] *Stumpf*, ZevKR 48, S. 129, 136.

[157] *Häußler*, ZAR 2000, S. 255, 256; *Heimann*, NVwZ 2002, S. 935, 937, 940; *ders.*, in: 41. Assistententagung, S. 81, 86; *Muckel*, DÖV 1995, S. 311, 316 im Rahmen der Ausführungen zu der Erlangung des Körperschaftsstatus; *Oebbecke*, DVBl. 1996, S. 336, 343; *Rees*, KuR 1996, S. 99, 111.

[158] *Muckel*, DÖV 1995, S. 311, 316.

[159] Vgl. *Dilger*, in: Religionen der Menschheit, Bd. 25, S. 60, 84 m. Fn. 67 mit einer Aufstellung entsprechender Verfassungsartikel von Staaten der islamischen Welt; *Kartal*, KJ 2003, S. 382, 387.

[160] Vgl. *Spriewald*, S. 18, 22 zu den Grundsätzen für den Aufenthalt von Muslimen in einer nicht-muslimischen Umwelt außerhalb einer dauerhaften Diasporasituation.

[161] *Spriewald*, S. 16ff.

[162] *U. Tworuschka*, Art. Islam, S. 150, 150.

[163] *Schirrmacher*, in: Lexikon der Religionen, S. 428, 457.

sen.[164] So kann nach *Çavdar* eine „weitere Überprüfung der Vereinbarkeit des Grundgesetzes mit den Inhalten des Islam (...) jedenfalls dann außer Betracht bleiben, wenn der in Deutschland lebende Muslim schon auf Grund seiner Religion zur Loyalität zu der dortigen Rechtsordnung aufgerufen ist."[165]

Für die Beziehungen der islamischen zur nicht-islamischen Welt entwickelte die islamische Lehre die Theorie von der Zweiteilung der Welt in das „Haus des Islam" („Dār al-islām"[166]) und das „Haus des Krieges" („Dār al-harb"[167]).[168]

Im Haus des Islam besteht das Prinzip der grundsätzlichen Gleichsetzung von Staat und Glaubensgemeinschaft, d. h. Staatsautorität und Glauben sind untrennbar miteinander verbunden.[169] Die Ungläubigen im Haus des Krieges sind zu bekehren oder zu vernichten.[170] Ein nicht-islamisches Land kann zeitweilig zum Haus des Islams erklärt werden; die dort lebenden Muslime sind Schützlinge[171] („Müste'men"[172] oder „Musta'min"[173]).

Exakt beschrieben ist ein Schützling ein Muslim, der ein nicht-islamisches Land bereist oder dort seinen ständigen Aufenthalt hat, den staatlichen Schutz seines Aufenthaltslandes genießt und sich im Rahmen der dortigen Rechtsordnung frei bewegen kann.[174] Solange das Aufenthaltsland das Leben und Eigentum dieser Schützlinge vor Übergriffen schützt, ist der Schützling nicht nur angehalten, das Leben und das Eigentum der dort Lebenden zu achten, sondern darüber hinaus ist er auch verpflichtet, die gesamte Rechtsordnung des nicht-islamischen Staates zu respektieren.[175] Mit Erwerb der Aufenthaltsgenehmigung verpflichtet sich der Schützling auch in religiöser Hinsicht, in keiner Weise der dort geltenden Rechtsordnung zuwiderzuhandeln,[176] auch dann, wenn die fremde Rechtsordnung etwas anordnet oder zulässt, das im islamischen Staat unzulässig wäre. Die individuellen Glaubenspflichten des Muslims bleiben erhalten.[177] Ein Verstoß gegen die fremde Rechtsordnung wäre eine Verletzung des aus der Schutzgewährung abgeleiteten gegenseitigen Vertragsverhältnisses.[178] Dieses besteht

---

[164] *Çavdar*, RdJB 41, S. 265, 270; *Füssel/Nagel*, EuGRZ 1985, S. 497, 499ff.; *Jochum*, in: 41. Assistententagung, S. 101, 116f.; *Stempel*, S. 397f.

[165] *Çavdar*, RdJB 41, S. 265, 270.

[166] *Füssel/Nagel*, in: Landesinstitut für Schule und Weiterbildung, S. 39, 43; *dies.*, EuGRZ 1985, S. 497, 499.

[167] *Füssel/Nagel*, in: Landesinstitut für Schule und Weiterbildung, S. 39, 44.

[168] *Jochum*, in: 41. Assistententagung, S. 101, 116; *Stumpf*, ZevKR 48, S. 129, 132.

[169] *Füssel/Nagel*, in: Landesinstitut für Schule und Weiterbildung, S. 39, 43; *dies.*, EuGRZ 1985, S. 497, 499.

[170] *Jochum*, in: 41. Assistententagung, S. 101, 116; vgl. auch *Füssel/Nagel*, in: Landesinstitut für Schule und Weiterbildung, S. 39, 43.

[171] *Jochum*, in: 41. Assistententagung, S. 101, 116.

[172] *Çavdar*, RdJB 41, S. 265, 270; *Häußler*, ZAR 2000, S. 255, 259.

[173] *Füssel/Nagel*, in: Landesinstitut für Schule und Weiterbildung, S. 39, 45; *dies.*, EuGRZ 1985, S. 497, 500; *Häußler*, ZAR 2000, S. 255, 259; *Stempel*, S. 397.

[174] *Çavdar*, RdJB 41, S. 265, 270; *Stempel*, S. 397.

[175] *Çavdar*, RdJB 41, S. 265, 270; *Jochum*, in: 41. Assistententagung, S. 101, 116; *Stempel*, S. 397f.

[176] *Çavdar*, RdJB 41, S. 265, 270.

[177] *Füssel/Nagel*, in: Landesinstitut für Schule und Weiterbildung, S. 39, 46; *dies.*, EuGRZ 1985, S. 497, 500.

[178] *Çavdar*, RdJB 41, S. 265, 270; *Stempel*, S. 397f.

darin, dass der Status des Schützlings im Gegenzug auch den Bewohnern nicht-islamischer Staaten gewährt wird, die sich in friedlicher Absicht auf das islamische Territorium begeben, so im Fall des Handeltreibens.[179]

Zu der Relevanz dieser islamischen Rechtsfigur finden sich in der Literatur einige Stellungnahmen, die aus verschiedenen Gründen eine rechtliche Überprüfung für notwendig erachten. *Oebbecke* führt zu der Maßgeblichkeit dieser Rechtsfigur für die Frage der Verfassungsverträglichkeit islamischer Lehren zu Recht aus, dass mit dem Verweis auf die Bindung des Schutzbefohlenen an die Rechtsordnung des Aufenthaltsstaates nicht die Frage nach dem Inhalt der Rechtsordnung beantwortet ist.[180] Insbesondere kann diese Lehre kein Grund sein, weniger strenge Maßstäbe an Beschränkungen der Glaubensfreiheit anzulegen als bei denjenigen Religionen, die solche Flexibilitäten nicht kennen.[181]
An dieser Stelle kann ergänzend auf die Schächt-Entscheidung des Bundesverfassungsgerichts verwiesen werden, die sich mit dem zwingenden Charakter religiöser Normen befasst, von der die Religion Abweichungen zulässt: „Ist eine solche Darlegung erfolgt, hat sich der Staat, der ein solches Selbstverständnis der Religionsgemeinschaft nicht unberücksichtigt lassen darf, einer Bewertung dieser Glaubenserkenntnis zu enthalten. Er kann den „zwingenden" Charakter einer religiösen Norm im Lichte des Art. 4 GG auch nicht allein deshalb verneinen, weil die Religion zugleich Regeln kennt, die auf die Gewissensnot von Gläubigen Rücksicht nehmen und etwa im Hinblick auf den Aufenthaltsort und die dort herrschenden Speisegewohnheiten Abweichungen zulassen."[182] Die Schächt-Entscheidung führt nicht dazu, die Maßgeblichkeit der genannten Rechtsfigur anders bewerten zu müssen.
Die sich so ergebende Prüfungsreihenfolge findet sich sodann bei *Häußler*, der ebenfalls für den Sachbereich des Religionsunterrichts auf problematische islamische Aussagen eingeht. Er ist der Ansicht, dass sich die Mehrzahl der kritisierten Aussagen im Rahmen der freiheitlichen demokratischen Grundordnung bewegen und verweist erst in der Folge auf die Rechtsfigur des Schützlings.[183]
Nach *Füssel/Nagel* stimmen die entsprechenden Aussagen nicht mit der Wertordnung des Grundgesetzes überein. Auch von ihnen wird im Anschluss die islamische Figur des Schützlings dargestellt.[184]

Neben den rechtlichen Einwänden, direkt auf die religiöse Figur abzustellen, sind aber auch mit der Rechtsfigur selbst Probleme verbunden. Einerseits ist darauf zu achten, inwieweit diese Rechtsfigur tatsächlich Anerkennung findet, andererseits ist auch in

---

[179] *Füssel/Nagel*, in: Landesinstitut für Schule und Weiterbildung, S. 39, 45; *dies.*, EuGRZ 1985, S. 497, 499.
[180] *Oebbecke*, DVBl. 1996, S. 336, 342; im Anschluss auch *Spriewald*, S. 169.
[181] *Oebbecke*, HK 1998, S. 413, 414 mit der Option, auf die Figur des Schutzbefohlenen zu verweisen, wenn Verfassungsrecht die Einschränkung unabweisbar mache.
[182] BVerfG, NJW 2002, S. 663, 666 m. Anm. *Oebbecke*, NVwZ 2002, S. 302f.
[183] *Häußler*, ZAR 2000, S. 255, 259: „Unerheblich ist danach, ob mittels Bezugnahme auf die Rechtsfigur des ‚Musta'min' und ‚Müste'men' die Geltung vermeintlich verfassungswidriger Grundsätze der islamischen Glaubensordnung für in Deutschland lebende Muslime verneint werden könnte."
[184] *Füssel/Nagel*, in: Landesinstitut für Schule und Weiterbildung, S. 39, 42ff.; *dies.*, EuGRZ 1985, S. 497, 499ff.

der Rechtsfigur selbst bereits ein Vorbehalt enthalten. Zum ersten Punkt ist anzumerken, dass nicht allen islamischen Religionsgemeinschaften ein Glaubenselement unterstellt werden darf, dass der Islam an sich kennt. Entsprechend ist problematisch, dass die Rechtsfigur möglicherweise nicht überall anerkannt ist, indem eine islamische Religionsgemeinschaft diese Figur nicht akzeptieren oder auch anders interpretieren könnte.[185] Dieses Problem wird auch von der Kommission der Ständigen Konferenz der Kultusminister der Länder gesehen: „Ob und inwieweit diese Rechtsfigur des Musta'min breite Akzeptanz, auch gerade bei islamischen Fundamentalisten, findet, läßt sich noch nicht feststellen."[186]

Zu dem zweiten Punkt ist auszuführen, dass die Rechtsfigur anwendbar sein muss. So wird in zurückhaltender Weise ausgeführt, der Status des Schützlings treffe am ehesten auf die in Deutschland lebenden Muslime zu, soweit sie als Gläubige aus islamischen Ländern nach Deutschland gekommen seien.[187] Ebenso wird noch Klärungsbedarf hinsichtlich der Geltung dieser Rechtsfigur für die deutschen Muslime unter Hinweis auf die nicht erfolgte Anstellung von Fereshta *Ludin* in den Schuldienst des Landes Baden-Württemberg gesehen.[188] Weiterhin darf die Rechtsfigur auch nicht wieder außer Kraft getreten sein.[189] Erkennbar wird dies an der von *Füssel/Nagel* gewählten Formulierung bei der Erläuterung der Rechtsfigur: „Dies bedeutet, daß *solange* der Muslim den staatlichen Schutz seines Aufenthaltslandes genießt und er sich im Rahmen der dort geltenden staatlichen Ordnung frei bewegen kann, *solange* er vor Übergriffen gegen Leben und Eigentum geschützt ist, er gleichzeitig gehalten ist, die Rechtsordnung des nicht-islamischen Staates zu respektieren."[190] Beispielhaft kann für den Vorbehalt auf die Islamische Charta des ZMD verwiesen werden: „Das islamische Recht verpflichtet Muslime in der Diaspora, sich *grundsätzlich* an die lokale Rechtsordnung zu halten."[191]

Weiter ist anzumerken, dass diese Rechtsfigur für den Bereich inhaltlicher Anforderungen an die Lehren nicht trägt. Als Idealzustand wird bspw. noch immer die Einheit von Staat und Religion vermittelt werden, die allein wegen der Minderheitssituation

---

[185] *Stempel*, S. 398; vgl. auch *Spriewald*, S. 23.

[186] Zit. bei *Mahler*, in: Landesinstitut für Schule und Weiterbildung, S. 29, 31.

[187] *Füssel/Nagel*, in: Landesinstitut für Schule und Weiterbildung, S. 39, 48; vgl. auch *Mahler*, Z. f. Paed. 1989, S. 381, 387.

[188] *Lemmen*, S. 230 zieht die Presse-Information des ZMD v. 14.07.1998 mit der Überschrift „Berufsverbot für muslimische Lehrerin" heran und bemerkt: „Derartige Aussagen von Muslimen relativieren die Zuordnung der Bundesrepublik Deutschland zum Haus des Islams erheblich und lassen den Schluß zu, daß hierfür noch ein erheblicher Klärungsbedarf besteht." *Jochum*, in: 41. Assistententagung, S. 101, 117 wirft die Frage auf, was zu geschehen habe, wenn ein Muslim den ihm durch die Ordnung des Gastlandes gewährten Schutz für nicht mehr ausreichend halte, denn dann wäre der Muslim nicht mehr an die Gesetze dieses Gastlandes gebunden.

[189] *Jochum*, in: 41. Assistententagung, S. 101, 117; *Spriewald*, S. 23. Vgl. *Elyas*, S. 123 mit einer Beschreibung, was geschehen sollte, wenn der Vorbehalt nicht mehr greift. Sollte der Einzelne nicht in der Lage sein, seinen individuellen gottesdienstlichen Verpflichtungen nachzugehen oder gezwungen sein, gegen diese zu verstoßen, dürfe er nicht gegen diese Staatsordnung mit Gewalt vorgehen, sondern er soll seine Freiheit durch Überzeugung oder durch Auswanderung erlangen.

[190] *Füssel/Nagel*, in: Landesinstitut für Schule und Weiterbildung, S. 39, 46.

[191] Islamische Charta des ZMD, Punkt 10, zit. bei *Petersohn*, ZRP 2002, S. 521, 522; krit. *ders.*, a. a. O.

der Muslime in Deutschland nicht verwirklicht werden kann, denn Kriterium kann nicht die faktische Anerkennung der Situation in Deutschland, sondern allein das grundsätzliche Verständnis des Verhältnisses von Staat und Religion sein.[192]

Aus genannten rechtlichen Gründen kann nicht zugunsten eines Verweises auf die Rechtsfigur des Schützlings auf eine rechtliche Prüfung verzichtet werden. Nur für die Aussagen, die auf Grund entsprechender rechtlicher Prüfung an der staatlichen Hochschule nicht gelehrt werden dürfen und die auch tatsächlich von der in Rede stehenden Religionsgemeinschaft vertreten werden, kann u. U. auf diese Rechtsfigur abgestellt werden. Die Anwendung setzt voraus, dass die religiöse Figur des Schützlings von der entsprechenden Religionsgemeinschaft anerkannt ist und zudem im Rahmen der Lehre an der staatlichen Hochschule explizit die sich auf Grund der folgenden Ausführungen als problematisch darstellenden Aussagen mittels dieser Rechtsfigur für Deutschland relativiert werden.

II. Überprüfung der Lehren am Grundgesetz

1. Maßstab der Prüfung

Hinsichtlich der Existenz inhaltlicher Begrenzungen für den Religionsunterricht als ordentliches Lehrfach herrscht Einigkeit in Schrifttum und Rechtsprechung. Eine Überprüfung der genannten islamischen Aussagen anhand des Grundgesetzes findet sich vielfach. So werden die wichtigsten Grundsätze der Verfassung[193], die freiheitliche demokratische Grundordnung[194] oder die Werteordnung des Grundgesetzes[195] für die Prüfung herangezogen. Weiter finden sich Forderungen nach der Anerkennung der grundlegenden Verfassungswerte[196] und danach, dass die Inhalte nicht zu den Grundlagen der staatlichen Ordnung in einem prinzipiellen Widerspruch stehen dürfen.[197] Anderen Stimmen zufolge sei ein Mindestmaß an Loyalität gegenüber den verfassungsrechtlichen Grundwerten einer offenen, pluralistischen und dem Toleranzgebot verpflichteten Industriegesellschaft vorausgesetzt.[198] Das vielfältige Bild ist hiermit noch nicht vollständig umrissen.[199]

---

[192] *Heimann*, NVwZ 2002, S. 935, 940.

[193] *Stempel*, S. 395.

[194] *Häußler*, ZAR 2000, S. 255, 258; *Heimann*, DÖV 2003, S. 238, 240.

[195] *Füssel/Nagel*, in: Landesinstitut für Schule und Weiterbildung, S. 39, 42: „Wertordnung des Grundgesetzes"; *dies.*, EuGRZ 1985, S. 497, 499; *Füssel*, RdJB 33, S. 74, 75; *Rees*, KuR 1996, S. 99, 111; ähnl. *Mückl*, AöR 122, S. 513, 553: „Werteordnung des GG" und OVG Berlin, DVBl. 1999, S. 554, 557: „Wertordnung des GG". Auch der Bericht der Kommission der Ständigen Konferenz der Kultusminister der Länder verwendet diesen Begriff: „Jeder Unterricht, der als Schulveranstaltung (im Auftrag und unter Aufsicht der Schule) erteilt wird, muß mit der Wertordnung des Grundgesetzes und den Bildungs- und Erziehungszielen der jeweiligen Landesverfassungen vereinbar sein.", zit. bei *Mahler*, in: Landesinstitut für Schule und Weiterbildung, S. 29, 30.

[196] *M. Heckel*, JZ 1999, S. 741, 749; vgl. auch *Eiselt*, DÖV 1981, S. 205, 208: „Grundwerte des Grundgesetzes".

[197] *Muckel*, in: Islamisches Recht II, S. 11, 21.

[198] *Link*, HdbStKirchR II 1995, S. 439, 502; krit. gegenüber dem Begriff der Loyalität *Heimann*, NVwZ 2002, S. 935, 939.

[199] Für eine Anwendbarkeit des ordre public *Isensee*, in: Religionsunterricht hat Zukunft, S. 19, 26; vgl. auch *Heimann*, NVwZ 2002, S. 935, 938ff.

a) Lehrfreiheit

Für die Lehre an den staatlichen Hochschulen ist ein gesonderter Maßstab anzulegen, der sich auf Art. 5 GG und dabei auf die Treueklausel des Art. 5 Abs. 3 S. 2 GG im Besonderen beziehen muss.[200] Dabei sind verschiedene Fragen, die die Treueklausel aufwirft, im verfassungsrechtlichen Schrifttum ungeklärt.[201]
Lehre i. S. v. Art. 5 Abs. 3 GG ist zunächst die wissenschaftlich fundierte Übermittlung der durch die Forschung gewonnenen Ergebnisse. Sie bezieht sich nicht nur auf die Lehre an den Hochschulen, sondern ist in jeder Form auch außeruniversitär gewährleistet. Insbesondere unterfallen ihr Vorlesungen, Seminare und Lehrbücher.[202] Zur Lehrfreiheit des Hochschullehrers zählt auch, Inhalt und Ablauf der Lehrveranstaltungen bestimmen zu können.[203]
Art. 5 Abs. 3 S. 2 GG gehört in den Kontext der grundgesetzlichen Normen der Art. 9 Abs. 2, 18, 21 Abs. 2, 98 Abs. 2 GG, die das Prinzip der wehrhaften Demokratie zum Ausdruck bringen.[204] Dass dieses Prinzip der Normierung des Art. 5 Abs. 3 S. 2 GG zugrunde liegt, ergibt sich auch aus der Entstehungsgeschichte im Parlamentarischen Rat: „Der zweite Satz ist das Ergebnis einer langen Besprechung, und zwar deswegen, weil von einer Seite aus (...) sehr starke Bedenken geltend gemacht wurden gegen die Freiheit der Lehre, und zwar aus den Erfahrungen der Weimarer Zeit heraus, als vielfach Lehrstühle dazu benutzt worden sind, die Republik systematisch zu unterhöhlen. Dadurch sind wir dazu gekommen, eine Begrenzung dieser Freiheit der Lehre festzulegen in der folgenden Formulierung: Die Freiheit der Lehre findet ihre Grenze in der Pflicht zur Treue gegenüber der Verfassung."[205]
Nach der Begründung des Abgeordneten *Schmid* (SPD) im Hauptausschuss hat die Treueklausel folgende Funktion: „Der Satz, dessen Einfügung wir beantragen, soll unter gar keinen Umständen die verantwortungsbewusste Kritik am Grundgesetz selbst und auch nicht an den Prinzipien ausschließen, auf denen es beruht; dieser Satz soll lediglich zum Ausdruck bringen, daß solche Kritik unter dem Gebot der Verantwortlichkeit steht und mit dem Respekt erfolgen muß, den man einem Gesetz schuldet, nach dem ein Volk zu leben sich entschlossen hat. Es soll verhindert werden, daß unter dem Vorwand einer wissenschaftlichen Kritik ein Mann auf dem Katheder nichts anderes treibt als hinterhältige Politik, indem er die Demokratie und ihre Einrichtungen

---

[200] So auch *Fischer-Appelt*, in: Islamische Theologie, S. 133, 135.

[201] *Hailbronner*, Freiheit von Forschung und Lehre, S. 234; vgl. insbes. S. 238f. zu der Frage, ob die Treuebindung allein für Inhaber amtlicher Lehrfunktionen gilt oder eine allgemeine staatsbürgerliche Pflicht zur Verfassungstreue betrifft; vgl. S. 243f. zu der Frage, ob ein politischer Erziehungsauftrag des akademischen Lehrers besteht.

[202] *Pernice*, in: Dreier, 2. Aufl., Art. 5 III (Wissenschaft), Rn. 32; vgl. BVerfGE 35, S. 79, 113.

[203] BVerfGE 55, S. 37, 68.

[204] *Bethge*, in: Sachs, GG, Art. 5, Rn. 225; *Denninger*, in: AK-GG, Art. 5 Abs. 3 I, Rn. 44; *Scholz*, in: M/D, Art. 5 Abs. III, Rn. 199; *Fromme*, in: Verfassungsschutz und Rechtsstaat, S. 185, 189; *Oppermann*, HdbStR VI, § 145, Rn. 32.

[205] Abg. *Bergsträsser* (SPD), Sechste Sitzung des Ausschusses für Grundsatzfragen am 05.10.1948 mit der Erörterung der vom Redaktionsausschuss des Ausschusses für Grundsatzfragen formulierten Artikel 9-17 (Der Parlamentarische Rat, Bd. 5/I, S. 121). Vgl. auch die 25. Sitzung des Ausschusses für Grundsatzfragen am 24.11.1948 mit der zweiten Lesung der Grundrechtsartikel, auch der Freiheit von Kunst, Wissenschaft und Forschung (Art. 10), (Der Parlamentarische Rat, Bd. 5/I, S. 680ff.).

nicht kritisiert, sondern verächtlich macht."[206] Mit dieser Aussage ist das Problem der Reichweite der Bindung durch die Treueklausel aufgeworfen. Das überwiegende Schrifttum hat sich dafür ausgesprochen, dass die Treueklausel eine inhaltliche Bindung an die Verfassungsprinzipien bedeutet, nicht auch eine Bekenntnispflicht des Hochschullehrers.[207] Die beamtenrechtlichen Normierungen sind daher von der Treueklausel zu unterscheiden.[208] Lehrfreiheit an der Hochschule gewährt auch das Recht zur „Einseitigkeit, zur Akzentuierung und zur pointierten Positionierung"[209]. Die besondere Verfassungstreue von Art. 5 Abs. 3 S. 2 GG enthält ein einschränkendes Korrektiv, wonach böswillige, aggressive und verächtliche Angriffe auf die fundamentalen Wertvorstellungen und Prinzipien der freiheitlichen demokratischen Grundordnung einen Missbrauch der Lehrfreiheit darstellen. Sachliche Kritik an Verfassungsprinzipen, die einer Verfassungsänderung nach Art. 79 Abs. 3 GG offen stehen, sowie an politischen Missständen ist erlaubt.[210] Eine aggressive kämpferische Haltung ist nicht Voraussetzung eines Missbrauchs der Lehrfreiheit, vielmehr ist der Tatbestand von Art. 18 GG erfüllt, wenn sie hinzutritt. Es genügt eine rein wissenschaftlich begründete, entschiedene Ablehnung der freiheitlichen demokratischen Grundordnung.[211]
Art. 5 Abs. 3 S. 2 GG stellt nach wohl überwiegender Meinung eine Schutzbereichsbeschränkung der Wissenschaftsfreiheit des Inhabers der Professur dar.[212] Sieht man hierin indes eine Schranke, so bedarf es bei Eingriffen einer gesetzlichen Grundlage.[213] Die Treueklausel wird mehrheitlich als deklaratorisch eingestuft, indem sie eine Begrenzung nachzeichnet, die bereits dem Begriff der wissenschaftlichen Lehre immanent ist und so von vornherein nicht vom Schutzgegenstand der Wissenschaftsfreiheit umfasst ist.[214] Art. 5 Abs. 3 S. 2 GG vereinfacht die Rechtsanwendung und kann so

---

[206] Neunte Sitzung des Plenums am 06.05.1949 (Der Parlamentarische Rat, Bd. 9, S. 449, zum Teil mit Hervorhebungen); vgl. auch *Schlink*, Der Staat 1976, S. 335, 352f.

[207] Vgl. *Denninger*, in: AK-GG, Art. 5 Abs. 3 I, Rn. 44; *Hailbronner*, Freiheit von Forschung und Lehre, S. 248ff.; *Weiler*, S. 388; a. A. noch *Friesenhahn*, S. 30.

[208] Vgl. *W. O. Schmitt*, DVBl. 1966, S. 6, 9.

[209] *Bethge*, in: Sachs, GG, Art. 5, Rn. 226.

[210] *Bethge*, in: Sachs, GG, Art. 5, Rn. 227. Vgl. *Hailbronner*, Freiheit von Forschung und Lehre, S. 245 zu der im Ergebnis verneinten Frage, ob eine gesinnungsmäßige Identifikation des Hochschullehrers mit dem Staat und seiner Verfassung verlangt werden könne.

[211] Vgl. die Nachweise bei *Hailbronner*, Freiheit von Forschung und Lehre, S. 237.

[212] *Pernice*, in: Dreier, 2. Aufl., Art. 5 III (Wissenschaft), Rn. 41; *Hesse*, VerfR, Rn. 403; *P/S*, Rn. 608; a. A. *Epping*, Grundrechte, Rn. 228, wonach Art. 5 Abs. 3 S. 2 GG eine Schranke darstellt; *Jarass*, in: J/P, Art. 5, Rn. 133, wonach Art. 5 Abs. 3 S. 2 GG eine besondere Ausprägung der allgemeinen, auf Art. 33 Abs. 5 GG gestützten beamtenrechtlichen Verpflichtung zur Loyalität gegenüber der freiheitlichen demokratischen Grundordnung sei, mithin eine Schranke, deren Anwendung bei Eingriffen einer gesetzlichen Grundlage bedürfe; *Bethge*, in: Sachs, GG, Art. 5, Rn. 225; *Starck*, in: M/K/S, Art. 5, Rn. 386f. Vgl. auch die Nachweise aus dem älteren Schrifttum bei *Hailbronner*, Freiheit von Forschung und Lehre, S. 235.

[213] *Jarass*, in: J/P, Art. 5, Rn. 133; *Epping*, Grundrechte, Rn. 228.

[214] VG Berlin, JZ 1971, S. 615, 618f.; *Pernice*, in: Dreier, 2. Aufl., Art. 5 III (Wissenschaft), Rn. 41; *Starck*, in: M/K/S, Art. 5 Abs. 3, Rn. 386; *Wendt*, in: MüK, Art. 5, Rn. 114; *W. O. Schmitt*, DVBl. 1966, S. 166, 171; *Friesenhahn*, S. 23; *Ipsen*, Rn. 506; krit. *Scholz*, in: M/D, Art. 5 Abs. III, Rn. 198.

eine wichtige Warnfunktion erfüllen.[215] Die Treueklausel bezieht sich dabei nur auf den Teilbereich der Lehre im Rahmen der Wissenschaftsfreiheit.[216]
Rechtsfolge eines Verstoßes gegen die Treueklausel, die selbst keine Rechtsfolge vorsieht, ist insbesondere ein Verstoß des verbeamteten Hochschullehrers gegen die dienstrechtliche Treuepflicht mit den entsprechenden Rechtsfolgen des Dienstrechts.[217] Daher ergeben sich ausschließlich repressive Maßnahmen wegen eines Lehrvortrages, der die Treue zur Verfassung vermissen lässt.[218] Denkbar sind Verbote einzelner Lehrveranstaltungen oder disziplinarrechtliche Sanktionen gegen einen Lehrenden.[219] Hier ist daher im Ergebnis eine Übereinstimmung mit jenen Autoren vorhanden, die auch für den Religionsunterricht nur eine repressive Überprüfung der Inhalte als möglich erachten.[220]
Verfassung i. S. v. Art. 5 Abs. 3 S. 2 GG ist nicht jede einzelne Verfassungsbestimmung, sondern die Grundlage der einzelnen Verfassungsnormen, die man Art. 18, 21 Abs. 2 folgend als freiheitliche demokratische Grundordnung bezeichnet.[221] Gerade der Erst-Recht-Schluss gegenüber Art. 18 GG mit der Normierung des Missbrauchs der Lehrfreiheit erweist, dass die freiheitliche demokratische Grundordnung und nicht die gesamte Verfassung gemeint ist.[222] Bei Art. 5 Abs. 3 S. 2 GG geht es nicht allein um den Missbrauch der Lehrfreiheit zum aktiven Kampf gegen die freiheitliche demokratische Grundordnung i. S. v. Art. 18 GG, sondern auch um vollgültige Lehre, die gerade durch den wissenschaftlichen Charakter ihre Gefährdung erhält.[223]
Den Inhalt der freiheitlich demokratischen Grundordnung bestimmte das Bundesverfassungsgericht im Verbotsverfahren gegen die Sozialistische Reichspartei – und in seiner Gefolgschaft auch große Teil des Schrifttums[224] – in einer Enumeration schützenswerter Aspekte, deren Aufzählung sich bereits nach Aussage des Bundesverfassungsgerichts als nicht abschließend darstellt: „So läßt sich die freiheitliche demokratische Grundordnung als eine Ordnung bestimmen, die unter Ausschluß jeglicher Gewalt- und Willkürherrschaft eine rechtsstaatliche Herrschaftsordnung auf der Grundla-

[215] *Starck*, in: M/K/S, Art. 5 Abs. 3, Rn. 386.
[216] *P/S*, Rn. 624. A. A. *Scholz*, in: M/D, Art. 5 Abs. III, Rn. 201, wonach sich Art. 5 Abs. 3 S. 2 GG auf die Wissenschaftsfreiheit generell beziehe, soweit sie im typischen Konnex mit der Lehrfreiheit stehe, d. h. im Rahmen sämtlicher Funktionen von lehrmäßiger Relevanz.
[217] *Scholz*, in: M/D, Art. 5 III, Rn. 203; vgl. Rn. 202 zum Verhältnis von Art. 5 Abs. 3 S. 2 GG zu Art. 18 GG.
[218] *Wehrhahn*, S. 10.
[219] *Hailbronner*, Freiheit von Forschung und Lehre, S. 253.
[220] So *Oebbecke*, in: Handbuch Islam, S. 323f. und *Mückl*, AöR 122, S. 513, 553, wonach prinzipiell eine Vermutung verfassungsgemäßen Verhaltens der Grundrechtsträger bestehe, wodurch eine Präventivkontrolle ausgeschlossen sei.
[221] *Denninger*, in: AK-GG, Art. 5 Abs. 3 I, Rn. 44; *Scholz*, in: M/D, Art. 5 Abs. III, Rn. 199; *Starck*, in: M/K/S, Art. 5 Abs. 3, Rn. 387; *Fromme*, in: Verfassungsschutz und Rechtsstaat, S. 185, 189; *W. O. Schmitt*, DVBl. 1966, S. 6, 8; *v. Münch*, Rn. 434; *Thoma*, S. 25; vgl. auch *Rennert*, S. 63, 113.
[222] *W. O. Schmitt*, DVBl. 1966, S. 6, 8.
[223] *Denninger*, in: AK-GG, Art. 5 Abs. 3 I, Rn. 44.
[224] A. A. *Ipsen*, in: Sachs, GG, Art. 21, Rn. 157; *Roellecke*, in: U/C, GG, Art. 21, Rn. 121 mit der Gleichsetzung der freiheitlichen demokratischen Grundordnung mit den in Art. 1 und 20 niedergelegten Grundsätzen, die durch Art. 79 Abs. 3 GG einer Grundgesetzänderung entzogen sind. Hiergegen mit entstehungsgeschichtlichen Argumenten *Denninger*, HdbVerfR, § 16, Rn. 35f.

ge der Selbstbestimmung des Volkes nach dem Willen der jeweiligen Mehrheit und der Freiheit und Gleichheit darstellt. Zu den grundlegenden Prinzipien dieser Ordnung sind mindestens zu rechnen: die Achtung vor den im Grundgesetz konkretisierten Menschenrechten, vor allem vor dem Recht der Persönlichkeit auf Leben und freie Entfaltung, die Volkssouveränität, die Gewaltenteilung, die Verantwortlichkeit der Regierung, die Gesetzmäßigkeit der Verwaltung, die Unabhängigkeit der Gerichte, das Mehrparteienprinzip und die Chancengleichheit für alle politischen Parteien mit dem Recht auf verfassungsmäßige Bildung und Ausübung der Opposition."[225] Im Verbotsurteil gegen die Kommunistische Partei Deutschlands wiederholte das BVerfG unter Zitierung aus dem Verbotsurteil gegen die Sozialistische Reichspartei die aufgeführten Prinzipien, ohne den einleitenden Satzteil wieder aufzunehmen.[226]
Neben Art. 5 Abs. 3 S. 2 GG kann die Wissenschaftsfreiheit Einschränkungen aus der Verfassung, d. h. aus anderen verfassungsrechtlich garantierten Rechtsgütern,[227] unterliegen. Die Erziehungsziele des Hochschulrahmengesetzes und der entsprechenden hochschulrechtlichen Vorschriften der Länder könnten solche Rechtsgüter enthalten.[228] Zum Teil wird der Maßstab der Prüfung für den Bereich des Religionsunterrichts an Art. 21 GG ausgerichtet oder auf die freiheitliche demokratische Grundordnung verwiesen. Diese Ansichten überprüfen die Lehren für den Religionsunterricht daher grundsätzlich mit unterschiedlicher Nuancierung am gleichen Maßstab, der hier für die Lehre an den Hochschulen gefunden wurde. So wird vertreten, dass die Grenze des Erlaubten im Religionsunterricht enger zu ziehen sei als in Art. 21 GG,[229] während zum Teil die Freiheit der Religionsgemeinschaften als schwerlich enger begrenzt gesehen wird als die der politischen Parteien.[230] Ähnlich ist die Auffassung, die die Verbotsmöglichkeiten von Art. 9 Abs. 2, 21 Abs. 2 GG mit der Aussage heranzieht, dass den Religionsgemeinschaften beim Religionsunterricht die Grenzen in Herleitung des den Verbotsnormen zugrunde liegenden Verfassungsprinzips gezogen werden müssten, so dass sich die Inhalte des Religionsunterrichts im Rahmen der freiheitlichen demokratischen Grundordnung bewegen müssten.[231]

---

[225] BVerfGE 2, S. 1, 12f.
[226] BVerfGE 5, S. 85, 140. In den Entscheidungsgründen wurden diese Prinzipien um den Sozialstaatsgedanken erweitert, BVerfGE 5, S. 85, 198, 206.
[227] BVerfGE 47, S. 327, 369.
[228] Zu der verfassungsrechtlichen Rechtfertigung eines Eingriffs in die Wissenschaftsfreiheit durch das HRG und Hochschulrecht der Länder S. 183ff.
[229] *M. Heckel*, JZ 1999, S. 741, 749.
[230] *Oebbecke*, DVBl. 1996, S. 336, 343; *ders.*, epd 2/00, S. 3, 12. Krit. *Anger*, S. 387f. im Hinblick darauf, dass beim Religionsunterricht die Religionsgemeinschaften den rein gesellschaftlichen Bereich, in dem sich die Parteien bewegten, verließen und in den staatlichen Raum eingetreten seien. Dies rechtfertige es, strengere Anforderungen zu stellen. Würden Zweifel an Wertentscheidungen der Verfassung geäußert, die religiös begründet seien, und seien hiermit keine unmittelbaren Handlungsaufforderungen verbunden, liefen die Äußerungen entsprechenden Erziehungszielen noch nicht zuwider.
[231] *Häußler*, ZAR 2000, S. 255, 257.

b) Religionsfreiheit

Es könnte auch an eine Überprüfung der islamischen Aussagen an der Religionsfreiheit gedacht werden, so dass das Verhältnis von Art. 5 Abs. 3 GG zu Art. 4 Abs. 1, 2 GG einer Erörterung bedarf.[232] Bei Art. 4 Abs. 1, 2 GG ergäben sich insofern Unterschiede, als dem Selbstverständnis der Religionsgemeinschaften Relevanz bei der Bestimmung des Schutzbereichs zukommt.[233] Eine Beschränkung der Inhalte ist nach Ansicht des Bundesverfassungsgerichts erst auf der Ebene der verfassungsrechtlichen Rechtfertigung durch kollidierendes Verfassungsrecht[234] möglich.

Theologische Wissenschaft ist mit der Glaubensverkündigung nicht identisch, auch wenn sie in deren Dienst steht und von ihr ihre Prägung und ihre Legitimation erhält.[235] Hinsichtlich des Gegenstands von Art. 5 Abs. 3 GG und Art. 4 Abs. 1, 2 GG kann Identität bestehen, allerdings nicht hinsichtlich der Art und Weise der Befassung mit dem Gegenstand.[236] Wissenschaftsfreiheit schützt den Prozess der Erkenntnisgewinnung mittels einer wissenschaftlichen Methode, welche geprägt ist von der Aufstellung von Hypothesen, deren Richtigkeit immerfort zur Diskussion gestellt bleiben und auf deren Falsifizierung das wissenschaftliche Bemühen gerichtet ist, während Art. 4 Abs. 1, 2 GG die subjektive Überzeugung von einer Wahrheit schützt.[237]

Daher ist hier allein eine Prüfung anhand von Art. 5 Abs. 3 S. 1, 2 GG vorzunehmen.

2. Untersuchung am Maßstab von Art. 5 Abs. 3 S. 2 GG

Anzuschließen ist eine Untersuchung der kritisierten islamischen Aussagen am Maßstab von Art. 5 Abs. 3 S. 2 GG. Ein Konflikt der Treueklausel mit islamischen Lehren wird in der Kommentarliteratur für möglich erachtet,[238] aber nicht näher ausgeführt.

---

[232] Hinsichtlich des Religionsunterrichts verweist *Spriewald*, S. 169f. darauf, dass die Bestimmung der Unterrichtsinhalte durch die Religionsgemeinschaft aus Art. 7 Abs. 3 S. 2 GG zu dem originär zum Schutzbereich der Religionsfreiheit aus Art. 4 Abs. 1, 2 GG zu zählenden Bereich rechne. Entsprechend wird die Relevanz des Selbstverständnisses islamischer Religionsgemeinschaften für die Bestimmung der Reichweite ihrer Rechte aus Art. 7 Abs. 3 S. 2 GG diskutiert, S. 170ff.

[233] *P/S*, Rn. 510. Vgl. *Spriewald*, S. 170ff., die die Relevanz des Selbstverständnisses für den Religionsunterricht gem. Art. 7 Abs. 3 S. 2 GG diskutiert.

[234] Das BVerfG sieht Art. 140 GG i. V. m. Art. 136 Abs. 1 WRV als von Art. 4 GG überlagert an, vgl. *P/S*, Rn. 536. Daher ist die verfassungsrechtliche Rechtfertigung allein durch kollidierendes Verfassungsrecht möglich, vgl. *P/S*, Rn. 544.

[235] *Hollerbach*, HdbStKirchR II, Fakultäten, S. 549, 556.

[236] *Mager*, in: MüK, Art. 4, Rn. 88; vgl. BVerfGE 47, S. 327, 385 zu der Verfassungsmäßigkeit von § 6 des hessischen Universitätsgesetzes i. d. F. v. 1974 mit der Verpflichtung der Wissenschaftler an Universitäten, die gesellschaftlichen Folgen mitzubedenken und über gefährliche Forschungsergebnisse zu informieren: „§ 6 HUG verstößt auch nicht gegen Art. 4 Abs. 1 GG. Eine Verletzung dieses Grundrechts käme allenfalls dann in Betracht, wenn in der Verpflichtung zum Mitbedenken der gesellschaftlichen Folgen eine zusätzliche, über die Begrenzung der Wissenschaftsfreiheit hinausgehende Beeinträchtigung der Beschwerdeführer in religiöser oder weltanschaulicher Hinsicht läge."

[237] *Mager*, in: MüK, Art. 4, Rn. 88.

[238] *Starck*, in: M/K/S, Art. 5 Abs. 3, Rn. 387 für den Marxismus-Leninismus und „den Koran".

a) Stellung der Frau

Die freiheitliche demokratische Grundordnung ist zumindest dann nicht betroffen, wenn keine staatlichen Regelungen geschaffen werden sollen, die die Gleichberechtigung der Frau aufheben. Dies entspricht einer Differenzierung des Verhaltens in der Binnen- und Außensphäre der Religionsgemeinschaft oder, anders ausgedrückt, es ist die Frage betroffen, ob die Regelungen allein den internen Bereich der Religionsgemeinschaft betreffen oder auch gesellschaftliche Relevanz haben.[239] Für diese Unterscheidung spricht das Selbstbestimmungsrecht der Religionsgemeinschaften, das ein Abweichen von säkularen Vorstellungen sowie Ordnungsstrukturen bei der internen Selbstorganisation aus religiösen Gründen erlaubt.[240] Religiöse Vorstellungen, die im Innenbereich der Religionsgemeinschaft oder in den Familien sowie in der Gesellschaft eine nicht gleichberechtigte Stellung der Frau bewirken, verstoßen nicht gegen Art. 3 Abs. 2, Abs. 3 S. 1 GG[241] und können folglich an den theologischen Hochschuleinrichtungen gelehrt werden. Auch eine sehr traditionelle Auffassung von der Rolle der Frau in der Gesellschaft kann in der Lehre vermittelt werden.[242] Desgleichen können religiöse Rechtsvorschriften, die ungleich behandeln, erlassen werden.[243]
Die Forderung nach der Einführung ungleich behandelnder staatlicher Regelungen, die vor Art. 3 Abs. 2, Abs. 3 S. 1 GG keinen Bestand hätten, verstößt gegen die freiheitliche demokratische Grundordnung.[244] Dies gilt für die beschriebenen Vorstellungen insbesondere des Erb- und Eherechts. Massive Verletzungen der Gleichheit des Menschen sind gleichzeitig ein Eingriff in die Menschenwürde des Art. 1 Abs. 1 GG,[245] so dass je nach geforderter staatlicher Regelung in Umfang und Intensität auch dieser Aspekt einer Prüfung bedarf.

---

[239] *Heimann*, NVwZ 2002, S. 935, 939 qualifiziert weiter das staatliche Aufsichtsrecht als verfassungsrechtlichen Vorbehalt, der eine Beschränkung der nach Art. 7 Abs. 3 S. 2 GG den Religionsgemeinschaften überantworteten Festlegung der Inhalte des Religionsunterrichts rechtfertigen könne. Die Reichweite der Rechtfertigung durch das staatliche Aufsichtsrecht sei im Lichte der Religionsfreiheit von Art. 4 Abs. 1, 2 GG zu bestimmen, wobei der Religionsunterricht sich als besondere Förderung der Religionsfreiheit darstelle. *Heimann* sucht mit der Konzeption von Binnen- und Außensphäre nach Kriterien für die Abwägung zwischen der Religionsfreiheit und sonstigen Verfassungsgütern. Ebenso *ders.*, in: Islamischer Religionsunterricht in Nds, S. 27, 41ff.; vgl. *Anger*, S. 386f.; *Spriewald*, S. 218ff. Ablehnend *Jochum*, in: 41. Assistententagung, S. 101, 115f. mit den Argumenten, dass es keine rechtsfreien Räume gebe, eine pauschale Trennung nur als Gedankenmodell möglich sei und Grundrechte nicht unbegrenzt dispositiv seien. *Anger*, S. 387 und *Heimann*, in: Islamischer Religionsunterricht in Nds, S. 27, 42 verweisen darauf, dass eine Ausnahme für den Fall greife, dass staatliche Schutzpflichten zugunsten bestimmter Grundrechtsgüter bestünden.
[240] *Anger*, S. 386.
[241] *Eiselt*, DÖV 1981, S. 205, 208 für den familiären Bereich; *Muckel*, JZ 2001, S. 58, 63 für den religiösen Binnenraum unter Verweis auf das Selbstbestimmungsrecht der Religionsgemeinschaften gem. Art. 140 GG i. V. m. Art. 137 Abs. 3 S. 1 WRV.
[242] *Heimann*, NVwZ 2002, S. 935, 939.
[243] *Häußler*, ZAR 2000, S. 255, 258.
[244] Zu der Gleichheit als Element der freiheitlichen demokratischen Grundordnung *Lautner*, S. 27.
[245] *P/S*, Rn. 361.

b) Teile des Strafensystems

Überprüft werden die Strafen zunächst in der Weise, ob sie generell, d. h. unabhängig von einem bestimmten Delikt, als Rechtsfolgen der Tat verhangen werden können. Die Frage, ob eine bestimmte Rechtsfolge für ein bestimmtes Delikt ausgesprochen werden darf, stellt sich erst im Anschluss. Insbesondere ist zu klären, ob die Todesstrafe gerade für den Tatbestand der Apostasie eingeführt werden darf.

aa) Todesstrafe

Die Todesstrafe ist nach Art. 102 GG verboten. Für den Fall der Streichung dieses Grundgesetzartikels wird unterschiedlich beurteilt, ob die Todesstrafe wieder zulässig ist. Dabei ist fraglich, ob die Todesstrafe unvereinbar ist mit der Menschenwürde gem. Art. 1 Abs. 1 GG, die durch Art. 79 Abs. 3 GG geschützt ist.[246] Diese umstrittene Rechtslage führt dazu, dass die mögliche islamische Forderung nach der Wiedereinführung der Todesstrafe zum Teil als gerechtfertigt angesehen wird, da sie nicht auf eine unabweisbar verfassungswidrige Verfassungsänderung ziele.[247]
Nach Art. 5 Abs. 3 S. 2 GG darf die Freiheit der wissenschaftlichen Lehre nicht zur Bekämpfung, Untergrabung oder Verächtlichmachung der freiheitlichen demokratischen Grundordnung missbraucht werden.[248] Hier wird der Auffassung gefolgt, die für den Fall der Wiedereinführung der Todesstrafe eine Verletzung der Menschenwürde bejaht. Dennoch kann angesichts der umstrittenen Rechtslage nicht von einem Missbrauch der freiheitlichen demokratischen Grundordnung, vor dem Art. 5 Abs. 3 S. 2 GG nach dessen Entstehungsgeschichte schützen soll,[249] gesprochen werden. Die Treue zur Verfassung kann nicht bereits deshalb verneint werden, weil eine systemimmanente Modifikation diskutiert wird, die sich einer beachtlichen Ansicht nach als zulässig darstellt. Die Wiedereinführung der Todesstrafe kann daher gefordert werden. Es bliebe bei gegebenem Anlass der Rechtsprechung überlassen darüber zu befinden, ob die wiedereingeführte Todesstrafe tatsächlich mit der Menschenwürde vereinbar ist.

bb) Prügelstrafe und andere körperliche Strafen

Die Prügelstrafe sowie die anderen körperlichen Strafen (Abschlagen von Gliedmaßen) widersprechen der Menschenwürde, die vom Bundesverfassungsgericht bereits im KPD-Urteil als oberster Wert in der freiheitlichen Demokratie hervorgehoben wurde.[250] Nach dem Urteil des Bundesverfassungsgerichts zählt auf der Grundlage von Art. 1 Abs. 1 GG sowie Art. 2 Abs. 1 GG zu den unabdingbaren Grundsätzen der deutschen verfassungsrechtlichen Ordnung, dass eine angedrohte oder verhängte Strafe nicht grausam, unmenschlich oder erniedrigend sein darf.[251] Insgesamt sind geschicht-

---

[246] *Kunig*, MüK, Art. 1, Rn. 36 und *P/S*, Rn. 401 m. w. N.
[247] *Häußler*, ZAR 2000, S. 255, 258.
[248] *Scholz*, in: M/D, Art. 5 Abs. III, Rn. 199.
[249] Neunte Sitzung des Plenums am 06.05.1949, Der Parlamentarische Rat, Bd. 9, S. 449.
[250] Vgl. BVerfGE 5, S. 85, 204; im Zeugen Jehovas-Urteil BVerfGE 102, S. 370, 389.
[251] BVerfGE 75, S. 1, 16f.; vgl. auch BVerfGE 50, S. 125, 133; 72, S. 105, 116.

lich-systematisch als typische Eingriffskategorie in Art. 1 Abs. 1 GG massive Verletzungen der körperlichen Integrität zu nennen.[252]
Eine Prügelstrafe stellt sich als erniedrigende und entwürdigende Strafe dar.[253] Auch schwere Leibesstrafen stellen stets Würdeverletzungen dar,[254] so das Abschlagen von Gliedmaßen. Daher kann auch nicht der Sicht gefolgt werden, die in der Konsequenz der Möglichkeit der Wiedereinführung der Todesstrafe auch ein Einführen von Körperstrafen als zulässige Verfassungsänderung ansieht, da diese a maiore ad minus in der Konsequenz dieser Auffassung liege.[255] Hier ist die Formulierung des Bundesverfassungsgerichts zu nennen, wonach in der freiheitlichen Demokratie die Würde des Menschen der oberste Wert ist.[256] Eine a maiore ad minus-Argumentation auf der Basis, anstatt der Menschenwürde nur den Art. 2 Abs. 2 S. 1 GG als einschlägig zu erachten, verbietet sich. Strafsanktionen, die massive Verletzungen der körperlichen Integrität darstellen, verstoßen daher gegen die Menschenwürde.[257]
Körperliche Strafen stellen zudem Eingriffe in das Recht auf Leben und körperliche Unversehrtheit gem. Art. 2 Abs. 2 S. 1 GG dar.[258]

cc) Blutrache

Hinsichtlich einer Einordnung der Blutrache ist das staatliche Gewaltmonopol heranzuziehen. Gewalt in diesem Sinne ist körperlicher Zwang.[259] Kehrseite des staatlichen Gewaltmonopols ist das Verbot für den Privaten, Gewalt anzuwenden.[260] Das staatliche Gewaltmonopol findet keine ausdrückliche Nennung im Grundgesetz. Es wird aus Art. 20 Abs. 3 GG, wonach die Bundesrepublik als Rechtsstaat konstituiert ist, abgeleitet. Der Rechtsstaat kann nur mit Hilfe des staatlichen Gewaltmonopols die Bindung an Gesetz und Recht durchsetzen, und damit ist das Gewaltmonopol eine notwendige Voraussetzung für den Rechtsstaat.[261] *Sobota* formuliert zu Recht, dass der Rechtsfriede „zu den unverzichtbaren Bedingungen des Rechtsstaates und das staatliche Gewaltmonopol zu einem seiner unerläßlichen kennzeichnenden Bestandteile(n)“[262] zählt. Der freiheitlichen demokratischen Grundordnung, in der die Rechtsstaatlichkeit

---

[252] *P/S*, Rn. 361.
[253] *Kunig*, in: MüK, Art. 1, Rn. 36; auch *Zippelius*, in: BK, Art. 1 Abs. 1 u. 2, Rn. 59, der nur leichte körperliche Züchtigungen ausgenommen wissen will.
[254] *Herdegen*, in: M/D, Art. 1 Abs. 1, Rn. 90.
[255] *Häußler*, ZAR 2000, S. 255, 258.
[256] BVerfGE 5, S. 85, 204.
[257] So auch *Muckel*, DÖV 1995, S. 311, 316 im Rahmen der Verleihensvoraussetzungen des Körperschaftsstatus, indem die massiven körperlichen Strafen angesprochen werden; *Britz*, ZRP 2003, S. 219, 219.
[258] *P/S*, Rn. 396.
[259] *Isensee*, HdbStR I, § 13, Rn. 75.
[260] *Muckel*, JZ 2001, S. 58, 63; *Isensee*, HdbStR I, § 13, Rn. 74.
[261] *Hammer*, DÖV 2000, S. 613, 617.
[262] *Sobota*, S. 501.

ein Element darstellt, steht die Forderung nach Einführung von Blutrachevorschriften entgegen.[263]

c) Apostasie

Die Forderung nach Wiedereinführung der Todesstrafe als Strafkategorie des Staates ist zu trennen von der Forderung nach der Todesstrafe für einen bestimmten Tatbestand, so den der Apostasie. Die negative Religionsfreiheit schützt auch die Möglichkeit, eine Religionsgemeinschaft zu verlassen,[264] wobei die Religionsfreiheit als Menschenrecht Teil der freiheitlichen demokratischen Grundordnung ist. Die Forderung nach der Todesstrafe für Apostasie ist mit der Religionsfreiheit[265] und damit mit der freiheitlichen demokratischen Grundordnung nicht vereinbar.[266]
Demgegenüber ist es der Religionsgemeinschaft freigestellt, den Glaubensabfall ebenso wie die Missachtung von Glaubensgeboten mit religiösen und gesellschaftlichen Konsequenzen zu verpönen.[267] Es ist daher erlaubt, Gotteslästerung ebenso wie einen Glaubensabfall als schwere Sünden zu charakterisieren, für die im Jenseits ewige Verdammnis drohen.[268]

d) Mangelnde Toleranz gegenüber Andersgläubigen

Das Heranziehen eines Toleranzgebotes der Verfassung[269] ist begründungsbedürftig, da dieser Begriff im Grundgesetz nicht ausdrücklich genannt wird.
Indes findet sich der Begriff der Toleranz in verschiedenen Entscheidungen des Bundesverfassungsgerichts.[270] Dabei ist auch die Rede von einer in Art. 1 Abs. 1, 2 Abs. 1, 3 Abs. 3 und 4 Abs. 1 GG zum Ausdruck kommenden Wertentscheidung der Verfassung für Toleranz als einem tragenden Prinzip der freiheitlichen Demokratie. Daraufhin wird ausgeführt, dass das Gebot staatlicher Toleranz in Fragen des Glaubens und der Weltanschauung insbesondere gegenüber Minderheiten und Sekten gelte.[271] Das Bundesverwaltungsgericht wiederum spricht von einem in Art. 4 Abs. 1 GG enthaltenen Toleranzgebot.[272] In der Literatur findet sich u. a. die Formulierung, der Religionsfreiheit liege der Gedanke der Toleranz zugrunde.[273]

---

[263] Ebenso *Häußler*, ZAR 2000, S. 255, 258 hinsichtlich privater Gewalt gegenüber Abtrünnigen; *Oebbecke*, DVBl. 1996, S. 336, 343 hinsichtlich der Aufforderung zur Tötung derer, die vom Glauben abfallen.
[264] *Füssel/Nagel*, in: Landesinstitut für Schule und Weiterbildung, S. 39, 42.
[265] *Muckel*, DÖV 1995, S. 311, 316 am Maßstab des Toleranzgedankens als Grundlage der staatlichen Ordnung; *Füssel/Nagel*, EuGRZ 1985, S. 497, 499.
[266] A. A. *Häußler*, ZAR 2000, S. 255, 258.
[267] *M. Heckel*, JZ 1999, S. 741, 749.
[268] *Oebbecke*, in: Handbuch Islam, S. 323; *ders.*, DVBl. 1996, S. 336, 343; *ders.*, epd 2/00, S. 3, 12.
[269] *Eiselt*, DÖV 1981, S. 205, 208; *Füssel/Nagel*, in: Landesinstitut für Schule und Weiterbildung, S. 39, 42; *dies.*, EuGRZ 1985, S. 497, 499; *Muckel*, DÖV 1995, S. 311, 316. Zum Toleranzbegriff ausführlich *Hassemer*, S. 36ff.
[270] BVerfGE 52, S. 223, 237; 44, S. 196, 200; 41, S. 29, 51; 33, S. 23, 32; 32, S. 98, 108. Ohne Bezug auf religiöse Fragestellungen BVerfGE 28, S. 243, 262 unter Heranziehung des Toleranzprinzips.
[271] BVerfGE 33, S. 23, 32.
[272] BVerwGE 44, S. 196, 200; vgl. auch *Maurer*, in: FS Brohm, S. 455, 474, wonach die Toleranz, ebenso wie das Neutralitätsgebot, in der Religionsfreiheit angelegt sei. Toleranz verlange nicht, dass

Die Toleranz tritt in der praktischen Rechtsanwendung aber nicht als eigenes Rechtsprinzip in Erscheinung, sondern fordert vor allem die Herstellung praktischer Konkordanz zwischen kollidierenden Grundrechtspositionen. Ein Verhaltensgebot an die Bürger auf der Ebene des Schutzbereichs bedeutet eine unmittelbare Drittwirkung von Grundrechten, die nach herrschender Auffassung abzulehnen ist.[274]
Die verschiedenen Einzelaspekte, die unter den Gesamtaspekt der mangelnden Toleranz gefasst werden, sind an der Religionsfreiheit als Element der freiheitlichen demokratischen Grundordnung zu messen.[275] Ein Negieren der Religionsfreiheit Andersgläubiger entspricht nicht der freiheitlichen demokratischen Grundordnung. Das wäre der Fall, wenn auf die Einführung staatlicher Regelungen gedrungen würde, die die Rechtsposition Andersgläubiger, so bspw. im Prozessrecht oder im Familien- und Erbrecht, verschlechterten. Allein religiöse Verbote sind unter einem anderen Blickwinkel zu betrachten, ebenso wenn allein der gesellschaftliche Kontakt zu Andersgläubigen gemieden wird. So gerät bspw. ein allein religiöses Verbot einer Mischehe nicht in Konflikt mit der Religionsfreiheit.

e) Forderung der Einheit von Staat und Religion

Weiter verweist *Häußler*, der als Maßstab einer Überprüfung islamischer Lehren im Religionsunterricht ebenfalls die freiheitliche demokratische Grundordnung nennt,[276] darauf, dass die Säkularität des Staates nicht zu dem auch nicht systemimmanenter Modifikation zugänglichen und daher unabänderlichen Verfassungskern zu rechnen sei. Auch die Forderung, einen Kulturvorbehalt zugunsten des Islam zur Staatsgrundlage zu machen, verließe nicht den Rahmen verfassungsrechtlich unbedenklicher Verfassungsänderung. Dabei verweist *Häußler* auf den Abendlandvorbehalt aus der früheren Rechtsprechung des Bundesverfassungsgerichts.[277]
Zu der Frage, ob die religiös-weltanschauliche Neutralität des Staates zur freiheitlichen demokratischen Grundordnung zu rechnen ist, findet sich im Urteil des Bundesverfassungsgerichts zum Privatschulwesen im 27. Band eine anders lautende Aussage: „Dieses Offensein des Staates für die Vielfalt der Formen und Inhalte, in denen Schule sich darstellen kann, entspricht den Wertvorstellungen der freiheitlichen demokratischen Grundordnung, die sich zur Würde des Menschen und zur religiösen und weltanschaulichen Neutralität bekennt."[278] Die religiös-weltanschauliche Neutralität des Staates ist ein notwendiges Korrelat der für die Demokratie konstitutiven Meinungs-

---

man jede Meinung akzeptiere, sondern dass man die fremde Meinung respektiere und sich dementsprechend verhalte.

273 *v. Campenhausen*, in: Islamunterricht an deutschen Schulen?, S. 1, 7.

274 Ausführlich *Anger*, S. 113ff.

275 Vgl. *Pieroth*, DVBl. 1994, S. 949, 961 und *ders.*, E&U 3/1994, S. 33, 34, wonach in den Grundrechten die Maßstäbe für die Freiheit und die Grenzen der Freiheit zu finden sind und aus den Grundrechten und nicht unmittelbar aus den Grundsätzen von Neutralität und Toleranz rechtliche Schlussfolgerungen zu ziehen sind.

276 *Häußler*, ZAR 2000, S. 255, 256.

277 *Häußler*, ZAR 2000, S. 255, 258.

278 BVerfGE 27, S. 195, 201.

und Wertungsvielfalt.[279] Hier ist auch das Lüth-Urteil des Bundesverfassungsgerichts heranzuziehen, wonach das Grundrecht auf freie Meinungsäußerung für eine freiheitliche demokratische Staatsordnung schlechthin konstituierend ist.[280] Die Errichtung eines islamischen Staates (z. B. nach iranischem Vorbild) widerspricht ebenso wie die Einführung eines Verfassungsartikels, der das islamische Recht zur wichtigsten Grundlage der Gesetzgebung erklärt, der religiös-weltanschaulichen Neutralität des Staates.[281] Weiterhin ist auch die Religionsfreiheit Andersgläubiger, die als Menschenrecht ebenfalls zu der freiheitlichen demokratischen Grundordnung zu rechnen ist, betroffen. Die Aussagen, die die Legitimität des in Religions- und Weltanschauungsfragen neutralen Staates mit religiösen Begründungen verneinen oder einschränken und sich darauf richten, längerfristig die Religionsfreiheit Andersgläubiger abzuschaffen, sind mit der Religionsfreiheit nicht vereinbar.[282] Für den Fall, dass Gott als alleiniger Gesetzgeber des Staates eingestuft wird, ist auch das Prinzip der Volkssouveränität als Teil der freiheitlichen demokratischen Grundordnung verletzt.[283]
Folglich ist die Forderung der Einheit von Staat und Religion ein Glaubenssatz, der an theologischen Hochschuleinrichtungen nicht gelehrt werden darf.

3. Verfassungsrechtliche Rechtfertigung eines Eingriffs in die Wissenschaftsfreiheit durch Hochschulrecht

Neben Art. 5 Abs. 3 S. 2 GG als Schutzbereichsbeschränkung können im Rahmen der verfassungsrechtlichen Rechtfertigung eines Eingriffs in die Wissenschaftsfreiheit generell auch andere Verfassungsgüter die Wissenschaftsfreiheit beschränken.[284] Hier kommen das Ziel/die Ziele des Studiums nach dem HRG und den hochschulrechtlichen Normierungen der Länder in Betracht. Die verfassungsrechtliche Rechtfertigung eines Eingriffs in die Wissenschaftsfreiheit vermögen nur solche Ziele des Studiums zu tragen, die eine Konkretisierung oder Rezipierung von Verfassungsgütern oder -werten darstellen. Doch angesichts der Aufnahme entsprechender verfassungsrechtlicher Begriffe, z. T. von Staatsfundamentalnormen – wie im Folgenden gezeigt –, bestehen hier keine Bedenken.
Im Rahmen des Religionsunterrichts als ordentliches Lehrfach an den öffentlichen Schulen sind für das inhaltliche Gestaltungsrecht der Religionsgemeinschaften auch die grundlegenden Erziehungsziele zu beachten.[285] In der Literatur wird auch vertreten, dass nur solche Erziehungsziele das inhaltliche Bestimmungsrecht der Religionsgemeinschaften einzuschränken vermögen, die sich auf die Verfassung zurückführen ließen.[286] Die Erziehungsziele sind in den Landesverfassungen und Schulgesetzen

---

[279] *Denninger*, HdbVerfR, § 16, Rn. 36.
[280] BVerfGE 7, S. 198, 208.
[281] *Muckel* DÖV 1995, S. 311, 316
[282] Sekretariat der Deutschen Bischofskonferenz, S. 257.
[283] Sekretariat der Deutschen Bischofskonferenz, S. 99.
[284] Vgl. *Pernice*, in: Dreier, 2. Aufl., Art. 5 III (Wissenschaft), Rn. 39f.
[285] *Pieroth*, ZevKR 38, S. 189, 193; *ders.*, in: Religionsunterricht im Spannungsfeld, S. 89, 92; a. A. *Heimann*, NVwZ 2002, S. 935, 938 für den Teil der Bildungs- und Erziehungsziele, die über den Schutz sonstiger Güter des Grundgesetzes hinausgehen.
[286] Vgl. *Anger*, S. 385.

normiert und werden auch aus dem Grundgesetz abgeleitet.[287] In den Landesverfassungen häufig genannte Erziehungsziele sind Toleranz und Duldsamkeit sowie Friedfertigkeit.[288] Die Bildungs- und Erziehungsziele sind durch die Anordnung der staatlichen Schulaufsicht in Art. 7 Abs. 1 GG gestattet.[289]
Die Nennung von Studienzielen erfolgt in den Landesverfassungen hingegen nicht. Die in den hochschulrechtlichen Normen genannten Ziele für das Studium an den staatlichen Hochschulen korrespondieren zumeist nicht mit den schulischen Erziehungszielen. In Bremen findet sich unter anderem das Ziel, dass die Befähigung zu Kooperation, Solidarität und Toleranz gefördert werden soll.[290]
Das Ziel des Studiums ist zunächst auf Bundesebene in § 7 HRG definiert, wobei insbesondere der letzte Satzteil von Interesse ist.[291] Vorgaben über das Ziel des Studiums finden sich weiter mit Ausnahme von Mecklenburg-Vorpommern,[292] Niedersachsen[293] und Schleswig-Holstein,[294] für die nur § 7 HRG gilt, in den Hochschulgesetzen der Länder. Dabei wird die relevante Textaussage aus § 7 HRG, die Befähigung bzw. Fähigkeit „zu verantwortlichem Handeln in einem freiheitlichen, demokratischen und sozialen Rechtsstaat", oftmals in exakt dieser Formulierung aufgenommen,[295] zum Teil werden auch sehr ähnliche Formulierungen verwendet.[296] Brandenburg und Nordrhein-Westfalen haben die Wendung um das Element der Verpflichtung gegenüber den natürlichen Lebensgrundlagen erweitert.[297] Die natürlichen Lebensgrundlagen umfassen dabei die natürliche Umwelt des Menschen, nicht jedoch den Schutz individueller

---

[287] *Pieroth*, ZevKR 38, S. 189, 193; *ders.*, Der evangelische Erzieher 45, S. 196, 203; bei *Jeand'Heur/Korioth*, Rn. 325 allein Nennung der Landesverfassungen und Schulgesetze.

[288] Nachweise aus den Landesverfassungen für diese Erziehungsziele bei *Spriewald*, S. 208 in Fn. 954 und 955; Überblick über die Inhalte der Erziehungsziele bei *Pieroth*, DVBl. 1994, S. 949, 952f. und *Bothe*, VVDStRL 54, S. 7, 31ff.

[289] *Heimann*, NVwZ 2002, S. 935, 938; *Spriewald*, S. 206f.

[290] § 52 Abs. 1 S. 3 bremHG: „Befähigung zu Kooperation, Solidarität und Toleranz fördern und zu verantwortlichem Handeln in einem freiheitlichen, demokratischen und sozialen Rechtsstaat befähigen".

[291] § 7 HRG: „Lehre und Studium sollen die Studierenden auf ein berufliches Tätigkeitsfeld vorbereiten und ihnen die dafür erforderlichen fachlichen Kenntnisse, Fähigkeiten und Methoden dem jeweiligen Studiengang entsprechend so vermitteln, dass sie zu wissenschaftlicher oder künstlerischer Arbeit und zu verantwortlichem Handeln in einem freiheitlichen, demokratischen und sozialen Rechtsstaat befähigt werden."

[292] Im mvHG ist keine Norm zu dem oder den Studienzielen enthalten.

[293] Im ndsHG ist keine Norm zu dem oder den Studienzielen enthalten.

[294] In § 83 shHG, der das Studienziel betrifft, fehlt eine entsprechende Wendung.

[295] § 38 bwUG; § 25 bwPHG; Art. 71 Abs. 1 S. 1 bayHG; § 49 Abs. 1 S. 1 hmbHG; § 15 Abs. 1 rhpfHG; § 62 S. 2 sldUG; § 6 Abs. 1 S. 1 saHG.

[296] § 21 Abs. 1 berlHG: „und zu freiem verantwortlichen, demokratischem und sozialen Handeln befähigt"; § 16 S. 3 hessHG: „und fördern verantwortliches Handeln im demokratischen und sozialen Rechtsstaat"; § 7 Abs. 1 S. 1 sächsHG: „und verantwortlichem Handeln im Sinne einer freiheitlichen, demokratischen und sozialen Rechtsordnung befähigt".

[297] § 6 Abs. 1 bbgHG: „zu verantwortlichem Handeln in einem freiheitlichen, demokratischen und sozialen, den natürlichen Lebensgrundlagen verpflichteten Rechtsstaat befähigt"; § 81 nrwHG: „und zu verantwortlichem Handeln in einem freiheitlichen, demokratischen, sozialen und den natürlichen Lebensgrundlagen verpflichteten Rechtsstaat befähigt".

Tiere etwa vor vermeidbaren Leiden.[298] Thüringen erweitert die Formulierung insofern, als das verantwortliche Handeln auf ethischen Normen basieren soll.[299] Auf die hochschulrechtliche Norm in Bremen mit dem zusätzlichen Ziel der Förderung der Befähigung zu Kooperation, Solidarität und Toleranz wurde bereits hingewiesen.
Mit der Aussage, ein verantwortliches Handeln der Studenten erreichen zu wollen, wird bei der Bestimmung von Zielen des Studiums an die Erziehungsfunktion der Hochschulen angeknüpft.[300] Der Erziehungsauftrag wird in der Literatur überwiegend bejaht,[301] aber auch vom Bundesverwaltungsgericht in zurückhaltender Formulierung in zwei Urteilen anerkannt, ohne dass über den genauen Inhalt des Erziehungsauftrags entschieden worden wäre.[302] Die Begründung des Bundesverwaltungsgerichts liegt darin, dass Bildung und Erziehung nicht getrennt werden könnten, weil jede echte Bildung auch den Menschen forme.[303]
Das Ziel des Studiums, die Befähigung zu einem verantwortlichen Handeln, ist nur dadurch zu erfüllen, dass in die Vermittlung der Lehre die gesellschaftlichen Rahmenbedingungen und die wissenschaftlichem Denken immanente Kritikbereitschaft integriert werden.[304] Aber auch dabei muss die Schranke kollidierenden Verfassungsrechts gewahrt werden, damit die verfassungsrechtliche Rechtfertigung eines Eingriffs in die Wissenschaftsfreiheit gelingen kann. Damit ist das verantwortliche Handeln zu Recht auf den freiheitlichen, demokratischen und sozialen Rechtsstaat bezogen.
Diese Ziele des Studiums gelten auch für die Lehre an theologischen Einrichtungen an staatlichen Hochschulen, bei denen der Staat Veranstalter ist.[305]
Im Hinblick auf die Treueklausel des Art. 5 Abs. 3 S. 2 GG wird die Zielvorgabe des § 7 HRG in der Literatur auch als Leerformel oder inhaltsleer bezeichnet.[306] Dem liegt

---

[298] *Epping*, in: Leuze/Epping, HG NRW, § 81, Rn. 22.
[299] § 9 thürHG: „und zu einem auf ethischen Normen gegründeten verantwortlichen Handeln und zur selbständigen Anwendung wissenschaftlicher Erkenntnisse und Methoden in einem freiheitlichen, demokratischen und sozialen Rechtsstaat befähigt".
[300] *Reich*, bayHG, Art. 71, Rn. 3; *ders.*, HRG, § 7, Rn. 3.
[301] *Epping*, in: Hailbronner/Geis, HRG, § 7, Rn. 15; *ders.*, in: Leuze/Epping, HG NRW, § 81, Rn. 24; *Reich*, HRG, § 7, Rn. 3 m. w. N.; *Rennert*, S. 49ff.; a. A. *Köttgen*, Grundrechte II, S. 291, 321; *Deumeland*, § 7, wonach weder Hochschule noch Staat ein Erziehungsrecht gegenüber dem Studenten haben.
[302] BVerwGE 7, S. 287, 290: „Daß die Universität auch erzieherische Aufgaben zu erfüllen hat, kann nicht bestritten werden, wenn man unter dem vielseitig verwendeten und vielschichtigen Wort Erziehung Menschenformung versteht."; 25, S. 272, 275f.
[303] BVerwGE 7, S. 287, 290.
[304] Für das HRG *Epping*, in: Hailbronner/Geis, HRG, § 7, Rn. 15; für NRW *Epping*, in: Leuze/Epping, HG NRW, § 81, Rn. 24.
[305] Nach *Thieme*, Rn. 304 wird für Theologen in noch stärkerem Maße als für Juristen und Mediziner das Mitbedenken gesellschaftlicher Folgen in das Studium einbezogen.
[306] *Epping*, in: Hailbronner/Geis, HRG, § 7, Rn. 15; *ders.*, in: Leuze/Epping, HG NRW, § 81, Rn. 25; vgl. *Kimminich*, WissR 1984, S. 231, 236, wonach die Aussagen inhaltsleer wirkten und mit den in § 7 HRG verwendeten Begriffen in der Praxis wenig anzufangen sei. Vgl. auch *Thieme*, Rn. 304: „Die Gefahr liegt darin, daß eine bestimmte einseitige Vorstellung von dem, was gesellschaftlich ‚verantwortliches Handeln' heißt, für den einzelnen Hochschullehrer und Studenten verbindlich gemacht wird. Allerdings wird man dabei einräumen müssen, daß der Gesetzestext auf Werte Bezug nimmt, die zugleich die Grundwerte des GG sind, und daß Art. 5 Abs. 3 Satz 2 GG vom Hochschullehrer Verfassungstreue fordert, so daß sich der Hochschullehrer in seiner Tätigkeit an den Werten des GG messen lassen muß. Damit ist die Interpretationsfreiheit des einzelnen Hochschullehrers im Hinblick auf die

der Gedanke zugrunde, dass das Studienziel des § 7 HRG allein einen Gehalt aufweist, den auch schon die freiheitliche demokratische Grundordnung umfasst. Die Beschränkung, die durch Art. 5 Abs. 3 S. 2 GG gezogen wird, hat nach überwiegender Auffassung lediglich klarstellende Bedeutung für die schon aus dem Wissenschaftsbegriff folgende Reichweite des Schutzbereichs der Wissenschaftsfreiheit.[307] Anders ist dies hinsichtlich der in Bremen normierten Studienziele von Kooperation, Solidarität und Toleranz, die nicht in der freiheitlichen demokratischen Grundordnung oder den von Art. 79 Abs. 3 GG gegen Verfassungsänderungen abgesicherten Grundsätzen enthalten sind. Hier müsste sich eine anderweitige verfassungsrechtliche Verankerung ergeben. Für das Studienziel der Toleranz in Bremen ist fraglich, ob sich hierdurch eine weitere Beschränkung im Hinblick auf die islamischen Lehren, die unter dem Punkt der Toleranz genannt wurden, ergibt. Auf Grund der Außerachtlassung landesrechtlicher Fragestellungen erfolgt hier keine Erörterung.
Insgesamt ist nicht erkennbar, dass auf Grund der Studienziele über das bereits gewonnene Ergebnis hinaus weitere kritische islamische Aussagen nicht in die Lehrinhalte an den theologischen Hochschuleinrichtungen einbezogen werden dürften.

Als Ergebnis bleibt festzuhalten, dass sich inhaltliche Begrenzungen der Lehre an den staatlichen Hochschulen aus Art. 5 Abs. 3 S. 2 GG ergeben.

---

zugrundegelegten Werte nicht angetastet, solange es sich nicht um eine willkürliche Interpretation handelt.“

[307] *Sachs*, Grundrechte, B 5, Rn. 120.

Zusammenfassende Thesen

1. Die bisherige Einrichtung islamischer Lehrstühle korrespondiert mit dem in dem jeweiligen Land bestehenden Angebot an Religionsunterricht/Religiöser Unterweisung an den öffentlichen Schulen einschließlich der Schulversuche. In Niedersachsen wird ein Weiterbildungsstudium als universitäres Pendant zum dortigen islamischem Religionsunterricht als Schulversuch angeboten; in Bayern wurde eine Gastprofessur für Islamische Religionslehre an der Friedrich-Alexander-Universität Erlangen-Nürnberg eingerichtet, während in Erlangen ein Schulversuch Islamunterricht für die IRE begonnen hat. Der nordrhein-westfälische Islamunterricht wird als staatlicherseits religionskundlich gedachter Unterricht angeboten, so dass dort bislang kein Erfordernis eines theologischen Lehrstuhls bestand.

2. Die Notwendigkeit und die Schwierigkeit in tatsächlicher Hinsicht, einen Ansprechpartner für den Staat auf islamischer Seite zu finden, wurde besonders deutlich in der Behandlung der Frage der Einrichtung islamisch-theologischer Lehrstühle in den Landtagen. Thematisiert wurde dort zum Teil auch die Mitwirkung der islamischen Religionsgemeinschaften in Personalangelegenheiten.

3. Es wird der Definition einer Religionsgemeinschaft durch *Anschütz* gefolgt, die die drei Kriterien des religiösen Konsenses, der umfassenden Bezeugung des religiösen Konsenses und des personellen Zusammenschlusses nennt. Letzteres Kriterium umfasst nicht das von *J. Heckel* erstmals geforderte und abzulehnende Erfordernis eines obersten Verbandes, das weder durch den Begriff der Religionsgemeinschaft noch durch die grundgesetzliche Systematik bedingt ist.

4. Dem Begriff des ordentlichen Lehrfachs aus Art. 7 Abs. 3 S. 1 GG ist durch Auslegung zu entnehmen, dass auch die Vorsorge für geeignete Ausbildungsstätten zum Erwerb der Religionsfakultas für jene Lehrkräfte, die in den öffentlichen Dienst einzutreten beabsichtigen, umfasst ist. Wortlaut und Entstehungsgeschichte bieten keinen Anhalt, während teleologische Erwägungen ebenso wie die Vorgeschichte dieses Ergebnis stützen. Dabei sind von der Garantie auch singuläre Lehrstühle für den Bereich der höheren Schulen umfasst, nicht hingegen theologische Fakultäten. Aber auch die Schaffung staatlicher Einrichtungen außerhalb der Hochschule ist denkbar. Den Religionsgemeinschaften kommt ein subjektives Recht aus Art. 7 Abs. 3 S. 1, 2 GG zu, auch wenn der Rechtsprechung des Bundesverfassungsgerichts, auch im LER-Verfahren, keine Aussage zu der Existenz des subjektiven Rechts entnommen werden kann. Weiterhin besteht ein Leistungsrecht zugunsten der Religionsgemeinschaften.

5. Die staatskirchenrechtliche Parität findet ihre Rechtsgrundlage im allgemeinen Gleichheitssatz, so dass auch im Rahmen der verfassungsrechtlichen Rechtfertigung nicht Art. 3 Abs. 3 S. 1 GG, sondern Art. 3 Abs. 1 GG zur Anwendung gelangt. Es sind mehrere, getrennt zu prüfende Differenzierungsmerkmale beim gemeinsamen Oberbegriff der Religionsgemeinschaft i. S. d. Grundgesetzes unter der Fiktion des Vorliegens der jeweils anderen Merkmale zu prüfen.

6. Die staatskirchenrechtliche Differenzierungserlaubnis aus Art. 140 GG i. V. m. Art. 137 Abs. 5 WRV vermag nicht die verfassungsrechtliche Rechtfertigung zu tragen, denn die Errichtung theologischer Hochschuleinrichtungen stellt weder ein Vorrecht aus der Verfassung für Körperschaften des öffentlichen Rechts dar noch ist sie Teil des mit der Korporation verbundenen Privilegienbündels. Der Prüfung am Maßstab von Art. 3 Abs. 1 GG hält das Merkmal des Körperschaftsstatus bei der Geeignetheit nicht mehr stand. Ein pauschales Anknüpfen an die materiellen Verleihensvoraussetzungen des Körperschaftsstatus ist ebenfalls ungeeignet, auch wenn das Selbstbestimmungsrecht im Gegensatz zu einer Anknüpfung an das Differenzierungskriterium des Körperschaftsstatus respektiert wird. Die Verfassungstreue als Differenzierungskriterium ist insbesondere mit Blick auf Art. 5 Abs. 3 S. 2 GG unangemessen. Dem Pflichtfachcharakter des Religionsunterrichts an der öffentlichen Schule vergleichbare Auswirkungen auf alle Mitglieder einer Religionsgemeinschaft existieren an der staatlichen Hochschule nicht. Die Ungleichbehandlung anhand einer exakten Mitgliedschaftsregelung ist daher ungeeignet.

7. Drei Differenzierungsmerkmale halten der verfassungsrechtlichen Rechtfertigung stand. Erstes verfassungsrechtlich gerechtfertigtes Differenzierungsmerkmal ist die Bedeutung und Größe der Religionsgemeinschaften. Der dauerhafte Bestand der Religionsgemeinschaft für die Dauer von fünf Jahren als Differenzierungsmerkmal lässt sich mit dem vom Staat zu tragenden Organisations- sowie Finanzaufwand für die staatlichen Hochschulen rechtfertigen. Die materiellen Kriterien des Körperschaftsstatus können auf Grund der geforderten kurzen Dauer von fünf Jahren für die Bestimmung des dauerhaften Bestandes nicht uneingeschränkt übernommen werden. Die Stelle in der Religionsgemeinschaft mit verbindlicher Entscheidungsbefugnis im Außenverhältnis zum Staat dient dem legitimen Zweck, die Neutralität des Staates in Fragen der Religion und Weltanschauung zu wahren. Auswirkungen dieses Differenzierungsmerkmals im Innenverhältnis der Religionsgemeinschaft steht das Selbstbestimmungsrecht entgegen.

8. In den Ländern bieten Landesverfassungen und/oder Staatskirchenverträge/Konkordate neben Parlamentsgesetzen die gesetzlichen Grundlagen für theologische Einrichtungen an staatlichen Hochschulen, so dass eine Ungleichbehandlung durch den Normgeber vorliegt. Nur die Ausdehnung der Begünstigung auf die zuvor ungleich behandelten islamischen Religionsgemeinschaften stellt eine paritätskonforme Lösung dar, denn der Gesetzgeber ist verfassungsrechtlich durch die in Art. 7 Abs. 3 S. 1 GG enthaltene Garantie der Einrichtung von Religionslehrerausbildungsstätten gebunden. Auch die Existenz von Staatskirchenverträgen/Konkordaten (zum Teil i. V. m. der Weitergeltung des Reichskonkordats gem. Art. 123 Abs. 2 GG) mit Regelungen zu theologischen Hochschuleinrichtungen sowie landesverfassungsrechtliche Bestandsgarantien für theologische Fakultäten stellen einen die Ausdehnung der Begünstigung fordernden Umstand dar.

9. Für die Errichtung einer islamisch-theologischen Hochschuleinrichtung bedarf es des Einvernehmens der jeweiligen islamischen Religionsgemeinschaft. Das Einvernehmen zwischen islamischer Religionsgemeinschaft und Staat kann durch Staatskir-

chenvertrag, formlose Absprache oder informell abgesprochenes Gesetz hergestellt werden. Es besteht kein Anspruch auf Vertragsabschluss aus der Parität, auch wenn kein unterschiedlicher Regelungsbedarf gegenüber denjenigen Religionsgemeinschaften gegeben ist, die Staatskirchenverträge auch in den Bereichen der gemeinsamen Angelegenheiten abgeschlossen haben, denn es handelt sich um eine bloße Verfahrensfrage.

10. Die Bildung einer islamischen Fakultät für die Theologie einer einzelnen islamischen Religionsgemeinschaft ist nach den Hochschulgesetzen der Länder für eine sehr geringe Anzahl von Professuren nicht möglich. Dies ergibt sich für die meisten Länder aus der systematischen Auslegung zu den hochschulrechtlichen Normierungen über die Zusammensetzung des Fakultätsrates. Die Einrichtung von Fakultäten einer islamischen Konfession unter Beteiligung mehrerer Länder erscheint sinnvoll, um bestimmten Mindestgrößen entsprechen zu können. Die Bildung interkonfessioneller Fakultäten ist unzulässig, auch wenn hierdurch die landesrechtlichen Mindestgrößen überschritten werden könnten.

11. Für die Zusammensetzung der Berufungskommissionen bietet sich eine Übernahme der nordrhein-westfälischen hochschulrechtlichen Regelung des § 124 Abs. 2 nrwHG an, bei der ausschließlich Personen des jeweiligen Bekenntnisses an den Berufungskommissionen beteiligt sind, um einen Schutz vor fremdkonfessionellen Einflüssen zu bieten. § 124 Abs. 2 nrwHG selbst ist auf Grund des eindeutigen Wortlauts nicht auf islamische Religionsgemeinschaften anwendbar.

12. Für Mitwirkungsrechte ist in Ermangelung von Staatskirchenverträgen mit islamischen Religionsgemeinschaften vorrangig auf Landesverfassungen und/oder Landeshochschulgesetze, die Mitwirkungsrechte vorsehen, zurückzugreifen. Die Anwendung der Normen, die von katholisch/evangelisch sprechen, ist dem Wortlaut nach ausgeschlossen, während das Wort Kirche auch nicht-korporierte islamische Religionsgemeinschaften erfasst. Den Religionsgemeinschaften stehen auf Grund Verfassungsrechts Zustimmungs- und Beanstandungsrechte für alle Personen zu, die mit der offiziellen Lehrfunktion betraut sind. Die Mitwirkungsrechte beziehen sich auf Fragen der Lehre und der Lebensführung gemessen am Bekenntnis der Religion, die eine gewisse Erheblichkeitsschwelle überschreiten. Die Ersatzgestellung als eine Folge ausgeübter Beanstandungsrechte resultiert neben der Parität für den einzigen theologischen Lehrstuhl eines Landes auch aus der Garantie der Ausbildungsstätten für Religionslehrer gem. Art. 7 Abs. 3 S. 1 GG.

13. Für Studien- und Prüfungsordnungen sowie Promotions- und Habilitationsordnungen bestehen für geistliche Aspekte ebenfalls Mitwirkungsrechte, die sich aus den gleichen Verfassungsbestimmungen wie die Mitwirkungsrechte in Personalangelegenheiten herleiten lassen.

14. Die Rechtsfigur des Schützlings als Element der islamischen Theologie mit der Folge, dass der Muslim die gesamte Rechtsordnung des nicht-islamischen Staates zu respektieren hat, entbindet sowohl in rechtlicher Hinsicht als auch oftmals aus theologischen Gründen nicht von einer rechtlichen Prüfung kritischer islamischer Aussagen.

15. Der Maßstab der Überprüfung am Grundgesetz findet sich für den Bereich der Hochschulen in Art. 5 Abs. 3 S. 1, 2 GG, nicht auch in Art. 4 Abs. 1, 2 GG. Dieser Artikel schützt die von der theologischen Wissenschaft zu unterscheidende Glaubensverkündigung. Auch wenn im Rahmen der verfassungsrechtlichen Rechtfertigung eines Eingriffs in die Wissenschaftsfreiheit generell auch andere Verfassungsgüter die Wissenschaftsfreiheit beschränken können, so bewirken das Ziel/die Ziele des Studiums nach § 7 HRG und den Landeshochschulgesetzen keine gegenüber der Treueklausel des Art. 5 Abs. 3 S. 2 GG größere Beschränkung für einzelne islamische Lehren.

Literaturverzeichnis

Internet-Quellen und Artikel aus Tageszeitungen sind in das Literaturverzeichnis aufgenommen, soweit die Texte und Artikel einem Autor zuzuordnen sind und einen Titel tragen.

Abdel-Rahman, Annett: Die Aus- und Weiterbildung von Lehrkräften für den islamischen Religionsunterricht. Kommentar der SCHURA-Niedersachsen, in: Anhelm, Fritz Erich/ Dressler, Bernhard (Hrsg.), Islamischer Religionsunterricht in Niedersachsen. Perspektiven seiner Einführung, Rehburg-Loccum 2003, S. 107-110 (zit.: *Abdel-Rahman*, in: Islamischer Religionsunterricht in Nds).

Adick, Christel: Islamischer Religionsunterricht in Deutschland – Bericht über eine Tagung, in: ZEP 2000, S. 43-46 (zit.: *Adick*, ZEP 2000).

Albrecht, Alfred: Die Verleihung der Körperschaftsrechte an islamische Vereinigungen, in: KuR 1995, S. 25-30 (= 210, S. 1-6) (zit.: *Albrecht*, KuR 1995).

Alternativkommentar zum Grundgesetz: Kommentar zum Grundgesetz für die Bundesrepublik Deutschland, *Denninger*, Erhard u. a. (Hrsg.), 3. Aufl., Loseblatt, Neuwied, Kriftel, Stand: 2. Aufbaulieferung August 2002 (zit.: *Bearb.*, in: AK-GG).

Amend, Guido: Errichtung des Diplomstudienganges Katholische Theologie an einer staatlichen Universität – ein Anwendungsfall des Verhältnisses Staat – Kirche im Hochschulbereich –, in: KuR 1996, S. 239-248 (= 740, S. 1-10) (zit.: *Amend*, KuR 1996).

Anger, Thorsten: Islam in der Schule. Rechtliche Wirkungen der Religionsfreiheit und der Gewissensfreiheit sowie des Staatskirchenrechts im öffentlichen Schulwesen, Berlin 2003 (zugl. Diss. Münster 2002) (zit.: *Anger*).

Anschütz, Gerhard: Die Verfassungs-Urkunde für den Preußischen Staat. Vom 31. Januar 1850. Ein Kommentar für Wissenschaft und Praxis, Berlin 1912 (zit.: *Anschütz*, Verfassungs-Urkunde für den Preußischen Staat).

– Die Verfassung des Deutschen Reichs vom 11. August 1919, 8. Aufl., Berlin 1928 (zit.: *Anschütz*, WRV, 8. Aufl., Art., Anm., S.).

– § 106. Die Religionsfreiheit, in: Anschütz, Gerhard/ Thoma, Richard (Hrsg.), Handbuch des deutschen Staatsrechts, Zweiter Band, Tübingen 1932, S. 675-689 (zit.: *Anschütz*, HdbDStR II).

– Die Verfassung des Deutschen Reichs vom 11. August 1919, 14. Aufl., Berlin 1933 (zit.: *Anschütz*, WRV, 14. Aufl., Art., Anm., S.).

Aries, Ahmed: Stellungnahme des Islamrates für die Bundesrepublik Deutschland, in: Bauer, Thomas/ Kaddor, Lamya/ Strobel, Katja (Hrsg.), Islamischer Religionsunterricht: Hintergründe, Probleme, Perspektiven, Münster 2004, S. 15-19 (zit.: *Aries*, in: Islamischer Religionsunterricht).

Aslan, Adnan: Ein mühsamer Weg zum islamischen Religionsunterricht in Baden-Württemberg, in: Isak, Rainer/ Schmidt, Hansjörg (Hrsg.), Christen und Muslime in Deutschland. Religion – Gesellschaft – säkularer Staat, Freiburg i. Br. 2003, S. 97-105 (zit.: *Aslan*, in: Christen und Muslime).

Bade, Rolf: Schulversuch „Islamischer Religionsunterricht", in: Anhelm, Fritz Erich/ Dressler, Bernhard (Hrsg.), Islamischer Religionsunterricht in Niedersachsen. Perspektiven seiner Einführung, Rehburg-Loccum 2003, S. 63-67 (zit.: *Bade*, in: Islamischer Religionsunterricht in Nds).

Badura, Peter: Der Schutz von Religion und Weltanschauung durch das Grundgesetz, Tübingen 1989 (zit.: *Badura*, Schutz von Religion und Weltanschauung).

– § 6. Das Staatskirchenrecht als Gegenstand des Verfassungsrechts. Die verfassungsrechtlichen Grundlagen des Staatskirchenrechts, in: Listl, Joseph/ Pirson, Dietrich (Hrsg.), Handbuch des Staatskirchenrechts der Bundesrepublik Deutschland, Erster Band, 2. Aufl., Berlin 1994, S. 211-251 (zit.: *Badura*, HdbStKirchR I).

Baldus, Manfred: Kirchliche Hochschulen, in: Flämig, Christian u. a. (Hrsg.), Handbuch des Wissenschaftsrechts, Band 1, 2. Aufl., Berlin u. a. 1996, S. 1131-1156 (zit.: *Baldus*, HdbWissR I).

– § 57. Kirchliche Hochschulen, in: Listl, Joseph/ Pirson, Dietrich (Hrsg.), Handbuch des Staatskirchenrechts der Bundesrepublik Deutschland, Zweiter Band, 2. Aufl., Berlin 1995, S. 601-637 (zit.: *Baldus*, HdbStKirchR II).

Balić, Smail: Aufgabe des Religionsunterrichts an staatlicher Schule, in: Hagemann, Ludwig/ Pulsfort, Ernst (Hrsg.), „Ihr alle aber seid Brüder". Festschrift für A. Th. Khoury zum 60. Geburtstag, Würzburg 1990, S. 94-105 (zit.: *Balić*, in: FS Khoury).

Battis, Ulrich/ *Kersten*, Jens: Die rechtlichen Rahmenbedingungen für die verhandelnde Verwaltung im Hochschulbereich, in: DVBl. 2003, S. 349-357 (zit.: *Battis/Kersten*, DVBl. 2003).

Bauer, Thomas: Das Centrum für Religiöse Studien der Universität Münster, in: Bauer, Thomas/ Kaddor, Lamya/ Strobel, Katja (Hrsg.), Islamischer Religionsunterricht: Hintergründe, Probleme, Perspektiven, Münster 2004, S. 7-13 (zit.: *Th. Bauer*, in: Islamischer Religionsunterricht).

Bauer, Winfried: Für Einführung fehlten wichtige Voraussetzungen, in: Schreiner, Peter/ Wulff, Karen (Hrsg.), Islamischer Religionsunterricht. Ein Lesebuch, Münster 2001, S. 133-136 (zit.: *W. Bauer*, in: Schreiner/Wulff).

Beauftragte der Bundesregierung für Ausländerfragen (Hrsg.): Bericht der Beauftragten der Bundesregierung für Ausländerfragen über die Lage der Ausländer in der Bundesrepublik Deutschland, Berlin und Bonn, September 2002 (zit.: Beauftragte der Bundesregierung für Ausländerfragen, Lage der Ausländer).

Bertermann, Udo: Zum Selbstbestimmungsrecht der Religionsgemeinschaften, in: MDR 1966, S. 881-890 (zit.: *Bertermann*, MDR 1966).

Bochinger, Christoph: Islamischer Religionsunterricht in Deutschland – Zum aktuellen Diskussionsstand (2001), in: Renz, Andreas/ Leimgruber, Stephan (Hrsg.), Lernprozess Christen Muslime. Gesellschaftliche Kontexte – Theologische Grundlagen – Begegnungsfelder, Münster 2002, S. 312-329 (zit.: *Bochinger*, in: Lernprozess Christen Muslime).

– Islamunterricht in Deutschland aus religionswissenschaftlicher Sicht, in: Bauer, Thomas/ Kaddor, Lamya/ Strobel, Katja (Hrsg.), Islamischer Religionsunterricht: Hintergründe, Probleme, Perspektiven, Münster 2004, S. 21-28 (zit.: *Bochinger*, in: Islamischer Religionsunterricht).

Bock, Wolfgang: Verfassungsrechtliche Probleme der Einführung islamischen Religionsunterrichts, in: RdJB 49 (2001), S. 330-344 (zit.: *Bock*, RdJB 49).

Böckenförde, Ernst-Wolfgang: Diskussionsbeitrag, in: Marré, Heiner/ Schümmelfeder, Dieter/ Kämper, Burkhard (Hrsg.), Essener Gespräche zum Thema Staat und Kirche (32). Der Beitrag der Kirchen zur Erfüllung des staatlichen Erziehungsauftrags, Münster 1998, S. 99-101 (zit.: *Böckenförde*, Ess.Gespr. 32).

Bohl, Elke Dorothea: Der öffentlich-rechtliche Körperschaftsstatus der Religionsgemeinschaften. Verleihungsvoraussetzungen und Verfahren, Baden-Baden 2001 (zugl. Diss. Heidelberg 2000) (zit.: *Bohl*).

Bonner Kommentar zum Grundgesetz: Kommentar zum Bonner Grundgesetz: *Dolzer*, Rudolf/ *Vogel*, Klaus/ *Graßhof*, Karin (Hrsg.), Bd. 1, Einl. – Art. 5; Bd. 13, Art. 131 – 146, Anhang, Sachregister, Loseblatt, Heidelberg, Stand: 114. Lieferung November 2004 (zit.: *Bearb.*, in: BK).

Bothe, Michael: Erziehungsauftrag und Erziehungsmaßstab der Schule im freiheitlichen Verfassungsstaat, in: VVDStRL 54 (1995), S. 7-42 (zit.: *Bothe*, VVDStRL 54).

Braun, Klaus: Kommentar zur Verfassung des Landes Baden-Württemberg, Stuttgart, München, Hannover 1984 (zit.: *Braun*).

Bremer, Thomas: Katholisch-Theologische Fakultät, in: Jahresbericht der Universität Münster 2003, abrufbar unter URL: http://www.uni-muenster.de/Rektorat/jb03/jb0012.htm (Stand: 02.01.2005) (zit.: *Bremer*, in: Jahresbericht Universität Münster 2003).

Brenner, Michael: Staat und Religion, in: VVDStRL 59 (2000), S. 264-297 (zit.: *Brenner*, VVDStRL 59).

– Religionsfreiheit und Erziehung in Westeuropa, in: RdJB 50 (2002), S. 389-404 (zit.: *Brenner*, RdJB 50).

Breyer, Ralf: Verstehen schafft Toleranz, vom 28.01.2004, abrufbar unter URL: http://idw-online.de/pages/de/news?print=1&id=75130 (Stand: 02.01.2005) (zit.: *Breyer*, Verstehen schafft Toleranz).

Britz, Gunther: Der Islam ante portas, in: ZRP 2003, S. 219 (zit.: *Britz*, ZRP 2003).

Brockhaus, Die Enzyklopädie in vierundzwanzig Bänden, Zwölfter Band, KIR – LAGH, 20. Aufl., Leipzig, Mannheim 1997 (zit.: Brockhaus, Bd. 12).

Bundesamt für Verfassungsschutz (Hrsg.): Extremismus in Deutschland. Ein Kurzlagebild, Juli 2003, abrufbar unter URL: http://www.verfassungsschutz.de/ (Stand: 30.10.2003) (zit.: Bundesamt für Verfassungsschutz, Extremismus in Deutschland).

Bundesministerium des Innern (Hrsg.): Verfassungsschutzbericht 2002, Berlin, September 2003 (zit.: Bundesministerium des Innern, Verfassungsschutzbericht 2002).

– Verfassungsschutzbericht 2003, v. 17.05.2004, abrufbar unter URL: http://www.verfassungsschutz.de/de/publikationen/verfassungsschutzbericht/vsbericht_2003/ (Stand: 02.01.2005) (zit.: Bundesministerium des Innern, Verfassungsschutzbericht 2003).

Bürkle, Horst: Art. Religionswissenschaft, in: Görres-Gesellschaft (Hrsg.), Staatslexikon, Vierter Band, Freiburg, Basel, Wien 1988, Sp. 845-848 (zit.: *Bürkle*, Art. Religionswissenschaft, StL IV).

Buschbeck, Malte: Wie die Soziologie zur Kirche gekommen ist, in: SZ Nr. 183 v. 1975, S. 10 (zit.: *Buschbeck*, SZ Nr. 183 v. 1975).

Busse, Franz-Georg von: Gemeinsame Angelegenheiten von Staat und Kirche. – Religionsunterricht – Kirchensteuer – Anstaltsseelsorge – Friedhofswesen – Theologische Fakultäten/ Fachbereiche nach der Bayerischen Verfassung, München 1978 (zugl. Diss. München 1978) (zit.: *v. Busse*).

Campenhausen, Axel Freiherr von: Neue Religionen im Abendland. Staatskirchenrechtliche Probleme der Muslime, der Jugendsekten und der sogenannten destruktiven religiösen Gruppen, in: ZevKR 25 (1980), S. 135-171 (zit.: *v. Campenhausen*, ZevKR 25).

– Staats- und kirchenrechtliche Aspekte der Einführung des islamischen Religionsunterrichts an deutschen Schulen, in: Kiesel, Doron/ Seif, Klaus Philipp/ Sievering, Ulrich O. (Hrsg.), Islamunterricht an deutschen Schulen?, Frankfurt a. M. 1986, S. 1-19 (zit.: *v. Campenhausen*, in: Islamunterricht an deutschen Schulen?).

– § 2. Der heutige Verfassungsstaat und die Religion, in: Listl, Joseph/ Pirson, Dietrich (Hrsg.), Handbuch des Staatskirchenrechts der Bundesrepublik Deutschland, Erster Band, 2. Aufl., Berlin 1994, S. 47-84 (zit.: *v. Campenhausen*, HdbStKirchR I).

– § 27. Der Austritt aus den Kirchen und Religionsgemeinschaften, in: Listl, Joseph/ Pirson, Dietrich (Hrsg.), Handbuch des Staatskirchenrechts der Bundesrepublik Deutschland, Erster Band, 2. Aufl., Berlin 1994, S. 777-785 (zit.: *v. Campenhausen*, HdbStKirchR I).

– Vier neue Staatskirchenverträge in vier neuen Ländern, in: NVwZ 1995, S. 757-762 (zit.: *v. Campenhausen*, NVwZ 1995).

– Staatskirchenrecht, 3. Aufl., München 1996 (zit.: *v. Campenhausen*, Staatskirchenrecht).

– Theologische Fakultäten/Fachbereiche, in: Flämig, Christian u. a. (Hrsg.), Handbuch des Wissenschaftsrechts, Band 1, 2. Aufl., Berlin u. a. 1996, S. 963-990 (zit.: *v. Campenhausen*, HdbWissR I).

– Offene Fragen im Verhältnis von Staat und Kirche am Ende des 20. Jahrhunderts, in: Marré, Heiner/ Schümmelfeder, Dieter/ Kämper, Burkhard (Hrsg.), Essener Gespräche zum Thema Staat und Kirche (34). Das Staat-Kirche-Verhältnis in Deutschland an der Schwelle zum 21. Jahrhundert, Münster 2000, S. 105-142 (zit.: *v. Campenhausen*, Ess.Gespr. 34).

Çavdar, Ibrahim: Islamischer Religionsunterricht an deutschen Schulen, in: RdJB 41 (1993), S. 265-275 (zit.: *Çavdar*, RdJB 41).

– Infrastrukturelle Voraussetzungen für die Ausgestaltung eines konfessionellen Unterrichts, in: Beauftragte der Bundesregierung für Ausländerfragen (Hrsg.), Islamischer Religionsunterricht an staatlichen Schulen in Deutschland, Berlin, Bonn September 2000, S. 82-87 (zit.: *Çavdar*, in: Beauftragte der Bundesregierung für Ausländerfragen).

Classen, Claus Dieter: Religionsfreiheit und Staatskirchenrecht in der Grundrechtsordnung, Tübingen 2003 (zit.: *Classen*).

Czermak, Gerhard: Das System der Religionsverfassung des Grundgesetzes, in: KJ 2000, S. 229-247 (zit.: *Czermak*, KJ 2000).

– Zur Rede von der religiös-weltanschaulichen Neutralität des Staats, in: NVwZ 2003, S. 949-953 (zit.: *Czermak*, NVwZ 2003).

Dästner, Christian: Die Verfassung des Landes Nordrhein-Westfalen. Kommentar, 2. Aufl., Stuttgart 2002 (zit.: *Dästner*).

Daxner, Michael u. a.: Gebrauchs-Kommentar Niedersächsisches Hochschulgesetz, Hannover 1979 (zit.: Gebrauchs-Kommentar Niedersächsisches Hochschulgesetz).

de Wall, Heinrich: Das Grundrecht auf Religionsunterricht: Zur Zulässigkeit der Verfassungsbeschwerden gegen das Brandenburgische Schulgesetz, in: NVwZ 1997, S. 465-467 (zit.: *de Wall*, NVwZ 1997).

– Das Verhältnis von Gesellschaft, Staat und Kirche in Deutschland, in: Kämper, Burkhard/ Schlagheck, Michael (Hrsg.), Zwischen nationaler Identität und europäischer Harmonisierung. Zur Grundspannung des zukünftigen Verhältnisses von Gesellschaft, Staat und Kirche in Europa, Berlin 2002, S. 85-100 (zit.: *de Wall*, in: Verhältnis von Gesellschaft, Staat und Kirche).

Deckers, Daniel: Theologie im Osten. Die Universität Erfurt hat wieder eine katholische Fakultät, in: F.A.Z. v. 20.11.2002, S. 10 (*Deckers*, F.A.Z. v. 20.11.2002).

Deißmann, Adolf: Reichsverfassung und Kirchenverfassung, Berlin 1931 (zit.: *Deißmann*).

Denninger, Erhard: § 16. „Streitbare Demokratie" und Schutz der Verfassung, in: Benda, Ernst/ Maihofer, Werner/ Vogel, Hans-Jochen (Hrsg.), Handbuch des Verfassungsrechts der Bundesrepublik Deutschland, 2. Aufl., Berlin, New York 1994, S. 675-716 (zit.: *Denninger*, HdbVerfR, § 16, Rn.).

Deumeland, Klaus Dieter: Hochschulrahmengesetz (HRG), Baden-Baden 1979 (zit.: *Deumeland*).

Deutscher Bundestag, Abteilung wissenschaftliche Dokumentation, Parlamentsarchiv: Veröffentlichte Gesetzesmaterialien. Hochschulrahmengesetz (HRG). Vom 26. Januar 1976 (BGBl. I S. 185), Bonn 1977 (zit.: Deutscher Bundestag, Veröffentlichte Gesetzesmaterialien).

Deutscher Bundestag/ Bundesarchiv (Hrsg.): Der Parlamentarische Rat 1948-1949. Akten und Protokolle, Band 5/I. Ausschuß für Grundsatzfragen, Boppard am Rhein 1993 (zit.: Der Parlamentarische Rat, Bd. 5/I).

– Der Parlamentarische Rat 1948-1949. Akten und Protokolle, Band 5/II. Ausschuß für Grundsatzfragen, Boppard am Rhein 1993 (zit.: Der Parlamentarische Rat, Bd. 5/II).

– Der Parlamentarische Rat 1948-1949. Akten und Protokolle, Band 7. Entwürfe zum Grundgesetz, Boppard am Rhein 1995 (zit.: Der Parlamentarische Rat, Bd. 7).

– Der Parlamentarische Rat 1948-1949. Akten und Protokolle, Band 9. Plenum, München 1996 (zit.: Der Parlamentarische Rat, Bd. 9).

Dirksen, Gesa: Das deutsche Staatskirchenrecht – Freiheitsordnung oder Fehlentwicklung, Frankfurt a. M. 2003 (zugl. Diss. Göttingen 2001/2002) (zit.: *Dirksen*).

Doemming, Klaus-Berto von/ *Füsslein*, Rudolf Werner/ *Matz*, Werner: Entstehungsgeschichte der Artikel des Grundgesetzes, in: JöR N.F. Bd. 1 (1951), S. 1-941 (zit.: *v. Doemming/Füsslein/Matz*, JöR N.F. 1).

Dogramaci, Senol: Der Beitrag der muslimischen Gemeinschaft zur Einführung des islamischen Religionsunterrichts in Niedersachsen, in: Anhelm, Fritz Erich/ Dressler, Bernhard (Hrsg.), Islamischer Religionsunterricht in Niedersachsen. Perspektiven seiner Einführung, Rehburg-Loccum 2003, S. 17-26 (zit.: *Dogramaci*, in: Islamischer Religionsunterricht in Nds).

Dreier, Horst (Hrsg.): Grundgesetz: Kommentar, Band I, 1. Aufl., Art. 1 – 19, Tübingen 1996 (zit.: *Bearb.*, in: Dreier, 1. Aufl.); Band I, 2. Aufl., Präambel, Artikel 1 – 19, Tübingen 2004 (zit.: *Bearb.*, in: Dreier, 2. Aufl.); Band III, Artikel 83 – 146, Tübingen 2000 (zit.: *Bearb.*, in: Dreier).

Durán, Khalid: Der Islam in der Mehrheit und in der Minderheit. Unterschiedliche Haltung der Muslime zu Andersgläubigen, in: Antes, Peter u. a. (Hrsg.), Die Religionen der Menschheit, Bd. 25. Der Islam. 3. Islamische Kultur – Zeitgenössische Strömungen – Volksfrömmigkeit, Stuttgart, Berlin, Köln 1990, S. 423-451 (zit.: *Durán*, in: Religionen der Menschheit Bd. 25).

Ebers, Godehard Josef: Staat und Kirche im neuen Deutschland, München 1930 (zit.: *Ebers*, Staat und Kirche).

Ehlers, Dirk: Entkonfessionalisierung des Religionsunterrichts. Eine Untersuchung über die inhaltlichen Gestaltungsanforderungen der Verfassung, Neuwied, Berlin 1975 (zugl. Diss. Konstanz 1973) (zit.: *Ehlers*, Religionsunterricht).

– Die gemeinsamen Angelegenheiten von Staat und Kirche, in: ZevKR 32 (1987), S. 158-185 (zit.: *Ehlers*, ZevKR 32).

– Problemstellungen des Vertragsstaatskirchenrechts, in: ZevKR 46 (2001), S. 286-318 (zit.: *Ehlers*, ZevKR 46).

– Die Bindungswirkungen von Staatskirchenverträgen, in: Geis, Max-Emanuel/ Lorenz, Dieter (Hrsg.), Staat Kirche Verwaltung. Festschrift für Hartmut Maurer zum 70. Geburtstag, München 2001, S. 333-349 (zit.: *Ehlers*, in: FS Maurer).

Eiselt, Gerhard: Islamischer Religionsunterricht an öffentlichen Schulen in der Bundesrepublik Deutschland, in: DÖV 1981, S. 205-211 (zit.: *Eiselt*, DÖV 1981).

Elger, Ralf (Hrsg.).: Kleines Islam-Lexikon. Geschichte · Alltag · Kultur, Bonn 2003 (zit.: *Bearb.*, in: Islam-Lexikon).

Elyas, Nadeem: Das weiche Wasser wird besiegen den harten Stein, Aachen 1997 (zit.: *Elyas*).

Emde, Ernst Thomas: Die theologischen Fakultäten zwischen wissenschaftlicher Freiheit und kirchlicher Bindung, in: AöR 106 (1981), S. 355-402 (zit.: *Emde*, AöR 106).

Emenet, Axel: Verfassungsrechtliche Probleme einer islamischen Religionskunde an öffentlichen Schulen. dargestellt anhand des nordrhein-westfälischen Schulversuchs „Islamische Unterweisung“, Frankfurt a. M. u. a. 2003 (zugl. Diss. Köln 2003) (zit.: *Emenet*, Islamische Religionskunde).

– Verstößt die „Islamische Unterweisung“ in Nordrhein-Westfalen gegen die Verfassung?, in: NWVBl. 2004, S. 214-219 (zit.: *Emenet*, NWVBl. 2004).

Epping, Volker: Grundrechte, Berlin, Heidelberg 2004 (zit.: *Epping*, Grundrechte).

Fauzi, Silke: Tacheles: Islam in Deutschland – An den Grenzen der Toleranz?, Hannover 2003 (zit.: *Fauzi*).

Fechner, Frank: Islamischer Religionsunterricht an öffentlichen Schulen, in: NVwZ 1999, S. 735-737 (zit.: *Fechner*, NVwZ 1999).

– Zur Verleihung des Körperschaftsstatus an Religionsgemeinschaften, in: Jura 1999, S. 515-522 (zit.: *Fechner*, Jura 1999).

Fehrmann, Dominik: Geben und Nehmen. Islamunterricht statt Kopftuch, in: SZ v. 26.01.2004, S. 9 (zit.: *Fehrmann*, SZ v. 26.01.2004).

Fischer, Erwin: Trennung von Staat und Kirche. Die Gefährdung der Religions- und Weltanschauungsfreiheit in der Bundesrepublik, 3. Aufl., Frankfurt a. M. 1984 (zit.: *Fischer*, 3. Aufl.).

– Volkskirche ade! Trennung von Staat und Kirche. Die Gefährdung der Religions- und Weltanschauungsfreiheit in der Bundesrepublik, 4. Aufl., Berlin, Aschaffenburg 1993 (zit.: *Fischer*, 4. Aufl.).

Fischer-Appelt, Peter: Anforderungen an die Einrichtung einer Professur für islamische Theologie aus der Sicht der Universität, in: Neumann, Ursula (Hrsg.), Islamische Theologie. Internationale Beiträge zur Hamburger Debatte, Hamburg 2002, S. 133-137 (zit.: *Fischer-Appelt*, in: Islamische Theologie).

Flatten, Heinrich: Das bischöfliche Nihil obstat für Privatdozenten der Theologie nach deutschem Konkordatsrecht, in: Plöchl, Willibald M./ Gampl, Inge (Hrsg.), Im Dienste des Rechtes in Kirche und Staat. Festschrift zum 70. Geburtstag von Univ.-Professor Prälat Dr. theol. et Dr. jur. Franz Arnold, Wien 1963, S. 197-218 (zit.: *Flatten*, in: FS Arnold).

Friesenhahn, Ernst: Staatsrechtslehrer und Verfassung. Rede zum Antritt des Rektorates der Rheinischen Friedrich-Wilhelms-Universität in Bonn am 5. November 1950, Krefeld 1950 (zit.: *Friesenhahn*).

Frisch, Michael: Die theologischen Fakultäten in den Staatskirchenverträgen der neuen Bundesländer, in: DÖV 1995, S. 636-639 (zit.: *Frisch*, DÖV 1995).

– Grundsätzliches und Aktuelles zur Garantie des Religionsunterrichts im Grundgesetz, in: ZevKR 2004, S. 589-638 (zit.: *Frisch*, ZevKR 2004).

Fromme, Friedrich Karl: Die streitbare Demokratie im Bonner Grundgesetz, in: Bundesministerium des Innern (Hrsg.), Verfassungsschutz und Rechtsstaat. Beiträge aus Wissenschaft und Praxis, Köln u. a. 1981, S. 185-218 (zit.: *Fromme*, in: Verfassungsschutz und Rechtsstaat).

Fuchs, Claudio: Das Staatskirchenrecht der neuen Bundesländer, Jus ecclesiasticum, Bd. 61, Tübingen 1999 (zugl. Diss. Tübingen 1995) (zit.: *Fuchs*).

Füssel, Hans-Peter/ *Nagel*, Tilman: Islamischer Religionsunterricht und Grundgesetz, in: EuGRZ 1985, S. 497-502 (zit.: *Füssel/Nagel*, EuGRZ 1985).

– Islamischer Religionsunterricht und Grundgesetz, in: Landesinstitut für Schule und Weiterbildung (Hrsg.), Rahmenbedingungen und Materialien zur religiösen Unterweisung für Schüler islamischen Glaubens, Berlin 1987, S. 39-51 (zit.: *Füssel/Nagel*, in: Landesinstitut für Schule und Weiterbildung).

Füssel, Hans-Peter: Islamischer Religionsunterricht an deutschen Schulen, in: RdJB 33 (1985), S. 74-77 (zit.: *Füssel*, RdJB 33).

Gebauer, Klaus: Islamische Unterweisung in deutschen Klassenzimmern, in: RdJB 37 (1989), S. 263-276 (zit.: *Gebauer*, RdJB 37).

Geller, Gregor/ *Kleinrahm*, Kurt: Die Verfassung des Landes Nordrhein-Westfalen, Loseblatt, 3. Aufl., Göttingen, Stand: 2. Ergänzungslieferung 1994 (zit.: *Bearb.*, in: Geller/Kleinrahm).

Ghalaini, Riad: Stellungnahme des Vorsitzenden des ZRDM (Zentralrat der Muslime in Baden-Württemberg), in: Bündnis 90/Die Grünen im Landtag von Baden-Württemberg (Hrsg.), Einführung des islamischen Religionsunterrichts in Baden-Württemberg. Dokumentation der Redebeiträge im Rahmen der Veranstaltung am 12. Mai 1999, S. 20-22 (zit.: *Ghalaini*, in: Einführung des islamischen Religionsunterrichts in BW).

Giese, Friedrich: Das kirchenpolitische System der Weimarer Verfassung, in: AöR 46 (1924), S. 1-70 (zit.: *Giese*, AöR 46).

– Die Verfassung des Deutschen Reiches, 8. Aufl., Berlin 1931 (zit.: *Giese*, Art., Anm.).

Görisch, Christoph: „Staatskirchenrecht" am Ende?, in: NVwZ 2001, S. 885-888 (zit.: *Görisch*, NVwZ 2001).

– Kirchenasyl und staatliches Recht, Berlin 2000 (zugl. Diss. Münster 1998) (zit.: *Görisch*, Kirchenasyl).

Graf, Peter: Ausbildung von ReligionslehrerInnen für Muslime in internationaler Kooperation. Struktur eines konsekutiven Bachelor-Master Studiengangs, in: Anhelm, Fritz Erich/ Dressler, Bernhard (Hrsg.), Islamischer Religionsunterricht in Niedersachsen. Perspektiven seiner Einführung, Rehburg-Loccum 2003, S. 111-123 (zit.: *Graf*, in: Islamischer Religionsunterricht in Nds).

Graf, Peter/ *Sieren-Jovanovic*, Manuela: Anlage 6: Kompetenzprofil der weiterzubildenden ReligionslehrerInnen, Osnabrück (zit.: *Graf/Sieren-Jovanovic*).

Günther, Ursula: Das Hamburger Projekt einer Akademie der Weltreligionen: Eine Idee nimmt Gestalt an, in: Bauer, Thomas/ Kaddor, Lamya/ Strobel, Katja (Hrsg.), Islamischer Religionsunterricht: Hintergründe, Probleme, Perspektiven, Münster 2004, S. 33-41 (zit.: *Günther*, in: Islamischer Religionsunterricht).

Häberle, Peter: Die Freiheit der Wissenschaften im Verfassungsstaat, in: AöR 110 (1985), S. 329-363 (zit.: *Häberle*, AöR 110).

Hailbronner, Kay: Die Freiheit der Forschung und Lehre als Funktionsgrundrecht, Heidelberg 1979 (zugl. Habil. Heidelberg 1977) (zit.: *Hailbronner*, Freiheit der Forschung und Lehre).

Hailbronner, Kay/ *Geis*, Max-Emanuel: Kommentar zum Hochschulrahmengesetz (HRG), Ordner 1, Loseblatt, Heidelberg, Stand: 30. Lieferung Juni 2003 (zit.: Bearb., in: *Hailbronner/Geis*, HRG).

Hammer, Felix: Private Sicherheitsdienste, staatliches Gewaltmonopol, Rechtsstaatsprinzip und „schlanker Staat", in: DÖV 2000, S. 613-621 (zit.: *Hammer*, DÖV 2000).

Harks, Thomas: Islamischer Religionsunterricht und Art. 7 III GG, in: JA 2002, S. 875-878 (zit.: *Harks*, JA 2002).

Hassemer, Winfried: Religiöse Toleranz im Rechtsstaat. Das Beispiel Islam, München 2004 (zit.: *Hassemer*).

Häußler, Ulf: Islamische Inhalte im deutschen Schulwesen – Verfassungsrechtlicher Anspruch und schulische Wirklichkeit, in: ZAR 2000, S. 159-167 (zit.: *Häußler*, ZAR 2000, S. 159).

– Rahmenbedingungen und Gestaltungsmöglichkeiten für die Einrichtung islamischen Religionsunterrichts, in: ZAR 2000, S. 255-264 (zit.: *Häußler*, ZAR 2000, S. 255).

Heckel, Gisela: Der Rechtsstatus der evangelischen kirchlichen Hochschulen in der Bundesrepublik Deutschland, Diss. Köln 1957 (zit.: *G. Heckel*).

Heckel, Hans: Deutsches Privatschulrecht, Berlin, Köln 1955 (zit.: *H. Heckel*, Privatschulrecht).

Heckel, Johannes: Aus der Praxis des Staatsrechts. Budgetäre Ausgabeninitiative im Reichstag zugunsten eines Reichskultusfonds, in: AöR 51 (1927) = AöR N.F. 12, S. 420-471 (zit.: *J. Heckel*, AöR 51).

– Das staatskirchenrechtliche Schrifttum der Jahre 1930 und 1931, in: VerwArch 37 (1932), S. 280-299 (zit.: *J. Heckel*, VerwArch 37).

– Der Vertrag des Freistaates Preußen mit den evangelischen Landeskirchen vom 11. Mai 1931. Zu seiner Ratifikation am 29. Juni 1931, in: ThBL 11 (1932), Sp. 193-204 (zit.: *J. Heckel*, ThBL 11).

– Melanchthon und das heutige deutsche Staatskirchenrecht, in: Um Recht und Gerechtigkeit. Festgabe für Erich Kaufmann zu seinem 70. Geburtstage – 21. September 1950 –, überreicht von Freunden, Verehrern und Schülern, Stuttgart, Köln 1950, S. 83-102 (zit.: *J. Heckel*, in: Festgabe Kaufmann).

– Kirchengut und Staatsgewalt. Ein Beitrag zur Geschichte und Ordnung des heutigen gesamtdeutschen Staatskirchenrechts, in: Rechtsprobleme in Staat und Kirche. Festschrift für Rudolf Smend zum 70. Geburtstag 15. Januar 1952, dargebracht von Freunden, Schülern und Kollegen, Göttingen 1952, S. 103-143 (zit.: *J. Heckel*, in: FS Smend).

Heckel, Martin: § 10. Die religionsrechtliche Parität, in: Friesenhahn, Ernst/ Scheuner, Ulrich (Hrsg.), Handbuch des Staatskirchenrechts der Bundesrepublik Deutschland, Erster Band, Berlin 1974, S. 445-544 = Schlaich, Klaus (Hrsg.), Gesammelte Schriften. Staat Kirche Recht Geschichte, Band I, Tübingen 1989, Jus ecclesiasticum, Bd. 38, S. 402-446 (zit.: *M. Heckel*, HdbStKirchR I 1974).

– Anmerkung zu VGH BW, Urteil v. 19.07.1984 – 9 S 2239/82 –, in: JZ 1985, S. 948-951 (zit.: *M. Heckel*, JZ 1985).

– Die theologischen Fakultäten im weltlichen Verfassungsstaat, Jus ecclesiasticum, Bd. 31, Tübingen 1986 (zit.: *M. Heckel*, Fakultäten).

– Zum Status der Ev.-theol. Fakultäten in der Bundesrepublik, in: ZevKR 31 (1986), S. 27-71 = Schlaich, Klaus (Hrsg.), Gesammelte Schriften. Staat Kirche Recht Geschichte, Band II, Tübingen 1989, Jus ecclesiasticum, Bd. 38, S. 1033-1074 (zit.: *M. Heckel*, ZevKR 31).

– Organisationsstrukturen der Theologie in der Universität, Berlin 1987 (zit.: *M. Heckel*, Organisationsstrukturen).

– Art. Parität, in: Herzog, Roman u. a. (Hrsg.), Evangelisches Staatslexikon, Band II, N-Z, 3. Aufl., Stuttgart 1987, Sp. 2411-2419 (zit.: *M. Heckel*, Art. Parität, EvStL II).

– Staatskirchenrecht, in: Maurer, Hartmut/ Hendler, Reinhard (Hrsg.), Baden-Württembergisches Staats- und Verwaltungsrecht (BWStVR), Frankfurt a. M. 1990, S. 580-599 (zit.: *M. Heckel*, BWStVR).

– Gleichheit oder Privilegien? Der Allgemeine und der Besondere Gleichheitssatz im Staatskirchenrecht, Jus ecclesiasticum, Bd. 47, Tübingen 1993 (zit.: *M. Heckel*, Gleichheit).

– § 20. Die religionsrechtliche Parität, in: Listl, Joseph/ Pirson, Dietrich (Hrsg.), Handbuch des Staatskirchenrechts der Bundesrepublik Deutschland, Erster Band, 2. Aufl., Berlin 1994, S. 587-622 = Schlaich, Klaus (Hrsg.), Gesammelte Schriften. Staat Kirche Recht Geschichte, Band IV, Tübingen 1997, Jus ecclesiasticum, Bd. 58, S. 860-891 (zit.: *M. Heckel*, HdbStKirchR I 1994).

– Religionsfreiheit, in: Schlaich, Klaus (Hrsg.), Gesammelte Schriften. Staat Kirche Recht Geschichte, Band IV, Tübingen 1997, Jus ecclesiasticum, Bd. 58, S. 647-859 (zit.: *M. Heckel*, in: Gesammelte Schriften IV).

– Religionsunterricht in Brandenburg. Zur Regelung des Religionsunterrichtes und des Faches Lebensgestaltung – Ethik – Religionskunde (LER), Berlin 1998 (zit.: *M. Heckel*, Religionsunterricht in Bbg).

– Religionsunterricht für Muslime?, in: JZ 1999, S. 741-758 = Religionsunterricht für Muslime? Kulturelle Integration unter Wahrung der religiösen Identität. Ein Beispiel für die komplementäre Natur der Religionsfreiheit, in: Baumann, Urs (Hrsg.), Islamischer Religionsunterricht, Frankfurt a. M. 2001, S. 79-129 (zit.: *M. Heckel*, JZ 1999).

– Der Rechtsstatus des Religionsunterrichts im pluralistischen Verfassungssystem des Grundgesetzes, in: ZThK 96 (1999), S. 525-554 (zit.: *M. Heckel*, ZThK 1999).

– Der Rechtsstatus des Religionsunterrichts im pluralistischen Verfassungssystem des Grundgesetzes, in: ZThK 97 (2000), S. 128-146 (zit.: *M. Heckel*, ZThK 2000).

– Diskussionsbeitrag, in: VVDStRL 59 (2000), S. 303-309 (zit.: *M. Heckel*, VVDStRL 59).

– Religionsbedingte Spannungen im Kulturverfassungsrecht, in: Geis, Max-Emanuel/ Lorenz, Dieter (Hrsg.), Staat Kirche Verwaltung. Festschrift für Hartmut Maurer zum 70. Geburtstag, München 2001, S. 351-379 (zit.: *M. Heckel*, in: FS Maurer).

– Grundfragen der theologischen Fakultäten seit der Wende, in: de Wall, Heinrich/ Germann, Michael (Hrsg.), Bürgerliche Freiheit und Christliche Verantwortung. Festschrift für Christoph Link zum siebzigsten Geburtstag, Tübingen 2003, S. 213-299 (zit.: *M. Heckel*, in: FS Link).

– Unterricht in Islam an deutschen Schulen – seine Gründe und Formen, Voraussetzungen und Grenzen, in: RdJB 2004, S. 39-62 (zit.: *M. Heckel*, RdJB 2004).

Heimann, Markus: Materielle Anforderungen an Religionsgemeinschaften für die Erteilung schulischen Religionsunterrichts, in: Haratsch, Andreas u. a. (Hrsg.), Religion und Weltanschauung im säkularen Staat. 41. Tagung der Wissenschaftlichen Mitarbeiterinnen und Mitarbeiter der Fachrichtung „Öffentliches Recht", Stuttgart u. a. 2001, S. 81-100 (zit.: *Heimann*, in: 41. Assistententagung).

– Inhaltliche Grenzen islamischen Religionsunterrichts, in: NVwZ 2002, S. 935-942 (zit.: *Heimann*, NVwZ 2002).

– Alternative Organisationsformen islamischen Religionsunterrichts, in: DÖV 2003, S. 238-246 (zit.: *Heimann*, DÖV 2003).

– Verfassungsrechtliche Bewertungen der Einführung des islamischen Religionsunterrichts an öffentlichen Schulen, in: Anhelm, Fritz Erich/ Dressler, Bernhard (Hrsg.), Islamischer Religionsunterricht in Niedersachsen. Perspektiven seiner Einführung, Rehburg-Loccum 2003, S. 27-48 (zit.: *Heimann*, in: Islamischer Religionsunterricht in Nds).

Heinig, Hans Michael: Öffentlich-rechtliche Religionsgesellschaften. Studien zur Rechtsstellung der nach Art. 137 Abs. 5 WRV korporierten Religionsgesellschaften in Deutschland und in der Europäischen Union, Berlin 2003 (zugl. Diss. Düsseldorf 2002/2003) (zit.: *Heinig*).

Heintschel von Heinegg, Wolff/ *Haltern*, Ulrich: Grundrechte als Leistungsansprüche des Bürgers gegenüber dem Staat, in: JA 1995, S. 333-342 (zit.: *Heintschel v. Heinegg/Haltern*, JA 1995).

Held, Gottfried: Die kleinen öffentlich-rechtlichen Religionsgemeinschaften im Staatskirchenrecht der Bundesrepublik, Jus ecclesiasticum, Bd. 22, München 1974 (zugl. Diss. Erlangen-Nürnberg 1972) (zit.: *Held*).

Herkströter, Dirk: Wissenschaftsfreiheit und Theologie. Ein Beitrag zu Entstehung, Verlauf und Stand der Diskussion um den Rechtsstatus theologischer Fakultäten, Diss. Hannover 1995 (zit.: *Herkströter*).

Hermann, Rainer: Modern, in: F.A.Z. v. 01.03.2004, S. 10 (*Hermann*, F.A.Z. v. 01.03.2004).

Hesse, Konrad: Die Entwicklung des Staatskirchenrechts seit 1945, in: JöR N.F. 10 (1961), S. 3-121 (zit.: *Hesse*, JöR N.F. 10).

– § 17. Das Selbstbestimmungsrecht der Kirchen und Religionsgemeinschaften, in: Listl, Joseph/ Pirson, Dietrich (Hrsg.), Handbuch des Staatskirchenrechts der Bundesrepublik Deutschland, Erster Band, 2. Aufl., Berlin 1994, S. 521-559 (zit.: *Hesse*, HdbStKirchR I).

– Grundzüge des Verfassungsrechts der Bundesrepublik Deutschland, 20. Aufl., Heidelberg 1995 (zit.: *Hesse*, VerfR).

Hildebrandt, Uta: Das Grundrecht auf Religionsunterricht. Eine Untersuchung zum subjektiven Rechtsgehalt des Art. 7 Abs. 3 GG, Jus ecclesiasticum, Bd. 63, Tübingen 2000 (zugl. Diss. Halle-Wittenberg 1999) (zit.: *Hildebrandt*).

Hillgruber, Christian: Der Deutsche Kulturstaat und der muslimische Kulturimport. Die Antwort des Grundgesetzes auf eine religiöse Herausforderung, in: JZ 1999, S. 538-547 (zit.: *Hillgruber*, JZ 1999).

– Staat und Religion, in: DVBl. 1999, S. 1155-1178 (zit.: *Hillgruber*, DVBl. 1999).

– Der Körperschaftsstatus von Religionsgemeinschaften, in: NVwZ 2001, S. 1347-1355 (zit.: *Hillgruber*, NVwZ 2001).

– Über den Sinn und Zweck des staatskirchenrechtlichen Körperschaftsstatus, in: Grabenwarter, Christoph/ Lüdecke, Norbert (Hrsg.), Standpunkte im Kirchen- und Staatskirchenrecht. Ergebnisse eines interdisziplinären Seminars, Würzburg 2002, S. 79-99 (zit.: *Hillgruber*, Körperschaftsstatus).

Hollerbach, Alexander: Anmerkung zu BVerfG, Beschluss v. 28.04.1965 – 1 BvR 346/61, in: JZ 1965, S. 612-615 (zit.: *Hollerbach*, JZ 1965).

– Die Theologischen Fakultäten und ihr Lehrpersonal im Beziehungsgefüge von Staat und Kirche, in: Marré, Heiner/ Stüting, Johannes (Hrsg.), Essener Gespräche zum Thema Staat und Kirche (16). Theologie in der Universität, Münster 1982, S. 69-102 (zit.: *Hollerbach*, Ess.Gespr. 16).

– Art. Konkordatslehrstühle, in: Görres-Gesellschaft (Hrsg.), Staatslexikon, Dritter Band, Freiburg, Basel, Wien 1987, Sp. 625-627 (zit.: *Hollerbach*, Art. Konkordatslehrstühle, StL III).

– Art. Theologische Fakultäten, in: Görres-Gesellschaft (Hrsg.), Staatslexikon, Fünfter Band, Freiburg, Basel, Wien 1989, Sp. 461-464 (zit.: *Hollerbach*, Art. Theologische Fakultäten, StL V).

– § 136. Religionsfreiheit, in: Isensee, Josef/ Kirchhof, Paul (Hrsg.), Handbuch des Staatsrechts der Bundesrepublik Deutschland, Bd. VI. Freiheitsrechte, Heidelberg 1989, S. 369-434 (zit.: *Hollerbach*, HdbStR VI, § 136, Rn.).

– § 140. Freiheit kirchlichen Wirkens, in: Isensee, Josef/ Kirchhof, Paul (Hrsg.), Handbuch des Staatsrechts der Bundesrepublik Deutschland, Bd. VI. Freiheitsrechte, Heidelberg 1989, S. 595-633 (zit.: *Hollerbach*, HdbStR VI, § 140, Rn.).

– § 7. Die vertragsrechtlichen Grundlagen des Staatskirchenrechts, in: Listl, Joseph/ Pirson, Dietrich (Hrsg.), Handbuch des Staatskirchenrechts der Bundesrepublik Deutschland, Erster Band, 2. Aufl., Berlin 1994, S. 253-287 (zit.: *Hollerbach*, HdbStKirchR I, Vertragsrechtliche Grundlagen).

– § 56. Theologische Fakultäten und staatliche Pädagogische Hochschulen, in: Listl, Joseph/ Pirson, Dietrich (Hrsg.), Handbuch des Staatskirchenrechts der Bundesrepublik Deutschland, Zweiter Band, 2. Aufl., Berlin 1995, S. 549-599 (zit.: *Hollerbach*, HdbStKirchR II, Fakultäten).

– Der Religionsunterricht als ordentliches Lehrfach an den öffentlichen und freien Schulen in der Bundesrepublik Deutschland, in: Biesinger, Albert/ Hänle, Joachim (Hrsg.), Gott – mehr als Ethik? der Streit um LER und Religionsunterricht, Freiburg u. a. 1997, S. 133-146 (zit.: *Hollerbach*, in: Biesinger/Hänle).

Holstein, Günther: Hochschule und Staat, in: Doeberl, Michael u. a. (Hrsg.), Das akademische Deutschland, Band III. Die deutschen Hochschulen in ihren Beziehungen zur Gegenwartskultur, Berlin 1930, S. 127-142 (zit.: *Holstein*, in: Das akademische Deutschland III).

– Theologische Fakultäten und Lehrversprechen, in: Rechts- und Staatswissenschaftliche Fakultät der Christian-Albrechts-Universität zu Kiel (Hrsg.), Festschrift für Max Pappenheim. Zum 50. Jahrestag seiner Doktorpromotion, Breslau 1931, S. 190-197 (zit.: *Holstein*, in: FS Pappenheim).

Holzke, Frank: Die „Neutralität" des Staates in Fragen der Religion und Weltanschauung, in: NVwZ 2002, S. 903-913 (zit.: *Holzke*, NVwZ 2002).

Huber, Ernst Rudolf: Dokumente zur Deutschen Verfassungsgeschichte. Band 1. Deutsche Verfassungsdokumente 1803 – 1850, 3. Aufl., Stuttgart u. a. 1978 (zit.: *E. R. Huber*, Dokumente I).

– Deutsche Verfassungsgeschichte seit 1789, Band V. Weltkrieg, Revolution und Reichserneuerung. 1914 – 1919, Stuttgart u. a. 1978 (zit.: *E. R. Huber*, Dt. Verfassungsgeschichte V).

Huber, Ernst Rudolf/ *Huber*, Wolfgang: Staat und Kirche im 19. und 20. Jahrhundert. Dokumente zur Geschichte des deutschen Staatskirchenrechts, Band IV. Staat und Kirche in der Zeit der Weimarer Republik, Berlin 1988 (zit.: *E. R. Huber/W. Huber*).

Huber-Rudolf, Barbara: Noch im Wartestand. Die Diskussion um islamischen Religionsunterricht in Deutschland, in: HK 1994, S. 580-584 (zit.: *Huber-Rudolf*, HK 1994).

– Vom Gottesstaat in die Religionsfreiheit. Beobachtungen zur Reformfähigkeit der Muslime in Europa, Bonn 1995 (zugleich Diss. Bonn 1995) (zit.: *Huber-Rudolf*, Religionsfreiheit).

Hufen, Friedhelm: Wissenschaftsfreiheit und kirchliches Selbstbestimmungsrecht an theologischen Fakultäten staatlicher Hochschulen. Für eine grundrechtsorientierte Lösung eines alten Problems, in: Dörr, Dieter u. a. (Hrsg.), Die Macht des Geistes. Festschrift für Hartmut Schiedermair, Heidelberg 2001, S. 623-642 (zit.: *Hufen*, in: FS Schiedermair).

Hughes, Thomas Patrick: Lexikon des Islam, Wiesbaden 1995 (zit.: *Hughes*).

Ipsen, Jörn: Staatsrecht II. Grundrechte, 5. Aufl., Neuwied, Kriftel 2002 (zit.: *Ipsen*).

Isak, Axel: Das Selbstverständnis der Kirchen und Religionsgemeinschaften und seine Bedeutung für die Auslegung staatlichen Rechts, Berlin 1994 (zugl. Diss. Freiburg 1992) (zit.: *Isak*).

Isensee, Josef: Diskussionsbeitrag, in: Marré, Heiner/ Stüting, Johannes (Hrsg.), Essener Gespräche zum Thema Staat und Kirche (19), Münster 1985, S. 142-144 (zit.: *Isensee*, Ess.Gespr. 19).

– § 13. Staat und Verfassung, in: Isensee, Josef/ Kirchhof, Paul (Hrsg.), Handbuch des Staatsrechts der Bundesrepublik Deutschland, Bd. I. Grundlagen von Staat und Verfassung, Heidelberg 1987, S. 591-661 (zit.: *Isensee*, HdbStR I, § 13, Rn.).

– Diskussionsbeitrag, in: Marré, Heiner/ Schümmelfeder, Dieter/ Kämper, Burkhard (Hrsg.), Essener Gespräche zum Thema Staat und Kirche (32). Der Beitrag der Kirchen zur Erfüllung des staatlichen Erziehungsauftrags, Münster 1998, S. 101-104 (zit.: *Isensee*, Ess.Gespr. 32).

– Die Garantie des Religionsunterrichts im Grundgesetz, in: Bitter, Gottfried (Hrsg.), Religionsunterricht hat Zukunft, Bonn 2000, S. 19-45 (zit.: *Isensee*, in: Religionsunterricht hat Zukunft).

– Diskussionsbeitrag, in: VVDStRL 59 (2000), S. 323-327 (zit.: *Isensee*, VVDStRL 59).

Jähner, Harald: Kniffliger Orient, in: BZ v. 14.10.2000, Feuilleton (zit.: *Jähner*, BZ v. 14.10.2000).

Janz, Norbert/ *Rademacher*, Sonja: Islam und Religionsfreiheit. Die religiöse und weltanschauliche Neutralität des Staates auf dem Prüfstand, in: NVwZ 1999, S. 706-713 (zit.: *Janz/Rademacher*, NVwZ 1999).

Jarass, Hans D.: Folgerungen aus der neueren Rechtsprechung des BVerfG für die Prüfung von Verstößen gegen Art. 3 I GG, in: NJW 1997, S. 2545-2550 (zit.: *Jarass*, NJW 1997).

Jarass, Hans D./ *Pieroth*, Bodo: Grundgesetz für die Bundesrepublik Deutschland: Kommentar, 7. Aufl., München 2004 (zit.: *Bearb.*, in: J/P).

Jeand'Heur, Bernd/ *Korioth*, Stefan: Grundzüge des Staatskirchenrechts: Kurzlehrbuch, Stuttgart u. a. 2000 (zit.: *Jeand'Heur/Korioth*).

Jochum, Heike: Islam in der staatlichen Schule, in: Haratsch, Andreas u. a. (Hrsg.), Religion und Weltanschauung im säkularen Staat. 41. Tagung der Wissenschaftlichen Mitarbeiterinnen und Mitarbeiter der Fachrichtung „Öffentliches Recht“, Stuttgart u. a. 2001, S. 101-125 (zit.: *Jochum*, in: 41. Assistententagung).

Johansen, Baber: Staat, Recht und Religion im sunnitischen Islam – Können Muslime einen religionsneutralen Staat akzeptieren? In: Marré, Heiner/ Stüting, Johannes (Hrsg.), Essener Gespräche zum Thema Staat und Kirche (20). Der Islam in der Bundesrepublik Deutschland, Münster 1986, S. 12-60 (zit.: *Johansen*, Ess.Gespr. 20).

Jordanova-Duda, Matilda: Ein klares Jein, in: DUZ 23/2001, S. 21 (zit.: *Jordanova-Duda*, DUZ 23/2001).

– In Allahs Namen, in: SZ v. 25.03.2003, S. 11 (zit.: *Jordanova-Duda*, SZ v. 25.03.2003).

Jurina, Josef: § 23. Die Religionsgemeinschaften mit privatrechtlichem Rechtsstatus, in: Listl, Joseph/ Pirson, Dietrich (Hrsg.), Handbuch des Staatskirchenrechts der Bundesrepublik Deutschland, Erster Band, 2. Aufl., Berlin 1994, S. 689-713 (zit.: *Jurina*, HdbStKirchR I).

– Der Status von Kirchen und Religionsgemeinschaften als Körperschaft des öffentlichen Rechts im Alltag, in: Muckel, Stefan (Hrsg.), Kirche und Religion im sozialen Rechtsstaat. Festschrift für Wolfgang Rüfner zum 70. Geburtstag, Berlin 2003, S. 381-399 (zit.: *Jurina*, in: FS Rüfner).

Kalisch, Muhammad: „Hier gibt es keine Tabus", Interview mit Muhammad Kalisch, Professor für Religion des Islam in Münster, in: F.A.Z. v. 27.01.2005, S. 6 (zit.: *Kalisch*, F.A.Z. v. 27.01.2005).

Kandil, Fuad: Theologische Aspekte von Gemeinschaft und Organisation im islamischen Kontext, in: Oebbecke, Janbernd (Hrsg.), Muslimische Gemeinschaften im deutschen Recht, Frankfurt a. M. 2003, S. 15-26 (zit.: *Kandil*, in: Muslimische Gemeinschaften).

Kaplan, Ismail: Inter- und intrareligiöser Dialog. Einige Bedingungen aus alevitischer Sicht, in: Bukow, Wolf-Dietrich/ Yildiz, Erol (Hrsg.), Islam und Bildung, Opladen 2003, S. 159-161 (zit.: *Kaplan*, in: Islam und Bildung).

Kappert, Petra: Grundsätzliche Überlegungen zur Einführung islamischen Religionsunterrichts für türkische Schüler, in: Kiesel, Doron/ Seif, Klaus Philipp/ Sievering, Ulrich O. (Hrsg.), Islamunterricht an deutschen Schulen?, Frankfurt a. M. 1986, S. 103-119 (zit.: *Kappert*, in: Islamunterricht an deutschen Schulen?).

Karpen, Walter: Diskussionsbeitrag, in: Marré, Heiner/ Stüting, Johannes (Hrsg.), Essener Gespräche zum Thema Staat und Kirche (16). Theologie in der Universität, Münster 1982, S. 164-165 (zit.: *W. Karpen*, Ess.Gespr. 16).

Kartal, Celalettin: Islam und Menschenrechte – Konturen des Konzepts von Koran und der Scharia im Vergleich der UN-Konventionen, in: KJ 2003, S. 382-400 (zit.: *Kartal*, KJ 2003).

Kasper, Walter: Art. Theologie, in: Görres-Gesellschaft (Hrsg.), Staatslexikon, Fünfter Band, Freiburg, Basel, Wien 1989, Sp. 450-457 (zit.: *Kasper*, Art. Theologie, StL V).

Kästner, Karl-Hermann: Religiöse Bildung und Erziehung in der öffentlichen Schule – Grundlagen und Tragweite der Verfassungsgarantie staatlichen Religionsunterrichts, in: Marré, Heiner/ Schümmelfeder, Dieter/ Kämper, Burkhard (Hrsg.), Essener Gespräche zum Thema Staat und Kirche (32). Der Beitrag der Kirchen zur Erfüllung des staatlichen Erziehungsauftrags, Münster 1998, S. 61-120 (zit.: *Kästner*, Ess.Gespr. 32).

Kaufmann, Franz-Xaver: Art. Kirche, in: Görres-Gesellschaft (Hrsg.), Staatslexikon, Dritter Band, Freiburg, Basel, Wien 1987, Sp. 409-413 (zit.: *Kaufmann*, Art. Kirche, StL III).

Kaydu, Ekrem: Die Institution des Scheyh-ül-Islamat im Osmanischen Staat, Diss. Erlangen-Nürnberg 1971 (zit.: *Kaydu*).

Khoury, Adel Theodor: Die Religionsfreiheit im islamischen Recht, in: *Khoury*, Adel Theodor/ *Rips*, Franz-Georg, Der Islam und die Religionsfreiheit, Altenberge 1981, S. 29-34 (zit.: *Khoury*, in: Islam und Religionsfreiheit).

Khoury, Adel Theodor/ *Heine*, Peter/ *Oebbecke*, Janbernd: Handbuch Recht und Kultur des Islams in der deutschen Gesellschaft: Probleme im Alltag – Hintergründe – Antworten, Gütersloh 2000 (zit.: *Bearb.*, in: Handbuch Islam).

Kimminich, Otto: Studium und Lehre im Bericht der Expertenkommission zur Untersuchung der Auswirkungen des Hochschulrahmengesetzes, in: WissR 1984, S. 231-250 (zit.: *Kimminich*, WissR 1984).

Kirchhof, Paul: § 124. Der allgemeine Gleichheitssatz, in: Isensee, Josef/ Kirchhof, Paul (Hrsg.), Handbuch des Staatsrechts der Bundesrepublik Deutschland, Bd. V. Allgemeine Grundrechtslehren, Heidelberg 1992, S. 837-972 (zit.: *Kirchhof*, HdbStR V, § 124, Rn.).

– § 125. Gleichheit in der Funktionenordnung, in: Isensee, Josef/ Kirchhof, Paul (Hrsg.), Handbuch des Staatsrechts der Bundesrepublik Deutschland, Bd. V. Allgemeine Grundrechtslehren, Heidelberg 1992, S. 973-1016 (zit.: *Kirchhof*, HdbStR V, § 125, Rn.).

– § 22. Die Kirchen und Religionsgemeinschaften als Körperschaften des öffentlichen Rechts, in: Listl, Joseph/ Pirson, Dietrich (Hrsg.), Handbuch des Staatskirchenrechts der Bundesrepublik Deutschland, Erster Band, 2. Aufl., Berlin 1994, S. 651-687 (zit.: *Kirchhof*, HdbStKirchR I).

Kirste, Max: Der Diplomstudiengang Katholische Theologie an der Universität in Frankfurt – eine staatskirchenrechtliche Kontroverse, Münster, New York 1989 (zit.: *Kirste*).

Kizilkaya, Ali: Islamrat für die Bundesrepublik Deutschland, in: Oebbecke, Janbernd (Hrsg.), Muslimische Gemeinschaften im deutschen Recht, Frankfurt a. M. 2003, S. 63-66 (zit.: *Kizilkaya*, in: Muslimische Gemeinschaften).

Kleine, Markus: Institutionalisierte Verfassungswidrigkeiten im Verhältnis von Staat und Kirchen unter dem Grundgesetz. Ein Beitrag zur juristischen Methodik im Staatskirchenrecht, Baden-Baden 1993 (zugl. Diss. Mannheim 1992) (zit.: *Kleine*).

Klöcker, Michael/ *Tworuschka*, Udo (Hrsg.): Handbuch der Religionen. Kirchen und andere Glaubensgemeinschaften in Deutschland, Loseblatt, München, Stand: 9. Lieferung Juli 2004 (zit.: *Klöcker/U. Tworuschka*).

Knauth, Thorsten/ *Weiße*, Wolfram (Hrsg.): Akademie der Weltreligionen. Konzeptionelle und praktische Ansätze. Dokumentation eines Symposions am 19./ 20. 12. 2001 mit Vertreterinnen und Vertretern von Weltreligionen in Hamburg und Mitgliedern der Universität Hamburg, Hamburg 2002 (zit.: *Knauth/Weiße*, Akademie der Weltreligionen).

Knemeyer, Franz-Ludwig: Freiheit von Forschung und Lehre – Hochschulautonomie, in: BayVBl. 1982, S. 513-517 (zit.: *Knemeyer*, BayVBl. 1982).

Koeniger, Albert U./ *Giese*, Friedrich: Grundzüge des katholischen Kirchenrechts und des Staatskirchenrechts, 2. Aufl., Bonn, Köln 1932 (zit.: *Koeniger/Giese*).

Köhler, Asiye: Muslime bereit für die Erteilung eines ordentlichen islamischen Religionsunterrichts an öffentlichen Schulen, in: Islamischer Religionsunterricht an deutschen Schulen? Fragen, Probleme, Konzeptionen und Perspektiven. Beiträge einer Tagung in Ev. Akademie Mülheim, epd-Dokumentation Nr. 2/00, S. 31-33 (zit.: *Asiye Köhler*, epd 2/00).

– Islam in deutschen Schulen und Hochschulen. Stellungnahme des Zentralrats der Muslime in Deutschland (ZMD), in: Bauer, Thomas/ Kaddor, Lamya/ Strobel, Katja (Hrsg.), Islamischer Religionsunterricht: Hintergründe, Probleme, Perspektiven, Münster 2004, S. 43-47 (zit.: *Asiye Köhler*, in: Islamischer Religionsunterricht).

Köhler, Ayyub A.: Die strukturelle Assimilation des Islams in Deutschland – Zur Diskussion gestellt: Körperschaftsrechte und Islam in Deutschland, in: Al-Islam 3/1999, S. 16-19 (zit.: *Ayyub A. Köhler*, Al-Islam 3/1999).

– Zentralrat der Muslime in Deutschland e. V. (ZMD), in: Oebbecke, Janbernd (Hrsg.), Muslimische Gemeinschaften im deutschen Recht, Frankfurt a. M. 2003, S. 71-83 (zit.: *Ayyub A. Köhler*, in: Muslimische Gemeinschaften).

Kommission von gewählten Mitgliedern der FB 01 (Prof. O. Schumann, Prof. H.-M. Gutmann, PD U. Glessmer), FB 06 (Prof. G. Mitchel, Prof. U. Neumann, Prof. W. Weiße) und FB 10 (Prof. L. Conrad): Konzeption für eine fachbereichsübergreifende und interdisziplinäre Forschungs- und Lehreinheit „Akademie der Weltreligionen" an der Universität Hamburg. Kommissionsergebnis von gewählten Mitgliedern der FB 01 (Prof. O. Schumann, Prof. H.-M. Gutmann, PD U. Glessmer), FB 06 (Prof. G. Mitchel, Prof. U. Neumann, Prof. W. Weiße) und FB 10 (Prof. L. Conrad), Hamburg 25.06.2003 (zit.: Kommission, Konzeption „Akademie der Weltreligionen").

Korioth, Stefan: Islamischer Religionsunterricht und Art. 7 III GG, in: NVwZ 1997, S. 1041-1049 (zit.: *Korioth*, NVwZ 1997).

– Vom institutionellen Staatskirchenrecht zum grundrechtlichen Religionsverfassungsrecht? Chancen und Gefahren eines Bedeutungswandels des Art. 140 GG, in: Brenner, Michael/ Huber, Peter M./ Möstl, Markus (Hrsg.), Der Staat des Grundgesetzes – Kontinuität und Wandel. Festschrift für Peter Badura zum siebzigsten Geburtstag, Tübingen 2004 (*zit*.: Korioth, FS Badura).

Köttgen, Arnold: Die Freiheit der Wissenschaft und die Selbstverwaltung der Universität, in: Neumann, Franz L./ Nipperdey, Hans Carl/ Scheuner, Ulrich (Hrsg.), Die Grundrechte. Handbuch der Theorie und Praxis der Grundrechte, Zweiter Band. Die Freiheitsrechte in Deutschland, Berlin 1954, S. 291-329 (zit.: *Köttgen*, Grundrechte II).

Krämer, Gudrun: Gottes Staat als Republik. Reflexionen zeitgenössischer Muslime zu Islam, Menschenrechten und Demokratie, Baden-Baden 1999 (zugl. Habil. Hamburg 1993) (zit.: *Krämer*).

Kreiser, Klaus/ *Wielandt*, Rotraud (Hrsg.): Lexikon der Islamischen Welt, Stuttgart, Berlin, Köln 1992 (zit.: *Kreiser/Wielandt*).

Kriewitz, Jörg: Die Errichtung theologischer Hochschuleinrichtungen durch den Staat, Jus ecclesiasticum, Bd. 42, Tübingen 1992 (zugl. Diss. Tübingen 1988/1989) (zit.: *Kriewitz*, Errichtung).

Lähnemann, Johannes: Perspektiven in der Ausbildung islamischer Religionslehrer, in: MUM 04/2003, S. 8-9 = abrufbar unter URL: http://www.lmu.de/conman/index.cfm?path=6130 (Stand: 02.01.2005) (zit.: *Lähnemann*, MUM 04/2003).

Landé, Walter: Aktenstücke zum Reichsvolksschulgesetz, Leipzig 1928 (zit.: *Landé*, Aktenstücke).

– Die Schule in der Reichsverfassung, Berlin 1929 (zit.: *Landé*, Schule in der Reichsverfassung).

– Artikel 143-149. Bildung und Schule, in: Nipperdey, Hans Carl (Hrsg.), Die Grundrechte und Grundpflichten der Reichsverfassung. Kommentar zum zweiten Teil der Reichsverfassung, Dritter Band: Artikel 143-165 und „Zur Ideengeschichte der Grundrechte", Berlin 1930, S. 1-98 (zit.: *Landé*, Bildung und Schule).

Landtag Baden-Württemberg: Mit islamischem Religionsunterricht in der Grundschule kann vorerst noch nicht begonnen werden, Pressemitteilung Nr. 97/2002 v. 21.11.2002, abrufbar unter URL:

http://www.landtag-bw.de/aktuelles/pressemitteilungen/ausgabe_pressemitteilungen.asp?PM= N0097_2002 (Stand: 02.01.2005) (zit.: Landtag Baden-Württemberg, Pressemitteilung v. 21.11.2002).

Langenfeld, Christine: Integration und kulturelle Identität zugewanderter Minderheiten: Eine Herausforderung für das deutsche Schulwesen – Einführung in einige grundrechtliche Fragestellungen, in: AöR 123 (1998), S. 375-407 (zit.: *Langenfeld*, AöR 123).

Lautner, Gerd: Die freiheitliche demokratische Grundordnung. Versuch einer Inhaltsklärung ihrer vom Bundesverfassungsgericht aufgeführten Elemente, 2. Aufl., Königstein/Ts. 1982 (zit.: *Lautner*).

Lecheler, Helmut: Die Rolle des Staates bei der Sicherung der Wissenschaftsfreiheit in der Theologie, in: NJW 1997, S. 439-442 (zit.: *Lecheler*, NJW 1997).

Lehmann, Jürgen: Die kleinen Religionsgesellschaften des öffentlichen Rechts im heutigen Staatskirchenrecht, Oldenstadt 1959 (zugl. Diss. Frankfurt a. M. 1959) (zit.: *Lehmann*).

Lemmen, Thomas: Muslime in Deutschland. Eine Herausforderung für Kirche und Gesellschaft, Baden-Baden 2001 (zugl. Diss. St. Augustin 1999) (zit.: *Lemmen*).

Leuze, Dieter/ *Bender*, Gisela: Gesetz über die Universitäten (bisher: wissenschaftlichen Hochschulen) des Landes Nordrhein-Westfalen, Loseblatt, Bielefeld, Stand: 14. Ergänzungslieferung, Dezember 1998 (zit.: *Bearb.*, in: Leuze/Bender, UG NRW).

Leuze, Dieter/ *Epping*, Volker: Gesetz über die Hochschulen des Landes Nordrhein-Westfalen (Hochschulgesetz – HG), Loseblatt, Bielefeld, Stand: 1. Ergänzungslieferung Dezember 2002, 2. Ergänzungslieferung im Erscheinen (zit.: *Bearb.*, in: Leuze/Epping, HG NRW).

Lichtenthäler (ohne Vornamen): Position des Ministeriums für Kultus, Jugend und Sport Baden-Württemberg, in: Bündnis 90/Die Grünen im Landtag von Baden-Württemberg (Hrsg.), Einführung des islamischen Religionsunterrichts in Baden-Württemberg. Dokumentation der Redebeiträge im Rahmen der Veranstaltung am 12. Mai 1999, S. 17-19 (zit.: *Lichtenthäler*, in: Einführung des islamischen Religionsunterrichts in BW).

Lienemann, Wolfgang: Probleme der Stellung der theologischen Fakultäten im modernen Staat. Ekklesiologische und rechtspolitische Aspekte, in: Frey, Jakob u. a. (Hrsg.), Schweizerisches Jahrbuch für Kirchenrecht, Band 8 / 2003, Bern 2004, S. 11-43 (zit.: *Lienemann*, in: Schweizerisches Jahrbuch 2003).

Link, Christoph: § 32. Religionsunterricht, in: Friesenhahn, Ernst/ Scheuner, Ulrich (Hrsg.), Handbuch des Staatskirchenrechts der Bundesrepublik Deutschland, Zweiter Band, Berlin 1975, S. 503-546 (zit.: *Link*, HdbStKirchR II 1975).

– Die Rechtsnatur des bremischen „Unterrichts in Biblischer Geschichte auf allgemeinchristlicher Grundlage" (Art. 32 Brem. Verf.) und die sich daraus für die religionspädagogische Ausbildung im Lande Bremen ergebenden Konsequenzen, in: ZevKR 24 (1979), S. 54-111 (zit.: *Link*, ZevKR 24).

– § 54. Religionsunterricht, in: Listl, Joseph/ Pirson, Dietrich (Hrsg.), Handbuch des Staatskirchenrechts der Bundesrepublik Deutschland, Zweiter Band, 2. Aufl., Berlin 1995, S. 439-509 (zit.: *Link*, HdbStKirchR II 1995).

– Konfessioneller Religionsunterricht in einer gewandelten sozialen Wirklichkeit? – Zur Verfassungskonformität des Hamburger Religionsunterrichts „für alle" –, in: ZevKR 46 (2001), S. 257-285 (zit.: *Link*, ZevKR 46).

– Religionsunterricht in Deutschland, in: ZevKR 47 (2002), S. 449-463 (zit.: *Link*, ZevKR 47).

Listl, Joseph: Die Konkordate und Kirchenverträge in der Bundesrepublik Deutschland. Textausgabe für Wissenschaft und Praxis. Erster Band, Berlin 1987 (zit.: *Listl*, Konkordate und Kirchenverträge I).

– Die Konkordate und Kirchenverträge in der Bundesrepublik Deutschland. Textausgabe für Wissenschaft und Praxis. Zweiter Band, Berlin 1987 (zit.: *Listl*, Konkordate und Kirchenverträge II).

– § 14. Glaubens-, Bekenntnis- und Kirchenfreiheit, in: Listl, Joseph/ Pirson, Dietrich (Hrsg.), Handbuch des Staatskirchenrechts der Bundesrepublik Deutschland, Erster Band, 2. Aufl., Berlin 1994, S. 439-479 (zit.: *Listl*, HdbStKirchR I).

Listl, Joseph/ *Hollerbach*, Alexander: Das Verhältnis von Kirche und Staat in der Bundesrepublik Deutschland, in: Handbuch des katholischen Kirchenrechts, 2. Aufl., Regensburg 1999, § 118, S. 1268-1293 (zit.: *Listl/Hollerbach*, HdbkathKirchR).

Lögering, Aloys: „Islamischer Religionsunterricht" beginnt an niedersächsischen Grundschulen, abrufbar unter URL: http://www.bistum-osnabrueck.de/s479.html (Stand: 02.01.2005) (zit: *Lögering*).

Lorenz, Dieter: Wissenschaftsfreiheit zwischen Kirche und Staat, Konstanz 1976 (zit.: *Lorenz*).

Loretan, Adrian: Theologische Fakultäten in der Universität von morgen, in: Frey, Jakob u. a. (Hrsg.), Schweizerisches Jahrbuch für Kirchenrecht, Band 8 / 2003, Bern 2004, S. 77-101 (zit.: *Loretan*, in: Schweizerisches Jahrbuch 2003).

Loschelder, Wolfgang: Der Islam und die religionsrechtliche Ordnung des Grundgesetzes, in: Marré, Heiner/ Stüting, Johannes (Hrsg.), Essener Gespräche zum Thema Staat und Kirche (20). Der Islam in der Bundesrepublik Deutschland, Münster 1986, S. 149-176 (zit.: *Loschelder*, Ess.Gespr. 20).

– Islamische Religionsunterweisung an öffentlichen Schulen. Anmerkungen zum Urteil des Oberverwaltungsgerichts Berlin vom 4. November 1998 – OVG 7 B 4.98, in: KuR 1999, S. 137-142 (= 730, S. 31-36) (zit.: *Loschelder*, KuR 1999)

Löwer, Wolfgang/ *Tettinger*, Peter J.: Kommentar zur Verfassung des Landes Nordrhein-Westfalen, Stuttgart u. a. 2002 (zit.: *Löwer/Tettinger*).

Maaß, Rainald: Die neuere Rechtsprechung des BVerfG zum allgemeinen Gleichheitssatz – Ein Neuansatz?, in: NVwZ 1988, S. 14-21 (zit.: *Maaß*, NVwZ 1988).

Mahler, Gerhart: Möglichkeiten religiöser Unterweisung muslimischer Kinder an öffentlichen Schulen in den Ländern der Bundesrepublik Deutschland entsprechend dem Beschluß der Kultusministerkonferenz, in: Landesinstitut für Schule und Weiterbildung (Hrsg.), Rahmenbedingungen und Materialien zur religiösen Unterweisung für Schüler islamischen Glaubens, Berlin 1987, S. 29-37 (zit.: *Mahler*, in: Landesinstitut für Schule und Weiterbildung).

– Religiöse Unterweisung für türkische Schüler muslimischen Glaubens in Bayern, in: Z. f. Paed. 1989, S. 381-397 (zit.: *Mahler*, Z. f. Paed. 1989).

Mahrenholz, Hans Christhard: Die Mitwirkung der evangelischen Kirche bei der Besetzung der Lehrstühle in den evangelisch-theologischen Fakultäten, in: ZevKR 5 (1956), S. 219-271 (zit.: *Mahrenholz*, in: ZevKR 5).

Mainusch, Rainer: Lehrmäßige Beanstandung eines evangelischen Theologieprofessors, in: DÖV 1999, S. 677-685 (zit.: *Mainusch*, DÖV 1999).

Mangoldt, Hermann von/ *Klein*, Friedrich/ *Campenhausen*, Axel Freiherr von: Das Bonner Grundgesetz: Kommentar, Band 14: Artikel 136 bis 146, München 1991 (zit.: *Bearb.*, in: M/K/C).

Mangoldt, Hermann von/ *Klein*, Friedrich/ *Starck*, Christian: Das Bonner Grundgesetz: Kommentar, Band 1: Präambel, Artikel 1 bis 19, 4. Aufl., München 1999; Band 3: Artikel 79 bis 146, 4. Aufl., München 2001 (zit.: *Bearb.*, in: M/K/S).

Manssen, Gerrit: Staatsrecht II. Grundrechte, 2. Aufl., München 2002 (zit.: *Manssen*).

Marré, Heiner: Der Islam in Deutschland – Historische, politische und rechtliche Überlegungen zu einem komplexen Thema, in: Muckel, Stefan (Hrsg.), Kirche und Religion im sozialen Rechtsstaat. Festschrift für Wolfgang Rüfner zum 70. Geburtstag, Berlin 2003, S. 553-578 (zit.: *Marré*, in: FS Rüfner).

Maunz, Theodor/ *Dürig*, Günter: Grundgesetz. Kommentar, Loseblatt, Band I, Art. 1 – Art. 11; Band III, Art. 17 – 27; Band V, Art. 89 – Art. 146, München, Stand: 43. Ergänzungslieferung Februar 2004 (zit.: *Bearb.*, in: M/D).

Maurer, Hartmut: Die verfassungsrechtliche Grundlage des Religionsunterrichts, in: Ruland, Franz/ Maydell, Bernd Baron von/ Papier, Hans-Jürgen (Hrsg.), Verfassung, Theorie und Praxis des Sozialstaats. Festschrift für Hans F. Zacher zum 70. Geburtstag, Heidelberg 1998, S. 577-590 (zit.: *Maurer*, in: FS Zacher).

– Religionsunterricht und Religionskunde – in rechtlicher Sicht, in: ZPT 1998, S. 409-416 (zit.: *Maurer*, ZPT 1998).

– Allgemeines Verwaltungsrecht, 15. Aufl., München 2004 (zit.: *Maurer*, VerwR, §, Rn.).

– Religionsfreiheit in der multikulturellen Gesellschaft, in: Eberle, Carl-Eugen/ Ibler, Martin/ Lorenz, Dieter (Hrsg.), Der Wandel des Staates vor den Herausforderungen der Gegenwart. Festschrift für Winfried Brohm zum 70. Geburtstag, München 2002, S. 455-474 (zit.: *Maurer*, in: FS Brohm).

Mausbach, Joseph: Kulturfragen in der Deutschen Verfassung. Eine Erklärung wichtiger Verfassungsartikel, Mönchengladbach 1920 (zit.: *Mausbach*).

May, Georg: Die Hochschulen, in: Handbuch des katholischen Kirchenrechts, 2. Aufl., Regensburg 1999, § 71, S. 749-777 (zit.: *May*, HdbkathKirchR).

Mayer-Scheu, Hansjosef: Grundgesetz und Parität von Kirchen und Religionsgemeinschaften, Mainz 1970 (zugl. Diss. Mainz 1968) (zit.: *Mayer-Scheu*).

Mediendienst der Westfälischen Wilhelms-Universität Münster (uni press Münster): Lehrer für Islamunterricht werden in Münster ausgebildet, Pressemitteilung v. 21.05.2002, abrufbar unter URL: http://cgi07.uni-muenster.de:8407/exec/Rektorat/upm.php?rubrik=Alle&neu=O&monat=200205&nummer=03412 (Stand: 02.01.2005) (zit.: Mediendienst der WWU Münster, Lehrer für Islamunterricht werden in Münster ausgebildet, v. 21.05.2002).

– Islamischer Religionsunterricht an deutschen Schulen, Pressemitteilung v. 02.12.2003, abrufbar unter URL: http://cgi07.uni-muenster.de:8407/exec/Rektorat/upm.php?rubrik=Alle&neu=0&monat=200312&nummer=04806 (Stand: 02.01.2005) (zit.: Mediendienst der WWU Münster, Islamischer Religionsunterricht an deutschen Schulen, v. 02.12.2003).

– Ausbildung von Lehrern für islamischen und orthodoxen Religionsunterricht, Pressemitteilung v. 08.12.2003, abrufbar unter URL: http://cgi07.uni-muenster.de:8407/exec/Rektorat/upm.php?rubrik=Alle&neu=0&monat=200312&nummer=04834 (Stand: 02.01.2005) (zit.: Mediendienst der WWU Münster, Ausbildung von Lehrern für islamischen und orthodoxen Religionsunterricht, v. 08.12.2003).

– Erste Professur für „Religion des Islam". Ernennung von Dr. Muhammad Sven Kalisch an der Universität Münster, Pressemitteilung v. 22.07.2004, abrufbar unter URL: http://wwwuv2.uni-muenster.de/Rektorat/upm.php?rubrik=Alle&neu=0&monat=200407&nummer=05582 (Stand: 02.01.2005) (zit.: Mediendienst der WWU Münster, Erste Professur für „Religion des Islam", v. 22.07.2004).

Meinertz, Max: Hochschule und Weltanschauung. Die katholische Weltanschauung, in: Doeberl, Michael u. a. (Hrsg.), Das akademische Deutschland, Band III. Die deutschen Hochschulen in ihren Beziehungen zur Gegenwartskultur, Berlin 1930, S. 178-198 (zit.: *Meinertz*).

Menke, Karl-Heinz: Theologie als Bezugswissenschaft des Religionsunterrichts, in: Bitter, Gottfried (Hrsg.), Religionsunterricht hat Zukunft, Bonn 2000, S. 68-83 (zit.: *Menke*, in: Religionsunterricht hat Zukunft).

Meyer, Cordula: „Wenn Allah möchte", in: Der Spiegel v. 05.08.2002, S. 48-49 (zit.: *C. Meyer*, Der Spiegel v. 05.08.2002).

Meyer, Hans Joachim: Die Universitätstheologie in Deutschland – ein Ort der Kirche oder ein Ort der Welt?, in: Kerygma und Dogma 47 (2001), S. 2-13 (zit.: *H. J. Meyer*, Kerygma und Dogma 47).

Meyers Enzyklopädisches Lexikon in 25 Bänden, Band 13: J – Kn und 4. Nachtrag, 9. Aufl., Mannheim 1975 (zit: Meyers Enzyklopädisches Lexikon, Bd. 13).

Mikat, Paul: Kirchen und Religionsgemeinschaften, in: Bettermann, Karl August/ Nipperdey, Hans Carl/ Scheuner, Ulrich (Hrsg.), Die Grundrechte. Handbuch der Theorie und Praxis der Grundrechte, Vierter Band. Grundrechte und institutionelle Garantien, 1. Halbband, 1. Aufl., Berlin 1960, S. 111-243 (zit.: *Mikat*, Grundrechte IV/1).

– Art. Parität, in: Görres-Gesellschaft (Hrsg.), Staatslexikon, Vierter Band, Freiburg, Basel, Wien 1988, Sp. 294-296 (zit.: *Mikat*, Art. Parität, StL IV).

– § 29. Staat, Kirchen und Religionsgemeinschaften, in: Benda, Ernst/ Maihofer, Werner/ Vogel, Hans-Jochen (Hrsg.), Handbuch des Verfassungsrechts der Bundesrepublik Deutschland, 2. Aufl., Berlin, New York 1994, S. 1425-1455 (zit.: *Mikat*, HdbVerfR, § 29, Rn.).

Morlok, Martin/ *Müller*, Markus H.: Keine Theologie ohne die Kirche/ keine Theologie gegen die Kirche?, in: JZ 1997, S. 549-555 (zit.: *Morlok/M. H. Müller*, JZ 1997).

Muckel, Stefan: Muslimische Gemeinschaften als Körperschaften des öffentlichen Rechts, in: DÖV 1995, S. 311-317 (zit.: *Muckel*, DÖV 1995).

– Die Rechtsstellung der Kirche bei der Errichtung eines theologischen Studiengangs an einer staatlichen Universität, in: DVBl. 1997, S. 873-878 (zit.: *Muckel*, DVBl. 1997).

– Religiöse Freiheit und staatliche Letztentscheidung. Die verfassungsrechtlichen Garantien religiöser Freiheit unter veränderten gesellschaftlichen Verhältnissen, Berlin 1997 (zugl. Habil. Köln 1996) (zit.: *Muckel*, Religiöse Freiheit).

– Religionsfreiheit für Muslime in Deutschland, in: Isensee, Josef/ Rees, Wilhelm/ Rüfner, Wolfgang (Hrsg.), Dem Staate, was des Staates – der Kirche, was der Kirche ist: Festschrift für Joseph Listl zum 70. Geburtstag, Berlin 1999, S. 239-257 (zit.: *Muckel*, in: FS Listl).

– Anmerkung zu OVG Berlin, Urteil vom 4.11.1998 – 7 B 4.98 –, in: DVBl. 1999, S. 558-560 (zit.: *Muckel*, DVBl. 1999).

– Islamischer Religionsunterricht und Islamkunde an öffentlichen Schulen in Deutschland, in: JZ 2001, S. 58-64 (zit.: *Muckel*, JZ 2001).

– Der Islam im öffentlichen Recht, in: Ebert, Hans-Georg/ Hanstein, Thoralf (Hrsg.), Beiträge zum Islamischen Recht II, Frankfurt a. M. 2003, S. 11-33 (zit.: *Muckel*, in: Islamisches Recht II).

Mückl, Stefan: Staatskirchenrechtliche Regelungen zum Religionsunterricht, in: AöR 122 (1997), S. 513-556 (zit.: *Mückl*, AöR 122).

Müller, Friedrich: Jenseits der Verfassung. Konkordatslehrstühle am Maßstab des Grundgesetzes, in: DuR 1976, S. 175-179 = Rechtsstaatliche Form. Demokratische Politik, Berlin 1977, S. 110-117 (zit.: *F. Müller*, DuR 1976).

Müller, Friedrich/ *Pieroth*, Bodo: Religionsunterricht als ordentliches Lehrfach. Eine Fallstudie zu den Verfassungsfragen seiner Versetzungserheblichkeit, Berlin 1974 (zit.: *F. Müller/Pieroth*).

Müller, Rabeya: Wie haltet ihr's mit der Religion? In: Anhelm, Fritz Erich/ Dressler, Bernhard (Hrsg.), Islamischer Religionsunterricht in Niedersachsen. Perspektiven seiner Einführung, Rehburg-Loccum 2003, S. 125-131 (zit.: *R. Müller*, in: Islamischer Religionsunterricht in Nds).

– Schuldidaktik des islamischen Religionsunterrichts und ihre Relevanz für interreligiöse Aspekte, in: Bauer, Thomas/ Kaddor, Lamya/ Strobel, Katja (Hrsg.), Islamischer Religionsunterricht: Hintergründe, Probleme, Perspektiven, Münster 2004, S. 49-53 (zit.: *R. Müller*, in: Islamischer Religionsunterricht).

Müller-Volbehr, Jörg: Staat und Kirche – Universität und Theologie. Aktuelle Rechtsprobleme der Theologenausbildung an staatlichen Hochschulen, in: ZevKR 24 (1979), S. 1-27 (zit.: *Müller-Volbehr*, ZevKR 24).

– Neue Minderheitenreligionen – aktuelle verfassungsrechtliche Probleme, in: JZ 1981, S. 41-49 (zit.: *Müller-Volbehr*, JZ 1981).

– Die sogenannten Jugendreligionen und die Grenzen der Religionsfreiheit, in: Marré, Heiner/ Stüting, Johannes (Hrsg.), Essener Gespräche zum Thema Staat und Kirche (19), Münster 1985, S. 111-136 (zit.: *Müller-Volbehr*, Ess.Gespr. 19).

– Staatskirchenrecht im Umbruch, in: ZRP 1991, S. 345-349 (zit.: *Müller-Volbehr*, ZRP 1991).

– § 8. Das Staatskirchenrecht als Gegenstand der einfachen Gesetzgebung in Bund und Ländern, in: Listl, Joseph/ Pirson, Dietrich (Hrsg.), Handbuch des Staatskirchenrechts der Bundesrepublik Deutschland, Erster Band, 2. Aufl., Berlin 1994, S. 289-313 (zit.: *Müller-Volbehr*, HdbStKirchR I).

Münch, Ingo von: Staatsrecht II, 5. Aufl., Stuttgart, Berlin, Köln 2002 (zit.: *v. Münch*).

Münch, Ingo von/ *Kunig*, Philip (Hrsg.): Grundgesetz-Kommentar, Band 1, Präambel bis Art. 19, 5. Aufl., München 2000; Band 3, Art. 70 bis Art. 146 und Gesamtregister, 4./5. Aufl., München 2003 (zit.: *Bearb.*, in: MüK).

Mussinghoff, Heinz: Theologische Fakultäten im Spannungsfeld von Staat und Kirche, Mainz 1979 (zugl. Diss. Münster 1978) (zit.: *Mussinghoff*, Theologische Fakultäten).

– Orthodoxe Theologie an der Universität. Zur Errichtung der Professur für orthodoxe Theologie an der Universität Münster aus katholischer Sicht, in: Lüdicke, Klaus/ Paarhammer, Hans/ Binder, Dieter A. (Hrsg.), Recht im Dienste des Menschen. Eine Festgabe. Hugo Schwendenwein zum 60. Geburtstag, Granz, Wien, Köln 1987, S. 617-636 (zit.: *Mussinghoff*, in: Festgabe Schwendenwein).

Nawiasky, Hans/ *Leusser*, Claus/ *Schweiger*, Karl/ *Zacher*, Hans: Die Verfassung des Freistaates Bayern, Loseblatt, 2. Aufl., München, Stand: 12. Ergänzungslieferung Juni 2003 (zit.: *Bearb.*, in: N/L/S/Z).

Neumann, Johannes: Die Theologischen Fakultäten an den Staatlichen Universitäten nach dem Grundgesetz der Bundesrepublik Deutschland, in: Scheuermann, Audomar/ May, Georg (Hrsg.), Ius sacrum. Klaus Mörsdorf zum 60. Geburtstag, München, Paderborn, Wien 1969, S. 853-879 (zit.: *J. Neumann*, in: FS Mörsdorf).

Neumann, Ursula (Hrsg.): Islamische Theologie. Internationale Beiträge zur Hamburger Debatte, Hamburg 2002 (zit.: *U. Neumann*, Islamische Theologie).

Neureither, Georg: Recht und Freiheit im Staatskirchenrecht. Das Selbstbestimmungsrecht der Religionsgemeinschaften als Grundlage des staatskirchenrechtlichen Systems der Bundesrepublik Deutschland, Berlin 2002 (zugl. Diss. Jena 2001) (zit.: *Neureither*).

Niehues, Norbert: Schul- und Prüfungsrecht, Band 1 Schulrecht, 3. Aufl., München 2000 (zit.: *Niehues*).

Noth, Albrecht: Möglichkeiten und Grenzen islamischer Toleranz, in: Saeculum 29 (1978), S. 190-204 (zit.: *Noth*, Saeculum 29).

Obermayer, Klaus: Die Religions- und Weltanschauungsgemeinschaften und die Verwaltungsverfahrensgesetze, in: DVBl. 1977, S. 437-440 (zit.: *Obermayer*, DVBl. 1977).

– Das Verhältnis von Religionsgemeinschaften und Weltanschauungsgemeinschaften nach dem Grundgesetz. Eine verfassungsrechtliche Würdigung der Entscheidung des BVerwG vom 14. 11. 1980 über die Tragweite des Geistlichenprivilegs nach § 11 Abs. 1 Nr. 3 WPflG, in: DVBl. 1981, S. 615-619 (zit.: *Obermayer*, DVBl. 1981).

– Die Schranken des Grundrechts der Religionsfreiheit. Anmerkungen zu einigen aktuellen Problemen, in: ZevKR 27 (1982), S. 253-269 (zit.: *Obermayer*, ZevKR 27).

Oebbecke, Janbernd: Reichweite und Voraussetzungen der grundgesetzlichen Garantie des Religionsunterrichts, in: DVBl. 1996, S. 336-344 (zit.: *Oebbecke*, DVBl. 1996).

– Flexibler Rahmen. Der Islam in Deutschland und das Grundgesetz, in: HK 1998, S. 413-416 (zit.: *Oebbecke*, HK 1998).

– Islamischer Religionsunterricht an deutschen Schulen – Aktuelle Fragen und Problemstellungen, in: Islamischer Religionsunterricht an deutschen Schulen? Fragen, Probleme, Konzeptionen und Perspektiven. Beiträge einer Tagung in Ev. Akademie Mülheim, epd-Dokumentation Nr. 2/00, S. 3-13 (zit.: *Oebbecke*, epd 2/00).

– Diskussionsbeitrag, in: Marré, Heiner/ Schümmelfeder, Dieter/ Kämper, Burkhard (Hrsg.), Essener Gespräche zum Thema Staat und Kirche (34). Das Staat-Kirche-Verhältnis in Deutschland an der Schwelle zum 21. Jahrhundert, Münster 2000, S. 148-149 (zit.: *Oebbecke*, Ess.Gespr. 34).

– Islamisches Schlachten und Tierschutz, in: NVwZ 2002, S. 302-303 (zit.: *Oebbecke*, NVwZ 2002).

– Islamischer Religionsunterricht – rechtsdogmatische und rechtspolitische Fragen, in: Bauer, Thomas/ Kaddor, Lamya/ Strobel, Katja (Hrsg.), Islamischer Religionsunterricht: Hintergründe, Probleme, Perspektiven, Münster 2004, S. 55-63 (zit.: *Oebbecke*, in: Islamischer Religionsunterricht).

Oppermann, Thomas: Kulturverwaltungsrecht. Bildung – Wissenschaft – Kunst, Tübingen 1969 (zit.: *Oppermann*, Kulturverwaltungsrecht).

– § 145. Freiheit von Forschung und Lehre, in: Isensee, Josef/ Kirchhof, Paul (Hrsg.), Handbuch des Staatsrechts der Bundesrepublik Deutschland, Bd. VI. Freiheitsrechte, Heidelberg 1989, S. 809-846 (zit.: *Oppermann*, HdbStR VI, § 145, Rn.).

Özdil, Ali-Özgur: Aktuelle Debatten zum Islamunterricht in Deutschland. Religionsunterricht – Religiöse Unterweisung für Muslime – Islamkunde, Hamburg 1999 (zit.: *Özdil*).

Paret, Rudi: Toleranz und Intoleranz im Islam, in: Saeculum 21 (1970), S. 344-365 (zit.: *Paret*, Saeculum 21).

Peters, Hans: Die Gegenwartslage des Staatskirchenrechts, in: VVDStRL 11 (1954), S. 177 – 211 (zit.: *Peters*, VVDStRL 11).

– Elternrecht, Erziehung, Bildung und Schule, in: Bettermann, Karl August/ Nipperdey, Hans Carl/ Scheuner, Ulrich (Hrsg.), Die Grundrechte. Handbuch der Theorie und Praxis der Grundrechte, Vierter Band, 1. Halbband, 1. Aufl., Berlin 1960, S. 369-445 (zit.: *Peters*, Grundrechte IV/1).

Petersohn, Alexandra: Der Islam „ante portas“ – Sprengstoff für den Staat des Grundgesetzes?, in: ZRP 2002, S. 521-524 (zit.: *Petersohn*, ZRP 2002).

Pfaff, Ulrich: Islamische Unterweisung an Schulen in Nordrhein-Westfalen, in: SchulVerwaltung NRW 1999, S. 170-171 (zit.: *Pfaff*, SchulVerwaltung NRW 1999).

– Islamische Unterweisung an den Schulen in Nordrhein-Westfalen, in: Islamischer Religionsunterricht an deutschen Schulen? Fragen, Probleme, Konzeptionen und Perspektiven. Beiträge einer Tagung in Ev. Akademie Mülheim, epd-Dokumentation Nr. 2/00, S. 42-44 (zit.: *Pfaff*, epd 2/00).

– Islamische Unterweisung in Nordrhein-Westfalen, in: Beauftragte der Bundesregierung für Ausländerfragen (Hrsg.), Islamischer Religionsunterricht an staatlichen Schulen in Deutschland, Berlin, Bonn September 2000, S. 13-17 (zit.: *Pfaff*, in: Beauftragte der Bundesregierung für Ausländerfragen).

– Die aktuelle Situation der islamischen Unterweisung in Nordrhein-Westfalen, in: Bauer, Thomas/ Kaddor, Lamya/ Strobel, Katja (Hrsg.), Islamischer Religionsunterricht: Hintergründe, Probleme, Perspektiven, Münster 2004, S. 65-68 (zit.: *Pfaff*, in: Islamischer Religionsunterricht).

Pieroth, Bodo: Art. Religionsunterricht, in: Herzog, Roman u. a. (Hrsg.), Evangelisches Staatslexikon, Band II, N-Z, 3. Aufl., Stuttgart 1987, Sp. 2981-2986 (zit.: *Pieroth*, Art. Religionsunterricht, EvStL II).

– Die verfassungsrechtliche Zulässigkeit einer Öffnung des Religionsunterrichts, in: ZevKR 38 (1993), S. 189-202 (zit.: *Pieroth*, ZevKR 38).

– Aktuelle verfassungsrechtliche Fragen zum Religionsunterricht, in: Der evangelische Erzieher 45 (1993), S. 196-211 (zit.: *Pieroth*, Der evangelische Erzieher 45).

– Islam in der Schule. Rechtliche Vorgaben und Grenzen, in: E&U 3/1994, S. 33-36 (zit.: *Pieroth*, E&U 3/1994).

– Erziehungsauftrag und Erziehungsmaßstab der Schule im freiheitlichen Verfassungsstaat, in: DVBl. 1994, S. 949-961 (zit.: *Pieroth*, DVBl. 1994).

– Rechtliche Rahmenbedingungen des Religionsunterrichts, in: Gossmann, Klaus (Hrsg.), Religionsunterricht im Spannungsfeld von Identität und Verständigung, Münster 1995, S. 89-104 (zit.: *Pieroth*, in: Religionsunterricht im Spannungsfeld).

– Muslimische Gemeinschaften als Religionsgesellschaften nach deutschem Recht, in: Oebbecke, Janbernd (Hrsg.), Muslimische Gemeinschaften im deutschen Recht, Frankfurt a. M. 2003, S. 109-120 (zit.: *Pieroth*, in: Muslimische Gemeinschaften).

Pieroth, Bodo/ *Görisch*, Christoph: Was ist eine „Religionsgemeinschaft"?, in: JuS 2002, S. 937-941 (zit.: *Pieroth/Görisch*, JuS 2002).

Pieroth, Bodo/ *Kingreen*, Thorsten: Das Verbot von Religions- und Weltanschauungsgemeinschaften, in: NVwZ 2001, S. 841-846 (zit.: *Pieroth/Kingreen*, NVwZ 2001).

Pieroth, Bodo/ *Schlink*, Bernhard: Grundrechte. Staatsrecht II, 20. Aufl., Heidelberg 2004 (zit.: *P/S*).

Planker, Markus: Das Vereinsverbot – einsatzbereites Instrument gegen verfassungsfeindliche Glaubensgemeinschaften?, in: DÖV 1997, S. 101-109 (zit.: *Planker*, DÖV 1997).

Poetzsch-Heffter, Fritz: Handkommentar der Reichsverfassung vom 11. August 1919, 3. Aufl., Berlin 1928 (zit.: *Poetzsch-Heffter*, Art., Anm., S.).

Poscher, Ralf: Totalität – Homogenität – Zentralität – Konsistenz. Zum verfassungsrechtlichen Begriff der Religionsgemeinschaft, in: Der Staat 39 (2002), S. 49-67 (zit.: *Poscher*, Der Staat 39).

Pröpper, Thomas: Fachbereich 02. Katholisch-Theologische Fakultät, in: Jahresbericht der Universität Münster 1999, abrufbar unter URL: http://www.uni-muenster.de/Rektorat/jb99/jb9912.htm (Stand: 02.01.2005) (zit.: *Pröpper*, in: Jahresbericht 1999).

– Fachbereich 02. Katholisch-Theologische Fakultät, in: Jahresbericht der Universität Münster 2000, abrufbar unter URL: http://www.uni-muenster.de/Rektorat/jb00/jb0012.htm (Stand: 02.01.2005) (zit.: *Pröpper*, in: Jahresbericht 2000).

Puza, Richard: Staatskirchenrechtliche und kirchenrechtliche Stellung und Aufgaben der theologischen Fakultäten, in: ThQ 171 (1991), S. 108-114 (zit.: *Puza*, ThQ 1991).

– Fragen des staatlichen Religionsrechts um den Islam in Deutschland, in: ThQ 181 (2001), S. 307-328 (zit.: *Puza*, ThQ 2001).

– Bestandsgarantie und Umbildung von Lehrstühlen und Professorenstellen an staatlichen Katholisch-Theologischen Fakultäten in Deutschland. Unter besonderer Bezugnahme auf die Fakultät in Tübingen, in: ZRG Kan. Abt. 88 (2002), S. 391-410 (zit.: *Puza*, ZRG Kan. Abt. 88).

Quaritsch, Helmut: Der Streit um die Katholische Theologie an der Universität Frankfurt, in: NVwZ 1990, S. 28-32 (zit.: *Quaritsch*, NVwZ 1990).

Rainer, Rudolf: Kein islamischer Religionsunterricht an hessischen Schulen, Pressemitteilung des Verwaltungsgerichts Wiesbaden vom 15.06.2004, abrufbar unter URL: http://www.vg-wiesbaden.justiz.hessen.de/internet/vg-wiesbaden.nsf/Frame (Stand: 21.07.2004) (zit.: *Rainer*, Kein islamischer Religionsunterricht an hessischen Schulen, Pressemitteilung des VG Wiesbaden v. 15.06.2004).

Rau, Johannes: „Die Religionsfreiheit gilt auch für den Islam“. Bundespräsident Johannes Rau warnt beim Lessing-Festakt in Wolfenbüttel vor einem Kopftuchverbot/ Die Rede in Auszügen, SZ v. 23.01.2004, S. 6 (zit.: *Rau*, SZ v. 23.01.2004).

Rees, Wilhelm: Der Religionsunterricht und die katechetische Unterweisung in der kirchlichen und staatlichen Rechtsordnung, Regensburg 1986 (zugl. Diss. Augsburg 1986) (zit.: *Rees*, Religionsunterricht).

– Religionsunterricht in der Schule. Rechtliche Grundlagen und neuere Fragestellungen aus katholischer Sicht, in: KuR 1996, S. 99-114 (= 730, S. 15-30) (zit.: *Rees*, KuR 1996).

– Der Religionsunterricht, in: Handbuch des katholischen Kirchenrechts, 2. Aufl., Regensburg 1999, § 70, S. 734-748 (zit.: *Rees*, HdbkathKirchR).

– Katholische Schule und Religionsunterricht als Verwirklichung von Religionsfreiheit. Kirchenrechtlicher Anspruch und staatliche Normierung, in: Isensee, Josef/ Rees, Wilhelm/ Rüfner, Wolfgang (Hrsg.), Dem Staate, was des Staates – der Kirche, was der Kirche ist: Festschrift für Joseph Listl zum 70. Geburtstag, Berlin 1999, S. 367-390 (zit.: *Rees*, in: FS Listl).

Reich, Andreas: Bayerisches Hochschulgesetz. Kommentar, 4. Aufl., Bad Honnef 1999 (zit.: *Reich*, bayHG).

– Hochschulgesetz Sachsen-Anhalt. Kommentar, Bad Honnef 1996 (zit.: *Reich*, saHG).

– Hochschulrahmengesetz. Kommentar, 8. Aufl., Bad Honnef 2002 (zit.: *Reich*, HRG).

Reichmuth, Stefan: »Lerngemeinschaft. Das deutsche Bildungswesen und der Dialog mit den Muslimen« – Bericht über eine Konferenz in Weimar, einberufen von der Kultusministerkonferenz, 13.-14.3.2003, in: RdJB 51 (2003), S. 262-268 (zit.: *Reichmuth*, RdJB 51).

– Die Islamwissenschaft und ihr Beitrag zu einer islamischen Lehrerbildung – Perspektiven und erste Erfahrungen, in: Bauer, Thomas/ Kaddor, Lamya/ Strobel, Katja (Hrsg.), Islamischer Religionsunterricht: Hintergründe, Probleme, Perspektiven, Münster 2004, S. 69-78 (zit.: *Reichmuth*, in: Islamischer Religionsunterricht).

Renck, Ludwig: Sonderurlaub für Veranstaltungen von Bekenntnisgemeinschaften, in: NVwZ 1987, S. 669-671 (zit.: *Renck*, NVwZ 1987).

– Zur grundrechtlichen Bedeutung von Art. 7 III GG, in: NVwZ 1992, S. 1171-1172 (zit.: *Renck*, NVwZ 1992).

– Rechtsfragen des Religionsunterrichts im bekenntnisneutralen Staat, in: DÖV 1994, S. 27-32 (zit.: *Renck*, DÖV 1994).

– Staatskirchenrecht in den neuen Bundesländern – dargestellt am Beispiel Thüringens –, in: ThürVBl. 1994, S. 182-185 (zit.: *Renck*, ThürVBl. 1994).

– Verfassungsprobleme der theologischen Fakultäten, in: NVwZ 1996, S. 333-339 (zit.: *Renck*, NVwZ 1996).

– Religionsunterricht in Brandenburg, in: LKV 1997, S. 81-85 (zit.: *Renck*, LKV 1997).

– Zum Stand des Bekenntnisverfassungsrechts in der Bundesrepublik, in: BayVBl. 1999, S. 70-77 (zit.: *Renck*, BayVBl. 1999).

– Der Streit um den Bekenntnis- und Ethikunterricht in Brandenburg und Berlin, in: NJ 2000, S. 393-398 (zit.: *Renck*, NJ 2000).

– Islamischer Religionsunterricht – wann endlich? (Anmerkung zu VG Düsseldorf, NWVBl. 2001, 112), in: NWVBl. 2001, S. 425-426 (zit.: *Renck*, NWVBl. 2001).

– Die unvollkommene Parität, in: DÖV 2002, S. 56-67 (zit.: *Renck*, DÖV 2002).

– Institutionell garantierter Bekenntnisunterricht?, in: ZRP 2003, S. 137-139 (zit.: *Renck*, ZRP 2003).

– Wissenschaftsfreiheit und theologische Fakultäten, in: Muckel, Stefan (Hrsg.), Kirche und Religion im sozialen Rechtsstaat. Festschrift für Wolfgang Rüfner zum 70. Geburtstag, Berlin 2003, S. 711-725 (zit.: *Renck*, in: FS Rüfner).

Renkliçay, Ibrahim/ *Kilavuz*, Dede Hasan: Stellungnahme des Alevitischen Kulturzentrums zur geplanten Gründung einer Akademie der Weltreligionen an der Universität Hamburg, in: Knauth, Thorsten/ Weiße, Wolfram (Hrsg.): Akademie der Weltreligionen. Konzeptionelle und praktische Ansätze. Dokumentation eines Symposions am 19./20. 12. 2001 mit Vertreterinnen und Vertretern von Weltreligionen in Hamburg und Mitgliedern der Universität Hamburg, Hamburg 2002, S. 129-130 (zit.: *Renkliçay/Kilavuz*, in: Akademie der Weltreligionen).

Rennert, Michael: Die Bindung der Hochschullehrer durch die Treueklausel des Artikel 5 Absatz 3 Grundgesetz, Heidelberg 1973 (zugl. Diss. Heidelberg 1973) (zit.: *Rennert*).

Richter, Ingo: Der Religionsunterricht als institutionelle Garantie, in: RdJB 44 (1996), S. 295-300 (zit.: *Richter*, RdJB 44).

Riedel-Spangenberger, Ilona: Theologie zwischen Konkordat und Wissenschaftsfreiheit. Zur Rechtsstellung katholisch-theologischer Fakultäten an staatlichen Universitäten, in: Franz, Albert (Hrsg.), Bindung an die Kirche oder Autonomie? Theologie im gesellschaftlichen Diskurs, Freiburg, Basel, Wien 1999, S. 219-241 (zit.: *Riedel-Spangenberger*, in: Theologie).

Robbers, Gerhard: § 31. Förderung der Kirchen durch den Staat, in: Listl, Joseph/ Pirson, Dietrich (Hrsg.), Handbuch des Staatskirchenrechts der Bundesrepublik Deutschland, Erster Band, 2. Aufl., Berlin 1994, S. 867-890 (zit.: *Robbers*, HdbStKirchR I).

Rohe, Mathias: Rechtliche Perspektiven eines islamischen Religionsunterrichts in Deutschland, in: ZRP 2000, S. 207-212 (zit.: *Rohe*, ZRP 2000).

– Rechtliche Perspektiven eines deutschen und europäischen Islam, in: RabelsZ 64 (2000), S. 256-298 (zit.: *Rohe*, RabelsZ 64).

– Islam und deutsches Recht – zu den Wechselwirkungen zwischen deutscher Rechtsordnung und Etablierung des Islam in Deutschland, in: ZfTS 13 (2000), S. 7-26 (zit.: *Rohe*, ZfTS 13).

– Der Islam – Alltagskonflikte und Lösungen, Freiburg 2001 (zit.: *Rohe*, Der Islam).

– Möglichkeiten und Grenzen der Bildung islamischer Religionsgemeinschaften in Deutschland, in: Der Bürger im Staat, Heft 4 2001, abrufbar unter URL: http://www.lpb.bwue.de/aktuell/bis/4_01/rechtsordnung5.htm (Stand: 02.01.2005) (zit.: *Rohe*, Der Bürger im Staat 4 2001).

– Zur Genese des Erlanger Schulversuchs „Islamunterricht", 24. Februar 2003, abrufbar unter URL: http://www.zr2.jura.uni-erlangen.de/Schulversuch.pdf (Stand: 02.01.2005) (zit.: *Rohe*, Genese des Erlanger Schulversuchs).

– Spezifische Rechtsprobleme des islamischen Religionsunterrichts in Deutschland, in: Bauer, Thomas/ Kaddor, Lamya/ Strobel, Katja (Hrsg.), Islamischer Religionsunterricht: Hintergründe, Probleme, Perspektiven, Münster 2004, S. 79-85 (zit.: *Rohe*, in: Islamischer Religionsunterricht).

– Verfassungsrechtliche Rahmenbedingungen für islamischen Religionsunterricht im Licht konkreter Erfahrungen – Referat bei der öffentlichen Anhörung der Fraktion Bündnis 90/Die Grünen im Landtag von Baden-Württemberg am 2. Dezember 2004 –, abrufbar unter URL: http://www.zr2.jura.uni-erlangen.de/Stellungnahme_BaWue.pdf (Stand: 02.01.2005) (zit.: *Rohe*, Verfassungsrechtliche Rahmenbedingungen für islamischen Religionsunterricht).

Rößler, Hans-Christian: Deutsch hält langsam Einzug in Moscheen und Koranschulen, in: F.A.Z. v. 02.03.1999, S. 6 (*Rößler*, F.A.Z. v. 02.03.1999).

Rüfner, Wolfgang: Anmerkung zu VG Düsseldorf, Beschl. v. 18.7.2000 – 1 L 1224/00, in: NWVBl. 2001, S. 114-115 (zit.: *Rüfner*, NWVBl. 2001).

Ruh, Ulrich: Kein Grund zum Rückzug. Zur aktuellen Diskussion über die Theologischen Fakultäten, in: HK 1995, S. 293-296 (zit.: *Ruh*, HK 1995).

Ruthven, Malise: Der Islam. Eine kurze Einführung, Stuttgart 2000 (zit.: *Ruthven*).

Sachs, Michael: Der Gleichheitssatz, in: NWVBl. 1988, S. 295-301 (zit.: *Sachs*, NWVBl. 1988).

– § 126. Besondere Gleichheitsgarantien, in: Isensee, Josef/ Kirchhof, Paul (Hrsg.), Handbuch des Staatsrechts der Bundesrepublik Deutschland, Bd. V. Allgemeine Grundrechtslehren, Heidelberg 1992, S. 1017-1083 (zit.: *Sachs*, HdbStR V, § 126, Rn.).

– Grundgesetz. Kommentar, 3. Aufl., München 2003 (zit.: *Bearb.*, in: Sachs, GG).

– Verfassungsrecht II Grundrechte, 2. Aufl., Berlin, Heidelberg 2003 (zit.: *Sachs*, Grundrechte).

Schachten, Winfried: Quis iudicabit? Das konfessionell gebundene Staatsamt eines katholischen Universitätstheologen und die beamtenrechtliche Fürsorgepflicht des Staates im Bereich der Grundrechte, Berlin 1989 (zit.: *Schachten*).

Schäfer, Rütger: Die Misere der theologischen Fakultäten. Dokumentation und Kritik eines Tabus, Schwerte 1970 (zit.: *Schäfer*).

Scheffler, Gerhard: Staat und Kirche, 2. Aufl., Hamburg 1973 (zit.: *Scheffler*).

Schimmel, Annemarie: Auf den Spuren der Muslime. Mein Leben zwischen den Kulturen, Freiburg i. Br., Basel, Wien 2002 (zit.: *Schimmel*).

Schirrmacher, Christine: Der Islam, in: Harenberg Lexikon der Religionen. Die Religionen und Glaubensgemeinschaften der Welt. Ihre Bedeutung in Alltag, Geschichte und Gesellschaft, Dortmund 2002, S. 428-547 (zit.: *Schirrmacher*, in: Lexikon der Religionen).

Schlaich, Klaus: Neutralität als verfassungsrechtliches Prinzip vornehmlich im Kulturverfassungs- und Staatskirchenrecht, Tübingen 1972 (zugl. Habil. Tübingen 1971) (zit: *Schlaich*, Neutralität).

– Besprechung von Mayer-Scheu, Hansjosef: Grundgesetz und Parität von Kirchen und Religionsgemeinschaften, in: ZevKR 19 (1974), S. 195-206 (zit.: *Schlaich*, ZevKR 19).

Schlaich, Klaus/ *Korioth*, Stefan: Das Bundesverfassungsgericht. Stellung, Verfahren, Entscheidungen, 5. Aufl., München 2001 (zit.: *Schlaich/Korioth*).

Schlief, Karl-Eugen: Die Entwicklung des Verhältnisses von Staat und Kirche und seine Ausgestaltung im Bonner Grundgesetz. Geschichte, Entstehungsgeschichte und Auslegung des Art. 140 GG i. V. m. Art. 137 WRV, Diss. Osnabrück 1961 (zit.: *Schlief*).

Schlink, Bernhard: Zwischen Identifikation und Distanz. Zur Stellung des Beamten im Staat und zur Gestaltung des Beamtenrechts durch das Staatsrecht, in: Der Staat 1976, S. 335-366 (zit.: *Schlink*, Der Staat 1976).

– Revisionsbegründung vor dem Bundesverwaltungsgericht, in: Integration und Religion. Islamischer Religionsunterricht an Berliner Schulen, Berlin 2000, S. 52-74 (zit.: *Schlink*, in: Integration und Religion).

Schmidt, Karsten: Eintragung „religiöser Wirtschaftsvereine“?, in: NJW 1988, S. 2574-2578 (zit.: *Schmidt*, NJW 1988).

Schmidt-Bleibtreu, Bruno/ *Klein*, Franz: Kommentar zum Grundgesetz, 10. Aufl., Neuwied 2004 (zit.: *Bearb.*, in: Schmidt-Bleibtreu/Klein).

Schmitt, Carl: Freiheitsrechte und institutionelle Garantien der Reichsverfassung, Berlin 1932 (zit.: *C. Schmitt*).

Schmitt, Walter Oskar: Lehrfreiheit, Meinungsfreiheit und „Verfassungstreue“, in: DVBl. 1966, S. 6-10 (zit.: *W. O. Schmitt*, DVBl. 1966, S. 6).

– Lehrfreiheit, Meinungsfreiheit und „Verfassungstreue“, in: DVBl. 1966, S. 166-171 (zit.: *W. O. Schmitt*, DVBl. 1966, S. 166).

Schmoeckel, Reinhard: Der Religionsunterricht. Die rechtliche Regelung nach Grundgesetz und Landesgesetzgebung, Bonn 1963 (zugl. Diss. Bonn 1963) (zit.: *Schmoeckel*).

Schoen (ohne Vornamen): Der Staat und die Religionsgesellschaften in der Gegenwart, in: VerwArch 29 (1922), S. 1-30 (zit.: *Schoen*, VerwArch 29).

Schreiner, Peter/ *Wulff*, Karen (Hrsg.), Islamischer Religionsunterricht. Ein Lesebuch, Münster 2001 (zit.: *Schreiner/Wulff*).

Schulze-Fielitz, Helmuth: § 27. Freiheit der Wissenschaft, in: Benda, Ernst/ Maihofer, Werner/ Vogel, Hans-Jochen (Hrsg.), Handbuch des Verfassungsrechts der Bundesrepublik Deutschland, 2. Aufl., Berlin, New York 1994, S. 1339-1362 (zit.: *Schulze-Fielitz*, HdbVerfR, § 27, Rn.).

Schumann, Olaf: Stellungnahme zur Gründung einer „Akademie der Weltreligionen": Aus der Sicht eines Religionswissenschaftlers, in: Knauth, Thorsten/ Weiße, Wolfram (Hrsg.): Akademie der Weltreligionen. Konzeptionelle und praktische Ansätze. Dokumentation eines Symposions am 19./20. 12. 2001 mit Vertreterinnen und Vertretern von Weltreligionen in Hamburg und Mitgliedern der Universität Hamburg, Hamburg 2002, S. 131-136 (zit.: *Schumann*, in: Akademie der Weltreligionen).

Seifert, Karl-Heinz/ *Hömig*, Dieter: Grundgesetz für die Bundesrepublik Deutschland. Taschenkommentar, 7. Aufl., Baden-Baden 2003 (zit.: *Bearb.*, in: Seifert/Hömig).

Sekretariat der Deutschen Bischofskonferenz (Hrsg.): Christen und Muslime in Deutschland, Bonn 23. September 2003 (zit.: Sekretariat der Deutschen Bischofskonferenz).

Siegert, Folker: Bericht von der Abschlussdiskussion, in: Bauer, Thomas/ Kaddor, Lamya/ Strobel, Katja (Hrsg.), Islamischer Religionsunterricht: Hintergründe, Probleme, Perspektiven, Münster 2004, S. 107-109 (zit.: *Siegert*, in: Islamischer Religionsunterricht).

Sobota, Katharina: Das Prinzip Rechtsstaat. Verfassungs- und verwaltungsrechtliche Aspekte, Tübingen 1997 (zugl. Habil. Jena 1995) (zit.: *Sobota*).

Solte, Ernst-Lüder: Theologie an der Universität. Staats- und kirchenrechtliche Probleme der theologischen Fakultäten, Jus ecclesiasticum, Bd. 13, München 1971 (zit.: *Solte*, Theologie an der Universität).

– Kirche, Staat und evangelische Theologie, in: Bohnert, Joachim u. a. (Hrsg.), Verfassung – Philosophie – Kirche. Festschrift für Alexander Hollerbach zum 70. Geburtstag, Berlin 2001, S. 791-809 (zit.: *Solte*, in: FS Hollerbach).

– Aktuelle Rechtsfragen der Theologenausbildung an den Universitäten des Staates, in: ZevKR 49 (2004), S. 351-367 (zit.: *Solte*, ZevKR 49).

Spiewak, Martin: Das Recht auf Unterricht, in: Die Zeit 10/2000 v. 02.03.2000, S. 32 (zit.: *Spiewak*, Die Zeit v. 02.03.2000).

Spriewald, Simone: Rechtsfragen im Zusammenhang mit der Einführung von islamischem Religionsunterricht als ordentliches Lehrfach an deutschen Schulen, Berlin 2003 (zugl. Diss. Berlin 2003) (zit.: *Spriewald*).

Spuler-Stegemann, Ursula: Muslime in Deutschland. Informationen und Klärungen, 3. Aufl., Freiburg, Basel, Wien 2002 (zit.: *Spuler-Stegemann*).

Starck, Christian: Religionsunterricht und Verfassung. Eine rechtsvergleichende Betrachtung, in: de Wall, Heinrich/ Germann, Michael (Hrsg.), Bürgerliche Freiheit und Christliche Verantwortung.

Festschrift für Christoph Link zum siebzigsten Geburtstag, Tübingen 2003, S. 483-499 (zit.: *Starck*, in: FS Link).

Stempel, Martin: Zwischen Koran und Grundgesetz: Religiöse Betätigung muslimischer Ausländer in der Bundesrepublik Deutschland, Diss. Hamburg 1986 (zit.: *Stempel*).

Stern, Klaus: Das Staatsrecht der Bundesrepublik Deutschland, Band III/1. Allgemeine Lehren der Grundrechte, München 1988 (zit.: *Stern*, StR III/1).

Stock, Martin: Islamunterricht: Religionskunde, Bekenntnisunterricht oder was sonst?, Münster 2003 (zit.: *Stock*, Islamunterricht).

– Einige Schwierigkeiten mit islamischem Religionsunterricht, in: NVwZ 2004, S. 1399-1405 (zit.: *Stock*, NVwZ 2004).

Stumpf, Christoph A.: Die Freiheit des Religionswechsels als Herausforderung für das religiöse Recht des Islam und des Christentums, in: ZevKR 48 (2003), S. 129-148 (zit.: *Stumpf*, ZevKR 48).

Süsterhenn, Adolf/ *Schäfer*, Hans: Kommentar der Verfassung für Rheinland Pfalz, Koblenz 1950 (zit.: *Süsterhenn/Schäfer*).

Tetzel, Claus: Staat – Kirche – Hochschule. Eine Untersuchung der verfassungsrechtlichen Zulässigkeit kirchlicher Rechtspositionen im staatlichen Hochschulbereich, Diss. Erlangen-Nürnberg 1981 (zit.: *Tetzel*).

The Encyclopaedia Of Islam: Bosworth, C. E./ Donzel, E. van/ Lewis, B./ Pellat, Ch. (Hrsg.), Volume VI, MAHK-MID, Leiden 1991 (zit.: Encyclopaedia VI).

The Encyclopaedia Of Islam: Donzel, E. van/ Lewis, B./ Pellat, Ch. (Hrsg.), Volume IV, IRAN-KHA, Leiden 1978 (zit.: Encyclopaedia IV).

The Encyclopaedia Of Islam: Lewis, B./ Pellat, Ch./ Schacht, J. (Hrsg.), Volume II, C-G, Leiden, London 1965 (zit.: Encyclopaedia II).

Thieme, Werner: Deutsches Hochschulrecht, 2. Aufl., Köln u. a. 1986 (zit.: *Thieme*).

Thoma, Richard: Die Lehrfreiheit der Hochschullehrer und ihre Begrenzung durch das Bonner Grundgesetz, Tübingen 1952 (zit.: *Thoma*).

Tillmanns, Reiner: Islamischer Religionsunterricht in Berlin. Anmerkungen zu einem langjährigen Rechtsstreit, in: RdJB 47 (1999), S. 471-480 (zit.: *Tillmanns*, RdJB 47).

Toepfer, Stefan: Konzipiert in Frankfurt, finanziert in Ankara. Islamkundlicher Studiengang in Hessen/ Zusammenarbeit mit der Türkei, in: F.A.Z. v. 27.01.2005, S. 6 (zit.: *Toepfer*, F.A.Z. v. 27.01.2005).

Tworuschka, Monika: Grundwissen Islam. Religion, Politik und Gesellschaft, Münster 2002 (zit.: *M. Tworuschka*).

Tworuschka, Udo: Lexikon Die Religionen der Welt, Gütersloh 1999 (zit.: *U. Tworuschka*).

Umbach, Dieter C./ *Clemens*, Thomas (Hrsg.): Bundesverfassungsgerichtsgesetz. Mitarbeiterkommentar und Handbuch, Heidelberg 1992 (zit.: *Bearb.*, in: U/C, BVerfGG).

– Grundgesetz. Mitarbeiterkommentar und Handbuch, Band I, Art. 1 – 37 GG, Heidelberg 2002; Band II, Art. 38 – 146 GG, Heidelberg 2002 (zit.: *Bearb.*, in: U/C, GG).

Universität Osnabrück: Für einen offenen Dialog mit dem Islam in Europa, Pressemitteilung Nr. 127/2002 v. 22.10.2002, abrufbar unter URL: http://www.uni-osnabrueck.de/pressestelle/mitteilungen/Detail.cfm?schluessel_nummer=127&schluessel_jahr=2002 (Stand: 02.01.2005) (zit.: Universität Osnabrück, Für einen offenen Dialog mit dem Islam in Europa, Pressemitteilung v. 22.10.2002).

– Wie soll der Islamunterricht an deutschen Schulen aussehen?, Pressemitteilung Nr. 5/2004 v. 15.01.2004, abrufbar unter URL: http://www.uni-osnabrueck.de/pressestelle/mitteilungen/Detail.cfm?schluessel_nummer=5&schluessel_jahr=2004 (Stand: 02.01.2005) (zit.: Universität Osnabrück, Wie soll der Islamunterricht an deutschen Schulen aussehen?, Pressemitteilung v. 15.01.2004).

– Universität Osnabrück bietet erstmals Weiterbildung für Religionslehrer an, Pressemitteilung Nr. 37/2004 v. 10.03.2004, abrufbar unter URL: http://www.uni-osnabrueck.de/pressestelle/mitteilungen/Detail.cfm?schluessel_nummer=37&schluessel_jahr=2004 (Stand: 02.01.2005) (zit.: Universität Osnabrück, Universität Osnabrück bietet erstmals Weiterbildung für Religionslehrer an, Pressemitteilung v. 10.03.2004).

Vladi, Firouz: Kommentar aus islamischer Sicht, in: Anhelm, Fritz Erich/ Dressler, Bernhard (Hrsg.), Islamischer Religionsunterricht in Niedersachsen. Perspektiven seiner Einführung, Rehburg-Loccum 2003, S. 69-75 (zit.: *Vladi*, in: Islamischer Religionsunterricht in Nds).

Voll, Otto J./ *Störle*, Johann: Handbuch des bayerischen Staatskirchenrechts, München 1985 (zit.: *Voll/Störle*, HdbbayStKirchR).

Vulpius, Axel: Der Evangelische Kirchenvertrag Sachsen-Anhalt aus der Sicht der Verwaltung, in: LKV 1994, S. 277-280 (zit.: *Vulpius*, LKV 1994).

– Betrachtungen zu den evangelischen Kirchenverträgen in den neuen Ländern, in: Grabenwarter, Christoph/ Lüdecke, Norbert (Hrsg.), Standpunkte im Kirchen- und Staatskirchenrecht. Ergebnisse eines interdisziplinären Seminars, Würzburg 2002, S. 216-234 (zit.: *Vulpius*, Evangelische Kirchenverträge in den neuen Ländern).

Wasmuth, Johannes: Verfassungsrechtliche Grenzen der institutionellen Kooperation von Staat und Religionsgesellschaften, in: Eberle, Carl-Eugen/ Ibler, Martin/ Lorenz, Dieter (Hrsg.), Festschrift für Winfried Brohm zum 70. Geburtstag, München 2002, S. 607-629 (zit.: *Wasmuth*, in: FS Brohm).

Weber, Hermann: Die Religionsgemeinschaften als Körperschaften des öffentlichen Rechts im System des Grundgesetzes, Berlin 1966 (zugl. Diss. Tübingen 1964/1965) (zit.: *Weber*, Körperschaften).

– Die Verleihung der Körperschaftsrechte an Religionsgemeinschaften. Grundsätzliche und aktuelle Probleme, in: ZevKR 34 (1989), S. 337-382 (zit.: *Weber*, ZevKR 34).

– Die rechtliche Stellung der christlichen Kirchen im modernen demokratischen Staat, in: ZevKR 36 (1991), S. 253-275 (zit.: *Weber*, ZevKR 36).

– Körperschaftsstatus für die Religionsgemeinschaft der Zeugen Jehovas in Deutschland?, in: ZevKR 41 (1996), S. 172-222 (zit.: *Weber*, ZevKR 41).

– Neue Staatskirchenverträge mit der Katholischen Kirche in den neuen Bundesländern, in: Kästner, Karl-Hermann/ Nörr, Knut Wolfgang/ Schlaich, Klaus (Hrsg.), Festschrift für Martin Heckel zum siebzigsten Geburtstag, Tübingen 1999, S. 463-493 (zit.: *Weber*, in: FS Heckel).

– Theologische Fakultäten und Professuren im weltanschaulich neutralen Staat. Staatskirchenrechtliche und rechtspolitische Aspekte, in: NVwZ 2000, S. 848-857 (zit.: *Weber*, NVwZ 2000).

– Neuralgische Punkte in den Grundsatzfragen des Staatskirchenrechts, in: Geis, Max-Emanuel/ Lorenz, Dieter (Hrsg.), Staat Kirche Verwaltung. Festschrift für Hartmut Maurer zum 70. Geburtstag, München 2001, S. 469-492 (zit.: *Weber*, in: FS Maurer).

– Muslimische Gemeinschaften als Körperschaften des öffentlichen Rechts unter dem Grundgesetz, in: Oebbecke, Janbernd (Hrsg.), Muslimische Gemeinschaften im deutschen Recht, Frankfurt a. M. 2003, S. 85-108 (zit.: *Weber*, in: Muslimische Gemeinschaften).

Weiler, Hagen: Wissenschaftsfreiheit des Lehrers im politischen Unterricht. Dokumentation und Kritik politischer Justiz und Rechtslehre zum grundgesetzlichen Bildungsauftrag der wissenschaftlichen Verfassungstreue in der Schule, Königstein/Ts. 1979 (zugl. Diss. Bremen 1978) (zit.: *Weiler*).

Weiß, Wolfgang: Gleichheit oder Privilegien? – Zur Stellung öffentlich-rechtlicher Religionsgemeinschaften, in: KritV 2000, S. 104-141 (zit.: *Weiß*, KritV 2000).

Wendt, Rudolf: Der Gleichheitssatz, in: NVwZ 1988, S. 778-786 (zit.: *Wendt*, NVwZ 1988).

Wensinck, A. J./ *Kramers*, J. H. (Hrsg.): Handwörterbuch des Islam, Leiden 1941 (zit.: *Wensinck/Kramers*).

Werbick, Jürgen: Fachbereich 02. Katholisch-Theologische Fakultät, in: Jahresbericht der Universität Münster 2001, abrufbar unter URL: http://www.uni-muenster.de/Rektorat/jb01/jb0012.htm (Stand: 02.01.2005) (zit.: *Werbick*, in: Jahresbericht Universität Münster 2001).

– Fachbereich 02. Katholisch-Theologische Fakultät, in: Jahresbericht der Universität Münster 2002, abrufbar unter URL: http://www.uni-muenster.de/Rektorat/jb02/jb0012.htm (Stand: 02.01.2005) (zit.: *Werbick*, in: Jahresbericht Universität Münster 2002).

Westrick, Ludger: Perspektiven der Griechen in Deutschland, in: Kallis, Anastasios/ Lefka, Evmenios (Tamiolakis) von (Hrsg.), Orthodoxie in Begegnung und Dialog. Festgabe für Metropolit Augoustinos, Münster 1998, S. 145-160 (zit.: *Westrick*, in: Festgabe Metropolit Augoustinos).

Wiebke, Walther: Die Frau im Islam, in: Antes, Peter u. a. (Hrsg.), Die Religionen der Menschheit, Bd. 25. Der Islam. 3. Islamische Kultur – Zeitgenössische Strömungen – Volksfrömmigkeit, Stuttgart, Berlin, Köln 1990, S. 388-414 (zit.: *Wiebke*, in: Religionen der Menschheit Bd. 25).

Wieland, Joachim: Die Angelegenheiten der Religionsgesellschaften, in: Der Staat 25 (1986), S. 321-350 (zit.: *Wieland*, Der Staat 25).

Winter, Jörg: Staatskirchenrecht der Bundesrepublik Deutschland. Eine Einführung mit kirchenrechtlichen Exkursen, Neuwied, Kriftel 2001 (zit.: *Winter*).

Wolff, Hans J./ *Bachof*, Otto: Verwaltungsrecht II (Organisations- und Dienstrecht), 4. Aufl., München 1976 (zit.: *Wolff/Bachof*, VerwR II, §).

Yoldaş, Mustafa: Fachkompetenz für muslimische Theologen. Eine Stellungnahme der SCHURA zur Errichtung einer Professur in islamischer Theologie, in: Neumann, Ursula (Hrsg.), Islamische Theologie. Internationale Beiträge zur Hamburger Debatte, Hamburg 2002, S. 145-152 (zit.: *Yoldaş*, in: Islamische Theologie).

– Stellungnahme der SCHURA zur Errichtung eines „Lehrstuhls für islamische Theologie" an der Universität Hamburg, in: Knauth, Thorsten/ Weiße, Wolfram (Hrsg.), Akademie der Weltreligionen. Konzeptionelle und praktische Ansätze. Dokumentation eines Symposions am 19./20. 12. 2001 mit Vertreterinnen und Vertretern von Weltreligionen in Hamburg und Mitgliedern der Universität Hamburg, Hamburg 2002, S. 69-75 (zit.: *Yoldaş*, in: Akademie der Weltreligionen, S. 69).

– Stellungnahme der SCHURA zur „Akademie der Weltreligionen": Aus muslimischer Sicht, in: Knauth, Thorsten/ Weiße, Wolfram (Hrsg.), Akademie der Weltreligionen. Konzeptionelle und praktische Ansätze. Dokumentation eines Symposions am 19./20. 12. 2001 mit Vertreterinnen und Vertretern von Weltreligionen in Hamburg und Mitgliedern der Universität Hamburg, Hamburg 2002, S. 141-144 (zit.: *Yoldaş*, in: Akademie der Weltreligionen, S. 141).

Zaidan, Amir M. A.: Institutionelle Voraussetzungen und pädagogische Konzepte der Islamischen Religionsgemeinschaft Hessen, in: Beauftragte der Bundesregierung für Ausländerfragen (Hrsg.), Islamischer Religionsunterricht an staatlichen Schulen in Deutschland, Berlin, Bonn September 2000, S. 53-63 (zit.: *Zaidan*, in: Beauftragte der Bundesregierung für Ausländerfragen).

– Aus- und Weiterbildung von Lehrkräften für den islamischen Religionsunterricht, in: Anhelm, Fritz Erich/ Dressler, Bernhard (Hrsg.), Islamischer Religionsunterricht in Niedersachsen. Perspektiven seiner Einführung, Rehburg-Loccum 2003, S. 85-105 (zit.: *Zaidan*, in: Islamischer Religionsunterricht in Nds).

Zaidan, Amir M. A./ *Khan*, Karola/ *Kuruyüz*, Ramazan: Islamischer Religionsunterricht. Verfassungsrechtliche und integrative Aspekte, Frankfurt a. M. 2001 (zit.: *Zaidan/Khan/Kuruyüz*).

Zakariya, Fuad: Säkularisierung – eine historische Notwendigkeit, in: Lüders, Michael (Hrsg.), Der Islam im Aufbruch? Perspektiven der arabischen Welt, München 2002, S. 228-245 (zit.: *Zakariya*).

Zinn, Georg August/ *Stein*, Erwin: Verfassung des Landes Hessen. Kommentar, Loseblatt, Baden-Baden, Stand: 16. Lieferung 1999 (zit.: *Bearb.*, in: Zinn/Stein).

Islam und Recht

Herausgegeben von Janbernd Oebbecke

Band 1 Janbernd Oebbecke (Hrsg.): Muslimische Gemeinschaften im deutschen Recht. 2003.

Band 2 Sonja Lanzerath: Religiöse Kleidung und öffentlicher Dienst. Zur Zulässigkeit dienstrechtlicher Bekleidungsverbote in Schule, Gerichtsbarkeit und Polizei. 2003.

Band 3 Katrin Janke: Institutionalisierter Islam an staatlichen Hochschulen. Verfassungsfragen islamischer Lehrstühle und Fakultäten. 2005.

www.peterlang.de

Kolibri 360 GmbH
Ferdinand-Jühlke-Straße 7
99095 Erfurt, Deutschland
produktsicherheit@kolibri360.de

Druck:
CPI Druckdienstleistungen GmbH
im Auftrag der
Kolibri 360 GmbH
Ferdinand-Jühlke-Str. 7
99095 Erfurt